新譯史記（三）書

韓兆琦　注譯
王子今　原文總校勘

三民書局

國家圖書館出版品預行編目資料

新譯史記／韓兆琦注譯;王子今原文總校勘.－－增訂二版二刷.－－臺北市：三民，2021
面；　公分.－－(古籍今注新譯叢書)
參考書目：面
ISBN 978-957-14-6203-5 （第三冊：精裝）
1. 史記 2. 注釋

610.11　　105019290

古籍今注新譯叢書

新譯史記(三)書

注譯者　韓兆琦
原文總校勘　王子今

發行人　劉振強
出版者　三民書局股份有限公司
地址　臺北市復興北路 386 號(復北門市)
臺北市重慶南路一段 61 號(重南門市)
電話　(02)25006600
網址　三民網路書店 https://www.sanmin.com.tw

出版日期　初版一刷 2008 年 2 月
初版二刷 2013 年 11 月
增訂二版一刷 2016 年 11 月
增訂二版二刷 2021 年 12 月
書籍編號　S032541
ISBN　978-957-14-6203-5

三民書局

新譯史記 目次

第三冊

卷二十三

禮書第一

【題解】《禮書》是《史記》「八書」中的第一篇，「八書」所寫的都是朝章國典，是國家各個方面的制度。司馬遷生活在武帝尊儒的時代，儒家是講究「禮樂治國」的，故而司馬遷理所當然的把《禮書》放在了第一的位置。司馬遷在《太史公自序》中說他寫《禮書》的目的是：「維三代之禮，所損益各殊務，然要以近性情，通王道，故禮因人質為之節文，略協古今之變，作《禮書》第一。」也就是說，他要探討夏、商、周以來以至現當代有關「禮」的發展變化，以為漢王朝的政治服務。但現存的這篇《禮書》卻不是一篇完整的既定作品，其開頭部分是本篇的序，講述了「禮」的產生、功用與大致發展變化情景，多數人認為這是司馬遷的原作；接著後面的「正文」則是雜引《荀子》中的有關段落拼湊而成。對此，有人說是後人所補；有人說是司馬遷自己暫時輯錄的資料。

1 太史公曰：洋洋美德❶乎！宰制❷萬物，役使羣眾❸，豈人力也哉？余至大行禮官❹，觀三代❺損益❻，乃知緣❼人情而制禮❽，依人性而作儀❾，其所由來尚❿矣。

2 人道⓫經緯⓬萬端⓭，規矩⓮無所不貫，誘進以仁義，束縛以刑罰，故德厚者位尊，祿重者寵榮，所以總一[15]海內而整齊[16]萬民也。人體安[17]駕乘，為之金輿[18]錯[19]衡[20]以繁其飾；目好五色[21]，為之黼黻[22]文章[23]以表其能[24]；耳樂鐘磬，為之調諧八音[25]以蕩[26]其心；口甘[27]五味[28]，為之庶羞[29]酸鹹以致其美；情好珍善，為之琢磨[30]圭璧[31]以通其意。故大路[32]越席[33]，皮弁布裳[34]，朱弦[35]洞越[36]，大羹[37]玄酒[38]，所以防其淫侈[39]，救其彫敝[40]。是以君臣朝廷尊卑貴賤之序[41]，下及黎庶[42]車輿、衣服、宮室、飲食、嫁娶、喪祭之分[43]，事有宜適，物有節文[44]。仲尼曰：「禘自既灌而往者，吾不欲觀之矣[45]。」

3 周衰，禮廢樂壞[46]，大小[47]相踰。管仲[48]之家，兼備三歸[49]。循法守正[50]者見侮於世，奢溢僭差[51]者謂之顯榮。自子夏，門人之高弟也[52]，猶云「出見紛華盛麗而說，入聞夫子之道而樂。二者心戰，未能自決[53]」，而況中庸[54]以下，漸漬於失教[55]，被服於成俗[56]乎？孔子曰「必也正名[57]」，於衛所居不合[58]。仲尼沒後，受業之徒沉湮而不舉[59]，或適齊、楚，或入河海[60]，豈不痛哉！

4 至秦有天下，悉內[61]六國[62]禮儀，采擇其善，雖不合聖制，其尊君抑臣，朝廷濟濟，依古以來[63]。至于高祖，光有四海[64]，叔孫通頗有所增益減損，大抵皆襲秦故[65]。自天子稱號，下至佐僚及宮室官名，少所變改。孝文[66]即位，有司議欲定儀禮[67]，孝文好道家之學[68]，以為繁禮飾貌，無益於治[69]，躬化謂何耳[70]，故罷去之[71]。孝景[72]時，御史大夫[73]鼂錯[74]明於世務[75]刑名[76]，數干諫[77]孝景曰：「諸侯藩輔[78]，臣子一例[79]，古今之制也。今大國專治異政，不稟京師，恐不可傳後[80]。」孝景用其計，而六國畔逆[81]，以錯首名[82]，天子誅錯以解難。事在袁盎語中[83]。是後官者養交[84]安祿[85]而已，莫敢復議。

今上[86]即位，招致儒術之士，令共定儀，十餘年不就[87]。或言古者太平，萬民和喜，瑞應[88]辨至，乃采風俗，定制作[89]。上聞之，制詔御史[90]曰：「蓋受命[91]而王，各有所由興，殊路而同歸[92]，謂因民而作，追俗為制也。議者咸稱太古[93]，百姓何望？漢亦一家之事，典法[94]不傳，謂子孫何？化隆者閎博，治淺者褊狹[95]，可不勉[96]與！」乃以太初之元[97]改正朔[98]，易服色[99]，封太山[100]，定宗廟[101]百官之儀，以為典常[102]，垂之於後云。

【章旨】以上為第一段，總括禮制之緣起、發展及功用，為〈禮書〉之序，是司馬遷的原文。

【注釋】❶洋洋美德 洋洋，盛大充實，喻禮之廣大。美德，指禮的效用，能利於黎民百姓。❷宰制 統轄；支配。❸羣眾 眾人。❹大行禮官 指大鴻臚。大行，官名。掌禮儀及接待賓客。❺三代 夏、商、周三代。❻損益 指禮制的增減變革。❼緣 憑藉；根據。❽禮 規定人的社會行為的法則、規範、儀式。❾儀 法則標準；行為規範。❿尚 久遠。⓫人道 人的道德規範。⓬經緯 織物的縱線和橫線，這裡指規劃治理。⓭萬端 指千頭萬緒的種種事物。⓮規矩 這裡指禮法、儀則。⑮總一　統一。總，聚合。⑯整齊　整頓使有秩序。⑰安　舒適。⑱金輿　黃金裝飾的車。⑲錯　塗飾。⑳衡　車轅前面的橫木。㉑五色　紅、黃、藍、白、黑。㉒黼黻　古代禮服上繪繡的花紋。㉓文章　指錯雜的色彩或花紋。㉔能　通「態」，形態。㉕八音　用金、石、絲、竹、匏、土、革、木八種材料製成的樂器。㉖蕩　滌除；清除。㉗甘　嗜好；喜愛。㉘五味　酸、苦、甘、辛、鹹。㉙庶羞　多種佳肴。㉚琢磨　雕刻玉石。㉛圭璧　古代諸侯朝會、祭祀時用作符信的玉器。上尖下方者為圭，圓者為璧。㉜大路　裝飾質樸的大車。路，通「輅」。古代天子車的一種，用以祀天。㉝越席　結蒲草所成之席。越，結；編。㉞皮弁布裳　皮弁，古冠名。用白鹿皮製作。布裳，白布做的下衣。上衣為衣，下衣為裳。皮弁布裳為王者視朝的常服。㉟朱弦　樂器上的紅色絲絃。㊱洞越　謂瑟底兩孔相通，使瑟聲遲重。越，瑟底孔。㊲大羹　古代祭祀時所用不調五味的肉汁。大，通「太」，亦通「泰」。㊳玄酒　上古時祭祀所用代酒之水。㊴淫侈　過分奢侈。淫，過度；過甚。㊵彫敝　言彫飾是奢侈之弊。㊶序　等級秩序。㊷黎庶　民眾；百姓。黎，眾；多。㊸分　等級界限。㊹事有宜適二句　謂做事有分寸，修飾有節制。節文，節制修飾。㊺仲尼曰三句　見《論語・八佾》。禘，古代天子舉行的一種祭祀祖先的隆重典禮，因魯國地位特殊，也享有舉行這種祭祀的資格。灌，本作「祼」。祭祖時第一次獻酒給尸，為禘禮中的一部分。古代祭祀以活人代受祭者，稱「尸」。吾不欲觀，因魯文公將其生父的牌位移到了其兄魯閔公的牌位之前，破壞了應有的次序，所以孔子說從第一次獻酒後就不想再看了。㊻禮廢樂壞　即指宗法等級制度的基礎遭到破壞。㊼大小　指尊卑秩序，上下關係。㊽管仲　春秋時齊國名臣，曾輔佐齊桓公成為霸主。㊾三歸　說法不一。一謂娶三姓女，二謂臺名，三謂全國的工商稅收的十分之三。㊿循法守正　循規蹈矩，守正不阿。(51)奢溢僭差　奢侈過分超越等級。僭，越分；越級。(52)自子夏二句　儘管子夏是孔子門下最優秀的學生。自，即使；儘管。子夏，姓卜，名商。孔子學生，以文學見稱。(53)出見紛華盛麗而說四句　見《韓非子・喻老》，又見於《韓詩外傳》。說，通「悅」。心戰，猶言內心矛盾。(54)中庸　中等之才。(55)漸漬於失教　逐漸受不良教化的影響。漬，浸染；沾染。(56)被服於成俗　被社會上的積習所籠罩。被服，衾被衣服。這裡用如動詞。(57)必也正名　語出《論語・子路》。正名，辨正名分。即用君臣父子等尊卑上下的名分來約束人與人之間的倫理關係。(58)於衛所居不合　謂當時孔子在衛國的所見所聞大都不合乎尊卑上下的禮儀。(59)沉湮而不舉　埋沒無聞。舉，指受提拔任用。(60)或適齊楚二句　《論語・微子》曰：「大師摯適齊，亞飯干適楚，三飯繚適蔡，四飯缺適秦，鼓方叔入於河，播鼗武入於漢，少師陽、擊磬襄入於海。」張文虎曰：「師摯諸人雖非弟子，而當孔子反魯正樂，或得奉教左右，執弟子禮，未可知；觀語魯大夫樂，及《韓詩外傳》師襄稱孔子『夫子』可觀。」按：據〈儒林列傳〉：「孔子卒後，七十子之徒散游諸侯，大者為師傅卿相，小者友教士大夫，或隱而不見。故子路居衛，子張居陳，澹臺子羽居楚，子夏居西河，子貢終於齊。如田子方、段干木、吳起、禽滑釐之屬，皆受業於子夏之倫，為王者師。」皆非「沈湎而不舉」者，且敘事口氣與此截然相反。(61)內　同「納」。採納。(62)六國　指戰國七雄中齊、楚、魏、趙、韓、燕六國。(63)雖不合聖制四句　聖制，謂聖人制禮的原意。制，成法；準則。濟濟，威儀盛大的樣子。按：法家主張尊君抑臣，與儒家主德政者不同。司馬遷從儒家立場立論，故言秦儀「不合聖制」。(64)至于高祖二句　劉邦稱漢王在西元前二〇六年，稱皇帝在西元前二〇二年。光有四海，即廣有天下。光，廣闊；遙遠。(65)叔孫通頗有所增益減損二句　叔孫通，原在秦朝為博士，後歸劉邦，為劉邦制訂了一套「頗采古禮與秦儀雜就」的儀法。(66)孝文　漢文帝，名恆，劉邦之子，西元前一七九—前一五七年在位。(67)有司議欲定儀禮　指漢文帝十四年春，魯人公孫臣以終始五德上書，言「漢得土德，宜更元，改正朔，易服色。當有瑞，黃龍見」一事。有司，主管該項事務的官吏。(68)孝文好道家之學　道家之學指流行於漢初的黃老刑名之學。(69)以為繁禮飾貌二句　〈孔子世家〉載晏嬰云：「孔子盛容飾，繁登降之禮，趨詳之節。」《墨子・非儒下》：「孔丘盛容修飾以蠱世，繁登降之禮以示儀，務趨翔之節以觀眾。」(70)躬化謂何耳　看你實際行動的效果如何。躬化，謂親自示範，教化人民。(71)罷去之　意謂不再討論這類事。(72)孝景　漢景帝，名啟，文帝之子，西元前一五六—前一四一年在位。(73)御史大夫　全國的最高監察官，三公之一，位同副丞相。(74)鼂錯　景帝時的御史大夫，因力行削藩引發吳、楚七國之亂，被袁盎所譖殺。(75)世務　時事要務。(76)刑名　戰國時法家的一派，即刑名之學。以申不害為代表，主張循名責實以強化上下關係。刑名，也作「形名」。(77)干諫　直言進諫。干，犯；抵觸。(78)諸侯藩輔　諸侯是天子的藩屏輔助。藩，籬笆；屏障。(79)臣子一例　一律是天子的臣子。一例，一律；一概。(80)恐不可傳後　謂大國專治異政，不稟京師的僭禮越上的積習，恐怕不可使傳於後世諸侯。(81)六國畔逆　「六」乃「七」字之誤，即吳楚七國之亂。畔逆，同「叛逆」。(82)以錯首名　以誅鼂錯為起兵的第一藉口。名，名義；藉口。(83)事在袁盎語中　天子誅鼂錯事詳於〈袁盎鼂錯列傳〉中，這是司馬遷自己示例的互見法。(84)養交　養私交，指用心結交朋友。(85)安祿　安分守己地享用自己應得的俸祿。(86)今上　即武帝，名徹，景帝之子，西元前一四〇—前八七年在位。(87)十餘年不就　武帝令諸儒草封禪儀，「群儒既已不能辨明封禪事，又牽拘於《詩》《書》古文而不能騁」，以致數年不就，於是上盡罷諸儒不用。(88)瑞應　天降祥瑞以應人君之德。瑞，祥瑞；符瑞。陰陽家將自然界出現的某些特異現象和事物視為祥瑞，以附會帝王統治為「應天承運」。(89)制作　謂禮儀制度。(90)制詔御史　漢代朝廷下達條令的程序是，皇帝先把意思下達給御史，由御史形成文件；而後將文件發至丞相府，由丞相下達全國。(91)受命　受天命。(92)同歸　謂趨向於同一原則。(93)咸稱太古　總是鼓吹遠古的禮儀制度。咸，皆。(94)典法　指根據漢代具體情況制訂的漢家自己的禮儀制度。(95)化隆者閎博二句　意謂教化深遠的統治者，應該是氣象恢閎，目光遠大；治績平庸的，當然是心胸狹窄，不足以論大業。褊狹，器量狹隘。(96)勉　努力。(97)太初之元　即太初元年，西元前一〇四年。(98)改正朔　即實行新曆法。正朔，一年的第一天。正，一年之始。朔，一月之始。(99)易服色　變易車馬服飾所崇尚的顏色。古時各個王朝所用的車馬、祭牲、服飾顏色皆不同，如夏尚黑，殷尚白，周尚赤之類。(100)封太山　古代帝王所行的一種祭天之禮，即所謂「封禪」。在泰山頂築臺祭天曰「封」，在泰山旁邊的某小山下拓土祭地曰「禪」。(101)宗廟　天子祭祀祖先的祠廟。(102)典常　常法；常規。

【語　譯】太史公說：禮之美德盛大充實！它支配萬物，規範人倫綱常，這是人力所能達到的嗎？我到大鴻臚官府，閱讀有關夏、商、周三代禮制增損變革的文獻資料，知道古人是根據人心世情來制訂人們行為的規範、儀式，依照人的本性來建立人們行事的法則標準，禮儀的由來是很久遠的。

2　人的道德規範種種事物，禮法儀則貫通世間一切。用仁義誘導人們上進，用刑罰束縛人們行為，所以道德高就地位尊崇，俸祿重就寵幸光榮，這是統一國內、規範萬民的原則。人的身體以駕車乘馬為舒適，為此而製做黃金裝飾的、文飾著衡軛的車輿，以增添外觀的華美；眼睛喜歡欣賞絢麗的色彩，為此而在衣服上製做不同圖案的花紋，以表現其藝術的形態；耳朵喜歡聽鐘磬等樂器發出的聲音，為此而調和八類不同的樂器所奏出的樂音，以清除邪穢卑鄙之心；口舌喜歡品嘗多種鮮美的滋味，為此而進獻各種酸鹹不同滋味的食物，以極盡口味之美；人情愛好珍奇的物品，為此琢磨圭璧等各種玉器，以使其心意愉悅。古代的帝王乘坐的大輅，席上鋪上蒲草；帝王視朝，頭戴白鹿皮冠，下穿白色布裳；帝王用的瑟，上面是朱紅色的絲絃，而瑟底兩孔上通；舉行祭祀大禮時，用不調五味的肉汁，還以清水為酒設為上尊：都是為了防止過分奢侈，拯救衰敗的。所以朝廷中君臣貴賤的等級，下至黎民百姓車輿、衣服、房屋、飲食、婚喪、祭祀的秩序，每件事都有合乎身分的限度，每種事物的文飾都要有節制。孔子說：「魯國舉行的宗廟禘祭，從第一次獻酒後我就不想再看了。」

3　周朝衰微，禮樂制度遭到破壞，各級人物不顧尊卑等級，互相逾越。管仲之家，享有全國的工商稅收的十分之三。遵守法度，守正不阿的人受到世俗的欺侮，奢侈過分，超越等級的人被稱作顯貴尊榮。儘管子夏是孔子門下最優秀的學生，尚且還說出門看見繁華盛麗的事物就欣悅，回來聆聽夫子之道就快樂，兩種情感在內心鬥爭，不能作出決斷，又何況中材以下的人，逐漸受不良教化的浸染，被社會上的積習所籠罩呢！孔子說「一定要辨正名分」，當時孔子在衛國所見所聞大都不合乎尊卑上下的禮儀。孔子死後，受業弟子們便埋沒而不被舉用，有的去了齊國、楚國，有的到了河內、海濱一帶，難道不讓人痛惜嗎！

4 到了秦國統一天下，詳盡接受了東方六國的禮儀制度，採用其中較好的部分，雖不完全符合聖人制禮的原意，但其尊君抑臣，使朝廷威儀隆重，還是依據古代以來的傳統。及至高祖廣有天下，叔孫通對前代禮制稍微有所增減，基本沿襲秦朝舊制。從天子稱號，到臣僚、宮室、官名，很少有所變更。文帝即位，有關官員建議制訂禮儀，文帝喜好道家學說，認為繁富的禮儀只能綴飾外表，無益於治民，關鍵是看執政者身體力行得怎麼樣，所以不時興禮樂那一套。景帝時，御史大夫鼂錯精通當世要務和刑名之學，多次在景帝面前直言進諫說：「藩國諸侯，一律是天子的臣子，這是古今的定制。現在諸侯大國獨斷專行，實施異政，不稟告京師，這種做法恐不可使傳於後世諸侯。」景帝採納他的建議，而六國叛亂，就以誅殺鼂錯為起兵的第一藉口，景帝誅殺了鼂錯，想以此來舒解危難。此事記載在〈袁盎鼂錯列傳〉中。從此以後，朝廷的官員只是用心結交朋友，安分守己地享用自己應得的俸祿而已，無人敢再議論這事了。

5 當今的皇帝即位，招致精通儒家學術的士人，令其共同制訂禮儀，十幾年也沒有完成。有人說古代天下太平，百姓和洽快樂，各種應君德的祥瑞普遍降臨，於是國家採集各地風俗，制訂禮儀制度。皇帝聽到這個意見，就命令御史說：「承受天命而為帝王者，都有自己所興起的緣由，途徑不同而原則一致，意思是說因順民情而有所興作，追隨風俗而制訂禮儀。議事的人都稱道遠古的禮制，百姓還有什麼指望？漢朝制禮也是一家之事，如果沒有根據漢代具體情況而制訂漢家自己的禮儀制度，我們將如何向子孫交代？教化深遠的君主，應該是氣象恢閎，目標遠大；治績平庸的，當然是心胸狹窄，不足以論大業。能不努力嗎！」於是在太初元年實行新曆法，變換車馬服裝所崇尚的顏色，在泰山上築壇，實行祭天大典，制訂宗廟、百官的禮儀，並定為常規，以為後世垂法。

1 禮由人起❶。人生有欲，欲而不得則不能無忿，忿而無度量則爭，爭則亂。先王惡其亂，故制禮義以養人之欲❷，給人之求，使欲不窮❸於物，物不屈❹於欲，二者相待而長❺，是禮之所起也。故禮者養也。稻粱五味，所以養口也；椒蘭芬茝❻，所以養鼻也；鐘鼓管弦，所以養耳也；刻鏤文章❼，所以養目也；疏房❽牀笫❾几席❿，所以養體也。故禮者養也。

2 君子既得其養，又好其辨⓫也。所謂辨者，貴賤有等，長少有差，貧富輕重皆有稱⓬也。故天子大路越席，所以養體也；側載臭茝⓭，所以養鼻也；前有錯衡，所以養目也；和鸞⓮之聲，步中武、象⓯，驟中韶、濩⓰，所以養耳也；龍旂⓱九斿⓲，所以養信⓳也；寢兕⓴持虎㉑，鮫韅㉒彌龍㉓，所以養威也。故大路之馬，必信至教順㉔，然後乘之，所以養安㉕也。孰知夫士出死要節之所以養生也？孰知夫輕費用之所以養財也？孰知夫恭敬辭讓之所以養安也？孰知夫禮義文理之所以養情也㉖？

3 人苟㉗生之為見，若者㉘必死；苟利之為見，若者必害。怠惰之為安，若者必危；情勝之為安，若者必滅。故聖人一㉙之於禮義，則兩得之㉚矣；一之於情性㉛，則兩失之矣。故儒者將使人兩得之者也，墨者將使人兩失之㉜者也。是儒墨之分㉝。

【章　旨】以上為第二段，寫禮的道德調節作用及其與情性的關係。採自《荀子・禮論》，文字略有不同。

【注　釋】❶禮由人起　禮是由人興作的。❷養人之欲　意謂調理人們的欲望。養，供養；調節；養護。❸窮　盡。❹屈　竭盡；窮盡。二句意謂使人們的欲望不必以盡得所有之物為滿足，使物的供應不必以完全合乎欲望的需求為滿足。❺二者相待而長　《荀子》「待」作「持」。楊倞《荀子注》云：「欲與物相扶持故能長久。」意謂欲望的需求和物資的供應二者相互調和，故能使物資得到長久的供應，欲望得到長久的調節。待，等待。這裡指協調，配合。長，長久。❻茝　香草名。❼刻鏤文章　雕琢刻鏤的紋采。刻木曰刻，刻金曰鏤。❽疏房　窗戶通明的房間。疏，窗。❾牀笫　牀席。笫，竹編的牀板。亦用為牀的代稱。揚雄《方言》卷五：「床，齊魯之間謂之簀，陳楚之間或謂之笫。」❿几席　《荀子》「席」作「筵」。古人席地而坐，几置於席上，稱几席，或几筵。几，古人為便於憑倚而設於座側的小桌子。席，薦席。古人供坐而鋪墊的用具。以槁秸織成的叫薦，以莞蒲織成的叫席。⓫辨　《荀子》作「別」。分別，謂貴賤、長少、貧富、輕重的等差。⓬稱　楊倞《注》云：「稱謂各當其宜。」⓭側載臭茝　謂天子出行，常置香草於身邊。側，身邊。臭，香。⓮和鸞　車鈴。用以節律。《詩・小雅・蓼蕭》：「和鸞雝雝。」《集解》引《韓詩內傳》：「鸞在衡，和在軾前。升車則馬動，馬動則鸞鳴，鸞鳴則和應。」⓯步中武象　謂車緩慢行進時，鈴聲的節奏與〈武〉樂、〈象〉舞相配合。步，行走；步行。中，應和。武，即〈大武〉，周武王之樂。象，周武王之舞。⓰驟中韶濩　謂車快速行進時，鈴聲的節奏與〈韶〉樂、〈濩〉樂相配合。驟，奔馳。韶，舜樂。濩，湯樂。⓱龍旂　古代旗名，上畫交龍，竿頭繫鈴，天子作儀衛之用。⓲九斿　亦作「九旒」或「九游」，古代旗名。《禮記・樂記》：「龍旂九旒，天子之旌也。」斿，旗上的下垂飾物。⓳信　謂使人能辨認而見信。⓴寢兕　伏著的獨角犀。寢，伏；臥。㉑持虎　蹲著的虎。持，踞也。寢兕、持虎，謂畫伏兕踞虎於輿以為飾也。㉒鮫韅　用鯊魚皮做的韅。韅，繫在馬肚下的皮帶。㉓彌龍　在車衡軛兩端用金屬片裝飾成的龍頭。彌，同「弭」。末也。謂金飾衡軛之末為龍首也。㉔信至教順　謂天子之馬非常馴良，訓練有素。信至，王先謙《荀子集解》：「信至，謂馬調良之極。」順，通「馴」。㉕安　平穩安泰。㉖孰知夫士出死要節四句　首句意謂只有為立名節而死，才是真正的永垂不朽。出死，獻出生命。要節，樹立名節。養生，猶今言永生、永垂不朽。以下三句句式相同，大意是說輕財才能養財，恭敬辭讓才能保證安全，懂得禮義文理才能怡養性情。

㉗苟　如果。㉘若者　這樣的人。㉙一　統一；專一。㉚兩得之　禮義與情性兩者兼得。㉛情性　謂人之本性。㉜墨者將使人兩失之　墨子反對形式化的禮樂和儒家的厚葬，認為儒者「繁飾禮樂以淫人，久喪偽哀以謾親」（《墨子・非儒下》），主張「節用」、「兼愛」，故被司馬遷認為「兩失」。㉝分　區別。

【語　譯】禮是由人興作的。人生都有欲望，欲望得不到滿足，就不能不產生怨憤，怨憤不能節制就要和別人爭鬥，爭鬥就要產生動亂。古代帝王憎惡國家動亂，故而制訂禮義來調理人們的欲望，供給人們的需求，使人們不產生無止境地追求物質滿足的欲望，又使物質在人們有限的需求之內得到充足的供應，欲望與供應相互調和，才能使物資得到長久的供給，欲望得到長久的調理，這是禮興作的原因。所以禮是養護的意思。稻粱五味是用來養口的，椒蘭香草是用來養鼻的，鐘鼓管絃是用來養耳的，雕琢刻鏤的紋采是用來養目的，窗房牀席几筵是用來養體的。因此，禮是養護的意思。

2　君子既得到欲望上的調養，又喜好等差上的分別。所謂分別，是指貴賤有等級，長幼有差別，貧富輕重都有其特定的身分。所以天子乘坐座席上鋪著蒲草的大車，是為了養體；天子出行，身邊常置香草，是為了養鼻；車轅前端有文飾過的衡軛，是為了養目；軾下懸掛的和鈴，衡下懸掛的鸞鈴，在車緩慢行進時，鈴聲節奏與〈武〉樂、〈象〉舞相配合，在車快速行進時，鈴聲節奏與〈韶〉樂、〈濩〉樂相配合，是為了養耳；天子用畫著交龍、竿頭繫鈴的龍旗和旗上下垂九條飾物的九斿旗作儀衛，是為了培養威信；在車廂上畫著伏臥的獨角犀牛和蹲踞的猛虎，用鯊魚皮做馬肚帶，在衡軛兩端裝飾著用金屬片製成的龍頭，是為了培養威嚴；所以駕天子大輅的駕馬一定訓練得非常馴良，然後駕車乘用，這是為了平穩安泰。誰能知道一個敢於立名節而死的人才能使生命不朽的道理？誰能知道節支儉財才能聚守財富的道理？誰能知道作到恭敬辭讓才能養體安身的道理？誰能知道理解禮義和禮文禮節才能涵養性情的道理？

3　人如果苟且偷生，這樣的人必不能保全生命；如果唯利是圖，這樣的人必遭災禍。如果以懈怠懶惰為安逸舒適，這樣的人必蒙危難；如果以恣情任性為安逸舒適，這樣的人必遭滅亡。所以聖人把情性統一於禮義之下，那麼禮義與情性兩者兼得；如果把禮義統一於情性之下，那麼禮義與情性兩者皆失。因此，儒者就是將使人兩者兼得的人，墨者就是將使人兩者皆失的人。這是儒家與墨家的區別。

1 治辨❶之極也，彊固之本也，威行之道也，功名之總也❷。王公由之，所以一天下，臣諸侯也；弗由之，所以捐❸社稷❹也。故堅革❺利兵，不足以為勝；高城深池，不足以為固；嚴令繁刑，不足以為威。由其道❻則行，不由其道則廢。

2 楚人鮫革❼犀兕❽，所以為甲，堅如金石；宛❾之鉅鐵❿施⓫，鑽⓬如蠭蠆⓭，輕利剽遬⓮，卒⓯如熛風⓰。然而兵殆⓱於垂涉⓲，唐昧⓳死焉。莊蹻⓴起，楚分而為四參㉑。是豈無堅革利兵哉？其所以統之者非其道故也。汝、潁㉒以為險，江、漢㉓以為池㉔，阻之以鄧林㉕，緣㉖之以方城㉗。然而秦師至鄢、郢㉘舉㉙若振槁㉚。是豈無固塞險阻哉？其所以統之者非其道故也。紂㉛剖比干㉜，囚箕子㉝，為炮格㉞刑，殺無辜，時臣下懍然㉟，莫必其命㊱。然而周師至，而令不行乎下，不能用其民。是豈令不嚴、刑不峻哉？其所以統之者非其道故也。

3 古者之兵，戈矛弓矢而已，然而敵國不待試而詘㊲。城郭㊳不集㊴，溝池不掘，固塞不樹，機變㊵不張㊶，然而國晏然不畏外而固者，無他故焉，明道而均分之㊷，時使㊸而誠愛之㊹，則下應之如景響㊺。有不由命㊻者，然後俟㊼之以刑，則民知辠48矣。故刑一人而天下服。辠人不尤49其上，知辠之在己也。是故刑罰省而威行如流50，無他故焉，由其道故也。故由其道則行，不由其道則廢。古者帝堯51之治天下也，蓋殺一人、刑二人52而天下治。傳曰：「威厲53而不試，刑措54而不用。」

【章旨】以上為第三段，寫禮義的政治教化作用以及禮義與刑罰的關係。採自《荀子・議兵》，文字略有不同。

【注釋】❶治辨 指處理事務合宜。辨，通「辦」。治理。❷功名之總也 以上四句的主語為禮，意謂禮是治理國家，辨別名分的最高準則；是使國家富強鞏固的根本辦法；是天子威行天下，使四海歸一的唯一途徑；是功業總集大成的重要因素。❸捐 捨棄。❹社稷 指國家政權。社，土神。稷，穀神。中國古代，凡建國，必先立社稷壇墠；滅人之國，必變置所滅之國的社稷。因以社稷為國家政權的標誌。❺革 古人以皮革製成甲冑，故稱甲為革。❻道 禮義之道。❼鮫革 鯊魚皮。❽犀兕 犀牛。皮堅厚，可製甲。這裡指其皮。❾宛 春秋戰國楚邑，即今河南南陽，為戰國時楚國著名鐵產地。❿鉅鐵 鋼鐵。⓫施 矛。也作「鉈」、「鉇」、「鍦」。《方言》九：「矛，吳、揚、江、淮、南楚、五湖之間謂之鍦。」⓬鑽 謂矛之鋒刃及箭頭。⓭蠆 蠍類毒蟲。⓮剽遬 輕捷的樣子。⓯卒 通「猝」、「促」。急劇、突然的樣子。⓰熛風 疾風。二句謂士兵的矯捷俐落就像疾風突然而至。⓱殆 危險。這裡指失敗。⓲垂涉 《荀子・議兵》篇作「垂沙」，戰國楚邑，在今河南唐河西南。《戰國策・楚策三》：「為主死易，垂沙之事，死者以千數。」⓳唐昧 《荀子・議兵》作「唐蔑」，戰國時楚國大將。楚懷王二十八年（西元前三〇一年），齊將匡章、魏將公孫喜、韓將暴鳶攻楚方城，唐昧率楚軍夾泚水列陣，相持六月，後在垂沙大敗，被殺，楚失去宛、葉以北地。事詳《呂氏春秋・處方》、《史記・楚世家》。⓴莊蹻 戰國時楚人，一作「企足」。楚懷王二十八年，齊、魏、韓聯軍大敗楚將唐昧於垂沙，莊蹻領導人民起義，曾攻到楚國郢都（今湖北江陵西北之紀南城）。㉑楚分而為四參 猶言使楚國四分五裂。四參，《荀子・議兵》作「三四」。參，同「三」。㉒汝潁 兩水名，為淮河支流。汝，上游即今河南北汝河；自郾城以下，故道南流至西平縣東會溉水（今洪河），又南經上蔡縣西至遂平縣東會沙河；此下即今南汝河及新蔡縣以下的洪河，在河南淮濱入淮。潁，源出河南登封嵩山西南，東南流到商水，納沙河、賈魯河，至安徽壽縣正陽關入淮河。㉓江漢　長江、漢水。㉔池　城壕，護城河。㉕鄧林　在今湖北襄陽南之鳳林山。《索隱》：「襄州南鳳林山是古鄧祁侯之國，在楚之北境，故云阻以鄧林也。」㉖緣　圍繞；沿著。㉗方城　山名，在今河南葉縣南，方城東北，西連伏牛山脈，為楚之北界。一說方城，又名萬城、連堤，春秋、戰國時楚國所築長城。東段築於春秋前期，始於今河南魯山東南，經葉縣南，過洪河、汝水上游，迄於泌陽東北。西段築於戰國楚頃襄王時，起今鄧州北，沿湍河東側往北，又沿伏牛山向東連接春秋方城，全長千餘里，主要以方城山等連接河堤築成。《淮南子·地形》列為九塞之一。㉘秦師至鄢郢　〈白起王翦列傳〉載，楚頃襄王二十年（西元前二七九年），秦將白起攻楚，拔鄢、鄧五城。次年攻入紀郢，楚都東遷於陳（今河南淮陽）。鄢郢，戰國時楚都的通名，包括當時都城紀郢（今湖北江陵西北之紀南城）和別都鄢（今湖北宜城東南楚王城）。鄢為郢都北邊門戶，駐有重兵。因兩城關係密切，故鄢郢連稱。㉙舉　攻克；拔取。㉚振槁　搖撼枯木。㉛紂　商朝末代君王，名辛，帝乙之子。為政荒淫殘暴，百姓怨望。周武王東伐至盟津（今河南孟津東、孟縣西南），諸侯叛商者八百。牧野（在今河南淇縣南）之戰，因「前徒倒戈」，兵敗自焚於鹿臺（在今河南淇縣）。事詳〈殷本紀〉。㉜比干　紂的叔父，因多次勸諫，被紂剖心而死。㉝箕子　紂的叔父，因見微子去，比干剖，乃佯狂為奴，又為紂所囚禁。周武王克商後獲釋。武王訪於箕子事詳《史記》之〈殷本紀〉、〈周本紀〉及《尚書·洪範》等。㉞炮格　紂所用之酷刑，以炭燒熱銅柱，令有罪者爬行其上。㉟懍然　恐懼的樣子。㊱莫必其命　《索隱》：「言無人必保其性命。」㊲詘　屈服；折服。㊳城郭　泛指城牆。《管子·度地》：「內為之城，外為之郭。」㊴集　成就；成功。㊵機變　謂作戰器械的巧妙變化。㊶張　設置；打開。㊷均分之使禮義與情性等量齊觀。㊸時使　謂使用民力得其時。㊹誠愛之　謂以誠心愛民。㊺景嚮　如影隨形，如嚮應聲。景，同「影」。㊻不由命　不從教令，不服禮義。由，用。㊼俟　通「竢」。等待。㊽辠　同「罪」。㊾尤　責怪；歸咎於。㊿威行如流　威令之行如流水一樣暢通。51帝堯　即唐堯，五帝之一，事跡見〈五帝本紀〉。52殺一人刑二人　殺一人，謂殛鯀於羽山。刑二人，謂流共工於幽陵，放讙兜於崇山，事詳〈五帝本紀〉。53厲　嚴厲；猛烈。54措　置辦。以上二句意謂威令雖嚴猛而不試驗，刑罰雖設置而不使用。

【語　譯】禮義是治理國家，辨別名分的最高準則；是使國家富強鞏固的根本辦法；是天子威行天下，使四海歸一的唯一途徑；是功業集其大成的重要因素。帝王遵循禮義，所以統一天下，臣服諸侯；不遵循禮義，所以丟掉國家。故而堅韌的甲冑，鋒利的兵器，稱不上是優勝；高高的城牆，深深的護城河，稱不上是堅固；嚴厲的命令，眾多的刑罰，稱不上是威嚴。遵循禮義之道，這些手段就能行之有效；不遵循禮義之道，這些手段就會廢棄不用。

2 楚國人用鯊魚皮和犀牛皮製成鎧甲，像金屬、石頭一樣堅固，用宛邑的鋼鐵做矛，其鋒刃猶如蜂尾蠍鉤，士兵的矯捷俐落就像疾風突然而至，卻兵敗於垂涉，大將唐昧戰死。楚人莊蹻乘機領導人民起義，楚國四分五裂。難道是楚國沒有堅韌的鎧甲和鋒利的兵器嗎？是利用它們的方法不得其道罷了。楚國以汝水、潁水為天險，以長江、漢水為城壕，以鄧林為險阻，以方城山為邊防，然而當秦軍打到鄢和郢時，攻克它們就像搖撼枯木。難道是楚國沒有堅固的要塞、險阻嗎？是利用它們的方法不得其道罷了。商王紂挖大臣比干的心，囚禁箕子，發明炮格酷刑，殺無罪的人，當時大臣們戰慄恐懼，沒有人必保其性命。然而當周軍到來時，紂王不能使他的軍隊服從命令，不能役使他的國民。難道是他的命令不夠嚴厲，刑罰不夠酷烈嗎？是利用它們的方法不得其道罷了。

3 古代作戰用的兵器，不過戈矛弓矢而已，然而不等動用，敵人就已經屈服了。城牆不用修成，護城河不用挖掘，要塞不用修建，作戰器械的巧妙變化不用設置，然而國家安定，不畏外患而江山永固，沒有其他緣故，只要彰顯禮義之道，並使禮義與情性等量齊觀，使用民力得其時宜，並以誠心愛民，那麼民眾服從君王就會如影隨行，如響應聲。有不服從教令的，等待他的是刑罰，那麼民眾就知罪了。所以處罰一人而使天下人服從。有罪的人不歸罪上級，知道是咎由自取。所以雖然刑罰減省了，而威令之行卻如流水一樣暢通，這沒有其他原因，是由於遵循禮義的緣故。所以說遵循禮義之道，則上述措施就得以施行；不遵循禮義之道，則上述措施就要遭到廢棄。古代堯治理天下時，僅僅殺了一個鯀，流放了共工和讙兜，天下就大治了。古書上說：「威令雖嚴猛而不試驗，刑罰雖設置而不使用。」

1 天地者，生❶之本❷也；先祖者，類❸之本也；君師者，治之本也。無天地惡生？無先祖惡出？無君師惡治？三者偏亡❹，則無安人。故禮，上事天，下事地，尊先祖而隆❺君師，是禮之三本也。

2 故王者天太祖❻，諸侯不敢懷❼，大夫士有常宗❽，所以辨貴賤。貴賤治❾，得❿之本也。郊疇乎天子⓫，社至乎諸侯，函及士大夫⓬，所以辨尊者事尊⓭，卑者事卑，宜鉅者鉅，宜小者小。故有天下者事七世⓮，有一國者事五世⓯，有五乘之地者事三世⓰，有三乘之地者事二世⓱，有特牲而食者不得立宗廟⓲，所以辨積厚者流澤廣⓳，積薄者流澤狹也。

3 大饗上玄尊⓴，俎上腥魚㉑，先大羹㉒，貴食飲之本㉓也。大饗上玄尊而用薄酒㉔，食先黍稷㉕而飯稻粱㉖，祭嚌先大羹㉗而飽庶羞㉘，貴本而親用㉙也。貴本之謂文㉚，親用之謂理㉛。兩者合而成文㉜，以歸太一㉝，是謂大隆㉞。故尊之上玄尊也，俎之上腥魚也，豆㉟之先大羹，一也㊱。利爵弗啐㊲也，成事俎弗嘗㊳也，三侑之弗食㊴也，大昏㊵之未廢齊㊶也，大廟之未內尸㊷也，始絕之未小斂㊸，一也㊹。大路之素幬㊺也，郊之麻絻㊻，喪服之先散麻㊼，一也㊽。三年哭之不反㊾也，清廟之歌一倡而三歎㊿，縣一鐘(51)，尚拊膈(52)，朱弦而通越(53)，一也(54)。

4 凡禮始乎脫(55)，成乎文(56)，終乎稅(57)。故至備(58)，情文俱盡(59)。其次，情文代勝(60)。其下，復情以歸太一(61)。天地以合(62)，日月以明，四時以序(63)，星辰以行，江河以流，萬物以昌，好惡以節(64)，喜怒以當(65)。以為下則順，以為上則明(66)。

【章　旨】以上為第四段，敘禮之三本，著重強調祭禮對尊先祖、隆君師的重要性，指出禮的儀文形式要質樸平實，以體現近古貴本。採自《荀子・禮論》。

【注　釋】❶生　生命。❷本　根本；始源；基礎。❸類　種族。❹偏亡　缺少一方面。❺隆　尊崇。❻王者天太祖　王者祭祖時以始祖配天血食，如周尊后稷為始祖以配天。天，陪天受祭。❼諸侯不敢懷　謂諸侯受命於王，則不敢懷有以始祖配天的想法。懷，思。❽大夫士有常宗　謂大夫、士又是諸侯的支裔，則尊奉諸侯的別子為百世不遷的大宗。別子為大宗，若魯之三桓。《集解》云：「百世不遷者，謂別子之後也。」❾貴賤治　謂親疏貴賤的等差辨析清楚。治，與「亂」相對。這裡指清楚有序。❿得　通「德」。道德。⓫郊疇乎天子　只有天子才有資格舉行郊祭。疇，《荀子》《大戴禮記》均作「止」。張文虎曰：「『疇』當作『時』，『止』與『時』音近，『疇』則因『時』而誤也。」⓬社至乎諸侯二句　社，祭社神。函，包容；包括。自天子以至諸侯都可以立社；大夫士成群可設置里社，故社祭之禮中也包含大夫士階層。⓭所以辨尊者事尊　其用意在於辨別地位尊貴者應該做高階層的事。下三句句式相同。⓮有天下者事七世　王於天下的天子可以追祭七世之祖。《禮記・王制》：「天子七廟，三昭三穆，與太祖之廟而七；諸侯五廟，二昭二穆，與太祖之廟而五；大夫三廟，一昭一穆，與太祖之廟而三，士一廟；庶人祭於寢。」⓯有一國者事五世　一國的諸侯可以追祭五世之祖。⓰有五乘之地者事三世　有能出五乘兵車之采地的大夫可以追祭三世之祖。《集解》引鄭玄曰：「古者方十里，其中六十四井，出兵車一乘，此兵法之賦。」⓱有三乘之地者事二世　有能出三乘兵車之采地的士可以追祭兩世之祖。《穀梁傳》曰：「天子至于士皆有廟。天子七，諸侯五，大夫三，士二，始封之者必為其太祖。」⓲有特牲而食者不得立宗廟　有一牛而耕的庶人不得立宗廟祭祖。⓳積厚者流澤廣　恩德厚者流澤廣遠。積，累積，指累積仁德。⓴大饗上玄尊　大饗，在太廟中合祭遠近祖先神主。通常三年行一次。上，通「尚」。崇尚；重視。玄尊，盛玄酒之器。孔《疏》：「玄酒，謂水也。太古無酒，此水當酒所用。」㉑俎上腥魚　俎，祭祀時所用的一種木製漆飾的陳置祭品的禮器。腥魚，生魚。㉒先大羹　先，意思同「上」，重視。大羹，未調五味的肉汁。㉓貴食飲之本　謂念念不忘上古時先祖們的原始飲食。以水代酒，食用生肉及未經調味的肉湯，為上古時代的飲食習俗。本，楊倞《荀子注》：「本謂造飲食之初。」㉔用薄酒　即指經水代酒。用，酌獻。㉕食先黍稷　向祖先進食首先進獻黍稷。黍稷被古人認為是人類最先栽培種植的農作物。㉖飯稻粱　而後再進稻粱，稻粱是後世發展起來的更精美的食糧。㉗祭嚌先大羹　祭，此指每月對近祖的常祭。嚌先，二字同義，應削其一。《荀子》與《大戴禮記》均無「先」字。俞樾《諸子平議》以為「嚌」是「躋」的壞字。躋是「提升」「提前」的意思，與「先」字相同。㉘飽庶羞　而後才是進獻各種佳肴。庶羞，諸種佳肴。㉙貴本而親用　貴本，即貴飲食之本。指大饗和常祭時陳設玄酒、黍稷、大羹等尊崇始祖的原始飲食。親用，指隨後敬獻給祖先薄酒、稻粱、庶羞等今人所食用的精美食品。㉚貴本之謂文　獻粗食只是儀文的表演。㉛親用之謂理　獻佳肴才是生活的實用。㉜兩者合而成文　文指文理。楊倞《荀子注》：「貴本親用，兩者相合，然後備成文理。」㉝以歸太一　謂大饗和常祭時酌獻的食品合乎貴本親用的儀文禮節，目的是歸本於原始自然。太一，指遠古時代的原始樸素狀態。㉞大隆　至高至盛，盡善盡美。隆，盛；高。㉟豆　古代食器，多用於祭祀。㊱一也　謂一於古。尊之玄酒、俎之生魚、豆之大羹，三者皆貴本之意，故云一也。㊲利爵弗啐　謂在祭祀即將結束時，祝西面告成，佐食者洗爵獻酒於尸，尸酢獻祝，祝舉祭一下就放下來，並不真正喝完，表示祭事已畢。爵，古代酒器。啐，入口飲盡。俞樾曰：「利者謂佐食也。〈有司徹〉篇：『利洗爵獻于尸，尸酢獻祝，祝受祭酒，啐酒奠之。』是其事也。利既獻尸，尸卒爵，酢利，利又獻祝，祝受奠之不啐，示祭事畢也。」（《諸子平議》卷一四）㊳成事俎弗嘗　謂卒哭之祭，祭禮行將結束，尸受祭享時不再嘗俎中生魚。成事，成祭事，特指卒哭之祭。俎弗嘗，《索隱》曰：「既是卒哭之祭，始從吉祭，故受胙爵，而不嘗俎也。」㊴三侑之弗食　勸食者三次勸尸食而不食。侑，勸。《索隱》曰：「禮，祭必立侑以勸尸食，至三飯而後止，每飯有侑一人，故有三侑。既是勸尸，故不相食也。」㊵大昏　大婚禮。昏，同「婚」。㊶廢齊　婚禮未行齋戒告神以前。《荀子》《大戴禮記》「廢」作「發」。盧文弨以為「廢」「發」通用。「發，始也。昏禮，將親迎必先齊。」㊷未內尸　《荀子》「內」作「入」。孔廣森《大戴禮記補注》曰：「謂若饋食尸未入之前，為陰厭也。」陰厭為古代成人死後祭奠的一種儀式。《禮記・曾子問》：「何謂陰厭陽厭？」鄭玄《注》：「祭成人，始設祭于奧，迎尸之前，謂之陰厭。」㊸始絕之未小斂　絕，人去世。小斂，給死者穿衣為小斂，入棺為大斂。㊹一也　以上四句意謂婚禮時，尚未舉行齋戒；在太廟祭祀時，代受祭享的尸尚未入廟；親人剛去世，尚未舉行小斂，三者皆禮之始。㊺素幬　素淨的車帷。㊻郊之麻絻　帝王郊祀時頭戴麻布帽。郊，古代冬至祭天稱郊，夏至祭地稱社。麻絻，麻布帽。絻，此處通「冕」。㊼散麻　小斂時主人散垂於腰間的麻帶。㊽一也　素幬、麻絻、散麻三事均取其質無文飾，亦貴本之意，故云一也。㊾三年哭之不反　古時五種喪服中最重者為斬衰。喪服以粗麻布製成，左右和下邊不縫。臣對天子，子、未嫁女對父母，媳對公婆，承重孫對祖父母，妻對夫，均服斬衰。三年哭之不反，謂服斬衰三年之喪的人，哭聲直放，若往而不返。反，通「返」。㊿清廟之歌一倡而三歎　樂工歌〈清廟〉之詩時，一人始唱，只有三個人隨聲詠歎。清廟，《詩・周頌》篇名。倡，唱，發起；倡導。這裡指開始歌唱。(51)縣一鐘　縣，「懸」之本字，掛。楊倞曰：「縣一鐘，比于編鐘為簡略也。」(52)尚拊膈　拊膈，以韋為之，充之以糠，形如小鼓。郝懿行曰：「尚者，上也。鐘聲宏大，言不貴彼而上此，聲之近質者也。」(53)朱弦而通越　〈禮書序〉「通」作「洞」，意同。《索隱》曰：「大瑟而練朱其弦，又通其下孔，使聲濁且遲。」(54)一也　以上三者均取其質樸平實，近古貴本，故云一也。(55)脫　疏略。(56)文　增飾儀文。(57)終乎稅　三句意謂大凡禮在初始時粗疏簡略，形成後儀文增加，最後達到和悅人情的效果。(58)至備　謂最完美的禮制。(59)情文俱盡　謂情與文兩者都盡善盡美。情，人情。指喪主哀，祭主敬之類。文，指喪祭時的儀文形式。(60)情文代勝　謂情勝文或文勝情。代勝，《大戴禮記》作「迭興」。代，更迭；交替。(61)復情以歸太一　謂忽略儀文，追尋人情之所由，以歸本於遠古時代簡約質樸的形態。(62)天地以合　因此而調和、融洽。(63)四時以序　四季因此而有次序。(64)好惡以節　使人們的好惡感情得以節制。(65)喜怒以當　讓人們的喜怒之情維持在恰當的程度。楊倞曰：「言禮能上調天時，下節人情。若無禮以分別之，則天時人事皆亂也。」(66)以為下則順二句　謂禮用於臣民則萬民和順，用於君王則事事明察。

【語　譯】天地是生命的根本，先祖是種族的根本，君王和師長是治理的根本。無天地怎麼能有生命？無先祖種族由哪來？無君師如何治理？三者缺少其一，就不會有安居樂業的人了。所以禮義的作用，上侍奉天，下侍奉地，尊敬先祖而崇尚君師，這就叫做禮之三本。

2 所以天子祭祖時，以始祖配天血食，而諸侯受命於王，則不敢懷有以始祖配天的想法。大夫、士又是諸侯的支裔，則尊奉諸侯的別子為百世不遷的大宗，這些都是為了辨別親疏貴賤。親疏貴賤辨別清楚，這是道德的根本。郊祭是祭天之禮，只有天子才有資格舉行郊祭；社祭是祭社神之禮，自天子以至諸侯都可以立社；大夫士成群可設置里社，故社祭之禮中也包含大夫士階層。其用意在於辨別地位尊貴者應該做高階層的事，地位低微者應該做低階層的事，應該大的就大，應該小的就小。所以王於天下的天子可以追祭七世之祖，有一國之土的諸侯可以追祭五世之祖，有能出五乘兵車之采地的大夫可以追祭三世之祖，有能出三乘兵車之采地的士可以追祭兩世之祖，有一牛而耕的庶人不得立宗廟祭先祖，其用意在於辨別恩德厚者流澤廣，恩德薄者流澤狹。

3　在太廟中合祭遠近祖先的大饗禮，特別重視盛著水酒的酒樽和擺著生魚的木俎，並以未調五味的肉汁為先，這是表示念念不忘上古時先祖們的原始飲食。舉行大饗禮時，重視盛著水酒的酒樽，同時也酌獻一些淡酒；進食時先上黃米和穀子，隨後又上好米飯和精細的糧食，這就既表現了貴本，而又注意了生活的實用。貴本所獻粗食只是儀文的表演，親用所獻佳肴才是生活的實用。貴本親用，兩者相合，然後備成文理，目的是歸本於遠古時代簡約質樸的形態，這就叫盡善盡美。所以盛水酒的玄樽，擺生魚的木俎，裝未加調料的肉汁瓦豆，三者都是為了追懷太始、不忘本初。宗廟之祭，祭祀即將結束時，祝西面告成，佐食者洗爵獻酒於尸，尸酢獻祝，祝舉祭一下就放下來，並不真正喝完，表示祭事已畢；卒哭之祭，祭禮行將結束，尸受祭享時，不再嘗俎中生魚，勸食者三次勸尸食而不食，表示祭事已畢。婚禮時，尚未舉行齋戒；在太廟祭祀時，代受祭享的尸尚未入廟；親人剛去世，尚未舉行小斂，三者都是禮儀的開始，表示近古貴本，質無文飾。天子出行，車駕上用素淨的車帷；天子冬季祭天，頭戴麻布製的冠冕；父母之喪，小斂時孝子先腰束麻帶，帶端散垂，三者均表示至敬無文，至哀無飾。穿最重的喪服服三年之喪的人，哭聲直放，若往而不返；樂工歌〈清廟〉之詩時，一人始唱，只有三個人隨聲詠歎；奏樂時僅懸掛一鐘，崇尚中間填糠的皮製小鼓，彈奏有紅色絲絃，底下兩孔相通的琴瑟，三者均表示在聲音方面質樸平實，以質為美。

4　大凡禮在初始時粗疏簡略，形成後儀文增加，最後達到和悅人情的效果。所以最完美的禮制，人情與儀文形式都盡善盡美。其次，人情與儀文形式交替勝過對方。最後，忽略儀文形式，追尋人情之所由，以歸本於遠古時代簡約質樸的形態。達到這種形態，則天地融洽，日月明朗，四時更迭有序，星辰運行正常，江河安流，萬物昌盛，好惡有所節制，喜怒調節適當。禮義用於臣民，則萬民和順，用於君王，則事事明察。

1 太史公曰❶：至矣哉❷！立隆以為極，而天下莫之能益損❸也。本末相順❹，終始相應❺，至文有以辨，至察有以說❻。天下從之者治，不從者亂；從之者安，不從者危。小人不能則❼也。

2 禮之貌❽誠深矣，堅白同異❾之察，入焉而弱❿；其貌誠大⓫矣，擅作典制褊陋⓬之說，入焉而望⓭；其貌誠高矣，暴慢恣睢⓮，輕俗以為高之屬，入焉而隊⓯。故繩誠陳⓰，則不可欺以曲直；衡誠縣⓱，則不可欺以輕重；規矩誠錯⓲，則不可欺以方員⓳；君子審禮⓴，則不可欺以詐偽。故繩者，直之至也；衡者，平之至也；規矩者，方員之至也；禮者，人道之極㉑也。然而不法禮㉒者不足禮㉓，謂之無方之民㉔；法禮足禮，謂之有方之士。禮之中，能思索㉕，謂之能慮；能慮勿易㉖，謂之能固㉗。能慮能固，加好之焉㉘聖矣㉙。天者，高之極也；地者，下之極也；日月者，明之極也；無窮㉚者，廣大之極也；聖人者，道之極也。

3 以財物為用㉛，以貴賤㉜為文，以多少為異㉝，以隆殺為要㉞。文貌繁，情欲省，禮之隆也㉟；文貌省，情欲繁，禮之殺也㊱。文貌情欲相為內外表裏㊲，並行而雜㊳，禮之中流㊴也。君子上致其隆㊵，下盡其殺㊶，而中處其中㊷。步驟馳騁，廣騖不外㊸，是以君子之性守宮庭㊹也。人域是域，士君子也㊺；外是，民也㊻。

於是中㊼焉，房皇㊽周浹㊾，曲得其次序㊿，聖人也。故厚者，禮之積也；大者，禮之廣也；高者，禮之隆也；明者，禮之盡也。

【章旨】以上為第五段，寫禮的博大精深及對人生的重要意義，亦採自《荀子．禮論》。

【注釋】❶太史公曰　據《荀子．禮論》，「至矣哉」應緊接上文「以為上則明」。中間橫加「太史公曰」使文意中斷，當為後人妄增。❷至矣哉　主語為禮，承上文省。至，極；頂點；最高境界。❸立隆以為極二句　梁啟雄曰：「言立禮為事物、行為的最高大的準則，有了正確的標準之後，人們不能隨便地加減它。」楊倞曰：「立隆盛之禮以極盡人情，使天下不復更能損益也。」亦通。❹本末相順　謂文理統一與歸復人情依循相應。本，謂文理結合。末，謂歸復人情。順，依循，即周而復始地承續相伴。❺終始相應　謂完備的儀文形式與初始的簡約質樸依循相應。應，與「順」互文見義，義同。❻至文有以辨二句　盡善盡美的儀文形式足以區分尊卑貴賤，最明晰的是非觀念足以慰悅人心。王念孫曰：「『以』猶『而』也，言至文而有別，至察而有說也。《史記》『以有』二字皆倒轉，誤也。」察，分別辨析，昭著明顯。這裡指明辨是非。說，通「悅」。喜悅。❼小人不能則　小人，猶庶人。則，應依《荀子》作「測」，觀察；猜測。意謂君子從禮則安，不從禮則危，庶人不可預測。❽禮之貌　指禮制儀文。貌，面貌，外在形式。❾堅白同異　戰國時惠施、鄧析、公孫龍等辯論的專題。❿入焉而弱　一旦放在一起，就顯出了它的卑弱。弱，《荀子》作「溺」，沉淪。二句謂如將「堅白」、「同異」的分辨，放入禮義之中來探討，它們就站不住腳了。⓫其貌誠大　看起來像是嚇人。⓬褊陋　狹隘淺薄。⓭入焉而望　望，怨恨；責怪。二句意謂一些隨意制作的典制實為褊狹淺薄之說，如將其放到禮義當中來體認，它們就顯得令人憎恨了。⓮暴慢恣睢　傲慢兇惡狂妄放任。⓯入焉而隊　隊，通「墜」。落下。《索隱》曰：「恣睢，猶毀訾也。言訾毀禮者，自取隊滅也。」亦通。⓰繩誠陳　繩墨一旦擺了出來。繩，準繩，工匠用以取直。⓱衡誠縣　只要把權衡懸掛起來。衡，即今所謂秤。⓲規矩誠錯　只要把規矩設置起來。規矩，圓規和直角尺。錯，通「措」。設置。⓳方員　同「方圓」。⓴君子審禮　君子只要仔細把握住明辨是非的禮。審，仔細觀察研究。㉑人道之極　謂區分人類尊卑貴賤的最高準則。㉒法禮　遵守禮制。㉓足禮　王念孫曰：「足禮，謂重禮也；不足禮，謂輕禮也。」㉔無方之民　無道之民。㉕思索　求索。㉖能慮勿易　一直堅持認真思考不變。㉗固　猶篤信，信念堅定。㉘加好之焉　再加上從心眼裡的喜好禮。㉙聖矣　這簡直就可以說是聖人了。㉚無窮　無盡頭；無極限。㉛以財物為用　《荀子》「以」上有「禮者」二字。㉜貴賤　指用以標誌等級身分的車服旗章。㉝以多少為異　多少，指表明身分等級的特殊標誌的數量。異，分別；分開。㉞以隆殺為要　隆，禮品豐厚，盛多。殺，禮品減少，簡省。要，綱要；重要。四句意謂以貢獻問遺的物品作為行禮時的用物，以車服旗章作為分辨貴賤的文飾，以異制多少作為區別上下等差的標準，以禮儀的豐厚或簡約作為判定尊卑等級的重要準則。㉟文貌繁三句　文貌，指禮的表現形式，即禮文儀節之類。情欲，指人之情感的真實流露。三句謂儀文形式繁富，而情感的成分收斂，是禮文隆重的體現。㊱文貌省三句　儀文形式簡略，而情感的成分濃重，是禮文簡約的體現。㊲相為內外表裏　內者裡者為情欲，外者表者為文貌，兩者相輔相成。㊳竝行而雜　王念孫曰：「《爾雅》：『集，會也。』言文禮情用並行而相會也。集、雜古字通。」㊴中流　適中；中和。三句意謂外在的儀文形式與內在的情感成分相為表裡，二者並行融合，是禮文適中的體現。㊵上致其隆　向上極盡禮的豐盛之美（文貌繁，情欲省）。致，極；盡。㊶下盡其殺　向下極盡禮之簡約之用（文貌省，情欲繁）。㊷中處其中　中則曲盡情文，得其中和。中，指文情並行的禮之中流。㊸步驟馳騁二句　猶言無論輕重緩急，都不會超出禮的範疇。廣騖，《荀子》作「厲騖」。厲，疾飛。騖，奔馳。步驟、馳騁、廣騖，三者表示速度不同的行動。㊹君子之性守宮庭　意謂禮為君子的宮庭，君子守之不離。㊺人域是域二句　人居禮中（遵守禮義），就是士君子。前「域」，居住；後「域」，界域。這裡指禮之界域。㊻外是二句　違背禮義，就是無知的庶民。㊼於是中　在禮的範圍內。是，此，指禮。㊽房皇　徘徊周旋。㊾周浹　周密；普遍深入。㊿曲得其次序　曲，曲盡；周密。四句調在禮的範圍中徘徊深入，全面周詳地掌握禮的次序，這就是聖人。

【語　譯】太史公說：到頂點了！建立禮制作為事物、行為的最高準則，有了正確的標準後，人們就不能隨便地增減它。文理統一與歸復人情依循相應，完備的儀文形式與初始的簡約質樸依循相應，盡善盡美的儀文形式足以區分尊卑貴賤，最明晰的是非觀念足以慰悅人心。天下的君子遵從禮義則大治，不遵從禮義則昏亂；遵從禮義就安定，不遵從禮義就危險。至於庶人，是不能預測的。

2　禮制的儀文形式是深厚的，「堅白」、「同異」的分辨，進入禮義之中來探討，它們就站不住腳了；禮制的儀文形式看起來是很嚇人的，一些隨意制作的典制而實為褊狹淺薄之說，放到禮義當中來體認，它們就顯得令人憎恨了；禮制的儀文形式是高深的，傲慢、兇惡、狂妄、放任、輕視世俗、自以為高的人，納入禮義中來檢驗，他們就自慚墜滅了。所以只要把繩墨陳列出來，就不可能在曲直方面受到欺騙；只要把權衡懸掛起來，就不可能在輕重方面受到欺騙；只要把規矩設置起來，就不可能在方圓方面受到欺騙；君子只要仔細把握住明辨是非的禮，就不可能在狡詐虛偽面前受到欺騙。所以，繩是直的最高準則，秤是平的最高準則，規矩是方和圓的最高準則，禮是區分人類尊卑貴賤的最高準則。那麼，不遵守禮義的人實際上是輕視禮，這種人可稱做沒有道義的人；遵守禮重視禮的人，可稱做有道義的人。在禮義的範圍之內能不斷求索，叫做善於思考；善於思考又不改變，叫做信念堅定。善於思考又信念堅定，加上由衷的愛好那就是聖人了。天是高的準則，地是低的準則，日月是光明的準則，無窮無盡是廣大的準則，聖人是道德禮義的準則。

3 以貢獻問遺的物品作為行禮時的用物，以車服旗章作為分別貴賤的文飾，以異制多少作為區別上下等差的標準，以禮儀的豐厚或簡約作為判定尊卑等級的重要標準。儀文形式繁富，而情感的成分收斂者，是禮文隆重豐厚的體現；儀文形式簡約，而情感的成分豐富者，是禮文簡省的體現。外在的儀文形式與內在的情感成分相為表裡，二者並行融合，是禮文中和的體現。作為君子，上則充分利用禮文豐盛之美，下則充分體會禮文簡約之用，中則曲盡情文，得其文情並行的禮之中和。無論輕重緩急，都不會超出禮的範疇，所以君子守禮，就如同守宮庭一樣，不離不棄。人能置身於禮的領域中，就是有志節操守的君子了；置身於禮的領域之外，就是無知的庶民了。在這個禮的領域中徘徊深入，全面周詳地掌握了禮的規矩次序，這就是聖人。因此，聖人所以德厚，是學習禮的長期積累的結果；聖人所以偉大，是學習禮的範圍廣博的結果；聖人所以崇高，是對於禮的修養深厚的結果；聖人所以英明，是涉及到禮的所有領域的結果。

【研　析】晉人張晏認為〈禮書〉是《史記》十篇「有錄無書」者之一，但後代長期以來的流行本《史記》中卻分明存有〈禮書〉，對於這個問題如何解釋，學者們的看法不一。有人採取斷然否定，認為全篇都是後人所偽造；也有人認為本篇前面的序言仍是司馬遷所作，只有正文部分是後人節取《荀子》中所拼湊；也有人不僅認為序言是司馬遷所作，連正文的節取《荀子》也是司馬遷自己所為，這是一些暫放在那裡尚未加工改寫的原始資料。我們大體同意序言是司馬遷所作，至於其正文部分的雜引《荀子》則難以定論。從其現存的文字中有「事在〈袁盎〉語中」以及「今上即位」云云，可知宋人呂祖謙把〈禮書〉、〈樂書〉這種狀況，都看作是司馬遷自己的羅列材料，是一種「草具而未成者」，似乎也有一定道理。

司馬遷在這篇作品的序言中論述了「禮」的發生、功用及其發展的歷史，其中包含了司馬遷學術思想體系中三個重要方面的內容：一、它表明了司馬遷對儒家禮制的基本看法和他政治觀及學術思想所受的荀子的深刻影響；二、它回顧了禮制從西周至西漢的變化過程，體現了司馬遷「世異備變」的歷史進化觀和辯證法思想；三、司馬遷作八書的目的是記載歷代改制的情況以「承敝通變」，從而探索西漢改制的成敗，而定禮樂以明等級則是改制的核心內容。因此，司馬遷作「八書」以〈禮書〉為首，在漢初改制及建立大一統王朝統治秩序中具有重要的現實意義。

正文從「禮由人起」至「是儒墨之分」，採自《荀子・禮論》；從「治辨之極也」至「刑措而不用」，採自《荀子・議兵》；從「天地者，生之本也」至篇末「明者，禮之盡也」，也是採自《荀子・禮論》。討厭的是在引文「至矣哉」前加了「太史公曰」四字，魚目混珠，以《荀子》原文冒充司馬遷的論贊，確係後世妄人之所為。

卷二十四

樂書第二

【題　解】儒家理想的「盛世」據說都是靠「禮」「樂」治國的，司馬遷生活在武帝尊儒的時代，自然也必須把「禮」「樂」置於國家各項制度的前面，所以第一篇講了「禮」，第二篇就得講「樂」。司馬遷在〈太史公自序〉中說到他寫〈樂書〉的目的時說：「樂者，所以移風易俗也。自〈雅〉〈頌〉聲興，則已好鄭衛之音，鄭衛之音所從來久矣。人情之所感，遠俗則懷。比〈樂書〉以述來古，作〈樂書〉第二。」他是要研究音樂自古以來的發展變化，以及樂與禮相結合在治理國家過程中發揮作用的情形。但現存的〈樂書〉不是完整的既定之作，其開頭部分是本篇的序，講述了「樂」的政治功用、陶冶作用、及其發展變化的歷程，多數人認為這個部分是司馬遷的原作。其後面大篇幅的正文則是雜引了《禮記・樂記》中的許多段落雜湊而成。對此，多數人都認為是後人所為，也有人認為是司馬遷自己暫時輯錄的資料，尚未來得及寫成文章。

1 太史公曰：余每讀虞書❶，至於君臣相敕❷，維是幾安❸，而股肱❹不良，萬事墮壞❺，未嘗不流涕也❻。成王作頌❼，推己懲艾❽，悲彼家難❾，可不謂戰戰恐懼❿，善守善終哉！君子不為約則修德，滿則弃禮，佚能思初，安能惟始，沐浴膏澤而歌詠勤苦⓫，非大德誰能如斯！

2 傳曰：「治定功成，禮樂乃興⑫。」海內人道⑬益深，其德益至⑭，所樂者益異。滿而不損則溢，盈而不持則傾⑮。凡作樂者，所以節樂。君子以謙退為禮，以損減為樂，樂其如此也。以為州異國殊，情習⑯不同，故博采風俗，協比聲律⑰，以補短移化⑱，助流⑲政教。天子躬於明堂臨觀，而萬民咸蕩滌邪穢，斟酌飽滿，以飾厥性⑳。故云雅、頌㉑之音理㉒而民正，嘄噭之聲㉓興而士奮，鄭、衛之曲㉔動而心淫。及其調和諧合，鳥獸盡感㉕，而況懷五常㉖，含好惡，自然之勢也！

3 治道虧缺，而鄭音興起，封君世辟㉗，名顯鄰州，爭以相高㉘。自仲尼不能與齊優遂容於魯㉙，雖退正樂㉚以誘世，作五章㉛以刺時，猶莫之化。陵遲㉜以至六國，流沔沉佚㉝，遂往不返㉞，卒於喪身滅宗，并國於秦。

4 秦二世㉟尤以為娛。丞相李斯㊱進諫曰：「放弃詩、書㊲，極意聲色，祖伊㊳所以懼也；輕㊴積細過，恣心㊵長夜，紂㊶所以亡也。」趙高㊷曰：「五帝、三王，樂各殊名㊸，示不相襲。上自朝廷，下至人民，得以接歡喜，合殷勤㊹。非此和說不通，解澤不流㊺，亦各一世之化，度時之樂，何必華山之騄耳而後行遠乎㊻？」二世然之。

5 高祖過沛，詩三侯之章㊼，令小兒歌之。高祖崩，令沛得以四時歌儛宗廟。

孝惠、孝文、孝景無所增更，於樂府[48]習常肄舊而已[49]。

6 至今上即位，作十九章[50]，令侍中李延年[51]次序其聲，拜為協律都尉[52]。通一經之士不能獨知其辭，皆集會五經家，相與共講習讀之，乃能通知其意，多爾雅之文[53]。

7 漢家常以正月上辛祠太一甘泉[54]，以昏時夜祠，到明而終。常有流星經於祠壇上。使僮男僮女七十人俱歌。春歌青陽，夏歌朱明，秋歌西暤，冬歌玄冥。世多有，故不論[55]。

【章　旨】以上為第一段，是本篇的序，闡述了音樂的政治功用、陶冶作用及其發展的歷史過程。是司馬遷的原文。

【注　釋】❶虞書　《尚書》的一部分，包括〈堯典〉、〈皋陶謨〉，主要記載堯、舜、禹等人的事跡。這裡指〈皋陶謨〉。為後世人追記的舜、禹、皋陶三人討論政務之語，兼及朝會樂舞歌詩之盛況。❷敕　告誡；勉勵。❸維是幾安　因此獲得了大致的安定。是，此，指舜禹君臣的相互告誡。幾，近；大致。❹股肱　喻帝王左右得力大臣。股，大腿。肱，手臂從肘至腕的部分。❺萬事墮壞　謂國事敗壞。墮，通「隳」。毀壞。據《尚書・皋陶謨》與〈夏本紀〉，皋陶當時曾作歌曰：「元首明哉，股肱良哉，萬事康哉！元首叢脞哉，股肱惰哉，萬事墮哉！」即此數句所本。❻未嘗不流涕也　流涕，落淚。史珥曰：「發端數語便俯仰百代，神駿不可羈勒。」❼成王作頌　成王，周成王姬誦。周武王之子，西周第二代君王。頌，《詩經・周頌》。是西周宗廟祭祀時用來伴舞的樂歌。這裡指〈周頌〉之〈小毖〉一詩。周成王年少即位，周公攝政，管叔、蔡叔散布流言以離間成王與周公的關係，聯合武庚和東夷發動叛亂，成王先是懷疑周公，後來悔悟又將周公迎回，作〈小毖〉之詩以自責。詩中用「予其懲而毖後患」，「自求辛螫」和「未堪家多難，予又集于蓼」等語來懲戒自己往日誤信流言，致國危迫。❽推

己懲艾　謂從自己的失敗中吸取教訓。懲艾，受懲創而戒懼，即吸取失敗教訓。艾，通「乂」。懲戒。❾家難　家族內部叛亂帶來的危難，指管、蔡之亂。❿戰戰恐懼　戰戰兢兢，謹慎不安的樣子。⓫君子不為約則修德五句　意謂君子不因貧困才修養道德、不因富足而放棄禮儀，逸樂時想著初起時的艱辛，平安時不忘創業時的危險，沐浴在幸福之中而念及從前的勞苦。約，不足；困窮。與下文「滿」字相對成文。禮，古代階級社會規定人的社會行為的法則、規範、儀式。佚，通「逸」。安樂。膏澤，滋潤萬物的甘霖，以喻恩惠。⓬傳曰治定功成三句　語出《禮記・樂記》，原文是「王者功成作樂，治定制禮」。⓭人道　人的道德規範。⓮至　指最高境界。⓯滿而不損則溢二句　損，減少。溢，流出。持，執；端好。傾，翻。⓰情習　民情習俗。⓱協比聲律　協比，條理；組合。聲律，指宮、商、角、徵、羽五聲，和黃鍾、太簇、姑洗、蕤賓、夷則、無射六律。⓲補短移化　補救缺失，改變教化。⓳助流　佐助推行。流，流布；推廣。⓴天子躬於明堂臨觀四句　意謂天子親自到明堂觀賞，而萬民也都在音樂的陶冶下清除心靈的汙濁，從音樂中吸取教益，使精神飽滿，以修養自己的情操。躬，親自。明堂，古代帝王宣示政教之所，凡朝會、祭祀、慶賞、選士、養老等大典都在此舉行。蕩滌，沖洗淨盡。斟酌，注酒於杯，引申為吸取。飾，裝飾；修整。厥，其。性，德性；涵養。㉑雅頌　《詩經》中兩個部分的名稱，也是古代樂歌分類的名稱。周王朝直接統治地區的樂歌稱「雅」，用於宗廟祭祀時伴舞的樂歌稱「頌」，都是所謂「正樂」。㉒理　整理；治理。《論語・子罕》：「子曰：『吾自衛返魯，然後樂正，〈雅〉、〈頌〉各得其所。』」㉓噭噭之聲　激奮的呼叫聲。㉔鄭衛之曲　春秋時鄭國、衛國一帶的俗樂。本指音調與雅樂不同的地方音樂而言，儒家以《論語・衛靈公》有「鄭聲淫」之語，遂附會鄭聲為《詩》之〈鄭風〉。又因《詩》之〈鄭風〉、〈衛風〉多表現男女愛情，因以「鄭衛之音」代指放蕩淫邪的樂歌和文學作品。㉕鳥獸盡感　《尚書》之〈堯典〉、〈皋陶謨〉載，堯、舜曾命夔為樂官，主持音樂，由於音樂演奏得「八音克諧」，優美動聽，引來「鳥獸蹌蹌」，「鳳皇來儀」，「百獸率舞」。㉖五常　指仁、義、禮、智、信，儒家以五者為人類的基本道德原則。此外，也有以君臣、父子、兄弟、夫婦、朋友五種倫理關係為五常者。㉗封君世辟　指諸侯國君。封君，領有封地的貴族。世辟，猶世君，世代相襲的國君。辟，國君。㉘爭以相高　爭以鄭聲相誇耀。㉙自仲尼不能與齊優遂容於魯　孔子任魯國司寇，齊國認為魯國強盛將是齊國的威脅，遂贈魯定公女樂八十人，孔子以為愛淫樂者必導致政治腐敗。季桓子接受了女樂，三日不聽政，於是孔子離開魯國。優，歌舞伎。遂容，並立；共處。㉚退正樂　退而整理音樂。㉛五章　有人以為即指〈孔子世家〉所載孔子臨行所作之歌：「彼婦人之口，可以出走。彼婦人之謁，可以死敗。優哉游哉，聊以卒歲。」梁玉繩認為「五章」不知所指，即便如〈孔子世家〉所載，也只是五章之一，不能包括五章。㉜陵遲　衰落。㉝流沔沉佚　放縱；沉溺。㉞不返不能歸於正道。㉟秦二世　名胡亥，秦始皇的第十八子，西元前二〇九－前二〇七年在位。㊱李斯　秦始皇的丞相，佐秦統一天下有大功。㊲放弃詩書　瀧川曰：「李斯所焚止民間《詩》《書》，蓋懼黔首以古非今也，而官府舊藏仍存，且其言見便而發，前後往往相異，見本傳所記可以觀矣。放棄《詩》《書》之諫，史公所記，未必失其實。」㊳祖伊　商紂時的賢臣，曾勸紂王不要淫於聲色，暴虐於民，紂不聽。㊴輕　不重視。㊵恣心　放縱情欲。㊶紂　又稱帝辛，商朝的末代帝王，西元前一〇四六年被周武王所滅。㊷趙高　秦始皇寵幸的宦官，始皇死後，趙高伙同李斯殺扶蘇、立胡亥，推行一系列倒行逆施的政策導致秦朝滅亡。㊸五帝三王樂各殊名二句　《漢書・禮樂志》載：「黃帝作〈咸池〉，顓頊作〈六莖〉，帝嚳作〈五英〉，堯作〈大章〉，舜作〈招〉，禹作〈夏〉，湯作〈濩〉，武王作〈武〉。」五帝，司馬遷指黃帝、顓頊、帝嚳、唐堯、虞舜。㊹接歡喜二句　交流歡樂的感情，融洽親切的情意。㊺和說不通二句　和樂的感情不能相通，推行的恩澤不能傳布。說，通「悅」。解澤，散布恩澤。㊻亦各一世之化三句　不同時代有不同時代的教化，各有適合時代需求的音樂，為什麼非得華山的駿馬騄耳才能走得快呢？騄耳，亦作「綠耳」，良馬名。㊼三侯之章　即〈大風歌〉：「大風起兮雲飛揚，威加海內兮歸故鄉，安得猛士兮守四方！」「侯」、「兮」同為語辭，此詩有三「兮」字，故稱「三侯之章」。㊽樂府　主管音樂的機關。漢惠帝時已有樂府令，武帝時始立樂府，掌管宮廷、巡狩、祭祀所用的音樂，也採民歌以配樂。㊾習常肄舊而已　意即經常練習。㊿十九章　指〈郊祀歌〉。《漢書・禮樂志》著錄〈郊祀歌〉十九章為：〈練時日〉、〈帝臨〉、〈青陽〉、〈朱明〉、〈西顥〉、〈玄冥〉、〈惟泰元〉、〈天地〉、〈日出入〉、〈天馬〉、〈天門〉、〈景星〉、〈齊房〉、〈后皇〉、〈華爗爗〉、〈五神〉、〈朝隴首〉、〈象載瑜〉、〈赤蛟〉。(51)侍中李延年　侍中，皇帝的侍從官員。李延年，西漢武帝時的音樂家。(52)協律都尉　漢武帝為李延年特設的官職，佩二千石印綬，出入宮中，承旨譜曲。(53)爾雅之文　近乎典雅純正之文。雅，正。(54)以正月上辛祠太一甘泉　元鼎五年（西元前一一二年）漢武帝在甘泉宮立泰畤壇以祭天。祭日定為正月上旬的辛日。太一，神名。即天帝。甘泉，宮名，在今陝西淳化西北甘泉山。(55)世多有二句　言四時歌世上多有其詞，故於此不再論載。

【語　譯】太史公說：我每次讀〈虞書〉，讀到君臣互相勉勵，獲得了國家大致的安定，而左右大臣卻失於職守，致使國事敗壞的內容時，沒有不痛心落淚的。周成王作〈周頌〉的〈小毖〉，從自己的失敗中吸取教訓，痛惜家族帶來的患難，這難道不可以說是戰戰兢兢，謹慎不安，善於守成，又善於保持完美結局的帝王嗎！君子不因貧困才修養道德，不因富足而放棄禮儀，逸樂時想著初起時的艱辛，平安時不忘創業時的危險，沐浴在幸福之中而念及從前的勞苦，要是沒有高尚的品德，誰能做到這一步呢！

2 古代的《禮書》上說：「政治安定，大功告成，制禮作樂的事業才會興盛。」四海之內，人們的道德規範愈是完善，人們的道德修養愈能達到最高境界，人們所追求的娛樂也就愈不相同。水滿而不減損就會泛溢，器滿而不扶持就會傾覆。大凡作樂的本意是為了節制人們的快樂。君子以謙遜退讓為制禮的準則，以節制私慾為作樂的準則，音樂就這樣產生了。君子認為各州各國的環境不同，民情習俗的情況也不相同，所以作樂時廣泛搜集各地民間歌謠，調和聲律的高低清濁組合成樂歌，用以補救時弊，移風易俗，幫助推行政令教化。天子親自到明堂觀賞，而萬民也都在音樂的陶冶下清除心靈的汙濁，從音樂中吸取教益，使精神飽滿，以修養自己的情操。所以說〈雅〉、〈頌〉那樣的音樂得到整理，民風就端正了；激奮的呼叫聲一興起，士卒就振奮了；鄭國、衛國那樣的歌曲一唱起，人心就流於放蕩了。而當樂聲和諧協調產生共鳴時，連鳥獸都要受到感染，更何況心懷五常之德，含有好惡之情的人呢！這是自然的趨勢啊！

3 政治敗壞之後，導致鄭音的興起，那些領有封地的貴族和世代相襲的國君，在鄰國赫赫有名，都爭以鄭音相誇耀。孔子自從不能忍受和齊國贈送的歌女在魯國共處的屈辱，儘管退隱下來，整理詩樂，以勸戒世人，並創作了五章詩歌以諷刺時政，也沒能使那些人發生變化。這樣，逐漸衰落，到了戰國時代，東方六國的統治者都沉湎於安逸頹廢的生活之中，不能回歸正道，終於喪身滅族，被秦國吞併了。

4 秦二世尤其沉溺於聲色。丞相李斯進言規勸說：「拋棄《詩》、《書》，醉心聲色，這是祖伊所懼怕的事情；不注意細小的過失，通宵達旦地放縱情慾，這是商紂亡國的原因。」趙高說：「五帝、三王的時代，他們當時的音樂各有不同的名稱，是為了表示不相沿襲的意思。上自朝廷，下至人民，都能靠它來交流歡樂的感情，融洽親切的情意。否則和樂的感情不能相通，推行的恩澤不能傳布，這也是一個時代有一個時代的教化，各有適合時代要求的音樂，為什麼一定是華山的駿馬騄耳才能走得遠呢？」二世贊成他的說法。

5 高祖路過家鄉沛縣時，作了〈三侯之章〉，叫當地兒童歌唱。高祖駕崩後，按照他的遺命讓沛縣按四季在他的宗廟裡歌唱舞蹈。孝惠帝、孝文帝、孝景帝沒有什麼擴大改變，只是讓樂工們在樂府裡經常練習這些舊的樂章罷了。

6 到當今皇上即位，作〈郊祀歌〉十九章，命侍中李延年譜曲，並任命他為協律都尉。僅通曉一種經書的人，還不能單獨理解歌詞的涵義，必須集中通曉「五經」中每一經的專家，一起討論研讀，才能完全理解它的涵義，因為歌詞中使用了許多古雅純正的文字。

7 漢家常常於正月上旬的辛日，在甘泉宮祭祀太一神，從黃昏時開始夜祭，到天亮時結束。祭祀時常有流星經過祭壇上空。於是令童男童女七十人一齊唱歌。春季唱〈青陽〉，夏季唱〈朱明〉，秋季唱〈西皞〉，冬季唱〈玄冥〉。這些歌詞，社會上多有流傳，所以這裡就不再細說了。

又嘗得神馬渥洼水中❶，復次❷以為太一之歌。歌曲曰：「太一貢兮天馬下❸，霑赤汗兮沫流赭❹。騁容與❺兮跇❻萬里，今安匹❼兮龍為友。」後伐大宛❽，得千里馬。馬名蒲梢，次作以為歌。歌詩曰：「天馬來兮從西極，經萬里兮歸有德❾。承靈威兮降外國，涉流沙兮四夷服❿。」中尉汲黯⓫進曰：「凡王者作樂，上以承祖宗，下以化兆民。今陛下得馬，詩以為歌，協於宗廟⓬，先帝百姓豈能知其音邪？」上默然不說。丞相公孫弘⓭曰：「黯誹謗聖制，當族⓮。」

【章旨】以上文字也是〈樂書〉序的一部分，但用語多與史事不合，似為後人所增竄。

【注釋】❶得神馬渥洼水中　《集解》引李斐曰：「南陽新野有暴利長，當武帝時遭刑，屯田燉煌界，人數於此水旁見群野馬，中有奇異者，與凡馬異，來飲此水旁。利長先為土人持勒靽於水旁，後馬玩習，久之，代土人持勒靽收得其馬獻之。

欲神異此馬，云從水中出。」渥洼水，在今甘肅敦煌西南漢龍勒故址南。其水源於當金山，北流至龍勒故城南匯為澤，復北流入沙漠。❷次　編排；譜寫。❸太一貢兮天馬下　有曰「貢」應作「貺」，賜，乃天所賜。❹霑赤汗兮沫流赭　身上冒出血色的汗珠，口中流出赭色的唾津。霑，沾濡；潤澤。赭，赤色。❺容與　從容自得的樣子。❻跇　超逾；跨越。❼安匹　什麼能與牠相比。匹，敵，相配。❽伐大宛　事在太初四年（西元前一〇一年）。大宛，西域古國名，國都貴山城（今烏茲別克斯坦卡散賽）。❾有德　有德之人，指漢武帝。❿四夷服　指漢武帝打敗匈奴，討平朝鮮、南越、閩越、西南夷，並在其地設郡事。按：此「西極天馬」歌與前述〈太一之歌〉均屬〈郊祀歌〉第十章之〈天馬〉歌，然後者較前者尚少「志俶儻」以下四句。⓫中尉汲黯　中尉，官名，掌京師治安。汲黯，武帝時的直臣，事跡詳見〈汲鄭列傳〉，但本傳中無汲黯為中尉事。⓬協於宗廟　演奏於宗廟。協，和諧音律，這裡用如動詞。⓭丞相公孫弘　武帝時人，以長於《公羊春秋》而得拜相封侯，是司馬遷最厭惡的人物之一。⓮誹謗聖制二句　詆毀皇帝的命令，應判以滅族之罪。梁玉繩曰：「考馬生渥洼水，作歌在元鼎四年（西元前一一三年）之秋；獲宛馬作歌，在太初四年（西元前一〇一年）之春，而公孫弘卒於元狩二年（西元前一二一年）三月，不但渥洼、大宛事不及見，即不作歌詩之余吾馬亦不及見（得余吾馬在元狩二年夏），安得有『誹謗聖制』之譖哉！黯未嘗為中尉之官，得渥洼馬時，黯在淮陽為太守，無緣面譏武帝。得大宛馬時黯卒已十二年，又安得『誹謗聖制』哉？」

【語　譯】此外，還曾經從渥洼水中得到一匹神馬，於是又編次了一首〈太一之歌〉。歌曲說：「太一恩賜啊，天馬降臨；冒出赤色的汗珠啊，流著赭色唾津；從容馳騁啊，超越萬里；誰能和牠比肩啊，只有龍和牠並進齊奔。」後來討伐大宛國，得到千里馬。馬的名稱為「蒲梢」，為此又編次了一首歌，歌詩說：「天馬到來啊，來自極遠的西方；途經萬里啊，歸屬有德的人；依賴上天的神威啊，降伏異域；跨越大漠啊，四夷順服。」中尉汲黯進諫說：「大凡帝王作樂，對上，用它來奉祀祖宗；對下，用它來教化萬民。現在陛下獲得神馬，竟然為牠編次詩來歌唱，並在宗廟裡演奏，先帝和百姓難道能聽懂這種音樂嗎？」皇上沉默了，心裡很不高興。丞相公孫弘說：「汲黯誹謗皇上的意旨，罪該滅族。」

1 凡音之起，由人心生❶也。人心之動，物使之然❷也。感於物而動，故形於聲❸。聲相應，故生變❹，變成方，謂之音❺。比音而樂之❻，及干戚、羽旄，謂之樂也❼。樂者，音之所由生也，其本在人心感於物也❽。是故其哀心感者，其聲噍以殺❾；其樂心感者，其聲嘽以緩❿；其喜心感者，其聲發以散⓫；其怒心感者，其聲麤以厲⓬；其敬心感者，其聲直以廉⓭；其愛心感者，其聲和以柔⓮。六者非性也，感於物而後動⓯，是故先王慎所以感之⓰。故禮以導其志，樂以和其聲，政以壹其行，刑以防其姦。禮樂刑政，其極一也⓱，所以同民心而出治道⓲也。

2 凡音者，生人心⓳者也。情動於中，故形於聲，聲成文謂之音⓴。是故治世之音安以樂，其正㉑和；亂世之音怨以怒，其正乖㉒；亡國之音哀以思㉓，其民困。聲音之道，與正通矣。

3 宮為君，商為臣，角為民，徵為事，羽為物㉔，五者不亂，則無怗懘㉕之音矣。宮亂則荒㉖，其君驕；商亂則搥㉗，其臣壞；角亂則憂，其民怨；徵亂則哀，其事勤㉘；羽亂則危㉙，其財匱㉚。五者皆亂，迭相陵㉛，謂之慢㉜。如此則國之滅亡無日㉝矣。

4 鄭、衛之音，亂世之音也，比㉞於慢矣。桑間、濮上之音㉟，亡國之音也。

其政散[36]，其民流[37]，誣上行私[38]而不可止。

5 凡音者，生於人心者也；樂者，通於倫理者也[39]。是故知聲而不知音者，禽獸是也；知音而不知樂者，眾庶[40]是也。唯君子為能知樂。是故審[41]聲以知音，審音以知樂，審樂以知政，而治道備[42]矣。是故不知聲者不可與言音，不知音者不可與言樂。知樂則幾於禮矣[43]。禮樂皆得，謂之有德。德者得也[44]。

6 是故樂之隆，非極音也；食饗之禮，非極味也[45]。清廟之瑟[46]，朱弦[47]而疏越[48]，一倡而三歎[49]，有遺音者矣[50]。大饗[51]之禮，尚玄酒[52]而俎腥魚[53]，大羹不和[54]，有遺味者矣[55]。是故先王之制禮樂也，非以極口腹耳目之欲也，將以教民平好惡[56]而反人道之正[57]也。

7 人生而靜，天之性[58]也。感於物而動，性之頌[59]也。物至知知，然後好惡形[60]焉。好惡無節於內，知誘於外，不能反己[61]，天理[62]滅矣。夫物之感人無窮，而人之好惡無節，則是物至而人化物[63]也。人化物也者，滅天理而窮人欲[64]者也。於是有悖逆[65]詐偽之心，有淫佚[66]作亂之事。是故彊者脅[67]弱，眾者暴[68]寡，知者詐愚，勇者苦[69]怯[70]，疾病不養，老幼孤寡不得其所[71]，此大亂之道也。

8 是故先王制禮樂，人為之節[72]。衰麻[73]哭泣，所以節喪紀[74]也；鐘鼓干戚，所以和安樂也；婚姻冠笄[75]，所以別男女也；射鄉食饗[76]，所以正交接[77]也。禮節民心，樂和民聲，政以行之，刑以防之。禮樂刑政四達而不悖[78]，則王道備矣。

【章　旨】以上為第二段，取自《禮記・樂記》之〈樂本〉章。論述音樂的本源問題。首論音樂產生於人心之「感於物而動」，次論音樂的變化反映政治的治亂興衰，再論音樂具有節制人欲的道德調節作用，及禮樂政刑四者配合的關係。

【注　釋】❶凡音之起二句　大凡「音」之初起，皆由人心而生。這裡所說的「音」是與「聲」、「樂」相對的一個概念，陳澔《禮記集說》以「音」為「樂音」比較恰當。一般來說聲形成規律，和諧悅耳叫樂音。鄭玄《禮記注》云：「宮、商、角、徵、羽雜比曰音，單出曰聲。」❷人心之動二句　人心之所以動，是由感受外物引起的。❸感於物而動二句　人心感受外物而發生變動，就表現為「聲」。形，猶見也。即表現；體現。❹聲相應二句　「聲」互相應和，因而發生變化。❺變成方二句　變化有一定的規則，就叫做「音」。方，指一定的組織形式和規律。❻比音而樂之　把不同的「音」組織起來，並演奏出來。比，依次連綴，排列組織。❼及干戚羽旄二句　再配上用道具表演的舞蹈，這就是「樂」。干戚，盾牌和斧頭，武舞所執。羽旄，雉羽和旄牛尾，文舞所執。樂，指旋律；曲調。若干樂音的有組織進行稱旋律或曲調。這裡以曲調配舞、聲容畢具為樂。❽樂者三句　「樂」是由「音」組合而成的，而其本質則是人心感受外物而發生的變動。❾其哀心感者二句　感受外物而產生的悲哀情緒，發出的「聲」是急迫而短促的。噍，急促。殺，短促。古以「噍殺」形容聲音急促。❿嘽以緩　寬舒而和緩。⓫發以散　昂揚而爽朗。方愨《禮記集解》：「發則宣出而無留遺，散則四暢而無鬱積。」⓬麤以厲　麤，通「粗」。陳澔《禮記集說》：「粗以厲者，高急而近於猛暴也。」⓭直以廉　剛正而有鋒芒。廉，稜角；鋒利。⓮和以柔　和順而溫柔。⓯六者非性也二句　這六種情緒都不是人心天生具有的，而是人心感受外物而發生的變動。⓰先王慎所以感之　古代聖王對觸動人心的外物非常重視。⓱禮樂刑政二句　禮、樂、刑、政四者的終極目標是一致的。⓲同民心而出治道　統一民心，建立太平盛世的秩序。⓳生人心　生於人心。⓴聲成文謂之音　把不同的聲排比組織起來就是音。㉑正　同「政」。㉒乖　乖戾；背離；抵觸。這裡指政治的混亂。㉓思　憂愁；悲傷。㉔宮為君五句　宮、商、角、徵、羽是中國五聲音階中的五個音級（相當於現在簡譜的1、2、3、5、6），稱「五音」或「五聲」。㉕沾懘　衰敗，不和諧。㉖荒　迷亂；享樂過度。㉗搥　《禮記》、《說苑》作「陂」。陂，通「詖」。偏頗不正，引申為邪僻；邪佞。㉘其事勤　指勞役繁重。㉙危　兇險不安。㉚匱　缺乏；貧困。㉛迭相陵　交替侵凌，互相衝突。㉜慢　輕忽；怠慢。㉝無日　不久；沒幾天。㉞比　接近；類似。㉟桑間濮上之音　鄭玄《禮記注》：「濮水之上，地有桑間者，亡國之音，於此之水出也。昔殷紂使師延作靡靡之樂，已而自沉於濮水。」《漢書・地理志下》：「衛地有桑間濮上之阻，男女亦亟聚會，聲色生焉，故俗稱鄭衛之音。」後又以桑間濮上代指男女幽會之處。㊱散　散亂；無章法。㊲流　流徙；流亡。㊳誣上行私　謂臣下欺罔君上，徇私舞弊。誣，誣罔；欺騙。㊴樂者二句　樂是和各類事物的道理息相通的。倫理，事物的條理、秩序。㊵眾庶　眾民；普通人。㊶審　審察；辨別。㊷治道備　完全掌握治國的道理。㊸幾於禮矣　差不多了解禮了。幾，接近；差不多。㊹德者得也　有德，就是對禮樂皆有深切的體會和心得。㊺樂之隆四句　陳澔《禮記集說》云：「樂之隆盛，不是為極聲音之美；食饗禘祫之重禮，不是為極滋味之美。蓋樂主於移風易俗，而祭主於報本反始也。」隆，隆重；盛大。極，頂點。食饗，即下文之「大饗」。㊻清廟之瑟　周人大祭時在清廟演奏樂曲所用之瑟。清廟，即宗廟。古代天子諸侯祭祀祖先的處所。《詩・周頌》有〈清廟〉篇，〈詩序〉謂「祀文王也」。㊼朱弦　瑟上採用朱紅色絲絃，以使聲音重濁。㊽疏越　疏通瑟底之孔，以使聲音遲緩。越，瑟底孔。㊾一倡而三歎　宗廟奏樂，一人始唱，三人讚歎而應和之。倡，亦作「唱」，發起；倡導，這裡指開始歌唱。㊿有遺音者矣　這樣才能保持古代先王的「遺音」。(51)大饗　也作「大享」。在太廟中合祭遠近祖先神主，通常三年舉行一次。(52)玄酒　大饗時所用代酒的水。古本無酒，以水代之。大饗用玄酒，有不忘先祖之意。在五行中「水」與「北」、與「黑」相配，故謂「水」曰「玄酒」。(53)俎腥魚　俎，大饗時所用的一種木製漆飾的陳置祭品的禮器。腥魚，生魚。(54)大羹不和　鄭玄《禮記注》：「大羹，肉湆，不調以鹽菜。」即未調五味的肉汁。大，通「太」。和，調和。(55)有遺味者矣　這樣才能保持著古代先王的「遺味」。按：用清淡的食品祭祀先祖，亦表示不忘古代的本色。(56)平好惡　調節自己的好惡之情。平，平衡；調節；控制。(57)反人道之正　回歸先王純正的人生道路。反，通「返」。返回；恢復。(58)天之性　自然形成的本性。(59)性之頌　頌，同「容」。儀容，引申為表現。(60)物至知知二句　遇到外界事物，用人的心智去接觸它，然後就對它形成了喜愛或厭惡的感覺。後「知」當從王引之訓為接，即接觸，相交之意。(61)反己　謂恢復自己的天性。(62)天理　指「人生而靜」的自然本性。(63)人化物　謂人失去「人生而靜」的「天理」而異化於物。(64)窮人欲　追求滿足人生的欲望。(65)悖逆　乖亂忤逆。悖，逆亂。(66)淫佚　縱欲放蕩。(67)脅逼迫。(68)暴　欺侮。(69)苦　壓迫；折磨。(70)怯　指怯懦之人。(71)所　處所。指安身之地。(72)人為之節　使人們有所節制。(73)衰

麻　用麻布做的喪服。衰，同「縗」。《說文》：「縗，服衣。長六寸，博四寸，直心。或作衰。」古時喪服制度，以親疏為差等，有斬衰、齊衰、大功、小功、緦麻等「五服」。其中以斬衰為最重。[74]喪紀　喪事。紀，猶事。[75]冠笄　指加冠與及笄之禮。古代男子二十歲舉行加冠儀式，女子十五歲舉行插簪儀式，表示成年。笄，簪子。[76]射鄉食饗　射，謂射禮。古代男子習射比武，常舉行射禮。射禮有四種：將祭選士之射稱大射，諸侯來朝之射稱賓射，宴飲時之射稱燕射，卿大夫舉士後所行之射稱鄉射。大射在郊，賓射在朝，燕射在寢，鄉射在州序。鄉，謂鄉飲酒禮，古代地方上為被推薦給朝廷的鄉學畢業生舉行的送行之禮。食饗，用酒食宴請賓客。[77]正交接　規範人們的社會交往。[78]四達而不悖　通行於四方而無所阻隔。

【語譯】 大凡「音」的發生，是由於人心活動的結果。人心的活動，則是由感受外物引起的。人心感受外物而發生變動，就表現為「聲」。「聲」互相應和，因而發生變化，變化有一定的規則，就叫做「音」。把不同的「音」組織起來，並演奏出來，再配合上用干戚、羽旄等舞蹈道具表演的舞蹈，這就是「樂」。「樂」是由「音」組合而成的，而其本質則是人心感受外物而發生的變動。所以，感受外物而產生的悲哀情緒，它發出的「聲」是急迫而短促的；感受外物而產生的快樂情緒，它發出的「聲」是寬舒而和緩的；感受外物而產生的欣喜情緒，它發出的「聲」是昂揚而爽朗的；感受外物而產生的憤怒情緒，它發出的「聲」是高急而猛暴的；感受外物而產生的崇敬情緒，它發出的「聲」是剛正而鋒銳的；感受外物而產生的喜愛情緒，它發出的「聲」是和順而溫柔的。這六種情緒不是人心天生具有的，而是人心感受外物發生的變動，因而古代聖王對觸動人心的外物非常重視。所以，禮是用來引導人們意志的，樂是用來調和人們聲音的，政令是用來統一人們行動的，刑罰是用來防止產生奸邪的。禮、樂、刑、政四者的終極目標是一致的，就是統一民心，建立太平治世的秩序。

2 大凡「音」，都是由人心產生的。人的情感在內心激盪，從而形成「聲」，把不同的「聲」排比組織起來就是「音」。所以盛世之音安詳而快樂，象徵著政治清平；亂世之音怨恨而憤怒，象徵著政治混亂；亡國之音哀戚而憂傷，象徵著人民困苦。聲音的道理和政治是息息相通的。

3 五聲中，宮好比是君，商好比是臣，角好比是民，徵好比是事，羽好比是物，五聲不相混亂，就不會產生不和諧的「音」了。如果宮聲混亂，則顯得迷亂，表示國君驕傲；如果商聲混亂，則顯得邪僻，表示大臣墮落；如果角聲混亂，則顯得憂鬱，表示人民怨恨；如果徵聲混亂，則顯得哀傷，表示勞役繁重；如果羽聲混亂，則顯得危急，表示財物貧乏。如果五聲都混亂，互相衝突侵淩，則顯得輕忽怠慢。如果這樣，離亡國就不遠了。

4 鄭聲、衛聲，是亂世之音，接近於輕忽怠慢那一類了。桑間、濮上之聲，是亡國之音。表示政治混亂，人民流離失所，臣下欺罔君上，營私舞弊，到了不可收拾的地步。

5 大凡「音」，都是由人心產生的，而「樂」則是和各類事物的道理息息相通的。所以只了解「聲」而不了解「音」的，是禽獸；只了解「音」而不了解「樂」的，是普通人。只有君子才能了解「樂」。所以，審察「聲」，進而了解「音」；審察「音」，進而了解「樂」；審察「樂」，進而了解政治。這樣，治國的道理就完全掌握了。所以，對不了解「聲」的人，不要和他談論「音」；對不了解「音」的人，不要和他談論「樂」。了解了「樂」，就差不多了解「禮」了。對「禮」和「樂」的了解都有所得，就可以稱他是有德的人了。有德，就是對「禮」、「樂」都有深切的體會和心得。

6 因此，「樂」的盛大，並不在於「音」極其悅耳；宗廟的祭饗之「禮」，也不在於祭品調味極其美好。宗廟中所鼓的瑟，僅採用朱紅色絲絃，並疏通瑟底之孔，奏樂時，也不過一人開始帶領唱歌，三人應和而已，這樣才能保持著古代先王的「遺音」。在太廟中舉行合祭遠近祖先神主的大饗禮，獻上的不過是代酒的水和用木俎擺出的生魚，肉汁也不加調料，這樣才能保持著古代先王的「遺味」。所以，先王制禮作樂，並非為了滿足口腹耳目的欲望，而是為了教導人們如何調節自己的好惡之情，回歸到先王純正的人生道路上來。

7 人剛生下來是安靜的，什麼也不懂，這是天性使然。受到外界事物的影響而產生變化，這是本性的表現。遇到外界事物，用人的心智去接觸它，然後就對它形成了喜好或厭惡的感覺。如果這種喜好或厭惡的感覺在內心得不到節制，理智又被外物所誘惑，從而不能恢復自己原先安靜的天性，那麼人的這種天性就滅亡了。外物對於人的誘惑沒有窮盡，而人對自己的喜好或厭惡的感覺又不能節制，這樣，一接觸外界事物，人就被它所左右了。所謂人被外界事物所左右，就是原先安靜的天性滅亡而一味地追求滿足私慾。於是就產生了違亂忤逆、狡詐欺騙的念頭，就有了縱慾放蕩、犯上作亂的事情發生。因而強者逼迫弱者，眾人欺侮少數人，聰明人欺騙老實人，勇敢的人折磨怯懦的人，有病的人得不到療養，老人、小孩、孤兒、寡婦沒有安身之地，這就是造成天下大亂的原因。

8 因此，先王制禮作樂，是為了使人們有所節制。披麻戴孝，為死者哭泣，是為了節制人們的喪禮；鳴鐘、擊鼓，執盾牌、揮大斧而舞，是為了調節人們的歡樂情緒；婚姻及加冠、插簪的儀式，是為了表示男女有別；舉行射禮、鄉飲酒禮和用酒食宴請賓客，是為了規範人們的社會交往。禮的作用是節制人民的心志，樂的作用是調和人民的聲音，政的作用是推行國家的政令，刑的作用是防止邪惡的事情發生。禮樂刑政通行四方，而沒有違背的事情發生，那麼先王的治民之道就可以完滿實現了。

1 樂者為同，禮者為異❶。同則相親，異則相敬。樂勝則流❷，禮勝則離❸。合情飾貌❹者，禮樂之事也。禮義立，則貴賤等❺矣。樂文同，則上下和❻矣。好惡著，則賢不肖別❼矣。刑禁暴，爵舉賢，則政均❽矣。仁以愛之，義以正之❾。如此，則民治行❿矣。

2 樂由中出，禮自外作⓫。樂由中出，故靜；禮自外作，故文⓬。大樂必易⓭，大禮必簡⓮。樂至⓯則無怨，禮至則不爭。揖讓而治天下⓰者，禮樂之謂也。暴民不作，諸侯賓服，兵革不試⓱，五刑⓲不用，百姓無患，天子不怒，如此則樂達⓳

矣。合父子之親，明長幼之序，以敬四海之內。天子如此，則禮行矣。

3 大樂與天地同和⑳，大禮與天地同節㉑。和，故百物不失㉒；節，故祀天祭地㉓。明則有禮樂，幽則有鬼神㉔。如此，則四海之內合敬同愛㉕矣。禮者，殊事合敬㉖者也；樂者，異文合愛㉗者也。禮樂之情同，故明王以相沿㉘也。故事與時並，名與功偕㉙。

4 故鐘鼓、管磬㉚、羽籥、干戚㉛，樂之器㉜也；詘信、俯仰㉝、綴兆、舒疾㉞，樂之文㉟也。簠簋、俎豆㊱、制度、文章，禮之器㊲也；升降、上下、周旋、裼襲㊳，禮之文㊴也。故知禮樂之情㊵者能作㊶，識禮樂之文者能術㊷。作者之謂聖，術者之謂明。明聖者，術作之謂也㊸。

5 樂者，天地之和也；禮者，天地之序也。和，故百物皆化㊹；序，故羣物皆別。樂由天作，禮以地制㊺。過制則亂，過作則暴㊻。明於天地，然後能興禮樂也。

6 論倫無患㊼，樂之情也；欣喜驩愛，樂之官也㊽。中正無邪，禮之質也；莊敬恭順㊾，禮之制㊿也。若夫禮樂之施於金石(51)，越(52)於聲音，用於宗廟社稷，事于山川鬼神，則此所以與民同(53)也。

【章旨】以上為第三段，取自《禮記・樂記》之〈樂論〉。論述禮與樂的關係及社會作用。

【注釋】❶樂者為同二句　樂是為了協調感情，禮是為了分別等級。❷樂勝則流　勝，過分；過度。流，放縱；無節制。❸離　疏遠。❹合情飾貌　既能調和人們的感情，又能整飾人們的儀表。❺禮義立二句　禮儀一旦確立，則貴賤就分出了等級。❻樂文同二句　樂的作用一旦發揮，則上下關係就自然和諧。❼好惡著二句　愛憎一旦鮮明，則賢與不賢就有了區別。❽政均　為政公平。❾仁以愛之二句　用樂是為了以仁心愛護人民，明禮是為了以義理規範人民。❿民治行　謂社會政治可以順利實行。民治，治理民眾之事，即政治。⓫樂由中出二句　樂發自於內心，禮表現在外部。⓬樂由中出四句　王引之曰：「古字『靜』與『情』通。」情，誠實。文，文章，禮儀法度。《論語・泰伯》：「巍巍乎其有成功也，煥乎其有文章。」四句意謂樂是發自內心的，所以誠實無偽；禮是來源於外在，所以表現得溫文爾雅。⓭易　平易可親。⓮簡　不厭煩。⓯樂至　謂音樂的功能發揮到極點。至，極；頂點。⓰揖讓而治天下　比喻以文德治天下。揖讓，賓主相見時互相拱手表示謙讓。⓱兵革不試　兵革，指武器甲冑。不試，不必使用。⓲五刑　五種刑罰。《漢書・刑法志》云：「當三族者，皆先黥、劓、斬左右趾，笞殺之，梟其首，菹其骨肉於市，其誹謗詈詛者，又先斷舌，故謂之具五刑。」據說舜時五刑是墨（黥）、劓（割鼻）、剕（斷小腿）、宮（男子割生殖器，女子幽閉）、大辟（斬頭）。⓳樂達　音樂的效用徹底發揮。⓴大樂與天地同和　至高無尚的音樂和天地萬物一樣和諧。㉑大禮與天地同節　至高無尚的禮儀和天地萬物一樣有節制。㉒和二句　由於和諧，故萬物不失其本性。㉓節二句　有節制，故人們能按尊卑秩序祭祀天地。㉔明則有禮樂二句　人世間有禮樂引導，幽冥中有鬼神助佑。㉕合敬同愛　相互敬重，相互友愛。㉖殊事合敬　禮雖有不同的等級規範，而其目的是為了相互尊敬。㉗異文合愛　樂雖有不同的曲調形式，而其目的是為了相互友愛。㉘禮樂之情同二句　禮和樂的根本目的都是為了助成教化，所以賢君沿用禮樂而不變。㉙故事與時並二句　所以制訂的禮儀一定要與社會的需求相適應，命名的音樂一定要與時代的功業相配合。㉚鐘鼓管磬　均為古代樂器。鐘為銅製，鼓為皮製，管為竹製，為吹奏樂器；磬為石製，為打擊樂器。㉛羽籥干戚　均為古代舞蹈用的道具。籥，也作「龠」，管樂名，類似排簫。《詩・邶風・簡兮》：「左手執籥，右手秉翟。」孔穎達《毛詩正義》：「籥雖吹器，舞時與羽並執，故得舞名。」籥有吹籥、舞籥兩種：吹籥似笛而短，三孔；舞籥長而六孔，執之以舞。㉜樂之器　歌舞使用的器物。㉝詘信俯仰　指表演樂舞時舞姿的各種變化。詘信，同「曲伸」。㉞綴兆舒疾　指舞者的位置和速度。綴，《禮記・樂記》作「綴」，孔穎達《禮記正義》：「綴謂舞者行位相連綴也。」兆，舞者活動的範圍。舒疾，舞蹈動作的快慢。

㉟樂之文　歌舞的外在形式。㊱簠簋俎豆　祭祀時用來陳置祭品的器具。簠，長方形，有四短足，初以竹木後以銅為之，以盛稻粱。簋，多為圓形，無足，初以瓦後以銅為之，以盛黍稷。俎，木製，漆飾，下有架，類似几，以陳全牲。豆，木製或陶製，高足圓盤，以盛帶汁的祭品。㊲禮之器　舉行典禮使用的器物。㊳升降上下周旋裼襲　指典禮儀式上所做的各種動作。裼襲，瀧川曰：「裼，袒也，卷袖也。襲，既袒裼而復下其所卷之袖也。古人于裘外皆加正服，裼者兩袖微卷起，以露裘之美，襲則下其所卷之袖而已。」㊴禮之文　禮儀的外在形式。㊵知禮樂之情　明白禮樂的本質意義。㊶作　創造，指制禮作樂。㊷術　通「述」。闡發；解釋。㊸明聖者二句　聰明人與聖人的區別，就在於一個只能闡發，一個能夠創造。㊹化　融合；無衝突。㊺樂由天作二句　樂是取法天之萬物平等而創造的，禮是根據地之山川高卑而制訂的。㊻過制則亂二句　制禮失序，則尊卑上下的等級就會混亂；作樂失和，則會導致人們偏激放縱。㊼論倫無患　意即樂的旋律曲調有條理而不錯亂。㊽樂之官也　意即音樂的效果。官，用處、效果。㊾順　謹慎。〈報任安書〉有「順於接物」，「順」字亦訓為「慎」。㊿制　規範。(51)金石　指鐘磬等樂器。(52)越　騰起；傳播。(53)與民同　天子與平民相同。

【語譯】樂是為了溝通感情，禮是為了分別等差。感情溝通了，人們就互相親愛；等差分明了，人們就互相敬重。過分強調樂，就會流於放縱；過分強調禮，就會彼此疏遠。既能溝通人們的感情，又能整飾人們的儀表，這就是禮和樂的效用。禮的內容能夠確立，貴賤就能顯出等差。樂的作用一旦發揮，上下關係就能自然和諧。愛和憎能夠有明顯標誌，賢與不賢就能有所區別。能用刑罰禁止兇暴，能用爵祿推舉賢能，政治就能公平合理。用樂是為了以仁心愛護人民，明禮是為了以義理規範人民。天子如果能夠這樣，社會政治就可以順利實行了。

2　樂發自於內心，禮表現於外在。樂發自於內心，所以是誠實無偽的；禮表現於外在，所以是溫文爾雅的。偉大的樂一定平易近人，盛大的禮一定簡約不煩。樂的功能發揮到極點，就不會產生怨恨；禮的功能發揮到極點，就不會產生爭奪。靠拱手謙讓的文德治理好天下，說的就是禮樂的功用啊。犯上作亂的人無所行動，諸侯都服從王室，武器甲冑不再動用，刑罰不再施行，百姓沒有憂患，天子不會震怒，這樣做，樂的功效就徹底發揮了。促進父子的親情，明確長幼的次序，使四海之內互相尊敬。天子這樣做，禮的功效就完全顯露出來了。

3 偉大的音樂和天地萬物一樣和諧，偉大的禮儀和天地萬物一樣有節制。和諧，所以萬物不會失去它的本性；有節制，所以人們能按尊卑秩序祭祀天地。人間有禮樂引導，幽冥有鬼神助佑。這樣，四海之內人們就能互相敬重，互相友愛了。禮雖有不同的等級規範，而其目的是為了互相敬重；樂雖有不同的曲調形式，而其目的是為了互相友愛。禮和樂的目的都是為了助成教化，所以賢君沿用禮樂而不變。因此，制訂的禮儀一定與社會的需求相適應，命名的音樂一定與時代的功業相配合。

4 所以，鐘鼓、管磬、羽籥、干戚，是表演樂的道具；曲伸、俯仰、綴兆、舒疾，是表演樂的形式。簠簋、俎豆和各種禮儀制度，是實行典禮的器物；升降、上下、周旋、裼襲，是實行禮的外在形式。所以懂得禮樂本質和意義的人才能制訂禮樂，識別禮樂表現形式的人才能闡釋禮樂。能制訂禮樂的人稱作聖哲，能闡釋禮樂的人稱作明達。所謂明達和聖哲的差別，在於一個只能闡釋，而另一個卻可制訂。

5 樂，是天地萬物間和諧的體現；禮，是天地萬物間秩序的體現。和諧，所以一切事物都能融合；有序，所以一切事物都有所區別。樂是取法天的萬物平等的道理而創造的，禮是根據地的山川高卑的道理而制訂的。制禮失序，則尊卑上下的等差就會混亂；作樂失和，則會導致人們偏激放縱。懂得了天地的道理，這樣才能夠制禮作樂。

6 旋律曲調有條理而不錯亂，才能表現音樂的情感；使人欣喜歡樂，是音樂的功用。中正平和而不偏頗，是禮的本質；莊重、肅敬、謙恭、謹慎，是禮的規範。至於禮樂要通過鐘磬等樂器表現出來，借助於聲音傳播開去，在宗廟社稷等場合使用它，用它來祭祀山川、鬼神，這是從天子到平民都相同的。

1 王者功成作樂，治定制禮。其功大者其樂備，其治辨❶者其禮具。干戚之舞，非備❷樂也；亨孰而祀，非達禮也❸。五帝殊時，不相沿樂；三王異世，不相襲禮。樂極則憂，禮粗則偏❹矣。及夫敦樂而無憂，禮備而不偏❺者，其唯大聖乎！

2 天高地下，萬物散殊，而禮制行❻也；流而不息，合同而化，而樂興也❼。春作夏長，仁也；秋斂冬藏，義也。仁近於樂，義近於禮。樂者敦和，率神而從天❽；禮者辨宜，居鬼而從地❾。故聖人作樂以應天，作禮以配地。禮樂明備，天地官矣❿。

3 天尊地卑，君臣定矣。高卑已陳，貴賤位⓫矣。動靜有常，大小殊矣⓬。方⓭以類聚，物以羣分，則性命⓮不同矣。在天成象，在地成形。如此，則禮者天地之別也⓯。地氣上隮⓰，天氣下降，陰陽相摩，天地相蕩⓱，鼓之以靁霆，奮⓲之以風雨，動⓳之以四時，煖⓴之以日月，而百化㉑興焉。如此，則樂者天地之和也。

4 化不時㉒則不生，男女無別則亂登㉓，此天地之情也。及夫禮樂之極乎天而蟠㉔乎地，行乎陰陽而通乎鬼神，窮高極遠而測深厚㉕。樂著太始㉖，而禮居成物㉗。著不息者天也㉘，著不動者地也㉙。一動一靜者，天地之間也㉚。故聖人曰「禮云樂云」㉛。

【章　旨】以上為第四段，取自《禮記・樂記》之〈樂禮〉，論述聖人治國，作樂以應天，制禮以配地，及禮樂窮高極遠而測深厚的偉大力量。

【注釋】❶其治辨　猶言政教廣被四方。辨，鄭玄曰：「辯，遍也。」即周遍；全面。❷備　完備；周全。❸亨孰而祀二句　亨孰，通「烹熟」。達，具。陳澔曰：「干戚之舞，〈武〉舞也。不如〈韶〉樂之盡善盡美，故云非備樂也；熟烹牲體而薦，不如古之血腥之祭為得禮意，故云非達禮也。」❹樂極則憂二句　極，過分。陳澔曰：「若奏樂而欲極其聲音之娛樂，則樂極悲來，故云樂極則憂；行禮粗略而不能詳審，則節文之儀，必有偏失而不舉者，故云禮粗則偏矣。」❺敦樂而無憂二句　敦，厚。郝懿行曰：「敦者樂不極也，備者禮不粗也。」❻天高地下三句　意謂天高於上，地卑於下，萬物布散其中，各有種類等差，聖人效法天地秩序以制禮，並使之施行。❼流而不息三句　言天地二氣，流行不息，合同氤氳，化生萬物，聖人效法天地和諧以作樂，並使之興盛。❽樂者敦和二句　敦和，敦厚合同。率，循；追隨。樂在本質上是敦厚貴同的，遵循天神的意志而順應自然之萬物平等的道理。❾禮者辨宜二句　辨宜，《禮記》作「別宜」。《正義》曰：「尊卑殊別，各有其宜。」居鬼，《正義》曰：「猶循神也。鬼，謂先賢也。」按：古人以人死為鬼，這裡指先王。禮在本質上是區別同異等差的，遵循先賢的遺則而順應大地之山川高卑的形勢。❿禮樂明備二句　官，法則；取法。孔穎達《正義》：「官，猶法也。言聖人所以下為教命者，皆是取法於天也。」二句意謂禮樂明達完備，是取法天地自然的結果。⓫位　定位；確立名位。⓬動靜有常二句　天地萬物，或動或靜，各有常態，或大或小，各自不同。⓭方　物；事物。鄭玄曰：「方謂行蟲，物謂殖生。」⓮性命　生命，這裡指本質特徵。⓯在天成象四句　孫希旦曰：「在天而日月星辰之成象，在地而山川人物之成形，凡此皆禮之見於天地者，乃天地自然之別也。」⓰隮　通「躋」。登；升。⓱蕩　動，鼓盪。⓲奮　迅猛。⓳動　推移。⓴煖　猶言照耀。㉑百化　萬物滋長。鄭玄曰：「百物化生也。」㉒不時　不合時機。㉓亂登　淫亂之事發生。登，造成；發生。二句意謂化育不得其時則萬物不生長，男女無分別則淫亂之事發生。㉔蟠　充滿。㉕測深厚　測，窮盡；無限深入。王引之曰：「測，盡也。謂盡其深厚，非謂測知其深厚也。窮、極、測，皆盡也。言禮樂之大無所不至，窮乎高，極乎遠而盡乎深厚也。」㉖樂著太始　著，鄭玄訓為「處」，猶今言生成於。與下文「居」意同。太始，指天。鄭玄曰：「太始，百物之始生。」即萬物初形時的原始狀態，故謂天。㉗成物　指地。萬物生成於地，故稱地為「成物」。朱熹曰：「乾知太始，坤作成物……太始即物生之始，乾始物而坤成之也。」㉘著不息者天也　要明白不斷變化的是天。㉙著不動者地也　要明白永不變化的是地。㉚一動一靜者二句　有動有靜的，是天地間的萬物。㉛禮云樂云　語出《論語‧陽貨》，孔子曰：「禮云禮云，玉帛云乎哉？樂云樂云，鐘鼓云乎哉？」孔子意在強調禮樂的內容，反對只流於表面的形式，本文在這裡是一種「斷章取義」，或者說是一種「歇後語」的用法。

【語譯】帝王在功業有成後才會作樂，在國家安定後才會制禮。功業成就大的，所作的樂就完備；政教廣被四方的，所制的禮就周全。手持盾、斧的歌舞，不能算是完備的樂；用熟食當祭品的祭祀，不能算是周全的禮。五帝之間時代不同，所作的樂不相沿襲；三王之間世事各異，所制的禮不相承襲。奏樂過於泛濫，就會產生憂苦；行禮過於粗疏，就會出現偏失。至於使樂既要達到完備而又不致產生憂苦，使禮既要做到周全而又不致出現偏失，只有大聖人才能做到吧！

2 天高於上，地卑於下，萬物布散其中，各有種類等差，於是聖人效法天地秩序以制禮，並使之施行；一切事物，流行而不息，融合而化為一體，於是聖人效法天地和諧以作樂，並使之興盛。春天生芽，夏天成長，是天地間仁的體現；秋天收穫，冬天儲藏，是天地間義的體現。仁和樂的精神相近，義和禮的性質相通。樂在本質上是敦厚貴同的，遵循天神的意志而順應自然之萬物平等的道理；禮在本質上是區別同異等差的，遵循先賢的遺則而順應大地的山川高卑的形式。所以聖人作樂來順應天時，制禮來配合地理。禮和樂明達完備，都是取法天地自然的結果。

3 按照天尊貴而地卑下的道理，就可以確定君和臣的關係了。高和卑已經顯示出來，貴和賤的名位也就可以確立了。天地萬物，或動或靜，各有常態；或大或小，各自不同。萬事萬物，同類的相聚合，不同類的相分離，它們的本質特徵是不同的。在天上出現日月星辰的現象，在地上出現山川人物的形體。這樣說來，所謂禮，就是表現天地萬物的這種差別的東西。地氣上升，天氣下降，陰陽互相摩擦，天地互相激盪，導致雷霆震響，風雨迅疾，四季推移，日月照耀，萬物滋長。這樣，樂就表現出天地萬物的和諧來。

4 化育不得其時則萬物不生長，男女無分別則淫亂之事發生，這是天地間的自然情理。那禮樂上達於天，下遍於地，在陰陽中往來，與鬼神相通，它的影響可以達到極高、極遠、極深、極厚的地方。以致樂處於天的地位，禮居於地的地位。要明白不斷變化的是天，永不變化的是地，而有動有靜的，是天地間的萬物。所以聖人說：「多麼深奧的禮啊，多麼深奧的樂啊！」

1 昔者舜作五弦之琴，以歌南風❶；夔始作樂，以賞諸侯❷。故天子之為樂也，以賞諸侯之有德者也。德盛而教尊，五穀時孰❸，然後賞之以樂。故其治民勞者，其舞行級遠❹；其治民佚者，其舞行級短❺。故觀其舞而知其德，聞其諡❻而知其行。大章，章之也❼；咸池，備也❽；韶，繼也❾；夏，大也❿；殷、周之樂盡也⓫。

2 天地之道，寒暑不時則疾⓬，風雨不節⓭則饑。教者，民之寒暑也，教不時則傷世⓮；事者，民之風雨也，事不節則無功⓯。然則先王之為樂也，以法治⓰也，善則行象德矣。夫豢豕為酒，非以為禍也⓱，而獄訟益煩，則酒之流生禍也⓲。是故先王因為酒禮，一獻之禮，賓主百拜⓳，終日飲酒而不得醉⓴焉，此先王之所以備酒禍也。故酒食者，所以合歡也。

3 樂者，所以象德也；禮者，所以閉淫㉑也。是故先王有大事㉒，必有禮以哀之；有大福㉓，必有禮以樂之。哀樂之分，皆以禮終㉔。

4 樂也者，施也；禮也者，報也㉕。樂，樂其所自生㉖；而禮，反其所自始㉗。樂章㉘德，禮報情、反始㉙也。所謂大路㉚者，天子之輿也；龍旂九旒㉛，天子之旌也；青黑緣者㉜，天子之葆龜㉝也。從之以牛羊之羣，則所以贈諸侯㉞也。

【章旨】以上為第五段，取自《禮記・樂記》之〈樂施〉和〈樂象〉，論述樂施禮報的外在特徵和以禮頒賜諸侯的原則、意義。

【注釋】❶昔者舜作五弦之琴二句　王肅曰：《尸子》及《家語》云：「舜彈五弦之琴，其辭曰：『南風之薰兮，可以解吾民之慍兮！南風之時兮，可以阜吾民之財兮！』」孔穎達曰：「五弦，謂無文武二弦，唯宮、商等之五弦也。」❷夔始作樂二句　夔，舜時樂官，曾將〈南風〉詩譜曲賞賜諸侯。鄭玄曰：「夔欲舜與天下之君共此樂也。」孔穎達曰：「舜既獨歌〈南風〉，夔為典樂之官，欲令舜與天下諸侯共歌此〈南風〉之樂，故制此〈南風〉之樂以賞諸侯。」❸時孰　按時成熟。孰，通「熟」。❹故其治民勞者二句　古代天子按諸侯政績優劣行賞，君德薄，使人民勞苦的，賞給這個諸侯的樂舞者的人數就少，舞者間的行距就大。舞行綴，舞者間行間距離。❺其治民佚者二句　君德盛，使人民逸樂的，賞給這個諸侯的樂舞者的人數就多，舞者間的行距就小。佚，通「逸」。安逸；安樂。❻謚　古代天子、諸侯、貴族死後，朝廷依據其生前表現所給予的含有褒貶的稱號。❼大章二句　大章，鄭玄曰：「堯樂名也，言堯德章明也。《周禮》闕之，或作『〈大卷〉』。」章，通「彰」。彰明；彰顯。❽咸池二句　鄭玄曰：「黃帝所作樂名也，堯增修而用之。咸，皆也；池之言施也，言德之無不施也。《周禮》曰〈大咸〉。」備，完備，謂美德備施。❾韶二句　鄭玄曰：「舜樂名也，韶之言紹也，言舜能繼紹堯之德。《周禮》曰〈大韶〉。」❿夏二句　鄭玄曰：「禹樂名也，言禹能大堯舜之德。《周禮》曰〈大夏〉。」大，光大。⓫殷周之樂盡也　孔穎達曰：「殷樂謂湯之〈大濩〉也，周樂謂周之〈大武〉也，言於人事盡極矣。但自夏以前皆以文德王有天下，殷周二代唯以武功為民除殘伐暴，民得以生，人事道理盡極矣。」⓬寒暑不時則疾　不時，不合時令；氣候反常。疾，產生疾病。⓭不節　沒有節制。⓮教不時則傷世　鄭玄曰：「教謂樂也。」《史記正義》曰：「寒暑不時，既為民疾苦，樂教不時，則傷世俗之化也。」⓯事不節則無功　《史記正義》：「風雨不節，則民饑饉；禮事不節，則治無功也。」⓰以法治　鄭玄曰：「以樂為治之法。」《史記正義》：「言先王為樂，必以法治，治善，則臣下之行，皆象君之德也。」⓱夫豢豕為酒二句　養豬和造酒，本為饗祀養賢，而非製造禍端。為，做；製造。⓲獄訟益煩二句　訴訟案件越來越多，則是由於飲酒無度造成的。酒之流，謂飲酒無度。流，放蕩。⓳一獻之禮二句　孔穎達曰：「謂士之饗禮唯有一獻，言所獻酒少也；從初至末，賓主相答，而有百拜，言拜數多也。是意在於敬，不在酒也。」一獻，敬酒一次。⓴終日飲酒而不得醉　孔穎達曰：「謂饗禮也，以其恭敬示飲而已，故不得醉也。」㉑閉淫　防止放縱過度的現象發生。㉒大事　謂死喪。㉓大福　謂祭祀吉慶。㉔哀樂之分二句　哀樂間的尺度，都用禮來把握。分，分寸；限度。終，完成；結局；最終論定。㉕樂也者四句　鄭玄曰：「言樂出而不反，而禮有往來也。」孔穎達曰：「言作樂之時，眾庶皆聽之，而無反報之意，但有恩施而已。禮尚往來，受人禮事，必當報之也。」㉖樂二句　樂，是內心產生快樂的結果。㉗禮二句　禮則要追返原始，對原施恩者予以報答。反，通「返」。回報；報答。㉘章通「彰」。㉙報情反始　報答恩情，追返原始。㉚大路　裝飾質樸的大車。路，通「輅」。古代天子車的一種，用以祀天。㉛龍旂九旒　龍旂，古代旗名，上畫交龍，竿頭繫鈴，天子作儀衛之用。九旒，亦作「九斿」或「九游」。旒，旗上的下垂飾物，猶今之穗子。㉜青黑緣者　謂以青黑為緣飾的寶龜。㉝葆龜　《禮記》作「寶龜」，用以占卜。㉞所以贈諸侯　孔穎達曰：「前以明樂者為施，禮者為報，此明禮報之事。諸侯守土，奉其土地所有，來朝天子，故天子以此等之物報之，是禮報之事也。」

【語　譯】從前，舜做了五弦琴，彈著琴歌唱〈南風〉之詩；他的樂官夔開始作樂，用來賞賜諸侯。所以天子作樂，是用來賞賜有德的諸侯。德行高尚而且教化嚴明，五穀按時成熟，這樣，天子才把樂賞賜給他。所以，對君德淺薄，使人民勞苦的諸侯，賞賜給他的樂舞者的人數就少，舞者間的行距就大；對君德高尚，使人民逸樂的諸侯，賞賜給他的樂舞者的人數就多，舞者間的行距就小。因此，看到賞賜給他的舞隊行列的疏密，就能了解他的德行；聽到追加給他的諡號，就能知道他的品德如何。〈大章〉，是表彰唐堯的德行廣大；〈咸池〉，是宣揚黃帝的德政完備。〈韶〉，是讚美虞舜能紹繼唐堯的美德；〈夏〉，是歌頌夏禹能光大堯舜的功業。至於殷樂〈大濩〉、周樂〈大武〉，雖然歌頌以武功為民除殘伐暴，但為民的道理也包括無遺了。

2　按照天地間自然運行的道理，寒暑不合時令，就要發生疾病；風雨失去調節，就會出現饑荒。樂教對於人民來說，就如同寒暑一樣，如果不合時令，就會有損於世俗的教化；禮事對於人民來說，就如同風雨一樣，如果失去調節，就不會產生應有的功效。由此看來，先王作樂，是為了使它成為治民的法則，如果效果良好，人們的行為，就像自己一樣，合乎道理準則了。養豬和造酒，本來是為了饗祀養賢，而不是製造禍端，但因酒食引起的訴訟案件越來越多，則是由於飲酒無度造成的。所以，先王為此而制訂了酒禮，賓主多次行禮，僅敬酒一次，這樣，即使整天飲酒，也不會喝醉。這就是先王用來防範飲酒惹禍的方法。所以，酒食宴會，只是為了表示結交同樂而已。

3 樂是引導人們的行為符合道德準則的，禮是防止人們的行為放縱過度的。所以，先王遇有喪葬大事，必定根據有關的禮來表示哀痛；遇有吉慶大事，必定根據有關的禮來表示歡樂。哀樂間的尺度，都用禮來把握。

4 樂是施與，禮是回報。樂是內心產生快樂的結果，而禮則是追返原始，對原施恩者予以報答。樂表彰盛德，而禮報答恩情、追返原始。所謂大路，是天子乘坐的車輿；車上的龍旗，有九條下垂的穗子，是天子的旗幟；以青黑為緣飾的，是天子的寶龜。隨後還有成群的牛羊，這些都是用來賞賜諸侯的。

1 樂也者，情之不可變者也❶；禮也者，理之不可易者也❷。樂統同，禮別異❸，禮樂之說，貫乎人情矣❹。窮本知變，樂之情也❺；著誠去偽，禮之經也❻。禮樂順天地之誠❼，達神明之德❽，降興上下之神❾，而凝是精粗之體❿，領父子君臣之節⓫。

2 是故大人舉禮樂，則天地將為昭焉⓬。天地欣合，陰陽相得⓭，煦嫗覆育⓮萬物，然後草木茂，區萌達⓯，羽翮奮⓰，角觡生⓱，蟄蟲昭穌⓲。羽者嫗伏⓳，毛者孕鬻⓴，胎生者不殰㉑，而卵生者不殈㉒，則樂之道歸焉㉓耳。

3 樂者，非謂黃鍾大呂㉔、弦歌干揚㉕也，樂之末節也㉖，故童者舞之㉗；布筵席，陳樽俎㉘，列籩豆㉙，以升降為禮者，禮之末節也㉚，故有司掌之㉛。樂師辯乎聲詩，故北面而弦32；宗祝辯乎宗廟之禮，故後尸33；商祝辯乎喪禮，故後主人34。是故德成而上，藝成而下35，行成而先，事成而後36。是故先王有上有下，有先有後，然後可以有制於天下也37。

4 樂者，聖人之所樂38也，而可以善民心39。其感人深，其風移俗易40，故先王著其教焉。

【章　旨】以上為第六段，取自《禮記．樂記》之〈樂情〉和〈樂施〉，論述禮樂之本（情）與末（文），即禮樂的本質意義和外在形式，及其相互關係。

【注　釋】❶樂也者二句　樂表達的是不可改變的感情。❷禮也者二句　禮所表現的是不可更動的事理。❸樂統同二句　樂是為了協調感情，禮是為了分別等級。別異，《禮記》作「辨異」。鄭玄曰：「辨異，異尊卑也。」❹禮樂之說二句　禮和樂能統同、別異，所以其中的道理能貫通人們的感情。貫，通。❺窮本知變二句　探究人類自然情感的本原，推知它變與不變的規律，這是樂的實質。孔穎達曰：「窮本知變樂之情也者，以樂本出於人心，心哀則哀，心樂則樂，是可以原窮極本也。若心惡，不可變惡為善，是知變也。」按：孔說是也。這與前文所說「樂也者，情之不可變者也」，下文所說「惟樂不可以為偽」，意思正同。窮，盡，尋根究源。本，謂樂本心而起，即源於人之情感。情，本性；實質。❻著誠去偽二句　顯示人類真誠的品德，去除那些虛偽的表現，這是禮的原則。著，顯示；發揚。經，常規；原則。❼禮樂順天地之誠　禮樂都是順著天地的本性。誠，性。「樂由天作」，遠近和合，是順天之性；「禮以地制」，尊卑有序，是順地之性。❽達神明之德　通達神靈賜予的恩惠。德，恩惠。❾降興上下之神　使天地上下的神靈蒞臨人間。鄭玄曰：「降，下也；興，猶出也。」《史記正義》曰：「樂六變，天神下；八變，地祇出。是興降上下之神。」❿凝是精粗之體　形成禮樂的這些內在意蘊和外部形式。鄭玄曰：「凝，成也。」郝懿行曰：「禮樂之文（按：即形式），體之粗者；禮樂之情（按：即本質），體之精者。」⓫領父子君臣之節　調理出父子君臣間的關係。鄭玄曰：「領，猶理治也。」節，限節；法度。引申為關係。⓬大人舉禮樂二句　大人用禮樂，則天地和諧，而生養萬物的功用將更加昭顯。大人，謂有德者。昭，彰明；顯著。⑬天地欣合二句　天地欣然結合，陰陽調和交會。⑭煦嫗覆育　指天地生長養育萬物。煦嫗，生養撫育。天降氣以養物稱煦，地賦物以形體稱嫗。覆育，天覆蓋萬物，地生育萬物，故稱「覆育」。⑮區萌達　指禾苗出土。區萌，菽豆屈曲而生稱區，稻稷豎直而生稱萌。區，通「勾」。彎曲。達，幼苗出土。⑯羽翮奮　鳥類展翅飛翔。羽翮，鳥的翅膀，這裡代指飛鳥。翮，羽莖。奮，振翅。⑰角觡生　獸類誕生。角觡，獸角，這裡即指走獸。無分支的獸角稱角，有分支的獸角稱觡。⑱蟄蟲昭穌　冬眠的蟲類蘇醒過來。昭穌，蘇醒，恢復生機。⑲羽者嫗伏　指鳥類的孵卵。⑳毛者孕鬻　指胎生動物的懷胎生育。鬻，通「育」。㉑殰　未生出而胎死，即流產。㉒殈　未孵出而卵破。㉓樂之道歸焉　謂禮樂之道至此有了歸宿。歸，結局；歸宿。中井積德曰：「樂上疑脫『禮』字。」㉔黃鍾大呂　皆音律名。為十二律中的兩個半音。其中黃鍾為六律之首，大呂為六呂之首。這裡代指音律。㉕弦歌干揚　弦歌，鼓琴瑟而歌。干揚，舉盾牌而舞。孔穎達引皇侃曰：「揚，舉也。干揚，舉干以舞也。」「弦歌」與「干揚」並列，「弦」與「干」作狀語，分別修飾中心詞「歌」和「揚」，表示歌與舞的方式。㉖樂之末節也　樂本「窮本知變」，「黃鍾大呂弦歌干揚」，皆「樂之器」與「樂之文（表現形式）」，而非「樂之情（本）」，故云樂之末節。㉗故童者舞之　所以讓兒童表演它就足夠了。㉘樽俎　祭祀燕享時用以盛酒食之器。盛酒者為樽，盛肉者為俎。㉙籩豆　祭祀燕享時用以盛果脯等之器。竹製者為籩，木製者為豆。㉚禮之末節也　禮本「著誠去偽」，「布筵席，陳樽俎，列籩豆，以升降為禮」，皆「禮之器」與「禮之文」，而非「禮之情（本）」，故云禮之末節。㉛故有司掌之　所以讓主管官員主持它就足夠了。㉜樂師辯乎聲詩二句　意謂樂師雖能辨曉樂歌，但僅知樂之技藝末節，所以只能坐處卑位奏樂。辯，辨別；懂得。聲詩，歌詩；樂歌。北面而弦，坐南朝北彈琴。古代座席，尊者坐北朝南，卑者坐南朝北。㉝宗祝辯乎宗廟之禮二句　意謂宗祝雖能分別宗廟禮儀，但不是受祭神主，所以只能處於卑位，在神主「尸」後贊司禮儀。宗祝，官名。是宗伯與太祝的合稱，執掌宗廟祭祀禮儀。尸，古代祭祀時以親屬或臣下代替死者受祭。㉞商祝辯乎喪禮二句　意謂商祝雖能辨別死喪儐相禮儀，但不是發喪之主，所以只能處於卑位，在主人之後主持禮儀。商祝，謂習商禮而為祝者。商人崇奉鬼神，周代喪禮多繼襲商人，故有商祝之稱。㉟是故德成而上二句　所以掌握禮樂本質意義的居於上位，通曉禮樂之末節的居於下位。德成，謂掌握禮樂之情（本質意義）。藝成，謂通曉禮樂之末節（器與文）。㊱行成而先二句　品德高尚的居前，通曉事務的居後。行成，謂修德有成。事成，謂辦事有成。按：德行與藝事文意互補，相對成文。㊲是故先王有上有下三句　所以先王確立了上下先後，使尊卑得分，然後才能為天下制禮作樂。㊳樂　喜愛。㊴善民心　使民心向善。㊵其風移俗易　似應依《漢書・禮樂志》作「移風易俗」。

【語譯】樂表達的是不可改變的感情，禮表現的是不可更動的事理。樂是為了協調感情，禮是為了分別等差，禮和樂當中的道理，能貫通人們的感情。探究人類自然情感的本原，推知它變與不變的規律，這是樂的實質；顯示人類真誠的品德，去除那些虛偽的表現，這是禮的原則。禮樂順著天地的本性，通達神靈賜予的恩惠，使天地上下的神靈蒞臨人間，從而形成禮樂的這些內在意蘊和外部形式，調理出父子君臣間的關係。

2 所以，有德的人運用禮樂，則天地和諧，而生養萬物的功用將更加昭顯。天地欣然結合，陰陽調和交會，它們生養撫育萬物，於是草木茂盛，作物萌發，飛鳥振翅，走獸生長，冬蟲蘇醒。禽卵孵化，獸畜孕育，胎生的不流產，卵生的不夭亡，這樣，(禮) 樂之道就有了最終的結局。

3 樂並非單指黃鍾、大呂等音律，鼓琴瑟歌詠、舉盾牌舞蹈等音樂和表演而言，這些不過是樂的細微末節，所以讓兒童表演它就足夠了；布置宴席，陳設酒杯肉案，擺列盛果脯的竹器木器，講求升堂降階的儀式，這些不過是禮的細微末節，所以讓主管官員主持它就足夠了。樂師雖能辨曉樂歌，但僅知樂之技藝末節，所以只能坐處卑位奏樂；宗祝雖能分別宗廟禮儀，但不是受祭神主，所以只能處於卑位，在神主「尸」後贊司禮儀；商祝雖能辨別死喪儐相禮儀，但不是發喪之主，所以只能處於卑位，在主人之後主持禮儀。所以掌握禮樂本質意義的居於上位，通曉禮樂之末節的居於下位，品德高尚的居前，通曉事務的居後。所以先王確立了上下先後，使尊卑得分，然後才能為天下制禮作樂。

4 樂是聖人所喜愛的，它可以使民心向善。它感人至深，並且移風易俗，因此，先王特別重視樂的教育功能。

1 夫人有血氣心知之性❶，而無哀樂喜怒之常❷，應感起物而動，然後心術形焉❸。是故志微焦衰之音❹作，而民思憂❺；嘽緩慢易繁文簡節之音❻作，而民康樂；粗厲猛起奮末廣賁之音❼作，而民剛毅❽；廉直經正莊誠之音❾作，而民肅敬❿；寬裕肉好順成和動之音⓫作，而民慈愛；流辟邪散狄成滌濫之音⓬作，而民淫亂。

2 是故先王本之情性，稽之度數⓭，制之禮義，合生氣之和⓮，道五常之行⓯，使之陽而不散，陰而不密⓰，剛氣不怒，柔氣不懾⓱，四暢交於中而發作於外⓲，皆安其位而不相奪⓳也。然後立之學等⓴，廣其節奏㉑，省其文采㉒，以繩德厚㉓也。類小大之稱㉔，比終始之序㉕，以象事行㉖，使親疏貴賤長幼男女之理皆形見於樂，故曰「樂觀其深矣㉗」。

3 土敝㉘則草木不長，水煩㉙則魚鼈不大，氣衰㉚則生物不育，世亂則禮廢而樂淫。是故其聲哀而不莊，樂而不安㉛，慢易以犯節㉜，流湎以忘本㉝。廣則容姦㉞，狹則思欲㉟。感滌蕩之氣而滅平和之德㊱，是以君子賤之㊲也。

【章旨】以上為第七段，取自《禮記·樂記》之〈樂言〉。論述音樂與倫理道德間的關係及道德教化作用。

【注釋】❶人有血氣心知之性　人都有情感和理智的本性。血氣，血液和氣息，指人的情感。心知，指人的理智。❷無哀樂喜怒之常　人哀樂喜怒的情感卻不是固定不變的。❸應感起物而動二句　它感受外界事物而發生變化，然後就表現為不同的思慮和構想。心術，思慮和心計。形，意即顯露，表現。❹志微焦衰之音　纖細微眇而又急促的樂音。❺民思憂　人民感到憂愁。❻嘽緩慢易繁文簡節之音　舒緩自然，富於文采，而又簡捷愉快的樂音。緩，寬和。慢易，舒緩平易。繁文，多文采。簡節，節奏簡略。❼粗厲猛起奮末廣賁之音　粗獷、剛猛、奮發、高亢、激越的樂音。粗厲，樂音粗疏而又威猛嚴厲。猛起奮末，謂樂之始剛猛，樂之終奮迅。廣賁，樂音廣大而憤怒。賁，通「憤」。❽剛毅　剛強堅毅。❾廉直經正莊誠之音　淩厲、率直、剛強、端正、矜嚴、誠篤的樂音。廉，稜角；鋒利。經，《禮記》、《說苑》作「勁」，剛強有力。《漢書・禮樂志》無「經」、「莊」二字。❿肅敬　嚴肅恭敬。⓫寬裕肉好順成和動之音　舒展、圓潤、流暢、活潑的樂音。肉好，圓潤悅耳。⓬流辟邪散狄成滌濫之音　放縱、偏僻、淫邪、散亂、急促、放蕩而又煩雜的樂音。《漢書・禮樂志》無「狄成滌濫」四字。辟，偏。邪，不正。狄成，當作「狄戉」，謂節奏迅急。滌濫，謂放蕩而煩亂。⓭稽之度數　稽，考核；審定。度數，音律的法度標準。中國古代審定音律，以竹管或絲絃的長短來計算並定出不同的音高。⓮合生氣之和　適應陰陽二氣的融和狀態。生氣，謂造化發育萬物的陰陽二氣。⓯道五常之行　道，通「導」。指引；引導。五常，又稱「五行」，古人認為萬物起源和變化於金、木、水、火、土五種物質，又以十二律配十二月，以金、木、水、火、土「五行」，配宮、商、角、徵、羽「五聲」。⓰使之陽而不散二句　使具有陽剛氣質的人不放任，具有陰柔氣質的人不拘泥。陽，《正義》：「陽，謂稟（承受）陽氣多人也。」散，流散；放散；放任。密，閉塞；拘泥；不靈活。⓱剛氣不怒二句　具有陽剛氣質的人不暴怒，具有陰柔氣質的人不恐懼。懾，畏懼；膽怯。⓲四暢交於中而發作於外　陰陽剛柔四種氣質在內心通暢地相互融合，而後表現於行動。交，互相。⓳不相奪　不相侵犯。⓴立之學等　謂根據人稟賦氣質的差異制訂學習音樂的進度。㉑廣其節奏　增加學習者樂曲節奏的訓練。㉒省其文采　審查樂曲的組織結構。省，審查；研究。文采，指音樂的組織結構。孔穎達曰：「文采，謂樂之宮商相應，若五色文采。」㉓以繩德厚　謂以學等、節奏、文采來衡量仁德與忠厚。繩，準度；度量；衡量。德厚，猶言仁厚。㉔類小大之稱　意謂規範「五聲」大小，使各得其宜。稱，合適；適宜。㉕比終始之序　意謂序列「十二律」高低，使各得其序。比，比次，按次序排列。㉖以象事行　謂以「聲」、「律」的清濁、高下、律呂、陰陽來象徵親疏、貴賤、長幼、男女等倫理關係。如宮象君，商象臣，角象民，徵象事，羽象物之類。象，形狀；相貌。這裡指法象、效法、象徵。事行，事理與行為，指人的社會關係和行為準則。㉗樂觀其深矣　觀樂可以體察深刻的意義。㉘土敝　土地勞敝，地力盡竭。㉙水煩　水流煩擾、湍急。㉚氣衰　氣，謂造化養育萬物的陰陽之氣。衰，衰微。㉛是故其聲哀而不莊二句　上句講「世亂則禮廢而樂淫」，下七句則描述「樂淫」的具體情況。孔穎達曰：「是故其聲哀而不莊，樂而不安者，謂男女相愛涕泗滂沱，是其哀也；

男女相說，歌舞于市井，是不莊也。俾晝作夜，是其樂也；終至滅亡，是不安也。」㉜慢易以犯節　慢易，怠忽輕浮。犯節，節奏混亂。㉝流湎以忘本　流湎，放縱無度。忘本，謂遺失了音樂調和性情的本質。㉞廣則容姦　廣，謂節奏緩慢。容姦，包藏淫邪。㉟狹則思欲　狹，謂節奏急迫。思欲，使人思情欲。㊱感滌蕩之氣而滅平和之德　感受邪逆之氣而失去平和之德。滌蕩，邪逆；放蕩。㊲賤之　謂輕視這種音樂。

【語譯】人都有情感和理智的本性，而哀樂喜怒的情感卻不是固定不變的，它感受外界事物而發生變化，然後就表現為不同的思慮和構想。所以纖細微眇而又急促的音樂一奏，人們就感到憂愁；舒緩自然，富於文采，而又簡捷愉快的音樂一奏，人們就感到康樂；粗獷、剛猛、奮發、高亢而又激越的音樂一奏，人們就會變得剛毅；凌厲、率直、剛強、端正、矜嚴、誠篤的音樂一奏，人們就會變得肅敬；舒展、圓潤、流暢、活潑的音樂一奏，人們就會變得慈愛；放縱、偏僻、淫邪、散亂、急促、放蕩而又煩雜的音樂一奏，人們就會變得淫亂。

2　所以先王根據人們的感情，考核樂律的度數，依照禮儀的規定，適應陰陽二氣的融合狀態，引導五行的運轉，使具有陽剛氣質的人不放任，具有陰柔氣質的人不拘泥，具有陽剛氣質的人不暴怒，具有陰柔氣質的人不恐懼，陰陽剛柔四種氣質在內心通暢地互相融合，而後表現於行動，這樣就能使人各安其位而互不凌越。然後根據人的稟賦氣質的差異制訂學習音樂的進度，增加學習者樂曲節奏方面的訓練，並審查他們所演奏的樂曲的組織結構，以此來衡量他們的仁德與忠厚。規範「五聲」的大小，使它們各得其宜，序列「十二律」的高低，使它們各得其序，以「聲」「律」的清濁、高下、律呂、陰陽來象徵社會倫理關係，使親疏、貴賤、長幼、男女之間的倫理，都能通過音樂表現出來，所以說「觀樂可以體察深刻的意義」。

3　地力盡竭，草木就不能生長；水流湍急，魚鱉就不能長大；陰陽之氣衰竭，生物就不能發育；社會動亂，禮義就會廢棄，音樂就會放蕩。所以，這種亂世之音就會顯得悲哀而不莊重，逸樂而不安寧，怠忽輕浮而節奏混亂，放縱無度而遺失了樂調和性情的本質。節奏緩慢的樂音包藏著淫邪，節奏急迫的樂音挑動人的慾念，它們使人感受邪逆之氣而失去平和之德，因此，君子輕視這種音樂。

1 凡姦聲感人而逆氣應之，逆氣成象而淫樂興焉❶；正聲感人而順氣❷應之，順氣成象而和樂興焉。倡和有應❸，回邪❹曲直各歸其分❺，而萬物之理以類相動❻也。

2 是故君子反情以和其志，比類以成其行❼。姦聲亂色❽不留聰明❾，淫樂廢禮❿不接於心術⓫，惰慢邪辟⓬之氣不設⓭於身體，使耳目鼻口心知百體⓮皆由順正以行其義。然後發以聲音，文以琴瑟⓯，動以干戚，飾以羽旄，從⓰以簫管，奮至德之光，動四氣之和⓱，以著萬物之理⓲。

3 是故清明象天，廣大象地，終始象四時，周旋象風雨⓳；五色成文而不亂⓴，八風從律而不姦㉑，百度得數而有常㉒；小大相成，終始相生㉓，倡和清濁，代相為經㉔。故樂行而倫㉕清，耳目聰明，血氣㉖和平，移風易俗，天下皆寧。故曰「樂者，樂也㉗」。君子樂得其道㉘，小人樂得其欲㉙。以道制欲，則樂而不亂；以欲忘道，則惑而不樂。是故君子反情以和其志，廣樂以成其教㉚，樂行而民鄉方㉛，可以觀德矣㉜。

4 德者，性之端㉝也；樂者，德之華㉞也；金石絲竹，樂之器也。詩言其志㉟也，歌詠其聲也㊱，舞動其容也㊲。三者本乎心㊳，然後樂氣㊴從之。是故情深而文明㊵，氣盛而化神㊶，和順積中而英華發外㊷，唯樂不可以為偽㊸。

樂者，心之動也；聲者，樂之象㊹也。文采節奏㊺，聲之飾也。君子動其本，樂其象，然後治其飾㊻。是故先鼓以警戒㊼，三步以見方㊽，再始以著往㊾，復亂以飭歸㊿，奮疾而不拔，極幽而不隱(51)。獨樂其志，不厭其道(52)；備舉其道，不私其欲(53)，是以情見而義立(54)，樂終而德尊。君子以好善，小人以息過(55)。故曰「生民(56)之道，樂為大焉」。

【章　旨】以上為第八段，取自《禮記・樂記》之〈樂象〉。論述「淫樂」與「和樂」發生的根源，「和樂」的形象特徵（象），詩、樂、舞產生的道德基礎及其人倫和社會效果，並以描述樂舞的表演過程來加以說明。

【注　釋】❶凡姦聲感人而逆氣應之二句　逆氣，即「滌蕩之氣」。成象，成形。以上二句意謂大凡淫邪放蕩之聲打動人，那麼邪逆之氣就會相應而生；邪逆之氣形成風氣，那麼淫樂就會興起。❷順氣　平和之氣。❸倡和有應　一唱一和，互相呼應。❹回邪　枉曲；不正。❺分　部分；類別。❻萬物之理以類相動　謂「姦聲」、「正聲」各按其類別互相呼應。如「逆氣」應「姦聲」而「淫樂興」，「順氣」應「正聲」而「和樂興」等。❼是故君子反情以和其志二句　所以君子立足於人的善良的本性以調和自己的心志，比較善惡的類別以修養自己的德行。反，根據；立足於；以為根本。比類，陳澔曰：「分次善惡之類也。」比，分次；比較。❽姦聲亂色　淫邪之聲迷亂之色。❾不留聰明　謂不使之停留於耳目。聰明，指耳目；視聽。❿廢禮　衰敗之禮。⓫不接於心術　謂不使之與心靈相溝通。接，連接；聯繫。心術，心道。猶今言心靈，思想。⓬惰慢邪辟　惰慢，輕慢；輕薄下流。邪辟，乖戾；偏頗。⓭設　陳列，這裡是存留的意思。⓮心知百體　心知，同「心智」，思想才能。百體，身體的各個部位。⓯文以琴瑟　謂以琴瑟合於歌詠。文，文飾。⓰從　隨從；伴隨。這裡指伴奏。⓱奮至德之光二句發揚天地至上道德的光輝，促進四時的調和有序的變化。奮，奮動；振作；發揚。動，感動；影響；促進。四氣之和，調四時和合有序的變化，即四時有序，陰陽調和，寒暑以時之類。⑱以著萬物之理　以使萬物之理顯著。著，顯明；顯著。萬物之理，謂天地萬物自然和諧的變化規律。⑲是故清明象天四句　所以歌聲清明，像爽朗的天空；鐘鼓聲宏大，像厚實的大地；「十二律」終於仲呂，始於黃鍾，像四時的變化終而復始；伴舞者周旋回還，像風雨的回復再來。⑳五色成文而不亂　謂樂器具有五色文采而不雜亂。王引之曰：「五色，當以所用之器言之，若帗舞之列五采繒，皇舞之析五采羽，璧翣之垂五采羽，皆五色也。他若瑟有朱弦，舞有朱干，鍾有青赤黃景黑。其餘樂器髹畫者，亦具五色，若牘有兩空髹畫，雅有兩紐疏畫是也。樂器備五色，而皆秩然有序，故曰『五色成文而不亂』。」㉑八風從律而不姦　謂八音各按次序而不互相干犯。八風，即「八音」。通指樂器。古人以金、石、絲、竹、匏、土、革、木為「八音」，金為鐘、鈴，石為磬，絲為琴、瑟，竹為簫、管，匏為笙、竽，土為塤，革為鼓，木為柷、敔。王引之曰：「『八風從律而不奸者』，即〈堯典〉之『八音克諧，無相奪倫』也。」㉒百度得數而有常　謂各種節奏快慢都有了規定。度，王引之曰：「謂樂之節奏也。」㉓小大相成二句　謂「五聲」大小，相輔相成；「十二律」高低，終而復始。即前文所謂「類小大之稱，比終始之序。」㉔倡和清濁二句　謂「十二律」或唱或和，或清或濁，互相交替，形成規律。倡和，通「唱和」。先發聲者為倡，後應聲者為和。清濁，十二律中，前六律黃鍾至仲呂為濁，後六律蕤賓至應鍾為清。各律依次從低到高，從長到短。代，更迭；交替。經，常法；準則；規律。㉕倫　人倫關係，倫理之道。㉖血氣　性情；情感。㉗樂者樂也二句　音樂就是使人快樂的。㉘道　指仁義之道。㉙欲　指聲色之欲。㉚廣樂以成其教　謂推廣正樂來達到教化的目的。㉛鄉方　歸向於仁義道德之途。鄉，通「向」。方，道。指仁義之道。㉜可以觀德矣　通過音樂可以觀其德行。㉝性之端　情感的根本。端，首要；根本。㉞德之華　德的外在表現。華，通「花」。㉟志　指基於道德情感的志向、懷抱。㊱歌詠其聲也　《史記正義》謂「若直述其志，則無蘊藉之美，故又長言歌詠，使聲音之美可得而聞之。」詠，長言。即拉長調的言語，曼聲長吟，歌唱。㊲舞動其容也　《史記正義》謂「若直詠歌未暢，故又舉手蹈足，以動其形容也。」動，舞動。容，形容。即形體和面容。按：詩，歌，舞三者，表達的感情由弱到強。㊳三者本乎心　志、聲、容三者都是根源於人的道德情感。心，指「性」，即本於「德」的情感。㊴樂氣　似應依《禮記》作「樂器」。王引之以「氣」為「器」之假借字。㊵情深而文明　情深，道德情感深摯。情，即本於德的心、性、情感、志向。文明，文采燦爛。文，這裡指將情、志表達出來的詩、樂、舞等藝術形式。㊶氣盛而化神　氣盛，道德修養淳厚。化神，變化神妙，這裡指詩、樂、舞表演時的出神入化。㊷和順積中而英華發外　和合順暢之氣蘊藏於心中。和順，是就道德而言，謂由「情深」、

「氣盛」而形成的和合順暢之氣。英華發外，神采之美表現於外在。英華，是就詩、樂、舞等藝術形式而言，謂由「文明」、「化神」而表現出的藝術之美。㊸唯樂不可以為偽　謂有德，然後有性；有性，然後有樂，故樂不可以為偽。㊹象　形象，表現形式。㊺文采節奏　指樂舞的結構編排和節奏快慢。㊻君子動其本三句　意謂君子內心受感動，演奏樂曲（聲）以表現音樂形象，然後表演舞蹈以動其形容。本，指心，即內心情感。㊼先鼓以警戒　謂將作樂，先擊鼓，以警示樂者、舞者注意準備。按：從此以下四句是描述樂舞表演的過程。㊽三步以見方　謂將舞，舞者先三次舉足，找好步點，定好方位，以示舞蹈即將開始。方，將要。㊾再始以著往　謂一曲終了，再次開始奏樂，表示舞蹈進行下去。著，表明。往，進行。㊿復亂以飭歸　謂舞曲終結，再奏「尾聲」，舞者整裝以歸就其位。亂，陳澔曰：「亂，終也。如云〈關雎〉之亂。」古代一部樂曲的最後一章稱「亂」，猶今之「尾聲」。按：一部樂曲有歌、有笙、有間、有合，謂之一成（終）。以升歌始，終於合樂，故升歌謂之始，合樂謂之亂。(51)奮疾而不拔二句　謂舞蹈動作迅疾有力而不淩亂，非常含蓄深刻而又明朗暢快。拔，傾側；歪斜。按：這兩句描述樂舞的形態。(52)獨樂其志二句　既以實現自己的願望為快樂，又不違背仁義之道。厭，厭倦；違背。按：從此以下十句論述演奏樂舞的效果。(53)備舉其道二句　既能全面推行仁義之道，又不放縱自己的私欲。(54)是以情見而義立　所以感情得以表達，道義得以確立。(55)息過　改正錯誤。息，《禮記》作「聽」。(56)生民　養民；治理人民。

【語　譯】大凡淫邪之聲打動人，逆亂的邪氣就會相應而生，逆亂的邪氣形成風氣，那麼淫樂就會興起；純正之聲打動人，平和的正氣就會相應而生，平和的正氣形成風氣，那麼和樂就會興起。這兩種聲音一唱一和，互相呼應，邪曲平直各歸其類，「姦聲」、「正聲」就是這樣和萬事萬物一樣，是同類相應的。

2　所以君子立足於人的善良本性以調和自己的心志，比較善惡的類別以修養自己的德行。邪惡的聲音和迷亂的顏色，不使它們停留在耳朵和眼睛裡；淫蕩的音樂和衰敗的禮儀，不使它們與心靈溝通；輕薄下流和怪異偏頗的習氣，不使它們沾染自己的身體。使人的耳目鼻口心智及身體的各個部位，都能從平和的正氣和純正的聲音中領會禮樂的意義。然後才通過聲音來表現，用琴瑟來演奏，用干戚來舞蹈，用羽旄來裝飾，用簫管來伴奏，發揚天地至上道德的光輝，促進四時的調和和有序的變化，從而使天地萬物自然和諧的變化規律顯著出來。

3 所以歌聲清明，像爽朗的天空；鐘鼓聲宏大，像厚實的大地；「十二律」終於仲呂，始於黃鐘，像四時的變化，終而復始；伴舞者周旋回還，像風雨的回復再來。樂器具有五色文采而不雜亂，八音各按次序而不互相干犯，各種節奏快慢都有了規定。「五聲」大小，相輔相成；「十二律」高低，終而復始。「十二律」或唱或和，或清或濁，互相交替，形成規律。所以，嚴正的音樂推行之後，就能使人倫關係清楚，使人耳目聰明，性情平和，並且移風易俗，天下太平。所以說「音樂，就是使人快樂的」。君子感到快樂的是得到了仁義之道，小人感到快樂的是滿足了聲色之慾。用仁義之道去克制聲色之慾，人們就會感到快樂而不迷亂；為了聲色之慾而忘記仁義之道，人們就會迷惑而不感到快樂了。所以君子立足於人的善良本性以調和自己的心志，推廣嚴正的音樂來達到教化的目的，音樂得到推廣，人心都歸向仁義之道，這樣就可以通過音樂觀察人們的德行了。

4 道德，是情感的根本；音樂，是道德的外在表現；用金、石、絲、竹製成的樂器，是演奏音樂的工具。詩，就是用語言表達感情；歌，就是曼聲吟唱這一感情；舞，就是用肢體和面容表達這一感情。三者都發自於人的內心，然後再用樂器演奏出來。所以說，道德情感深摯的，用來抒情的詩、樂、舞的藝術形式就完美清明，道德修養淳厚的，在表演詩、樂、舞時就表現得出神入化，深摯的情感和淳厚的修養蘊藏在心中，那麼詩、樂、舞的神采之美就自然表現出來了，所以只有音樂是使不得半點虛假的。

5 音樂，是內心活動的表現；聲音，是音樂的表現形式。樂舞的結構編排和節奏快慢，是聲音的加工修飾。君子內心受了感動，演奏樂曲以表現音樂形象，然後表演舞蹈以動其形容。所以，將作樂時，先擊鼓，以警示樂者、舞者注意準備；將舞時，舞者先舉足三次，找好步點，定好方位，以示舞蹈即將開始；一曲結束，再次開始演奏，表示舞蹈進行下去；舞曲終結，再奏「尾聲」，舞者整裝以歸就其位；舞蹈動作迅疾有力而不淩亂，非常含蓄深刻而又明朗暢快。既以實現自己的願望為快樂，又不違背仁義之道；既能全面推行仁義之道，又不放縱自己的私慾，所以感情得以表達，道義得以確立，樂舞結束，道德也得到了尊顯。君子從而更加注意道德修養，小人更加注意改正錯誤。所以說「治理人民的法寶中，音樂教育可以說是最重要的了」。

1 君子曰：禮樂不可以斯須去身❶。致樂以治心❷，則易直子諒之心❸油然生矣。易直子諒之心生則樂，樂則安，安則久❹，久則天❺，天則神❻。天則不言而信，神則不怒而威❼。致樂，以治心者也；致禮，以治躬者也❽。治躬則莊敬，莊敬則嚴威。心中斯須不和不樂，而鄙詐之心入之矣；外貌斯須不莊不敬，而慢易❾之心入之矣。故樂也者，動於內者也；禮也者，動於外者也。樂極和，禮極順❿。內和而外順，則民瞻其顏色而弗與爭也，望其容貌而民不生易慢焉。德煇動乎內⓫，而民莫不承聽，理發乎外⓬，而民莫不承順，故曰「知禮樂之道⓭，舉而錯之天下⓮無難矣」。

2 樂也者，動於內者也；禮也者，動於外者也。故禮主其謙⓯，樂主其盈⓰。禮謙而進⓱，以進為文⓲；樂盈而反⓳，以反為文。禮謙而不進則銷⓴，樂盈而不反則放㉑。故禮有報㉒而樂有反。禮得其報則樂，樂得其反則安。禮之報，樂之反，其義一也㉓。

3 夫樂者，樂也，人情之所不能免㉔也。樂必發諸聲音㉕，形於動靜㉖，人道㉗也。聲音動靜，性術㉘之變，盡於此矣。故人不能無樂㉙，樂不能無形㉚。形而不為道㉛，不能無亂。先王惡㉜其亂，故制雅、頌之聲以道之，使其聲足以樂而不流㉝，使其文足以綸而不息㉞，使其曲直繁省㉟廉肉節奏㊱足以感動人之善心而已矣，不使放心邪氣得接焉，是先王立樂之方㊲也。

4 是故樂在宗廟之中，君臣上下同聽之，則莫不和敬㊳；在族長鄉里㊴之中，長幼同聽之，則莫不和順；在閨門㊵之內，父子兄弟同聽之，則莫不和親。故樂者，審一以定和㊶，比物以飾節㊷，節奏合以成文㊸，所以合和父子君臣，附親萬民也，是先王立樂之方也。故聽其雅、頌之聲，志意得廣㊹焉；執其干戚，習其俯仰詘信㊺，容貌得莊焉；行其綴兆㊻，要其節奏㊼，行列得正焉，進退得齊焉。故樂者，天地之齊㊽，中和之紀㊾，人情之所不能免也。

5 夫樂者，先王之所以飾喜㊿也；軍旅鈇鉞(51)者，先王之所以飾怒也。故先王之喜怒皆得其齊(52)矣。喜則天下和之，怒則暴亂者畏之。先王之道，禮樂可謂盛矣。

【章　旨】以上為第九段，取自《禮記・樂記》之〈樂化〉，論述樂治心，禮治躬，兩者不偏廢則天下無難，著重闡明樂之功用在於施行教化，陶冶性情。

【注　釋】❶斯須去身　片刻離身。❷致樂以治心　通過欣賞音樂以陶冶自己的性情。致，欣賞；研究。治心，治理心性，陶冶情操。❸易直子諒之心　平易、正直、慈愛、善良的心性。子諒，當從《韓詩外傳》作「慈良」。心，心性；情志。❹久長壽。❺天　回歸自然。與下文之「神」，都指人的修養達到的最高境界。❻神　玄妙莫測。❼威　通「畏」。畏懼。❽致樂四句　樂動於內，故「治心」；禮動於外，故「治身」。治躬，猶「治身」，指端正人的儀表、舉止。❾慢易　怠慢輕忽。❿樂極和二句　樂的目的是使內心平和，禮的目的是使行為恭順。⓫德煇動乎內　即「內和」。德煇，形容內心的平和、安寧。煇，光輝。⓬理發乎外　即「外順」。謂儀表莊敬，舉止得體。⓭知禮樂之道　意謂習禮樂之道，達到最高造詣。知，當依〈樂記〉、〈祭義〉作「致」。致，極致；最高造詣。⓮舉而錯之天下　將研究禮樂的方法用來治理天下。錯，通「措」。放置。⓯禮主其謙　主，注重。謙，謙遜退讓。⓰盈　謂使人內心充實。⓱禮謙而進　禮要求謙虛、上進。⓲以進為文　不斷進取，使人格更美好。進，進取。文，美好。⓳樂盈而反　反，相反。指與「盈」相反，要自我節制。⓴銷　減損，衰落，指意志消沉。㉑放　放縱；肆意。㉒報　猶進也。㉓其義一也　禮要「謙而進」，樂要「盈而反」，二者均要不銷、不放，適得其中，故曰「其義一也」。㉔不能免　不能抑制；不能避免。㉕發諸聲音　指歌詠。㉖形於動靜　表現於動作。形，表現。動靜，指舞蹈。㉗人道　人情，人之常情，人的自然稟性。㉘性術　情性的表現方式。性，心性；情志。㉙故人不能無樂　《禮記》「能」並作「耐」，意思相同。㉚不能無形　不能沒有形象，指聲音動作。㉛不為道　不加以引導。道，通「導」。引導。下並同。㉜惡　厭惡；憎恨。《禮記》作「恥」。㉝足以樂而不流　足以使人快樂而不放縱。流，放任；無節制。㉞使其文足以綸而不息　使其樂章足以使人感到清晰而不呆板。文，指樂章。綸，理絲。引申為條理清晰。息，止息。引申為死板。㉟曲直繁省　曲直，指聲音的曲折和平直。繁省，猶多少，指曲調的複雜和簡單。㊱廉肉節奏　廉肉，猶肥瘠，指音量的細小和宏大。節奏，指樂曲的快慢、緩急、高低、停頓。㊲立樂之方　設立音樂的原則。方，道理；原則。㊳和敬　和美恭敬。樂主和，故曰「和敬」、「和順」、「和親」。㊴族長鄉里　皆古代地方行政單位名。王引之曰：「族長，皆鄉黨之屬。《管子・乘馬》：『五家而伍，十家而連，五連而暴，五暴而長。』是百家為族，二百五十家為長也，故與『鄉里』并言。」㊵閨門　內室之門，古代女眷所居，這裡借指家庭。㊶審一以定和　審定音律以求得樂調的和諧。一，音律。㊷比物以飾節　配合各種樂器以表現節奏。比，配合。物，指樂器。飾，修飾；表現。㊸節奏合以成文　各種節奏組合而成和諧的樂曲。鄭玄曰：「『五聲』、『八音』克諧相應和。」㊹志意得廣　謂心胸寬廣。志意，志向和思想。這裡指心胸。㊺詘信　同「曲伸」。㊻行其綴兆　擺好行列。綴兆，指舞蹈的行列。㊼要其節奏　按著節奏活動。要，會；伴隨。㊽樂者天地之齊二句　上文云：「大樂與天地同和。」與此句意相同。齊，同；和諧。㊾中和之紀　中和，和諧；協調。紀，綱紀。㊿飾喜　表現喜悅。飾，表現；寄託。(51)鈇鉞　皆古代軍中的刑戮之具。鈇，通「斧」。(52)得其齊　得到恰如其分的表現。齊，協調；分量合適。

【語　譯】君子說：禮和樂是不能片刻離開自己的。努力研究樂，用來陶冶情操，那麼，平易、正直、慈愛、善良的心性就會自然產生。平易、正直、慈愛、善良的心性產生，就能心情快樂，心情快樂了，內心就安定舒暢，內心安定舒暢了，人就會長壽，長壽了，就表明人的修養達到了最高境界，修養達到了最高境界，人就玄妙莫測，無所不通了。修養達到最高境界時，雖不說話就有威信；人玄妙莫測了，雖不發怒就會使人感到畏懼。學習樂，是為了陶冶內心；學習禮，是為了端正舉止。舉止端正就能表現出莊重恭敬，表現出莊重恭敬就會顯得嚴肅而有威風。內心只要有片刻的不和順、不快樂，那麼卑鄙狡詐的想法就會乘虛而入；外貌只要有片刻的不莊重、不恭敬，那麼怠慢輕忽的念頭就會乘虛而入。所以樂，是影響人的內在感情的；禮，是影響人的外在行為的。樂的目的是使內心平和，禮的目的是使外表恭順。內心平和而又外表恭順，那麼人們看到他的臉色就不會和他相爭，望見他的容貌就不會對他輕忽怠慢了。內心平和安寧，人們就沒有不聽從他的，儀表莊重恭敬，人們就沒有不順服他的，所以說「了解禮、樂的意義，採納並施行於天下。那麼，要治理好天下就沒有困難了」。

2 樂，是影響人的內在感情的；禮，是影響人的外在行為的。所以禮注重謙遜退讓，樂注重人的內心充實。禮注重謙遜退讓，從而使人奮發進取，不斷奮發進取，使人格更美好；樂注重人的內心充實，從而使人自我節制，以自我節制，使人格更美好。如果禮僅僅注重謙遜退讓而不求奮發進取，就會使人意志消沉，如果樂僅僅注重人的內心充實而不求自我節制，就會使人放縱肆意。所以禮有要求進取的一面，樂有要求節制的一面。學習禮，並且使人進取了，人們就會快樂；學習樂，並且使人有所節制了，人們就會心安。禮在謙遜退讓中要求奮發進取，樂在內心充實中要求自我節制，二者均要適得其中，道理是一樣的。

3 樂，就是快樂，是人情所不能避免的。快樂必然通過歌詠表達出來，通過舞蹈形象表現出來，這是人的自然稟性。歌詠、舞蹈，以及所反映的情性的變化，都在這裡表現出來了。所以人不能沒有快樂，有了快樂就不能沒有表達快樂的歌詠、舞蹈。有了歌詠、舞蹈，卻不去加以正確引導，那就不能不發生混亂了。先王厭惡這種混亂，所以制訂〈雅〉、〈頌〉這種音樂來加以引導，使它的聲音足以使人快樂而不放縱，使它的樂章足以使人感到清晰而不呆板，使它的聲音的曲折和平直、曲調的複雜和簡單、音量的細小和宏大、樂曲的快慢、緩急、高低和停頓足以感動人們的善心就是了，不使放縱的念頭，邪惡的氣質汙染人們的心靈，這就是先王作樂的道理。

4 所以，在宗廟裡奏樂，君臣上下一起傾聽，就沒有不合和恭敬的；在地方上演奏，長幼老少一起傾聽，就沒有不合和順從的；在家庭裡演奏，父子兄弟一起傾聽，就沒有不合和親愛的。所以，作樂，必須審定音律以求得樂調的和諧，配合各種樂器以表現音樂的節奏，再由各種節奏組合而成和諧的樂曲，就是為了協調父子君臣的關係，促使人民親附的緣故，這就是先王作樂的道理。所以聽〈雅〉、〈頌〉這種音樂，人們的志向和思想就會變得廣大；手持盾牌、大斧，練習俯仰曲伸的舞姿，人們的容貌就會變得莊嚴；踏著舞蹈的步點，合著樂曲的節奏，行列就會整齊，進退就會一致。因此音樂，是天地和諧的產物，是人類情感調節的綱紀，是人情所不能避免的東西。

5 樂，是先王用來表示喜悅的；軍隊和刑具，是先王用來表示憤怒的。所以先王的喜怒都能得到相應的體現。這樣，他高興的時候，天下人都跟他一樣快樂；他憤怒的時候，暴虐作亂的人都感到畏懼。先王治國的方法中，禮樂可以說是非常重要的了。

1 魏文侯❶問於子夏❷曰：「吾端冕❸而聽古樂，則唯恐臥，聽鄭、衛之音，則不知倦，敢問古樂之如彼，何也？新樂之如此，何也？」

2 子夏答曰：「今夫古樂，進旅而退旅❹，和正以廣❺。弦匏笙簧❻，合守拊鼓❼，始奏以文，止亂以武❽，治亂以相❾，訊疾以雅❿。君子於是語，於是道古⓫，修身及家，平均天下，此古樂之發也[12]。今夫新樂，進俯[13]退俯，姦聲以淫[14]，溺[15]而不止，及優侏儒[16]，獶雜子女，不知父子[17]。樂終不可以語，不可以道古，此新樂之發也。今君之所問者樂也[18]，所好者音也[19]。夫樂之與音，相近而不同。」

3 文侯曰：「敢問如何？」

4 子夏答曰：「夫古者天地順而四時當[20]，民有德而五穀昌，疾疢[21]不作而無祅祥[22]，此之謂大當[23]。然後聖人作為父子君臣以為之紀綱[24]，紀綱既正，天下大定，天下大定，然後正六律，和五聲，弦歌詩頌，此之謂德音，德音之謂樂。詩曰[25]：『莫其德音，其德克明[26]。克明克類，克長克君[27]。王此大邦[28]，克順克俾[29]。俾於[30]文王，其德靡悔[31]。既受帝祉[32]，施[33]于孫子。』此之謂也。今君之所好者，其溺音[34]與？」

5 文侯曰：「敢問溺音者何從出也？」

6 子夏答曰：「鄭音好濫淫志[35]，宋音燕女溺志[36]，衛音趣數煩志[37]，齊音驁辟驕志[38]，四者皆淫於色而害於德，是以祭祀不用也。詩曰：『肅雍和鳴，先祖是聽[39]。』夫肅肅，敬也；雍雍，和也。夫敬以和，何事不行？為人君者，謹其所好惡而已矣。君好之，則臣為之；上行之，則民從之。詩曰：『誘民孔易[40]。』

此之謂也。然後聖人作為鞉、鼓、椌、楬、壎、篪㊶，此六者，德音之音㊷也。然後鐘磬竽瑟以和之㊸，干戚旄狄㊹以舞之。此所以祭先王之廟也，所以獻酬酳酢㊺也，所以官序㊻貴賤各得其宜也，此所以示後世有尊卑長幼序也。鐘聲鏗㊼，鏗以立號㊽，號以立横㊾，横以立武㊿，君子聽鐘聲則思武臣；石聲硜(51)，硜以立別(52)，別以致死(53)，君子聽磬聲則思死封疆之臣(54)；絲聲哀，哀以立廉(55)，廉以立志(56)，君子聽琴瑟之聲則思志義之臣；竹聲濫(57)，濫以立會(58)，會以聚眾，君子聽竽笙簫管之聲則思畜聚之臣(59)；鼓鼙(60)之聲讙(61)，讙以立動(62)，動以進眾(63)，君子聽鼓鼙之聲則思將帥之臣。君子之聽音，非聽其鏗鎗(64)而已也。彼亦有所合之也(65)。」

【章　旨】以上為第十段，取自《禮記・樂記》之〈魏文侯〉，記魏文侯問樂和子夏論古樂（德音）與新樂（溺音）的區別，及君子聽樂聲則思賢才的情形。

【注　釋】❶魏文侯　戰國初期的魏國國君，名斯，西元前四四五—前三九六年在位，事跡詳見〈魏世家〉。❷子夏　姓卜，名商，孔子弟子，以文學見稱，事跡見〈仲尼弟子列傳〉。❸端冕　玄冕，即玄端和大冠，古代禮服與禮冠名。端訓正，朝、祭等服皆有端名，如玄端，素端，端委等。服端冕而聽，表示態度嚴肅，恭敬。❹進旅而退旅　指舞蹈時舞者的同進同退。旅，具；眾。❺和正以廣　指歌聲的平和端正，氣象廣大。❻弦匏笙簧　皆樂器名。弦，指琴瑟類的彈奏樂器。匏笙，指笙竽一類的吹奏樂器。匏比笙大，有四十六只簧管，笙一般只有十三至十九只簧管。❼合守拊鼓　歌舞者都等待拊鼓的號令。

合守，一起等待。合，會，皆。拊鼓，打擊樂器，用來領奏和節制其他樂器。拊鼓以皮為表，內裝穀糠，形如革囊。若欲令堂上作樂，則擊拊，樂工聞之，乃絃歌；若令堂下作樂，則敲鼓，樂工聞之，乃吹管播樂。❽始奏以文二句　謂始奏樂時，先擊鼓以警示樂者、舞者準備。樂舞將演完時，擊金鐃以退場。文，指鼓。亂，樂曲的尾聲。武，指鐃。❾治亂以相　治理紛亂的節奏要用拊鼓。相，即拊鼓。❿訊疾以雅　節制迅急的節奏要用打擊樂器。訊疾，迅急。訊，通「迅」。雅，一種打擊樂器。《周禮・春官・笙師》鄭玄注：「雅，狀如漆筩而弇口（口小中大），大二圍，長五尺六寸，以羊韋鞔之。」⓫君子於是語二句　君子在此時發表議論，在此時稱頌古代的事跡。⓬此古樂之發也　這是古樂所發揮的作用。⓭俯　彎曲；不整齊。⓮淫　過分；過度。《禮記》「淫」作「濫」。⓯溺　沉迷。⓰優侏儒　皆古代的演藝人員。優，俳優；倡優。古代表演樂舞、雜技的藝人。⓱獶雜子女二句　意謂歌舞時表演者像獼猴一樣地男女雜處，不分父子尊卑。獶，同「猱」。獼猴。⓲所問者樂也　此樂指「古樂」，即下文所謂「德音」。⓳所好者音也　此音指「新樂」，即下文所謂「溺音」。⓴四時當　指四時調和。當，得當；適宜。㉑疾疢　疾病。㉒祆祥　災異和祥瑞，這裡單指災異，凶兆。祆，通「妖」。天反時為災，地反物為祆。㉓大當　極得其所，非常得當。孫希旦曰：「大當，言天地之間無不得其當也。」㉔聖人作為父子君臣以為之紀綱　謂聖人規定了父子君臣的倫理關係，並以之為法則。紀綱，法則；準則。也有人以「紀綱」為「三綱」和「六紀」。三綱，謂君為臣綱，父為子綱，夫為妻綱也；六紀，謂諸父有善，諸舅有義，族人有敘，昆弟有親，師長有尊，朋友有舊也。㉕詩曰　引自《詩・大雅・皇矣》。〈皇矣〉是讚美周朝先祖開國創業的詩。這一節讚美王季和文王的美德。㉖莫其德音二句　莫，《詩經》作「貊」。《左傳・昭公二十八年》及本篇引作「莫」。《廣雅・釋詁》：「莫，布也。」莫其德音二句，言有德之音（按：「德音」，原詩指王季的美名）傳播四方。克，能。㉗克明克類二句　能普施光明，能帶來好處；能做師長，能為人君。類，善。㉘大邦　大國。古代諸侯的封國稱邦，後以邦代指國家。㉙克順克俾　能使人心歸順，能使上下服從。㉚俾於　《詩經》作「比于」，猶言「及於」，「至於」。比，及。㉛靡悔　沒有缺失。悔，高亨《詩經今注》：「古語稱小過為悔。」㉜帝祉　上天的福澤。祉，福。㉝施　延續。㉞溺音　使人沉迷自失的音樂。溺，沉沒；沉迷。㉟鄭音好濫淫志　謂鄭音偏於放蕩，使人心志迷亂。好，偏愛；喜愛。濫，水滿溢；泛濫。引申為放蕩，過度。㊱宋音燕女溺志　謂宋音安逸柔媚，使人心志沉沒。燕，安。女，柔媚。㊲衛音趨數煩志　謂衛音急促快速，使人心志煩亂。趨數，猶促速。趨，急促。數，通「速」。煩，煩擾；混亂。㊳齊音驁辟驕志　謂齊音傲慢怪異，使人心志驕逸。驁，通「傲」。驕矜；傲慢。辟，通「僻」。邪僻；怪異。㊴肅雍和鳴二句　引自《詩・周頌・有瞽》。〈有瞽〉是周天子用於宗廟祭祀的樂歌。肅雍和鳴，形容鳴聲和敬相應。㊵誘民孔易　引自《詩・

大雅・板》。〈板〉是周大夫諷刺周臣和周王的詩。誘，《詩經》作「牖」。誘導；教導。孔易，很容易。㊶鞉鼓椌楬壎篪　皆古代樂器名。鞉，也作「鼗」。一種有柄的小鼓，以手搖動發聲。猶今之撥浪鼓。椌，即「柷」，打擊樂器。形如方斗，上寬下窄，中有椎柄，以小錘敲擊左右發聲。雅樂開始時先擊柷。楬，即「敔」，打擊樂器。木製，狀如伏虎，背上有二十七道條狀突起物。以木棒敲擊發聲。雅樂奏完時擊敔以止樂。壎，吹奏樂器。陶製，形狀大小如鵝蛋，中空。上微尖，有一吹孔，前後均有孔。篪，吹奏樂器。竹製，狀如笛，八孔，一孔上出，橫吹。大者長一尺四寸，圍三寸，小者長一尺二寸。壎與篪合奏時聲相應。㊷德音之音　六者所發皆質素之聲，符合禮樂近古貴本的精神，故曰德音之音。㊸然後鐘磬竽瑟以和之　然後用鐘磬竽瑟華美之音以贊和質素之聲。竽，吹奏樂器。外形似笙而稍大，有三十六只簧管。㊹干戚旄狄　干戚，武舞時所執舞具。旄狄，文舞時所執舞具。狄，通「翟」。野雞尾部的長羽毛。㊺獻醻酳酢　指宴飲時的各種禮儀。獻，主人酌酒以敬賓客。醻，主人欲酌賓客，先自飲以導之。酳，食畢，以酒蕩口。以水蕩口曰漱，以酒曰酳。酢，賓客酌酒回敬主人以致謝意。㊻官序　指官吏的等級、級別。古代作樂，樂器和舞者行列數量，都按尊卑貴賤有一定的規定，如天子八佾（舞列），諸侯六佾，大夫四佾，士二佾等。㊼鏗　象聲詞，這裡形容鐘聲洪亮。㊽鏗以立號　發號施令。㊾號以立橫　謂號令威嚴則將士勇敢雄壯。橫，充滿，這裡指氣勢雄壯。㊿立武　顯示威武。(51)石聲硜　石，指磬等石製的樂器。硜，象聲詞，這裡形容擊磬聲剛介清越。(52)立別　謂分辨節義。(53)致死　獻出生命。(54)死封疆之臣　勇於為捍衛疆土而獻身的大臣。封疆，疆界。(55)立廉　做到廉潔剛正。廉，廉隅，稜角。用來比喻人的品行清白高潔，端方不苟。(56)立志　謂樹立志向和節義。(57)竹聲濫　濫，泛濫。這裡比喻竽笙簫管之聲繁會聒耳。(58)濫以立會　能使人聞之而聚集。會，聚集。(59)畜聚之臣　指愛恤百姓，使民心安定向善的官吏。畜，畜養。這裡指愛撫百姓，體恤民情。聚，會。指會聚百姓，使民心齊一。(60)鼓鼙　大鼓和小鼓。(61)讙　喧譁。(62)立動　謂受到鼓動。(63)進眾　激勵兵眾前進。(64)鏗鎗　象聲詞，形容金石和鳴的樂聲。(65)彼亦有所合之也　謂樂聲與君子的思念賢才有所契合。

【語　譯】魏文侯問子夏：「我穿戴上禮服和禮帽，嚴肅恭敬地傾聽古樂，惟恐自己睡著了，聽鄭國和衛國的樂曲，卻一點也不知道疲倦，請問古樂竟然使我那樣，是什麼原因？而新樂又使我這樣，是什麼原因？」

2　子夏回答說：「現在先談古樂：就舞蹈來說，舞蹈時舞者同進同退；就歌唱來說，歌聲平和端正，氣象廣大。就樂器來說，『弦』、『匏』、『笙』、『簧』等樂器，都要一起等待『拊』和『鼓』發出的指令。開始奏樂時，先擊『鼓』以警示奏樂者和舞蹈者作好準備，樂舞將結束時，擊金『鐃』以退場，用『拊』來調理紛亂的節奏，用『雅』來控制迅疾的節奏。君子在此時發表議論，在此時稱頌古代的事跡，從而達到修養身心，治理家庭，平定天下的目的，這就是古樂所發揮的作用。現在再談新樂：就舞蹈來說，舞蹈時舞者進退都彎著身子；就歌唱來說，歌聲邪惡放蕩，使人沉迷而不能自拔，加上俳優和侏儒，歌舞時表演者像獼猴一樣地男女雜處，父子不別。樂舞結束時也不知道是什麼意思，更不能通過它來稱頌古代的事跡，這就是新樂所發揮的作用。現在您所問的是樂，而所好的卻是音。樂與音，相近而不同。」

3 文侯說：「請問這是怎麼回事？」

4 子夏回答說：「古代天地間萬物正常而四時調和，人民講道德而五穀豐登，沒有疾病也沒有災異，這就叫極得其所、非常得當。這樣，聖人就規定了父子君臣的倫理關係，並以它為法則，法則一確定，天下就完全安定了，天下完全安定了，然後考正『六律』，調和『五聲』，彈琴吟唱《詩．頌》，這就叫有德之音，有德之音才叫做樂。《詩經》上說：『王季那美好的德音傳播四方，他的道德能普施光明。能普施光明，能帶來好處，能做師長，能為人君。他統治這個偉大的國家，能使人心歸順，能使上下服從。至於文王即位，他的德行完美而毫無缺失。他接受上帝的福澤，並把它留給子子孫孫。』這些話說的就是有德之音啊。您現在所喜好的，恐怕就是那些使人沉迷自失之音吧？」

5 文侯說：「請問那些使人沉迷自失之音又是從何而來的呢？」

6 子夏回答說：「鄭國之音偏於放蕩，使人心志迷亂；宋國之音安逸柔媚，使人心志沉沒；衛國之音急促快速，使人心志煩亂；齊國之音傲慢怪異，使人心志驕逸。這四種音都放縱淫蕩，有損於道德，所以祭祀時是不會使用的。《詩經》上說：『那和敬相應的鳴聲，才是先祖們愛聽的音樂。』肅肅，是恭敬的意思；雍雍，是和睦的意思。做到恭敬與和睦，還有什麼事情行不通呢？作為人君，能對自己的好惡採取謹慎的態度就行了。因為國君喜歡什麼事情，大臣們就會去做；上面做什麼事情，百姓也會去效仿。《詩經》上說：『教導百姓非常容易。』說的就是這個道理。然後聖人製作鞉、鼓、椌、楬、壎、篪等，這六種樂器所發出的，都是質素的有德之音。然後再用鐘、磬、竽、瑟所發出的華美之音來贊和，再用以干、戚、旄、狄為道具的舞蹈加以配合。這些樂舞，可以用來祭祀先王的宗廟，可以用來陪襯賓客宴飲時敬酒酬酢等各種禮儀，也可以用來區別貴族階位的等級和官秩的貴賤，使他們各得其宜，這些樂舞，還可以用來啟示後人，使他們懂得尊貴、卑賤、長幼的秩序。鐘聲洪亮，洪亮就可以用來發號施令；號令威嚴，將士們就會雄壯勇敢；雄壯勇敢，才能在敵人面前顯示威武，君子聽到鐘聲，就會想到英勇善戰的武將；磬聲剛介清越，剛介清越就可以分辨節義；節義分明，才能殺身成仁，君子聽到磬聲，就會想到勇於為捍衛疆土而獻身的大臣；絲絃的聲音哀怨，哀怨就會使人廉潔剛正，廉潔剛正，才能樹立志向和節義，君子聽到琴瑟之聲，就會想到志義凜然的大臣；竽笙簫管的聲音繁會聒耳，繁會聒耳就可以立即招集百姓，能立即招集百姓，就可以使萬眾歸心，君子聽到竽笙簫管之聲，就會想到愛恤百姓，使民心安定向善的官吏；鼓鼙的聲音歡樂喧譁，歡樂喧譁就會使人們受到鼓動，受到鼓動，才能激勵兵眾前進，君子聽到鼓鼙之聲，就會想到能統領大軍的將帥之臣。因此，君子聽音，不只是聽它那金石和鳴的樂聲。樂聲與君子所思念的賢才之間是有所契合的。」

1 賓牟賈❶侍坐❷於孔子，孔子與之言，及樂❸，曰：「夫武❹之備戒之已久❺，何也？」

2 答曰：「病不得其眾❻也。」

3 「永歎之，淫液之❼，何也？」

4 答曰：「恐不逮事❽也。」

5 「發揚蹈厲❾之已蚤❿，何也？」

6 答曰：「及時事⑪也。」

7 「武坐致右憲左⑫，何也？」

8 答曰：「非武坐也⑬。」

9 「聲淫及商⑭，何也？」

10 答曰：「非武音也⑮。」

11 子曰：「若非武音，則何音也？」

12 答曰：「有司失其傳也⑯。如非有司失其傳，則武王之志荒⑰矣。」

13 子曰：「唯丘之聞諸萇弘⑱，亦若吾子之言是也。」

14 賓牟賈起，免席⑲而請曰：「夫武之備戒之已久，則既聞命矣⑳。敢問遲之遲而又久㉑，何也？」

15 子曰：「居㉒，吾語汝。夫樂者，象成㉓者也。總干而山立，武王之事也㉔；發揚蹈厲，太公之志也㉕；武亂皆坐，周、召之治也㉖。且夫武，始而北出㉗，再成而滅商㉘，三成而南㉙，四成而南國是疆㉚，五成而分陝，周公左，召公右㉛，六成復綴，以崇天子㉜，夾振之而四伐，盛威於中國也㉝。分夾而進，事蚤濟也㉞。久立於綴，以待諸侯之至也。且夫女㉟獨未聞牧野之語㊱乎？武王克殷反商㊲，未及下車，而封黃帝[38]之後於薊[39]，封帝堯[40]之後於祝[41]，封帝舜[42]之後於陳[43]；下車而封夏后氏[44]之後於杞[45]，封殷之後於宋[46]。封王子比干之墓[47]，釋箕子之囚[48]，使之行商容而復其位[49]。庶民弛政，庶士倍祿[50]。濟河而西[51]，馬散華山之陽[52]而弗復乘；牛散桃林[53]之野而不復服[54]；車甲弢[55]而藏之府庫而弗復用。倒載[56]干戈，苞[57]之以虎皮；將率之士[58]，使為諸侯，名之曰『建櫜[59]』。然後天下知武王之不復用兵也。散軍而郊射[60]，左射貍首，右射騶虞[61]，而貫革之射息[62]也；裨冕搢笏[63]，而虎賁之士[64]稅劍[65]也；祀乎明堂，而民知孝；朝覲[66]，然後諸侯知所以臣；耕藉[67]，然後諸侯知所以敬。五者天下之大教也。食[68]三老五更[69]於太學[70]，天子袒[71]而割牲，執醬而饋[72]，執爵而酳[73]，冕而總干[74]，所以教諸侯之悌[75]也。若此，則周道四達[76]，禮樂交通，則夫武之遲久[77]，不亦宜乎？」

【章旨】以上為第十一段，取自《禮記・樂記》之〈賓牟賈〉篇，記孔子與賓牟賈談論〈大武〉樂的表演和象徵。

【注釋】❶賓牟賈　人名，生平不詳。❷侍坐　陪同長者閒坐。❸及樂　說到音樂方面的問題。❹武　即〈大武〉舞，周代所存六代樂舞之一。表現周武王伐紂的功業。❺備戒之已久　謂舞蹈開始時擊鼓預備的時間過長。❻病不得其眾　意謂以舞者久不出場表現武王伐紂時擔心未獲得士眾擁護，故先擊鼓以戒士眾，久乃出戰。病，憂慮；擔心。❼永歎之二句　永歎，長聲歎唱。《禮記》「永」作「咏」。淫液，形容樂聲連綿不絕。❽恐不逮事　恐怕諸侯不來，趕不上戰事。逮，及；趕上。❾發

揚蹈厲 指舞蹈動作的威武雄健，用來表現出征士眾精神振奮，意氣風發。《史記正義》曰：「發，初也；揚，舉袂也；蹈，頓足蹋；厲，顏色勃然如戰色也。」❿已蚤 謂舞者過早地舉袖頓足，表情嚴厲。蚤，通「早」。⓫及時事 猶言及戰事，把握時機，進行戰鬥。⓬武坐致右憲左 表演〈大武〉舞的過程中，舞者右膝跪地，左膝離地彎曲以支撐身體。坐，跪。致，至。憲，通「軒」。提起。⓭非武坐也 這不是〈大武〉舞中跪的動作。〈大武〉舞表現士卒的勇武奮發，不應有坐的動作。⓮聲淫及商 謂樂聲悠揚不絕而含商音。淫，柔靡。商，五音之一。⓯非武音也 這不是〈大武〉樂中所應有的。⓰有司失其傳也 典樂者沒有傳授下來。有司，指樂官、樂師之類。⓱志荒 年志荒耄。猶今言老糊塗。荒，老耄；迷亂。⓲萇弘又稱萇叔，春秋時周國大夫。因痛恨大國諸侯不尊奉周天子，以迷信手段詛咒不朝周的諸侯，被晉人所殺。相傳孔子曾向他學習雅樂。事詳《國語・周語下》、《呂氏春秋・必己》。⓳免席 避席；離席。古人席地而坐，離席而起，以示恭敬。⓴既聞命矣 已經聽到您對我的回答的肯定了。聞命，領教。㉑遲之遲而又久 《孔子家語・辯樂解》作「遲矣而又久立於綴」，謂舞蹈者站在原地遲遲不動，等待很久。㉒居 猶言「你坐下」。㉓象成 表現已經成功的事。㉔總干而山立二句 持盾立正，表現武王等待諸侯兵馬。總，持；拿。山立，正立如山不動搖。㉕發揚蹈厲二句 舉袖頓足，神情嚴肅，表現太公統帥士卒作戰的奮勇氣概。太公，姜姓，呂氏，名尚。因佐武王滅殷有功被封之於齊，為齊國始祖。事詳〈齊太公世家〉。㉖武亂皆坐二句 〈大武〉舞行將結束時舞者都跪下，象徵周公、召公以文止武，以文德治天下。周召，周公和召公。周公，姬姓，名旦。周文王之子，武王之弟。佐武王滅殷，封於魯。成王年幼登基，周公攝政，東征，平武庚、管、蔡之亂，營建成周雒邑，為周王朝制訂禮樂制度。事詳《史記・魯周公世家》。召公，姬姓，名奭，周之支族，因封於召，故稱召公或召伯。武王滅殷，封之於北燕。成王時，與周公旦分陝而治，陝以西，召公主之，陝以東，周公主之。事詳〈燕召公世家〉。㉗且夫武二句 謂〈大武〉這個舞蹈，一開始表示向北進軍。始，始奏樂。指樂舞的第一段。北出，周武王居鎬在商王朝的西南，紂都朝歌在東北，故舞者由南向北出場。㉘再成而滅商 第二段表示滅掉商朝。再成，猶再奏樂，古以樂曲一終（一段完了）為一成。㉙三成而南 第三段表示向南班師。㉚四成而南國是疆 第四段表示南國歸服，列入疆域。㉛五成而分陝三句 第五段表示分陝而治，周公主左，召公治右。㉜六成復綴二句 第六段舞者復歸原位，表示對天子的崇敬。舞蹈中，兩人搖鐸（用來傳布命令的大鈴）夾立於舞者兩側，其他人則表演四刺四擊為一組的動作，以向全國顯示軍威。復綴，再回初始時的舞位。綴，舞者所處之位。㉝夾振之而四伐二句 謂夾立舞者兩側以搖鐸，象徵武王與大將軍夾軍奮鐸，發布命令，鼓舞士氣。四伐，古代士兵作戰時的基本動作和步法，舞者表演以振軍威。《尚書・牧誓》：「不愆于四伐、五伐，乃止齊焉。」鄭玄《注》：

「伐謂擊刺也。一擊一刺曰一伐。始前就敵，六步、七步當止齊（停止而整齊之），正行列。及兵相接，少者四伐，多者五伐，又當止齊，正行列也。」盛威，顯示強盛的軍威。㉞分夾而進二句　謂舞者分隊前進，各隊有振鐸者夾立，表示武王用兵，致力於大功迅速告成。事，從事；致力。濟，成功。㉟女　通「汝」。㊱牧野之語　有關牧野之戰的傳說。牧野，殷都朝歌近郊，在今河南淇縣西南。周武王伐紂時，在此大敗紂軍。㊲反商　「反」字應作「及」。及商，謂至殷都。㊳黃帝　傳說中的古代帝王，相傳為少典之子，姓公孫，居軒轅之丘，故名軒轅。又長於姬水，因改姓姬，為「五帝」之一。傳說他統一各部落，並有許多發明創造，為中華民族的共祖。事詳〈五帝本紀〉。㊴薊　地名。在今北京城之西南部。㊵帝堯　傳說中的古代帝王，帝嚳之子，名放勳，號陶唐，「五帝」之一。相傳晚年傳位給舜，是儒家理想中的古代帝王。事詳《尚書・堯典》、〈五帝本紀〉。㊶祝　地名，在今山東長清東北。㊷帝舜　傳說中的古代帝王，顓頊之後，姚姓，有虞氏，名重華。受堯命，攝政三十年，天下大治，始受禪繼堯位。晚年薦禹為嗣，亦是儒家理想中的帝王。事詳《尚書・舜典》、〈五帝本紀〉。㊸陳　西周封國，嬀姓，都今河南淮陽。〈陳杞世家〉載：「周武王克殷紂，乃復求舜後，得嬀滿，封之於陳，以奉帝舜祀，是為胡公。」㊹夏后氏　古稱禹受舜禪所建立的夏王朝為夏后氏。〈夏本紀〉以「夏后」為國號。㊺杞　西周封國，姒姓，都雍丘，今河南杞縣。〈陳杞世家〉載：「周武王克殷紂，求禹之後，得東樓公，封之於杞，以奉夏后氏祀。」㊻宋　西周封國，子姓，都商丘，今河南商丘南。始封君為殷紂庶兄微子啟。〈宋微子世家〉載：「周公既承成王命誅武庚，殺管叔，放蔡叔，乃命微子開（即啟）代殷後，奉其先祀，國于宋。」㊼封王子比干之墓　封，往墳上堆土以示崇敬。比干，殷紂王的叔父（一說紂庶兄）。紂淫亂於政，比干直言強諫，紂殺比干，刳視其心。與微子啟，箕子稱殷之三仁。事詳《尚書》之〈泰誓〉、〈武成〉、〈殷本紀〉、〈宋微子世家〉。㊽釋箕子之囚　箕子，紂王諸父，封於箕，故曰箕子。紂為淫亂，箕子諫，不聽，乃披髮佯狂為奴，紂又囚之。周武王滅紂，釋箕子之囚，訪於箕子，問治國之道，箕子為之述〈洪範〉，於是武王封箕子於朝鮮而不臣。事詳《尚書・洪範》、〈殷本紀〉、〈宋微子世家〉。㊾使之行商容而復其位　使箕子行商禮而恢復其位。商容，舊說歧義頗多，或以商容為殷之賢人，或以為處所，或以為里名，箕子舊居。俞樾《群經平議》曰：「商容，猶言商禮。禮以容儀為主，故行禮之臺謂之容臺，……然則以容言禮，猶以聲言樂也。武王優崇箕子，不奪其志，俾得仍用殷禮，故曰釋箕子之囚，使之行商容，而復其位。」按：俞說是。㊿庶民弛政二句　為百姓廢除殷紂時的苛政，為祿薄者成倍增加俸祿。庶士，眾士，指品位低下的廣大中下層士大夫。(51)濟河而西　謂滅殷後南渡黃河，西還鎬京。(52)華山之陽　華山的南面。華山在今陝西華陰南。陽，古以山之南或水之北為陽，山之北或水之南為陰。(53)桃林　華山旁的地區名，約在今河南靈寶以西，陝西潼關以東一帶。(54)不

復服　不再使用，指不再用於軍事運輸。《易・繫辭下》：「服牛乘馬，引重致遠。」服，拉車。(55)車甲弢　將戰車、兵器都用布套套起來。弢，通「韜」。收藏。(56)倒載　謂兵器的鋒刃向內放置。(57)苞　通「包」。(58)將率之士　率兵作戰的人。(59)建櫜　弓袋和箭袋，這裡用來比喻掩甲藏兵，偃武修文。建，通「鞬」。盛弓的袋。(60)散軍而郊射　謂周武王解散軍隊，行郊射之禮，表示止武習文。郊射，周代郊有學宮，可以習禮。天子出郊祭天，在郊祀和學禮過程中練習射箭，以選拔賢士，謂之郊射。(61)左射貍首二句　謂諸侯在東學宮習射，歌〈貍首〉之詩以為節奏；天子在西學宮習射，歌〈騶虞〉之詩以為節奏。貍首，逸詩。騶虞，《詩經・召南》篇名。(62)貫革之射息　即不再進行作戰的訓練。貫革，射穿鎧甲。古代軍中習武，取鎧甲張之而射，以射穿多重者為善，謂之「貫革」。周武王既習禮射於學，故貫革之射止息。(63)裨冕搢笏　皆文臣上朝的儀容。裨冕，又稱玄冕，古代諸侯卿大夫朝見天子時所服的禮服和禮冠。古者天子有「六服」（諸侯亦服焉），在這六種冕服中玄冕最卑，故稱裨冕。搢笏，把笏板插在禮服外的腰帶中。搢，插。笏，笏板。古代大臣朝見天子時手中拿的長板子，上面可以記事。笏板按等級可分為玉笏、象牙笏和竹笏。(64)虎賁之士　勇猛的武士。虎賁，即虎奔，形容勇士猛怒如虎之奔赴。(65)稅劍　解去戰刀。稅，通「脫」。猶言解去。(66)朝覲　諸侯朝見天子。春天朝見稱朝，秋天朝見稱覲。(67)耕藉　指每年孟春時舉行的耕籍之禮，其時，帝王親耕，以示重農。藉，籍田。帝王親耕之田。(68)食　給……進食；供養。(69)三老五更　「三老」與「五更」互言，均指年老退休經驗豐富之官僚貴族。《禮記・文王世子》：「遂設三老五更，群老之席位焉。」鄭玄《注》：「三老五更各一人也，皆年老更事致仕者也，天子以父兄養之，示天下之孝悌也。」(70)太學　古代的國立學校，周代稱辟雍，漢武帝元朔五年始設太學，立五經博士。(71)袒　解上衣露左臂。(72)執醬而饋　醬，用糧食製成的調料。饋，進獻食物。(73)執爵而酳　端著酒杯向賓客敬酒。爵，一種有三足，用來盛酒的青銅製酒器。(74)冕而總干　服冕而執盾以舞。(75)悌　愛敬兄長。(76)周道四達　周朝的教化遍行於天下。(77)武之遲久　謂〈大武〉舞遲緩而歷時長久。

【語　譯】賓牟賈陪坐在孔子身旁，孔子和他談話，談到音樂方面的問題，孔子問：「〈大武〉舞開始的時候，擊鼓預備的時間過長，是什麼緣故？」

2　賓牟賈回答說：「這是表現武王伐紂時，擔心沒有獲得士眾的擁護，以致醞釀了很長時間才出戰的情節。」

3　「那長聲歎唱，樂聲連綿不絕，又是什麼意思？」

4　回答說：「表現武王擔心諸侯不來，趕不上戰事。」

5 「舞者一開始就威武雄健地舉袖頓足，卻又很快地神情嚴肅，是為什麼呢？」

6 回答說：「這是表示把握時機，速戰速決。」

7 「表演〈大武〉舞的過程中，舞者右膝跪地，左膝離地彎曲以支撐身體，是為什麼呢？」

8 回答說：「這不是〈大武〉這種表現士卒勇武奮發的樂舞中所應有的姿態。」

9 「殺伐的商音悠揚不絕於耳，是什麼緣故？」

10 回答說：「這不是〈大武〉舞中所應有的聲音。」

11 「如果不是〈大武〉舞的聲音，又是什麼聲音呢？」

12 回答說：「那是因為典樂的樂官沒有傳授下來，如果不是這種情況，那就是武王老糊塗了。」

13 孔子說：「我以前從萇弘那裡聽到的，也和你說的差不多。」

14 賓牟賈站起來，離開自己的座席，請教說：「有關〈大武〉舞開始時擊鼓預備的時間過長，已經聽到您對我的回答的肯定了。請問舞蹈者站在原地遲遲不動，等待很久，是什麼原因呢？」

15 孔子說：「請坐下，我告訴你。樂，表現的是已經成功的事。持盾立正，像山一樣不動搖，表現的是武王正在等待諸侯兵馬；舉袖頓足，神情嚴肅，表現的是太公統帥士卒作戰的奮勇氣概；〈大武〉舞行將結束時舞者都跪下，象徵周公、召公以文止武，以文德治理天下。而且〈大武〉這個舞蹈，一開始表示向北進軍，第二段表示滅掉商朝，第三段表示向南班師，第四段表示南國歸服，列入疆域，第五段表示分陝而治，周公主左，召公治右，第六段舞者復歸原位，表示對天子的崇敬，舞蹈中，兩人搖鐸，夾立於舞者兩側，其他人則表演四刺四擊為一組的動作，來向全國顯示軍威。舞者分隊前進，各隊有振鐸者夾立，表示武王用兵，致力於大功迅速告成。舞蹈者長時間站在原地不動，為的是等候諸侯大軍的到來。而且你就沒聽說過有關牧野之戰的傳說嗎？武王打敗了紂王，來到殷都朝歌，沒顧得上下車，就把黃帝的後代封在了薊，把帝堯的後代封在了祝，把帝舜的後代封在了陳；下車後，又把夏朝的後代封在了杞，把商朝的後代封在了宋。往紂王叔父比干的墓上堆土，把紂王諸父箕子從監獄中放出來，允許他行商禮，並恢復他的官職。為百姓廢除紂王時的苛政，為祿薄者成倍增加俸祿。然後就南渡黃河，西還鎬京，把戰馬散放到華山之南，不要牠們再駕戰車；把牛散放到桃林的野外，不再使用牠們運輸軍備；把戰車、鎧甲收起來，封存在府庫裡不再使用。兵器的鋒刃向內放置，並用虎皮把它們包起來；對統兵打仗的人，封他們為諸侯，把這種制度稱為「建櫜」。從此以後天下人都知道武王不再用兵了。武王又解散軍隊，行郊射之禮，諸侯在東學宮習射，歌〈貍首〉之詩作為節奏，天子在西學宮習射，歌〈騶虞〉之詩作為節奏，廢除了以射穿多重鎧甲為目的的射箭練習；讓士卒穿戴上最低等的禮服和禮冠，並把笏板插在禮服外的腰帶中，勇猛的武士從此就解去了佩劍；天子在明堂祭祀祖先，然後人民就理解了孝道；建立朝覲天子的制度，然後諸侯就懂得了怎樣為人臣的道理；建立天子親耕藉田之禮，然後諸侯就了解了如何謹守自己的本職工作。這五件事是天下重大的禮教措施。在太學裡舉行奉養年高德劭的長者的禮儀，天子親自挽袖切割牲肉，端著醬，進獻食物，拿著酒杯請他們漱口，還頭戴禮帽執盾以舞，這些舉動，是為了教導諸侯怎樣愛敬長者。做到這些，周朝的治國教化之道就可以普及四方，禮樂就可以傳播到各地了，那麼，〈大武〉舞的表演如此遲緩而歷時長久，不是理所當然的嗎？」

1 子貢❶見師乙❷而問焉，曰：「賜聞聲歌各有宜❸也，如賜者，宜何歌也？」

2 師乙曰：「乙，賤工也，何足以問所宜。請誦❹其所聞，而吾子自執❺焉。寬而靜，柔而正者宜歌頌；廣大而靜❻，疏達而信❼者宜歌大雅；恭儉❽而好禮者宜歌小雅；正直清廉而謙者宜歌風；肆直而慈愛者宜歌商❾；溫良而能斷者宜歌齊❿。夫歌者，直己而陳德⓫，動己而天地應焉⓬，四時和焉，星辰理⓭焉，萬物育焉。故商者，五帝之遺聲也，商人志之，故謂之商；齊者，三代之遺聲也，齊人志之，故謂之齊⑭。明乎商之詩者，臨事而屢⑮斷；明乎齊之詩者，見利而讓也。臨事而屢斷，勇也；見利而讓，義也。有勇有義，非歌孰能保⑯此？故歌者，上如抗，下如隊，曲如折，止如槀木⑰，居中矩，句中鉤，累累乎殷如貫珠⑱。故歌之為言⑲也，長言⑳之也。說㉑之，故言之；言之不足，故長言之；長言之不足，故嗟歎㉒之；嗟歎之不足，故不知手之舞之足之蹈之。」子貢問樂㉓。

【章旨】以上為第十二段，取自《禮記・樂記》之〈師乙〉。論音樂和個人性情的關係，以及音樂的變化之妙。

【注釋】❶子貢　姓端木，名賜，字子貢。春秋時衛國人，孔子弟子。長於辯論，善經商，累千金，事詳〈仲尼弟子列傳〉。❷師乙　名字叫乙的樂官。師，樂官。❸各有宜　指適合各自的性情。❹誦　述說；論述。❺自執　猶自處，自己選擇。執，選取；決定。❻廣大而靜　開朗而平和的人。❼疏達而信　通達而誠實的人。❽恭儉　謙恭謹慎。❾肆直而慈愛者宜歌商　方愨曰：「肆，寬大而舒緩也。〈商〉音剛決，故性之柔緩者宜歌之，而變其柔為剛斷。」商，疑指《詩・商頌》。❿溫良而能斷者宜歌齊　方愨曰：「〈齊〉音柔緩，故性剛決者宜歌之，而終至於柔遜。蓋各濟其所偏，而融會之於平和之地也。」齊，疑指《詩・齊風》。⓫直己而陳德　端正自己的行為，表達自己的美德。⓬動己而天地應焉　觸動自己的情懷，使天地感應。⓭理　有條理。指運行有序。⓮故商者八句　其義未詳。姑且解釋為：〈商〉是五帝時代遺留的樂歌，商人把它記錄下來，所以叫它〈商〉；〈齊〉是三代時遺留的樂歌，齊人把它記錄下來，所以叫它〈齊〉。商人，宋為商後，此商人謂宋人也。志，記錄。《禮記》「志」作「識」。⓯屢　數；常常。⓰保　知道；了解。⓱故歌者五句　所以動人的歌聲，高音時高亢上揚，低音時有如墜落，迴旋時脆似折斷，終止時寂如槁木。抗，通「亢」。抗舉；高亢。隊，通「墜」。槀木，枯木。⓲居中矩三句　小的轉折合乎矩尺的直角轉彎，大的轉折就像半環狀的鉤形，音符接連，恰似串珠豐富圓潤。居，《禮記》作「倨」，微曲。中，合乎。矩，曲尺。用來畫直角。句，同「勾」。大的彎曲。鉤，圓規，用來畫圓。殷，豐富；充實。⓳言　語言。⓴長

言　猶永言，拖長聲調說。㉑說　通「悅」。㉒嗟歎　詠歎；吟詠。㉓子貢問樂　四字疑為衍文。

【語　譯】子貢見到樂官師乙便向他請教，說：「我聽說唱的歌要適合各自的情性，像我，適合唱什麼歌呢？」

2 師乙說：「我只是個地位卑賤的樂工，有什麼資格承您來詢問該唱什麼歌呢。但我可以說說我聽說過的有關知識，由您自己去選擇。性情寬厚而平靜、柔和而正直的人，適合唱〈頌〉；性情開朗而平和、通達而誠實的人，適合唱〈大雅〉；性情謙恭謹慎又注重禮節的人，適合唱〈小雅〉；性情正直清廉又謙遜的人，適合唱〈風〉；性情寬和柔緩又慈愛的人，適合唱〈商〉；性情溫良又剛決果斷的人，適合唱〈齊〉。歌唱，是為了端正自己的行為，表達自己的美德，它可以觸動自己的情懷，使天地感動，四時調和，星辰有序，萬物化育。所以，〈商〉本來是五帝時代遺留下來的樂歌，商朝人記住它並流傳下來，所以稱它為〈商〉；〈齊〉本來是三代遺留下來的樂歌，齊國人記住它並流傳下來，所以稱它為〈齊〉。理解〈商〉詩的人，遇事常能作出決斷；理解〈齊〉詩的人，能見利而辭讓。遇事能作出決斷，是勇的體現；見利而辭讓，是義的體現。有勇又有義，如果不通過唱歌，誰能了解這些呢？所以動人的歌聲，高音時高亢上揚，低音時有如墜落，迴旋時脆似折斷，終止時寂如槁木，小的轉折合乎曲尺的直角轉彎，大的轉折就像半環狀的鉤形，音符接連，恰似串珠豐富圓潤。所以，如果把歌作為語言的話，就是拖長聲音的一種講話形式。人有高興的事要表達，所以講話；講話還不能充分表達，所以就拖長聲音講；拖長聲音講還不能充分表達，所以就加上詠歎的聲音；加上詠歎的聲音還不能充分表達，所以人們就不知不覺手舞足蹈地跳起舞來。」以上為〈子貢問樂章〉。

1 凡音由於人心，天之與人，有以相通，如景之象形❶，響之應聲。故為善者天報之以福，為惡者天與之以殃，其自然者也。

2 故舜彈五弦之琴，歌南風之詩而天下治；紂為朝歌北鄙之音，身死國亡。舜之道何弘❷也？紂之道何隘❸也？夫南風之詩者，生長之音也，舜樂好之❹，樂與天地同意❺，得萬國❻之驩心，故天下治也；夫朝歌者，不時也❼。北者，敗也❽。鄙者，陋也。紂樂好之，與萬國殊心，諸侯不附，百姓不親，天下畔❾之，故身死國亡。

3 而衛靈公❿之時，將之晉⓫，至於濮水⓬之上舍⓭。夜半時聞鼓琴聲，問左右，皆對曰「不聞」。乃召師涓⓮曰：「吾聞鼓琴音，問左右，皆不聞，其狀似鬼神⓯，為我聽而寫之⓰。」師涓曰：「諾。」因端坐援⓱琴，聽而寫之。明日，曰：「臣得之⓲矣，然未習⓳也，請宿習之。」靈公曰：「可。」因復宿。明日，報曰：「習矣。」即去之晉⓴，見晉平公㉑。平公置酒於施惠之臺㉒。酒酣㉓，靈公曰：「今者來，聞新聲，請奏之。」平公曰：「可。」即令師涓坐師曠㉔旁，援琴鼓之。未終，師曠撫而止之曰：「此亡國之聲也，不可遂㉕。」平公曰：「何道出㉖？」師曠曰：「師延㉗所作也。與紂為靡靡之樂，武王伐紂，師延東走，自投濮水之中，故聞此聲必於濮水之上，先聞此聲者國削。」平公曰：「寡人所好者音也，願遂聞之。」師涓鼓而終之。

4 平公曰：「音無此最悲乎㉘？」師曠曰：「有。」平公曰：「可得聞乎？」

師曠曰：「君德義薄，不可以聽之。」平公曰：「寡人所好者音也，願聞之。」師曠不得已，援琴而鼓之。一奏之，有玄鶴二八㉙集乎廊門；再奏之，延頸㉚而鳴，舒翼㉛而舞。

平公大喜，起而為師曠壽㉜。反坐㉝，問曰：「音無此最悲乎？」師曠曰：「有。昔者黃帝以大合鬼神㉞，今君德義薄，不足以聽之，聽之將敗。」平公曰：「寡人老矣，所好者音也，願遂聞之。」師曠不得已，援琴而鼓之。一奏之，有白雲從西北起；再奏之，大風至而雨隨之，飛廊瓦，左右皆奔走。平公恐懼，伏於廊屋之間。晉國大旱，赤地㉟三年。聽者或吉或凶㊱。夫樂不可妄興㊲也。

【章旨】以上為第十三段，為今本〈樂記〉所無。然據臧庸《拜經日記》卷九，余嘉錫《太史公書亡篇考》，當為〈樂記〉之〈奏樂〉佚文。論樂與天相通，奏樂有禍福，聽樂有吉凶。

【注釋】❶景之象形　影子是隨著人體來的。景，通「影」。❷何弘　多麼弘大。弘，通「宏」。宏大；寬闊。❸何隘　多麼狹小。❹舜樂好之　舜喜歡、愛好它。❺樂與天地同意　（舜的）愛好與天地的意志相同。❻萬國　猶萬邦。國，指氏族社會晚期以部落聯盟形式出現的邦國。❼夫朝歌者不時也二句　朝歌意為早晨唱歌，時間不會太久，以讖不久之兆，所以說不合時宜。❽北者敗也二句　北，通「背」。兩方對戰而示之以背，故曰敗也。❾畔　通「叛」。❿衛靈公　春秋時衛國國君，西元前五三四－前四九三年在位。事詳《左傳》及〈衛康叔世家〉。⓫晉　西周和春秋時國名，姬姓，始封君為周成王弟叔虞。晉平公時都新絳（在今山西侯馬西南）。⓬濮水　水名，流經春秋衛國，即所謂「桑間濮上」之濮。⓭舍　住宿。⓮師涓　衛國樂官。⓯其狀似鬼神　看樣子像有鬼神。⓰寫之　把樂曲記錄下來。⓱援　操；持；執。⓲得之　掌握這首樂曲。⓳未

習　尚未熟悉。⑳去之晉　離開衛國到達晉國。㉑晉平公　春秋時晉國國君，名彪，晉悼公子，西元前五五七—前五三二年在位。事詳《左傳》、《國語》與〈晉世家〉。㉒施惠之臺　施惠，宮殿名，即虒祁宮，西元前五三四年晉平公所建，在今山西侯馬西南十里之汾祁村。㉓酒酣　飲酒暢快、舒適。㉔師曠　晉國樂官，字子野，生而無目，善據聲、樂辨吉凶。事詳《逸周書・太子晉》、《左傳》襄公十四年、《國語・晉語八》。㉕不可遂　不能讓它演奏到結束。㉖何道出　句首應有「是」字，意謂此說從何而來。《韓非子・十過篇》作「此奚道出」，《論衡・紀妖篇》作「此何道出」，皆可為證。㉗師延　傳說中的古代樂師。㉘音無此最悲乎　難道就沒有比這支樂曲更具感染力的了嗎？悲，漢代以稱音樂之動人。㉙玄鶴二八　十六隻黑鶴。㉚延頸　伸長脖子。㉛舒翼　展開翅膀。㉜為師曠壽　向師曠敬酒，對其表示敬服。㉝反坐　回到座位上。㉞大合鬼神　邀請各方鬼神聚會。合，聚會。㉟赤地　指乾旱造成土地寸草不生。㊱聽者或吉或凶　謂德義厚者聽之則吉，德義薄者聽之則凶。㊲妄興　隨便演奏。

【語譯】大凡「音」都是由於人心的激動產生的，而天和人是互相感應，彼此溝通的，就如同影子反映出物體的形狀，回音呼應著發聲的聲源一樣。由於這個緣故，對做好事的人，上天就會賜給他福澤；對做壞事的人，上天就會加給他禍殃，這是自然的道理。

2 所以虞舜彈奏著五弦琴，唱起〈南風〉之詩，從而使天下得到治理；商紂聽朝歌北鄙的音樂，從而身死國亡。舜的治民之道為什麼寬廣？紂的治民之道為什麼狹小？那是因為〈南風〉之詩，是適合生長的樂歌，舜喜愛它，這種愛好與天地的意志相同，得到萬國的歡心，所以天下得到了治理；而朝歌的意思，是早晨唱歌，時間不會太久，預示著統治也不會太久，所以聽這個歌是不合時宜的。北的意思，是失敗。鄙的意思，是鄙陋。但紂卻喜愛它，和萬國的百姓愛好不同，所以諸侯不服，百姓離心，天下人都背叛了他，以致身死國亡。

3 衛靈公在位時，有次要去晉國，到了濮水邊的驛舍，住了下來。半夜時聽到彈琴的聲音，問左右侍從，都回答說「沒有聽到」。於是召來樂師涓，對他說：「我聽到了彈琴的聲音，問左右侍從，卻都沒有聽見，看樣子像是有鬼神，你幫我聽聽，把樂曲記錄下來。」師涓說：「好吧。」於是端正地坐下來，用手把著琴，邊聽鬼神彈琴，邊把樂曲記錄下來。第二天，師涓說：「我掌握這首樂曲了，但是還不夠熟悉，請再給我一個晚上，好熟悉它。」靈公說：「可以。」於是師涓又住了一個晚上。第二天，師涓報告說：「我已經熟悉了。」靈公便離開此地前往晉國，會見晉平公。晉平公在施惠臺設酒宴招待衛靈公一行人。酒興正濃的時候，靈公說：「這次我來貴國的途中，聽到一首新曲子，請讓樂師彈奏一下。」平公說：「行。」便讓師涓坐在晉國的樂師師曠的旁邊，操琴彈了起來。還沒彈完，師曠便按琴制止了彈奏，說：「這是亡國之聲，不能讓它奏完。」平公問：「這是從何說起？」師曠回答說：「它是師延的作品。師延曾為商紂作這些靡靡之樂，武王伐紂，師延東逃，自投濮水自殺，所以能聽到這首樂曲的地方一定是在濮水邊上。先聽到這首樂曲的人，他的國家一定會衰亡。」平公說：「我愛好的就是音樂，希望能把它聽完。」師涓一直演奏到樂曲結束。

4　平公問道：「還有比這支樂曲更具有感染力的嗎？」師曠說：「有。」平公說：「可以讓我聽聽嗎？」師曠說：「您在德和義的修養方面還做得不夠，不能聽這支樂曲。」平公說：「我愛好的就是音樂，希望能聽聽這支曲子。」師曠沒有辦法，只好操琴彈了起來。彈奏了第一段，有十六隻黑鶴聚集到廊門；彈奏了第二段，黑鶴們都伸長脖子鳴叫，展開翅膀起舞。

5　平公非常高興，站起來給師曠敬酒祝福。返回座位以後，問道：「還有比這支樂曲更具有感染力的嗎？」師曠說：「有。當初黃帝就是用這支樂曲大會鬼神的，現在您在德和義的修養方面還做得不夠，不足以聽這支樂曲，聽了就會遭到失敗。」平公說：「我已經老了，我愛好的就是音樂，希望能把它們都聽完。」師曠沒有辦法，只好操琴彈了起來。彈奏了第一段，就有白雲從西北方向湧起；彈奏了第二段，大風忽然襲來，暴雨隨之而至，廊瓦被掀飛，左右大臣四散奔逃。平公驚恐萬分，趴在廊屋裡。隨後晉國發生大旱，三年裡，寸草不生。同樣是聽一支樂曲，有人聽了吉祥，有人聽了凶險。可見，樂曲是不能隨便演奏的。

太史公曰：夫上古明王舉樂❶者，非以娛心自樂，快意恣欲，將欲為治也。

正教❷者皆始於音，音正而行正。故音樂者，所以動盪❸血脈，通流精神❹而和正心❺也。故宮動脾而和正聖❻，商動肺而和正義，角動肝而和正仁，徵動心而和正禮，羽動腎而和正智。故樂所以內輔正心而外異貴賤❼也。上以事宗廟，下以變化❽黎庶也。琴長八尺一寸，正度❾也。弦大者為宮，而居中央，君也。商張右傍❿，其餘大小相次⓫，不失其次序，則君臣之位正矣。故聞宮音，使人溫舒而廣大⓬；聞商音，使人方正而好義⓭；聞角音，使人惻隱⓮而愛人；聞徵音，使人樂善而好施；聞羽音，使人整齊⓯而好禮。夫禮由外入，樂自內出。故君子不可須臾離禮，須臾離禮，則暴慢⓰之行窮外⓱；不可須臾離樂，須臾離樂，則姦邪之行窮內。故樂音⓲者，君子之所養義⓳也。夫古者，天子諸侯聽鐘磬未嘗離於庭，卿大夫聽琴瑟之音未嘗離於前，所以養行義⓴而防淫佚也。夫淫佚生於無禮，故聖王使人耳聞雅、頌之音，目視威儀之禮，足行恭敬之容㉑，口言仁義之道。故君子終日言而邪辟無由入也。

【章旨】以上為第十四段，亦為今本〈樂記〉所無。據余嘉錫《太史公書亡篇考》，當是〈樂記〉之〈樂器〉佚文。此文照應全篇，論音樂「養行義而防淫佚」的教化作用。「太史公曰」四字為補史者妄加。

【注釋】❶舉樂　猶言興樂。❷正教　端正教化。❸動盪　振動。盪，同「蕩」。❹通流精神　與精神融會貫通。❺和正

心 調和修養性情。和正，調和端正。正，端正；糾正。引申為修養，涵養。❻宮動脾而和正聖 動，動盪。聖，疑當為「信」，指信德。古以仁、義、禮、智、信為「五德」。❼內輔正心而外異貴賤 對內輔助修養性情，對外分辨貴賤等差。❽變化 使……發生變化。指移風易俗。❾正度 標準的尺度。❿商張右傍 發商音的絃安置在發宮音的絃的右側。張，安置。傍，通「旁」。旁邊。⓫大小相次 按五音高低依次排列。⓬溫舒而廣大 性情溫和舒暢而胸懷廣闊。⓭方正而好義 品格端方而追慕道義。⓮惻隱 同情；憐憫。⓯整齊 指儀表端莊。⓰暴慢 兇惡傲慢。⓱窮外 充分表現於外。⓲樂音 音樂。⓳養義 修養道義。⓴行義 行為道義。㉑容 儀容；舉止。

【語 譯】太史公說：上古時代的明聖君王之所以興樂，並不是為了使自己的身心愉悅，慾念放縱，而是為了治理好天下。端正教化都從音樂開始，音樂端正，人們的行為就會端正。所以音樂就是用來振動人的血脈，並與精神融會貫通，從而調和修養性情。因此宮聲振動脾臟，從而調和端正信德；商聲振動肺臟，從而調和端正義德；角聲振動肝臟，從而調和端正仁德；徵聲振動心臟，從而調和端正禮德；羽聲振動腎臟，從而調和端正智德。所以樂，就是為了對內輔助修養性情，對外分辨貴賤等差。對上事奉宗廟祖先，對下教化黎民百姓。琴身長度為八尺一寸，這是標準的尺度。琴絃粗的發宮音，安置在琴的中央，象徵國君。發商音的絃安置在發宮音的絃的右側，其餘的絃按五音高低依次排列，次序井然，這樣，君臣的位置就確定了。所以一聽到宮聲，就會使人性情溫和舒暢而胸懷廣闊；一聽到商聲，就會使人品格端方而追慕道義；一聽到角聲，就會使人產生同情之心而去關愛別人；一聽到徵聲，就會使人樂於做好事而慷慨助人；一聽到羽聲，就會使人儀表端莊而注重禮儀。禮由外部規定人們的舉止，樂由內心抒發人們的感情。所以君子不能片刻離開禮，片刻離開禮，那麼兇惡傲慢的行為就會在外面充分表現出來；不能片刻離開樂，片刻離開樂，那麼奸詐邪惡的慾念就會在內心充分糾結起來。所以音樂，是君子用來修養道義的。在古代，天子、諸侯在聽演奏鐘、磬的時候，從來不離開演奏的宮廷，卿、大夫在聽演奏琴、瑟的時候，從來不離開演奏者的席前，就是為了涵養行為道義，防止荒淫放縱的行為發生。荒淫放縱的行為就是因為沒有禮的約束才發生的，由於這個緣故，聖王就讓人們耳聽〈雅〉、〈頌〉之音，眼觀儀容威整的禮儀，使自己形成恭敬嚴肅的儀表舉止，嘴裡談論仁義的道理。因此，君子整天談論仁義的道理，所以邪惡乖僻的慾念就無從侵入他的心靈。

【研析】本篇亦是張晏所說《史記》十篇「有錄無書」者之一。觀〈樂書〉序，其首曰：「余每讀〈虞書〉，至於君臣相敕，維是幾安，而股肱不良，萬事墮壞，未嘗不流涕也」；其結語曰：「世多有，故不論」云云，均為太史公書法，故〈樂書〉序為司馬遷所作無疑。序文自「又嘗得神馬渥洼水中」至「黯誹謗聖制，當族」一段，與史實有較大出入，當為後人所續，非司馬遷之筆，但也是〈樂書〉序的內容。〈樂書〉正文自「凡音之起」始，依次取《禮記‧樂記》之〈樂本〉、〈樂論〉、〈樂禮〉、〈樂施〉、〈樂情〉、〈樂言〉、〈樂象〉、〈樂化〉、〈魏文侯〉、〈賓牟賈〉、〈師乙〉。自「凡音由於人心」至篇末，不見於今本〈樂記〉。余嘉錫認為此即古〈樂記〉之〈奏樂〉與〈樂器〉兩篇的佚文。

〈樂書〉序在回顧歷史的基礎上，闡述了音樂與政治教化的密切關係，具體表現在四個方面：一、感歎舜禹君臣相敕，及成王作〈頌〉，推己懲艾，強調君子修德，認為樂不忘初和政治上的治定功成是禮樂興建的基礎；二、指出作樂的目的是為了「節樂」，主張「君子以謙退為禮，以損減為樂」，反對極意享受，放縱聲色；三、強調音樂具有陶冶感情的審美教育作用和移風易俗的巨大社會功能；四、系統記述了自春秋治道虧缺而鄭音興起，直至漢武帝喜頌功名，作〈郊祀歌〉十九章這一音樂演變的歷史過程。其中漢武帝令李延年次序其聲，以至夜祠明終，雖與定禮儀、改正朔服色同為「損益」之舉，然顯然不合「節樂」之旨，是司馬遷所否定的。

卷二十五

律書第三

【題解】司馬遷在〈太史公自序〉中說他寫〈律書〉的目的是：「非兵不彊，非德不昌，黃帝、湯、武以興，桀、紂、二世以崩，可不慎歟？《司馬法》所從來尚矣，太公、孫、吳、王子能紹而明之，切近世，極人變，作〈律書〉第三。」由此可知，所謂〈律書〉就是〈兵書〉。核對一下現存的〈律書〉是什麼樣子呢？其開頭的一段，的確講的是從黃帝、商湯、春秋乃至秦、漢以來的軍事問題，而且思想先進，與孔丘、孟軻有關戰爭問題的言談截然不同，人們大多認為這是司馬遷的原作。而其正文則突然一改，不是談古代的軍事史，而是變到談陰陽、談節令、談樂律上去了，與前面的序言完全脫節。人們大多認為這是由於司馬遷〈律書〉（即〈兵書〉）的原文丟失，於是有人便拉來一段與〈曆書〉有關的「樂律」文字填到這裡來充數了。至於這段文字亦有其重要價值，那是另一回事。

1 王者制事立法❶，物度軌則❷，壹稟於六律❸，六律為萬事根本❹焉。

2 其於兵械尤所重❺，故云「望敵知吉凶❻，聞聲效勝負❼」，百王不易❽之道也。

3 武王伐紂❾，吹律聽聲❿，推孟春以至于季冬，殺氣相并，而音尚宮⓫。同聲相從⑫，物之自然，何足怪哉？

4 兵者，聖人所以討彊暴，平亂世，夷險阻⑬，救危殆⑭。自含齒戴角之獸⑮，見犯則校⑯，而況於人懷好惡喜怒之氣，喜則愛心生，怒則毒螫⑰加，情性之理也。

5 昔黃帝⑱有涿鹿之戰，以定火災⑲；顓頊⑳有共工㉑之陳，以平水害㉒；成湯㉓有南巢之伐㉔，以殄夏亂㉕。遞興遞廢㉖，勝者用事㉗，所受於天也。

6 自是之後，名士㉘迭興㉙，晉用咎犯㉚，而齊用王子㉛，吳用孫武㉜，申明軍約，賞罰必信，卒伯諸侯㉝，兼列邦土㉞，雖不及三代之誥誓㉟，然身寵君尊，當世顯揚，可不謂榮焉？豈與世儒㊱闇於大較㊲，不權㊳輕重，猥云德化，不當用兵㊴，大至君辱失守㊵，小乃侵犯削弱㊶，遂執不移㊷等哉㊸！故教笞㊹不可廢於家，刑罰不可捐於國，誅伐不可偃㊺於天下，用之有巧拙，行之有逆順㊻耳。

7 夏桀、殷紂，手搏豺狼，足追四馬㊼，勇非微也；百戰克勝，諸侯懾服，權非輕也。秦二世㊽宿軍無用之地㊾，連兵於邊陲㊿，力非弱也；結怨匈奴(51)，絓禍(52)於越(53)，勢非寡也。及其威盡勢極，閭巷之人為敵國(54)。咎(55)生窮武(56)之不知足，甘得(57)之心不息也。

8 高祖有天下[58]，三邊外畔[59]；大國之王[60]雖稱蕃輔[61]，臣節未盡[62]。會高祖厭苦軍事，亦有蕭、張之謀[63]，故偃武一休息[64]，羈縻不備[65]。

9 歷至孝文即位[66]，將軍陳武[67]等議曰：「南越、朝鮮[68]，自全秦[69]時內屬[70]為臣子，後且擁兵阻阸[71]，選蠕觀望[72]。高祖時，天下新定，人民小安，未可復興兵。今陛下仁惠撫百姓，恩澤加海內，宜及士民樂用[73]，征討逆黨，以一封疆[74]。」孝文曰：「朕能任衣冠[75]，念不到此[76]。會呂氏之亂[77]，功臣宗室[78]共不羞恥[79]，誤居正位[80]，常戰戰慄慄，恐事之不終[81]。且兵凶器[82]，雖克所願[83]，動亦秏病[84]，謂百姓遠方何？又先帝[85]知勞民不可煩[86]，故不以為意[87]。朕豈自謂能？今匈奴內侵[88]，軍吏無功，邊民父子荷兵[89]日久，朕常為動心傷痛，無日忘之。今未能銷距[90]，願且堅邊設候[91]，結和通使，休寧北陲，為功多矣。且無議軍[92]。」故百姓無內外之繇[93]，得息肩於田畝[94]，天下殷富，粟至十餘錢[95]，鳴雞吠狗，煙火萬里，可謂和樂者乎！

10 太史公曰：文帝時[96]，會天下新去湯火[97]，人民樂業，因其欲然[98]，能不擾亂，故百姓遂安。自年六七十翁亦未嘗至市井[99]，游敖嬉戲如小兒狀[100]。孔子所稱「有德君子」者邪[101]！

【章旨】以上為第一段，是〈律書〉的序，〈律書〉的正文已經不存，但此序仍為司馬遷所作，敘述了他對軍事問題的總體看法。

【注釋】❶制事立法　決策重大事情，建立法度。❷物度軌則　測量器物，制訂規則。物度，似應作「度物」。度，測量。❸壹稟於六律　一切都離不開律度。六律，我國早從傳說中的黃帝時代，就把一個音級分為十二個部分，就是十二律。所謂音級，即是以某音為基音，然後再順次數下去，一直數到同音（即與基音相同之音，惟其音較原來音為高）是為一個音級。《索隱》曰：「律有十二，陽六為律：黃鍾、太簇、姑洗、蕤賓、夷則、無射；陰六為呂：大呂、夾鍾、中呂、林鍾、南呂、應鍾是也。名曰律者，《釋名》云：『律，述也，所以述陽氣也。』〈律曆志〉云：『呂，旅助陽氣也。』案：古律用竹，又用玉，漢末以銅為之。呂亦稱間，故有六律、六間之說，元間大呂，二間夾鍾是也。」中國古代定音採用律管，其數共有十二：中國古代將一個音級分為十二部分，即黃鍾、太簇、姑洗、蕤賓、夷則、無射、大呂、夾鐘、中呂、林鐘、南呂、應鍾。六律為陽律，六呂為陰律，統稱十二律。但是由於我國古代所用樂調只有宮、商、角、徵、羽五音，後人遂誤認為中國古代把一個音級分為五個部分，甚至於說中國古代只知道五個音節。其實所謂五音係指調子而言，即是從十二律中抽取出五個律來組成一個調子。❹六律為萬事根本　《索隱》曰：「〈律曆志〉云：『夫推曆生律制器，規圓矩方，權重衡平，準繩嘉量，探賾索隱，鉤深致遠，莫不用也，』是萬事之根本。」❺其於兵械尤所重　對於軍事家來說尤其重要。兵械，張文虎以為應作「兵機」，這裡即指軍事。《索隱》云：「《易》稱『師出以律』，是於兵械猶重也。」《正義》引劉伯莊云：「吹律審聲，聽樂知政，師曠審歌知晉、楚之彊弱，故云『兵家尤所重』。」王元啟曰：「此句乃全篇之綱領。」❻望敵知吉凶　《索隱》曰：「凡敵陣之上皆有氣色，氣強則聲強，聲強則其眾勁。律者，所以通氣，故知吉凶也。」《正義》曰：「凡兩軍相敵，上皆有雲氣及日暈。〈天官書〉云：『暈等，力均；厚長大，有勝；薄短小，無勝。』故望雲氣知勝負彊弱。」❼聞聲效勝負　《索隱》曰：「《周禮》：『太師執同律聽軍聲而占其吉凶』是也。故《左傳》稱師曠知南風之不競，此即其類也。」效，驗；明白。❽不易　不能改變，永遠是真理。按：古人講及律度、音律，常有唯心、神祕之談，此下所說是也。❾武王伐紂　武王，姬發，文王之子，周朝的開國帝王。紂，商朝的末代帝王。周武王於西元前一〇四六年大破紂王於商郊牧野，紂王自焚而死，商朝滅亡，周朝從此開始，事見〈殷本紀〉、〈周本紀〉。❿吹律聽聲　吹奏律管，以聽察其聲音所透出的消息。⓫推孟春以至于季冬三句　意為武王伐紂，太師吹律管，聽其聲音，從正月到臘月，都含有殺氣，但都合於宮調。孟春，春天的第一個月。

季冬，冬天的第三個月。《正義》曰：「人君暴虐酷急，即常寒應，寒生北方，乃殺氣也。」又曰：「兵書云：『夫戰，太師吹律，合商則戰勝，軍事張彊；角則軍擾多變，失士心；宮則軍和，士卒同心；徵則將急數怒，軍士勞；羽則兵弱少威焉。』」⑫同聲相從　勝利的軍聲與吉祥的樂聲是相互依傍的，所以聽到樂聲和就可以斷定戰必勝。這裡吉祥的樂聲指宮聲。司馬遷在〈樂書〉中論述道：「聲音之道，與正通矣，宮為君，商為臣……。」聲出宮聲意味著武王將王天下。⑬夷險阻　鏟平不平之處，以喻消滅叛亂。夷，平；平定。⑭救危殆　使處於危難中的人民得到救助。殆，危險；危難。⑮含齒戴角之獸　有牙有角，具有一定反抗能力的動物。⑯見犯則校　受到侵犯時一定抵抗。校，反抗。⑰毒螫　蠍子、馬蜂的蜇人，這裡以喻人若發怒則必動武。按：史公的這種「見犯必校」、「怒則毒螫加」的觀點，與儒家侈談的「中庸之道」、「犯而勿校」、「善戰者服上刑」云云大異其趣。⑱黃帝　傳說中的古代帝王，司馬遷所認為的「五帝」之首，中國古代各族帝王的共同祖先。事跡見〈五帝本紀〉。⑲涿鹿之戰二句　《集解》引文穎曰「神農子孫暴虐，黃帝伐之，故為定火災。」按：此處正文或有訛誤，《集解》所注亦含渾不清。據〈五帝本紀〉云：黃帝「與炎帝戰於阪泉之野，三戰然後得志；蚩尤作亂，不用帝命，於是黃帝乃征師諸侯，與蚩尤戰於涿鹿之野，遂禽殺蚩尤」。古代陰陽五行學說認為炎帝屬火德，「火災」即指炎帝之亂，「以定火災」即指打敗炎帝事。涿鹿，山名，在今河北涿鹿東南。⑳顓頊　傳說中的古代帝王，司馬遷認為是黃帝之孫，也是古代的「五帝」之一。事跡見〈五帝本紀〉。㉑共工　《集解》引文穎曰：「主水官也，少昊氏衰，秉政作虐，故顓頊伐之。本主水官，因為水行也。」《淮南子》中又說他與顓頊爭為帝，怒觸不周之山，以致「天柱折，地維絕」。㉒以平水害　即指打敗共工。按：顓頊打敗共工事，〈五帝本紀〉不載。㉓成湯　商朝的開國帝王，於西元前一六〇〇年打敗夏桀建立商朝，事跡見〈殷本紀〉。㉔南巢之伐　即指打敗夏桀事。《正義》引《淮南子》曰：「湯伐桀，放之歷山，與末喜同舟浮江，奔南巢之山而死。」南巢，即今安徽巢縣。㉕以殄夏亂　意即滅掉夏王朝。殄，滅。按：商湯打敗夏桀以滅夏朝事，見〈夏本紀〉、〈殷本紀〉。㉖遞興遞廢　一個衰敗了，一個興起來，起伏不絕。㉗勝者用事　誰勝了誰就掌管天下大權。用事，主事。㉘名士　知名的人物，這裡主要指軍事家。㉙迭興　一個接一個的興起。迭，更迭；輪流。㉚咎犯　也稱「子犯」、「咎季」，名狐偃，晉文公之舅，是協助文公艱苦創業，最後成為霸主的重要人物之一。事跡見《左傳》與〈晉世家〉。㉛王子　名成父，春秋時期的齊國將領，曾為齊國打敗長狄，事跡見於《左傳・文公十一年》。㉜孫武　吳王闔閭的將領，曾與伍子胥率吳軍破楚入郢。事跡見〈孫子吳起列傳〉。㉝卒伯諸侯　由於他們的軍事勝利，致使他們的君主強大，乃至稱霸諸侯。伯，通「霸」。按：咎犯輔佐的晉文公與孫武輔佐的吳王闔廬都被人們稱為「春秋五霸」之一，王子成父輔佐的齊襄公雖未成為霸主，但他滅紀、滅萊，壯大齊國，確為後來齊桓公的稱霸奠定了基礎。㉞兼列邦土　意即吞併小國，使自己國家的版圖擴大。㉟三代之誥誓　「誓」是古代帝王對敵作戰前向全軍發布的誓辭，如湯伐夏桀的〈湯誓〉、武王伐紂的〈牧誓〉等是也；「誥」是古代帝王或執政王公對臣民頒布的文告，如〈盤庚〉、〈大誥〉等是也，也有古代名臣對帝王、對王公貴族的告誡之辭，如〈酒誥〉、〈康誥〉等是也。這裡主要是指《尚書》中所保存的夏、商、周三代有關軍事活動的各種名文。㊱世儒　社會上的一般儒生。㊲闇於大較　不明大節。大較，大道理；大舉措。㊳權　衡量。㊴猥云德化二句　猥云，猶今所謂「空談」。不當用兵，不應該動用武力，發動戰爭。儒家早從孔丘、孟軻就有侈談道德、空講仁義的毛病，這在春秋、戰國那種特定的情勢下，固然有其合理性，但實際上是行不通的，故被人嘲笑為迂腐，司馬遷在這個方面也是批儒的。㊵失守　指失去君位，甚至國家滅亡。㊶侵犯削弱　被侵犯，被削弱。㊷遂執不移　指即使遭到慘敗吃苦頭，還在堅守教條，頑固不化。如宋襄公是也。㊸等哉　等量齊觀。㊹教笞　為教訓子弟、管理奴僕使用的鞭子、棍子。㊺偃　放倒；收起不用。㊻用之有巧拙二句　王元啟曰：「二句說盡兵家利害，用巧行逆與行順用拙者同敗耳，於此書則尤一篇之樞紐也。」㊼手搏豺狼二句　極言其勇武有力，且又迅捷。按：〈殷本紀〉寫殷紂有所謂「材力過人，手格猛獸」，至於夏桀，則無聞也。四馬，四匹馬拉的車子。李笠以為「四」字應作「駟」。㊽秦二世　名胡亥，始皇之子，西元前二〇九—前二〇七年在位，事跡詳見〈秦始皇本紀〉。㊾宿軍無用之地　《正義》曰：「謂三十萬備北闕，五十萬守五嶺也。」宿軍，駐軍。無用之地，因說話人的立場是反對秦始皇對匈奴、對南越用兵，故稱這些地方對秦朝「無用」。按：秦朝派蒙恬統兵三十萬伐匈奴，見〈蒙恬列傳〉；派屠睢、任囂、趙佗等統兵五十萬伐南越，見〈南越列傳〉及注。㊿邊陲　邊疆；邊境。(51)匈奴　戰國後期興起於北方的少數民族，大體活動於今蒙古國與中國內蒙一帶地區，詳情見〈匈奴列傳〉。(52)結禍　結禍，引起禍端。結，通「掛」。引起。(53)於越　這裡指嶺南地區的南越，「於」字是發語詞，與吳國之稱「勾吳」意思相同。秦始皇平定南越後，曾在今廣東、廣西及越南北部一帶設置了南海、桂林、象郡三個郡。按：以上兩件事都發生在秦始皇時期，今掛在秦二世頭上，誤也。(54)閭巷之人為敵國　指陳勝、吳廣等人發動了反秦的農民大起義。事在秦二世元年（西元前二〇九年），詳情見〈陳涉世家〉。閭巷，古代居民的基層編制單位。「閭巷之人」猶言「編戶之民」，指平民百姓。(55)咎　災難。(56)窮武　窮兵黷武，意即好戰。(57)甘得　貪得；以獲取為快。(58)高祖有天下　劉邦於西元前二〇六年入關滅秦，被項羽封為漢王；於西元前二〇五年消滅項羽，建號為皇帝。(59)三邊外畔　指北方的匈奴、嶺南的南越、東北的朝鮮都乘機獨立稱王，不屬漢王朝管轄。畔，通「叛」。按：所謂「三邊外畔」亦只大概言之，其實際情況各不相同。南方的趙佗是在秦朝原設三郡的土地上割據稱王；北方的匈奴原是獨立國家，只不過是乘中原大亂進兵南下占領了河套地區；東北的朝鮮在戰國時曾附屬於燕，秦時「屬遼東外徼」，漢初又屬燕王。燕王盧綰叛逃匈奴時，燕人衛滿逃入朝鮮，聚眾奪得朝鮮王位。情況分別詳見〈南越列傳〉、〈匈奴列傳〉、〈朝鮮列傳〉。(60)大國之王　指楚王韓信、梁王彭越、淮南王黥布等。(61)蕃輔　古稱諸侯國是中央朝廷的藩籬、屏障一樣的拱衛者。蕃，通「藩」。(62)臣節未盡　沒有盡到作為一個臣子的義務與職分。按：「臣節未盡」固是事實；劉邦為集中權力而消滅割據功臣，亦勢之必然，故一大批異姓諸侯被殺、被逼造反，以至外逃到匈奴，也正是因為劉邦要解決國內的這些問題，故而無暇對付「三邊外畔」。(63)蕭張之謀　蕭何、張良都是劉邦的開國功臣，事跡詳見〈蕭相國世家〉、〈留侯世家〉。蕭何、張良對劉邦消滅異姓諸侯是起了作用的，但對三邊諸國有何籌劃，史無明載。(64)一休息　全部休息。一，一概；全部。(65)羈縻不備　採取羈縻政策，不加武力防範。羈縻，像放牧牲畜一樣的用繩子籠著點，不加強行管制。羈，馬籠頭。縻，牛籠頭。(66)孝文即位　事在西元前一七九年。孝文，名恆，劉邦之子，薄后所生，開始被封為代王。呂后死，諸呂被滅後，被周勃、陳平等立為皇帝，事見〈呂太后本紀〉、〈孝文本紀〉。(67)陳武　也稱「柴武」，高祖功臣，因軍功被封為棘蒲侯。(68)朝鮮　古國名，西周初期封紂王之兄箕子為朝鮮王，傳國四十餘世，至箕準時，值秦末大亂，燕人衛滿率流人進入朝鮮，驅逐箕準，改建衛氏王朝，國都王儉（今平壤市），事見〈朝鮮列傳〉。(69)全秦　秦朝統治的穩定時期。(70)內屬　接受中國朝廷的管轄。(71)阻阸　憑險而守。(72)選蠕觀望　猶言遲疑觀望。選蠕，蟲動貌。《索隱》曰：「謂動身欲有進取之狀也。」選，通「巽」。柔弱。(73)樂用　樂意為朝廷出力。(74)一封疆　統一天下。一，統一；劃一。(75)能任衣冠　能夠自己穿衣服，謂孩童時期。(76)念不到此　想不到會有今天這一步，指政變後自己成為皇帝。這裡是故作客氣。(77)呂氏之亂　指惠帝死後，呂后出面執政，殺劉邦諸子，封呂氏諸人為王，讓呂產、呂祿等掌握朝廷大權，劉氏政權已呈行將滅亡之勢。事情詳見〈呂太后本紀〉。(78)功臣宗室　在消滅諸呂的政變中有大功的「宗室」之臣是朱虛侯劉章；有大功的劉邦舊臣是絳侯周勃與丞相陳平、潁陰侯灌嬰等。(79)共不羞恥　恭敬的奉承宗廟社稷，沒有愧對先帝，隱指一舉消滅了呂氏一黨。共，通「恭」。有些人將此句譯作「不以共同擁立我即位為羞恥」，恐怕不對。(80)誤居正位　謙言自己被宗室功臣擁立為帝。(81)恐事之不終　擔心自己不能完成任務，沒有好的結果。(82)兵凶器　《老子》有所謂「兵者不祥之器」；又有所謂「師之所處，荊棘生焉；大軍之後，必有凶年」。(83)雖克所願　即使達到了自己的目的，戰勝了對方。(84)動亦秏病　軍隊一動就要消耗大量的人力物力。(85)先帝　指高祖劉邦。(86)勞民不可煩　即上文所謂「天下新定，人民小安，未可復興兵」。(87)不以為意　不以征伐四方、討擊不服為意。(88)匈奴內侵　文帝時匈奴曾多次入侵，據《漢書・文帝紀》載：「三年五月，匈奴入居北地、河南為寇」；「十一年，匈奴寇狄道」；「十四年冬，匈奴寇邊，殺北地都尉卬」等是也。(89)苟兵　意同「負戟」，猶今所謂「扛槍」。(90)銷距　消除敵對狀態。距，通「拒」。對峙。(91)堅邊設候　堅守邊防，遠派哨探。候，哨探，這裡指哨探人員。(92)且無議軍　王元啟曰：「孝文語分四節，首言德不足，常恐內事未康，敢勤遠略；次言兵勝亦凶，不宜輕動；次言先帝尚務息民，朕敢求勝先帝；次言北陲未寧，又可別開他釁？辭義周至，昔人謂三代誥命無以過，信然。」(93)無內外之繇　繇，通「徭」。徭役。內繇指修宮殿、修陵墓、修官府、築城、開河等；外繇指築長城、當兵，以及運送糧草等。(94)息肩於田畝　沒有任何繇役，一心從事自家的田間勞動。息肩，這裡即指解除了一切繇役。(95)粟至十餘錢　十來個銅錢就能買一斗糧食。按：「粟」下似有脫文，應有「石」「斗」字。(96)文帝時　文帝於西元前一七九－前一五七年在位。(97)新去湯火　剛脫離水深火熱。《索隱》曰：「謂秦亂楚漢交兵之時，如遺墜湯火，即《書》云『人墜塗炭』是也。」(98)因其欲然　順著百姓所嚮往的那種樣子。(99)未嘗至市井　極言其自給自足、純樸無求的樣子。(100)游敖嬉戲如小兒狀　古人視此為小農經濟、自給自足的極樂境界，二句頗帶道家色彩。(101)孔子所稱有德君子者邪　《論語・子路》：「子曰：『善人為邦百年，亦可以勝殘去殺矣。』」有德君子，史公以之稱讚漢文帝。按：司馬遷極力歌頌漢文帝的不打仗，言外之意即用此反射漢武帝的「多欲」政治，諷刺漢武帝對外戰爭的窮兵黷武，勞民傷財。

【語譯】帝王決策重大事情，建立法度，確定度量規則，都以六律為基礎，這是因為六律是事物的根本規律。

2　尤其在對於軍事家來說，音律更顯重要，以至於有「望敵方陣地上的雲氣，可知出師的吉凶；聽兩軍發出的聲律，可判斷誰勝誰負」的說法，這已經是許多帝王確認為不變的道理了。

3　周武王討伐商紂王的時候，太師吹奏律管發出的聲音，從孟春之律開始，依次奏出仲春之律、季春之律、孟夏之律等直到季冬之律，音律中充滿拚殺之氣，還在整個音律中吹出有表徵國君之音律的宮聲，吉祥的音律必有得勝的戰事相隨，武王戰勝紂王是很自然的事，有什麼可值得奇怪的呢？

4　軍隊，是聖明的人用來征伐強暴勢力的，是以武力去解決戰事不斷的亂世，平定叛逆，以解救處於危困之中的人民。誰都知道，就連那些口含利齒頭有犄角的動物，在遇到威脅的時候，還會激烈反抗，何況有好惡喜怒等情緒的人，他們友好高興之時，能夠互相敬愛；在憤怒對抗之時，就會動用武力解決矛盾。這是人之常情，合於情理。

5 過去黃帝發動了在涿鹿等地的決戰，戰勝了屬於火德的炎帝以及其他叛逆；以後又有帝顓頊用兵平定了屬於水德的共工所發動的叛亂；有成湯率軍在南巢之地滅掉夏桀並建立了商王朝。一個衰敗了，另一個就興起，起伏不絕。誰取得勝利就得了天下，盛衰交替，天道就是如此。

6 在此以後，著名的軍事家先後稱雄一時。晉國重用名叫咎犯的人，齊國授軍權給王子成父，吳國任命孫武為部隊的主帥，這些善於用兵的人，頒布了十分明確的軍營規章，對部隊的獎賞和懲罰，嚴格依約兌現，從而使他們的君主稱霸於諸侯，他們自己也獲得了君主封賜的土地。雖說他們的事跡比不上三代時期盟誓、誥令那樣影響深遠，然而能使自身受寵，使自己的國君十分有尊嚴，顯赫揚名於當世，不是也很榮耀嗎？社會上有許多儒生，他們並不明白天下大道理，也不懂衡量事情的輕重緩急，卻在那裡侈談道德，空講仁義，一味反對動兵用武。事實上如果按他們的話去做，大而可至君主受辱，國家失守；小而可至遭受侵犯，削弱國家。即使事實證明他們不正確卻仍固執己見。這些迂腐頑固之人豈能同那些善於用兵的統帥等量齊觀呢！由此可見，就管理家庭而言，教育子女，約束奴僕不可廢除鞭笞；就管理國家而言，既不可不設刑罰，也不能不用打仗的手段去解決國家受到的威脅。比較起來，用武只有巧拙和是否合乎情理的區別而已。

7 過去夏桀王和殷紂王，他們都能夠空手搏擊豺狼，徒步趕上四匹馬拉的車，確有勇力；他們身經百戰都能得勝，迫使諸侯畏懼臣服，權勢很重。又如秦二世，他擁有大量的軍隊連營結集於邊境，看上去勢力不弱。另外長期與匈奴對抗而不顧結怨，遠征於越而導致禍端，而不感覺已經孤立。當國力耗盡，權勢衰落，造反的里巷百姓成為毀滅他的強大敵對勢力。究其原因，在於窮兵黷武，一味擴張，貪婪之心，永不滿足。

8 高祖做了皇帝以後，外部三面邊境都有外族威脅；內部那些開國功臣封王封國後，名義上雖然是中央政權的輔佐，實際上卻成了割據勢力，不盡臣節。儘管如此，厭倦了戰爭的高祖，採用了蕭何、張良等謀臣的建議，決定不大動干戈，而是對內休養生息，對外和平籠絡，不訴諸武力，殃及百姓。

9 至孝文帝登位以後，將軍陳武等議論說：「南越、朝鮮，在秦國穩定時期臣屬於中原，後來他們擁兵據險而守，總想伺機入侵。高祖時，天下剛剛平定，人民初步過上安定生活，所以沒有興兵去征伐他們。現在陛下以仁惠撫慰百姓，全國都感謝聖上的恩澤，在士卒民眾都樂於為朝廷出兵的時候，實在是征討叛逆統一疆土的大好時機。」孝文帝裁示說：「從孩提時代，我就沒有想到過有朝一日會登上帝位，只是因為呂后及其家族作亂發生事變的緣故，平亂的功臣宗室推舉了我繼承先祖基業，未使祖宗蒙羞。現在我登上了這原本不屬於我的帝位，處理政務常戰戰兢兢十分小心，唯恐決策不當。大家所說興兵打仗，這是一件凶險的大事，要知道使用武力即使能夠達到設定的目標，也難以避免損耗國家物力財力的弊病，我們何必要勞民遠征呢？先帝們深知疲憊的民眾討厭戰爭，所以不興師動眾，我為何要逞強去做這件事情？現在匈奴入侵，戍邊戰士未能立功，還需要邊境居民協防，不少家庭父子都持槍上陣，這種狀態已經持續很久了。我深感內疚和痛心，沒有一天忘記這件事。我想現在邊境雖然沒有消除對峙狀態，但可以採用堅守措施，一面多設立一些報警人員，一面對對方採取締結和約、通使往來的政策，以使北方邊境緩和安寧。能夠如此，就是很大的成績，以後不要再議論興兵動武的方案了。」因此不打仗，百姓就沒有內外徭役，可以專心於田地農活而休養生息，於是天下富庶，穀米價廉，雞鳴狗吠，飄著炊煙的家戶連綿萬里，出現了一片和樂景象。

10 太史公認為：文帝的時候，恰逢天下剛剛擺脫了使百姓陷於水深火熱的戰亂。百姓樂於從事自己的職業，官府順應百姓的意願，百姓能安居樂業，不缺衣食，所以那些六、七十歲的老人們就不必再去集市買賣貨物，他們如同兒童們那樣無憂無慮地玩耍遊戲。造成這一局面的文帝，應當就是孔子所稱讚的「有德君主」吧！

1 書❶曰七正❷、二十八舍❸。律曆，天所以通五行八正之氣❹，天所以成孰萬物也。舍者，日月所舍。舍者，舒氣也。

2 不周風❺居西北，主殺生。東壁居不周風東❻，主辟生氣而東之，至於營室❼。營室者，主營胎陽氣而產之。東至于危❽。危，垝❾也。言陽氣之垝❿，故曰危。

十月也，律中應鍾[11]。應鍾者，陽氣之應，不用事也。其於十二子[12]為亥。亥者，該也。言陽氣藏於下，故該也。

3 廣莫風居北方。廣莫者，言陽氣在下，陰莫陽廣大也，故曰廣莫。東至於虛[13]。虛者，能實能虛，言陽氣冬則宛藏[14]於虛，日冬至則一陰下藏，一陽上舒，故曰虛。東至于須女[15]。言萬物變動其所，陰陽氣未相離，尚相胥如[16]也，故曰須女。十一月也，律中黃鍾[17]。黃鍾者，陽氣踵黃泉而出也。其於十二子為子。子者，滋也；滋者，言萬物滋於下也。其於十母[18]為壬癸。壬之為言任[19]也，言陽氣任養萬物於下也。癸之為言揆也，言萬物可揆度，故曰癸。東至牽牛[20]。牽牛者，言陽氣牽引萬物出之也。牛者，冒也[21]，言地雖凍，能冒而生也。牛者，耕植種萬物也。東至於建星[22]。建星者，建諸生也。十二月也，律中大呂。大呂者，其於十二子為丑[23]。

4 條風居東北，主出萬物。條之言條治萬物而出之，故曰條風。南至於箕[24]。箕者，言萬物根棋[25]，故曰箕。正月也，律中泰蔟[26]。泰蔟者，言萬物蔟生也，故曰泰蔟。其於十二子為寅。寅言萬物始生螾然[27]也，故曰寅。南至於尾[28]，言萬物始生如尾也。南至於心[29]，言萬物始生有華心[30]也。南至於房[31]。房者，言萬物門戶也，至于門則出矣。

5 明庶風居東方。明庶者，明眾物盡出也[32]。二月也，律中夾鍾[33]。夾鍾者，言陰陽相夾廁也。其於十二子為卯。卯之為言茂也，言萬物茂也。其於十母為甲乙。甲者，言萬物剖符甲[34]而出也；乙者，言萬物生軋軋[35]也。南至于氐[36]。氐者，言萬物皆至[37]也。南至於亢[38]。亢者，言萬物亢見也。南至于角[39]。角者，言萬物皆有枝格[40]如角也。三月也，律中姑洗[41]。姑洗者，言萬物洗生。其於十二子為辰。辰者，言萬物之蜄[42]也。

6 清明風居東南維[43]，主風吹萬物而西之，至於軫[44]。軫者，言萬物益大而軫軫然[45]。西至於翼[46]。翼者，言萬物皆有羽翼也。四月也，律中中呂[47]。中呂者，言萬物盡旅而西行也。其於十二子為巳[48]。巳者，言陽氣之巳盡也。西至于七星。七星者，陽數成於七，故曰七星[49]。西至于張。張者，言萬物皆張也[50]。西至于注[51]。注者，言萬物之始衰，陽氣下注，故曰注。五月也，律中蕤賓[52]。蕤賓者，言陰氣幼少，故曰蕤；痿陽不用事，故曰賓。

7 景風居南方。景者，言陽氣道竟[53]，故曰景風。其於十二子為午[54]。午者，陰陽交，故曰午。其於十母為丙丁。丙者，言陽道著明，故曰丙；丁者，言萬物之丁壯也，故曰丁。西至于弧[55]。弧者，言萬物之吳落[56]且就死也。西至于狼[57]。狼者，言萬物可度量，斷萬物，故曰狼。

8 涼風居西南維[58]，主地。地者，沉[59]奪萬物氣也。六月也，律中林鍾[60]。林鍾者，言萬物就死氣林林然[61]。其於十二子為未。未者，言萬物皆成，有滋味也。北至於罰[62]。罰者，言萬物氣奪可伐也。北至於參[63]。參言萬物可參也，故曰參。七月也，律中夷則[64]。夷則，言陰[65]氣之賊[66]萬物也。其於十二子為申。申者，言陰用事，申賊萬物[67]，故曰申。北至於濁[68]。濁者，觸也，言萬物皆觸死也，故曰濁。北至於留[69]。留者，言陽氣之稽留也，故曰留。八月也，律中南呂[70]。南呂者，言陽氣之旅入藏也。其於十二子為酉。酉者，萬物之老也[71]，故曰酉。

9 閶闔風居西方[72]。閶者，倡也；闔者，藏也。言陽氣道萬物，闔黃泉也。其於十母為庚辛。庚者，言陰氣庚萬物，故曰庚；辛者，言萬物之辛生，故曰辛。北至於胃[73]。胃者，言陽氣就藏，皆胃胃也[74]。北至於婁[75]。婁者，呼萬物且內之也。北至於奎[76]。奎者，主毒螫殺萬物也，奎而藏之。九月也，律中無射[77]。無射者，陰氣盛用事，陽氣無餘也，故曰無射。其於十二子為戌。戌者，言萬物盡滅，故曰戌。

【章旨】以上為第二段，介紹八方、八風、二十八舍、十二月、十二律、十二子、十母之間的對應關係。

【注釋】❶書 凌稚隆引柯維騏曰：「乃太史公自言其〈律書〉之書，《尚書》並無二十八舍之文。」梁玉繩曰：「此語與下文不相貫，……謂此語乃引《尚書》固非，或謂引當時律家之書，如〈律曆志〉稱書曰『先算其命』之類，亦非。」❷七正 《索隱》曰：「七正，日月五星。七者可以正天時。又孔安國曰『七正，日月五星各異政』也。」❸二十八舍 即二十八宿之所舍也。舍，止也；次也。言日月五星運行，或舍於二十八次之分也。二十八舍，古天文概念。中國古代將黃赤道帶附近的星空劃分為間隔不等的二十八個部分，稱為二十八舍。二十八舍從角宿開始，自西向東，與五星視運動方向相同，依次為東方蒼龍：角、亢、氐、房、心、尾、箕七宿；北宮玄武：斗、牛、女、虛、危、室、壁七宿；西宮白虎：奎、婁、胃、昴、畢、觜、參七宿；南宮朱雀：井、鬼、柳、星、張、翼、軫七宿。❹通五行八正之氣 五行，古代哲學概念。至遲春秋時期已經形成。古人將金、木、水、火、土稱為五行，把它們看成是構成世界萬物的五種基本元素，並用五行學說解釋萬物的關係以及它們之間的相互關係。不過五行最早涵義是指五氣運行，是與時節相關的，以後才演化為哲學概念。八正，《索隱》曰：「八謂八節之氣，以應八方之風。」❺不周風 古人制樂，仿效八方風聲而位之音。因此古代所謂的八風實指八音，不是八方八節之風，後世這樣解，是一種附會之說。《二十二史考異》云：「按八卦之位，乾居西北，故八風始于西北……」《易緯通卦驗》云「立冬不周風至」，立冬為十月節氣，漢初歲首始十月，故風始於不周也。❻東壁居不周風東 東壁，即壁宿，二十八宿之一，今屬飛馬座和仙女座。按：本〈律書〉講八風與二十八舍對應關係的時候，絕非臆配，隨意而為。據研究，文中二十八舍相對方位與正月初一天亮前的星空相符。二十八舍次序是自西向東排列的，本文二十八舍次序相反，是沿順時針方向自東向西依次出現的，但二十八舍間相對位置是嚴格準確的。文中律與曆的關係有附會的問題，但對天象位置是認真描述的。當時壁宿在正北略偏東的方向，故稱它位於不周風之東。❼營室 即室宿，二十八宿之一，今屬飛馬座。❽危 危宿，二十八宿之一，今屬飛馬座、寶瓶座。❾垝 頹；毀壞。❿言陽氣之垝 「垝」上原有「危」字。王念孫《讀書雜志》曰：「『垝』上本無『危』字。此訓危為垝，故曰：危，垝也。言陽氣之垝。《爾雅》曰：垝，毀也。言陽氣至十月而毀也。今本疑衍。據刪。」⓫十月也二句 《白虎通》云：「應者，應也，言萬物應陽而動下藏也。」漢初依秦以十月為歲首，故起應鍾。⓬十二子 即「十二支地支」，子、丑、寅、卯、辰、巳、午、未、申、酉、戌、亥。⓭虛 即虛宿，二十八宿之一，今屬飛馬座和寶瓶座。⑭宛藏　蘊藏。⑮須女　即婺女，二十八宿之一，今屬寶瓶座。⑯尚相胥如　意為陰陽二氣還沒有分離，還互相需要，所以稱為「須女」。胥如，原作「如胥」。張文虎《校刊史記集解索隱正義札記》：「《正譌》云：當是『胥如』。」今據改。胥，需要。如，隨從。附會「須女」之音。⑰黃鍾　《正義》曰：「《白虎通》云：『黃，中和之氣，言陽氣於黃泉之下，動養萬物也。』」⑱十母　即十干，甲、乙、丙、丁、戊、己、庚、辛、壬、癸。⑲任　通「妊」。孕育之意。⑳牽牛　這裡指二十八宿之一的牛宿，今屬摩羯座。另外指河鼓三星，屬牛宿，在今天鷹座。㉑牛者二句　《二十二史考異》云：「牛者，冒也。牛，牙音之收聲；冒，唇音之收聲；聲不類而轉相訓者，同位故也。」㉒建星　《二十二史考異》云：「唐一行日度議謂甄曜度及魯曆。南方有狼、狐，無東井、鬼。北方有建星，無南斗。此書述二十八舍，亦以建星易南斗，狼、狐易東井、輿鬼，然則史公所用殆魯曆與。」《史記志疑》云：「二十八宿中有建、狐、狼、罰，古法也。易以斗、鬼、井、觜自太初起。」建星，在南斗，今屬人馬座。㉓大呂者二句　《史記志疑》云：「徐廣曰『此中闕，不說大呂及丑。』《正義》引一本云『丑者，紐也……』。據此，則釋丑之意，後人依別本補入，而大呂一律仍缺。」㉔箕　即箕宿，二十八宿之一，今屬人馬座。按：建星當時在東偏南的方向，順時針方向是箕宿，它在建星南。㉕棋　根柢。㉖泰蔟　《集解》曰：「《白虎通義》云：『泰者，太也；蔟者，湊也。言萬物始大，湊地而出也。』」㉗螾然　《淮南子．天文》：「寅則萬物螾螾也。」螾然，蠕動的樣子。㉘尾　二十八宿之一，今屬天蠍座。㉙心　二十八宿之一，今屬天蠍座。其中心宿二又名「大火」，是觀象授時的主要星辰。㉚華心　《集解》引徐廣曰：「『華』一作『莖』。」㉛房　即房宿，二十八宿之一，今屬天蠍座。㉜明眾物盡出也　意為表明萬物都冒出了地面。㉝夾鍾　《正義》曰：「《白虎通義》云：『夾，孚甲也；言萬物孚甲，種類分也。』」高注曰：「夾，夾也，萬物去陰，夾陽地而生，故曰夾鍾。」㉞符甲　通「孚甲」。《禮記．月令篇》「其日甲乙」，鄭玄注：「萬物皆解孚甲，自軋而出。」「孚」通「稃」。穀皮，這裡泛指一般的穀殼。㉟生軋軋　比喻萬物抽芽時如由孚甲裂縫中擠出。㊱氐　即氐宿，二十八宿之一，今屬天秤座。㊲氐者二句　《史記志疑》：「《說文》云：『至，烏飛從高下至地也。』故以『至』訓『氐』。『至』古音讀如『氐』，且从『氐』之字，如『低』、『底』皆有『至』義，史公此篇，多以諧聲字轉注，故以『至』訓『氐』。」㊳亢　即亢宿，二十八宿之一，今屬室女座。㊴角　即角宿，二十八宿之一，今屬室女座。㊵格　《說文》王注：「枝條長也。」㊶姑洗　《白虎通義》云：「言萬物去故就新，莫不鮮明也。」㊷蜄　通「振」。振動。㊸清明風居東南維　《二十二史考異》云：「東南者，巽方也，故主風。」《淮南子．天文》：「東南為報德之維也。」高誘注：「四角為維。」四角，四隅也，即東南、東北、西南、西北。㊹至於軫　「至於」二字原無。王念孫《讀書雜志》

調「軫」上當有「至於」二字。上云「主辟生氣而東之，至於營室。」據改。軫，軫宿，二十八宿之一，今屬烏鴉座。㊺軫軫然　繁盛的樣子。㊻翼　翼宿，二十八宿之一，今屬巨爵座和長蛇座。按：此時角宿位於南偏西的方向，順時針向軫、翼等宿為往西方向。㊼中呂　《白虎通》云：「『言陽氣將極，中充大也，故復中言之也。』〈天文〉高注：『陽在外，陰在中，所以呂中於陽，助成功也，故曰中呂也。』」㊽巳　尚鎔《史記辯證》云：「辰巳之巳，言陽氣已盡，則古音『以』。」《史記志疑》云：「巳，本十二辰名，又借為語詞，後人作兩體以別之。」㊾西至于七星四句　《史記識誤》云：「按此文順序，當云：『景風居南方。言陽氣道竟，故曰景風。西至于七星……故曰七星』，下乃接『其於十二子為午』，蓋景風為五月之風，應夏至之候；七星與注，皆五月宿，為景風所經。二宿之前，不言景風，則清明風所終，便失界限，且依前後文例，景風居南方數語，亦不得廁于月律與月辰間也。」七星，即星宿，二十八宿之一。原文此處為七星，疑為次序排錯。若星宿在前，則由七星向張宿為向東。前注已指出：文中二十八舍次序是逆向的，故譯文將張宿移前。㊿西至于張三句　此十二字，應接「陽氣之已盡也」句下。正訛本已移正。51注　〈天官書〉云：「柳為鳥咮，則注，柳星也。」柳，即柳宿，二十八宿之一，今屬長蛇座。52蕤賓　《白虎通》云：「蕤者，下也；賓者，敬也；言陽氣上極，陰氣始賓景也。」53陽氣道竟　意義為陽氣運行已經到了盡頭。54午　高注：「午者，忤也。」55弧　古星名，弧矢之簡稱，又稱「天弧」、「狼弧」，屬井宿，在今大犬座。靠近天狼星。56吳落　《集解》引徐廣曰：「『吳』一作『柔』。」楊慎曰：「『吳』音『弧』。弧落，凋落也。注作柔，非。萬物之生也柔弱，死也剛強，即云弧落且就死，焉得柔乎？且此篇八風、十二律皆諧音取義，焉得於弧而言柔落，亦不倫也。」57狼　古星名，參宿東南的一顆亮星，名天狼星，簡稱「狼」，亦稱「犬星」。屬井宿，今在大犬座。58涼風居西南維　《二十二史考異》云：「西南，坤方也，故主地。」59沉　《正義》曰：「『沉』，一作『洗』。」60林鍾　《白虎通》云：「林，眾也；言萬物成熟，種類繁多也。」61林林然　林，眾多。林林，紛紜貌。62北至於罰　此時狼星位於西偏北處，由狼星至罰星為向北的方向。按：《史記》一文中，以罰代參，以參代觜，不是以罰代觜，次序不誤。因為罰居參宿之中，故以罰代參，而參為白虎，觜為虎首，故以參代觜。罰，古星名，參宿中部橫列之三星名衡石，其下有三顆小星名「罰」，亦做「伐」，在今獵戶座。63參　參宿，二十八宿之一，今屬獵戶座。64夷則　《白虎通》云：「夷，傷也；則，法也；言萬物始傷，被刑法也。」65陰　《集解》引徐廣曰：「一作『陽』。」66賊　《集解》引徐廣曰：「一作『則』。」《史記訂補》云：「『則』與『賊』異義。『則』當為『財』，『賊』、『財』古字通。」按：《史記訂補》非是。《漢書．司馬遷傳》：「不能引決自財在塵埃之中」，又「且人不能蚤自財繩墨之外。」師古曰：「『財』與『裁』同。古通用字也。」67申賊萬物　《索隱》

曰：「〈律曆志〉『物堅於申』也。」[68]濁　《索隱》曰：「按《爾雅》云：『濁』謂之『畢』。」[69]留　《索隱》曰：「『留』即『卯』也。」[70]南呂　《正義》曰：「《白虎通》云：『南，任也；言陽氣尚任包，大生薺麥也。』」又〈天文〉高注：「南，任也，言陽氣內藏，陰侶於陽，任成其功，故曰南呂。」[71]西者二句　《索隱》曰：「〈律曆志〉『留孰於酉也』。」[72]閶闔風居西方　《史記識誤》云：「按，此文順序當為：『閶者，倡也；闔者，藏也。言陽氣道萬物闔黃泉也。北至于胃。胃者，言氣就藏，皆胃胃也。』以下乃接『八月也』云云。『故曰酉』句下，即接『其于十母為庚辛』數語。蓋上言『北至于留』，乃記涼風所終之度，自此以後，即閶闔風代之而起，應立秋之候，而胃又閶闔風于八月內所經之宿。故依上文例，均不得散敘在『八月也』句後。且上文釋十二子、十母，均屬連文，此處于『故曰酉』之下，『其于十母』之上，間以『閶闔風』數語，尤為不例。」[73]胃　即胃宿，二十八宿之一，今屬白羊座。[74]胃胃也　像胃一樣包囊食物，這裡指收藏。[75]婁　即婁宿，二十八宿之一。[76]奎　《索隱》曰：「〈天官書〉云：『奎』為溝瀆，『婁』為聚眾，『胃』為天倉。今此說異。及六律十母又與《漢書》不同，各是異家之說也。」奎，奎宿，又名「天豕」、「封豕」，二十八宿之一，在今仙女座和雙魚座。[77]無射　《正義》曰：「《白虎通》云：『射，終也；言萬物隨陽而終，當復隨陰而起，無有終已。』」此說六呂、十干、十二支與《漢書》不同。」

【語譯】在本〈律書〉中，亦會闡述日月五星和二十八舍。律與曆很自然地和五行表徵的時節變化及八音相連繫，也很自然地和各種植物發芽、成熟的週期相連繫。舍，是日月在天穹運動所經歷的星空區域，太陽運行到達的舍不同，相應地，大地上就有氣息舒緩的差異。

2 不周風來自西北方，此風來則萬物肅殺。它與二十八舍中的壁、室、危三宿對應。壁宿位於不周風之東，因其在東，主開闢生氣。壁宿向東至室宿，這裡是孕育陽氣之地。再向東到達危宿，危有毀壞的意思，指陽氣被毀壞，故稱作危。不周風對應曆月十月，音律對應的是應鍾。應鍾雖與陽氣相應，但這個時節陽氣在地下，還不能發揮作用。十二支與亥對應，亥即該，也是陽氣還藏在地下的意思，所以稱亥。

3 廣莫風自北方來。廣莫的意思是陽氣藏在地下，陰氣比陽氣盛大，故稱廣莫。此風對應二十八舍中的虛、女兩宿。危宿向東為虛宿，虛就是能實能虛，冬天陽氣就潛藏於虛宿。到冬至的時候，陰氣才開始向下藏匿，陽氣則開始向上舒伸，這就是虛的意思。虛宿向東為女宿，即須女。這裡是萬物相互轉換之處，陰陽二氣尚沒有分離，它們還互相需要，故稱須女。曆月對應十一月，音律對應黃鍾，音律黃鍾表示陽氣從地下黃泉向上冒出。十二支與子對應，子就是滋生，是萬物開始在地下滋生的意思。十干中與壬癸相應，壬即妊，指陽氣在地下孕育萬物；癸即揆，指萬物滋生已可揆度日期，所以稱癸。須女向東為牽牛，牽牛意味著陽氣牽引萬物出向地面，牽牛也就是牛宿，牛宿在東方已冒向地面，就是地面雖未解凍，卻不能阻擋萬物要冒出地面的意思。還有一點，牛也是耕種各種作物的幫手。牽牛向東為斗宿，斗宿也稱建星，建是建立新生命的意思。牽牛與建星與曆月十二月相對應，音律與大呂相對應，十二支與丑對應。

4 條風來自東北方，主管萬物出生。條即協調萬物先後生長，故稱條風。此風對應二十八舍中的箕、尾、心、房四宿。由建星向南為箕宿，箕宿的位置接近地面，象徵萬物的根基，故稱箕。條風與曆月正月對應，與音律泰蔟對應，泰蔟有萬物生機勃勃的生長之勢，所以稱泰蔟。十二支與寅對應，寅指植物在地下已蠕動生長，所以稱寅。箕宿向南為尾宿，尾細如植物初出地面之細小形狀，是萬物始生之狀。尾宿南為心宿，心似幼芽頂著皮殼破土而出的形狀，即萬物開始長出根與莖。再往南到房宿，房象徵著萬物的門戶，已經到了門接下來就該長出地面了。

5 明庶風自東方來，明庶有各種植物已冒出地面的意思。曆月對應二月，音律對應夾鍾。夾鍾指陰陽二氣互相挾持揉合。十二支與卯對應，卯說的就是茂，是植物茂盛的樣子。十天干對應甲乙，甲指各種植物破殼而出；乙指抽芽時由孚甲裂縫中擠出。房宿向南達氐宿，氐指萬物皆至地面。氐向南為亢宿，亢指各種植物已經高高地長出地面之上。再向南是角宿，角似植物枝杈交錯的生長形狀。此明庶風也與曆月三月相對應，三月對應的音律為姑洗，姑洗是萬物旺盛生長煥然一新的貌狀。十二支對應辰。辰，意味著萬物振動。

6 清明風來自東南方向，主管風吹萬物，並向西運行。此風對應已位於西面的軫、翼、張、星、柳五宿。角宿往西為軫宿，軫指植物蒸蒸日上繁茂壯大。軫宿西為翼宿，翼指萬物長出羽翼。清明風與曆月四月對應，音律對應中呂，中呂指植物已長至極盛將轉向老熟。十二支對應巳，巳的意思是陽氣將由盛而衰。翼宿向西為張宿，張指植物皆已張開。張宿向西為七星，隱喻陽數成於七，所以叫七星。再往西為注，注指陽氣下降，萬物開始衰敗，所以稱注。張、星、注三宿與曆月五月對應，五月對應的音律是蕤賓，蕤賓中的蕤指此時陰氣還很弱小，賓指此時陽氣已經萎縮，不再發揮作用。

7 景風從南方來，景指陽氣運行到了盡頭，故稱景風。十二支對應午，午指陰陽二氣相互交織，所以稱午。十天干對應丙丁，丙表示陽道顯明，所以稱丙，丁表示萬物茁壯，所以稱丁。由注向西，先到達井宿中的弧星，弧喻萬物凋落，將要枯死。弧的西邊是井宿中的狼星，狼，寓有度量萬物之意，可判斷萬物之量，故叫狼。

8 涼風來自西南方向，主管大地。地可清除斷絕萬物的生氣。此風對應曆月六月，音律對應林鍾，林鍾說萬物的衰亡之氣已經眾多紛紜。十二支對應未，未說的是萬物皆已成熟有了滋味。狼星向北先至罰星，罰指萬物老熟，可以砍伐。罰星向北是參宿正位，參有萬物互相摻雜之意，故稱參。曆月七月，音律對應夷則。夷則指陰氣將制裁萬物。十二支對應申，申是說陰氣在伸展並發揮作用侵犯萬物，所以稱申。參宿向北是畢宿，畢宿也稱濁，濁即觸，指萬物受陰氣觸犯而走向衰亡，故稱濁。再向北是昴宿，昴宿也叫留，留指陽氣仍處在留存狀態，故叫留。濁、留兩宿與曆月八月對應，與音律南呂對應。南呂指陽氣運行進入閉藏。十二支對應酉，酉有萬物衰老之意，故稱酉。

9 閶闔風自西方來。閶有倡導之意，闔有閉藏之意，合在一起指陽氣雖可導引萬物出生，但現在卻藏閉於地下起不了作用。十天干對應庚辛，庚就是陰氣使萬物變更，故稱庚；辛指萬物還會新生，所以叫辛。此風對應二十八舍中的胃、婁、奎三宿。由留向北至胃宿，胃指陽氣閉藏，好似物品收藏於倉庫之中。胃宿向北是婁宿，婁有摟抱萬物於內之意。再向北是奎宿，奎有用殘酷手段迫使各種植物走向滅亡並收藏它們的種子的意思。此風與曆月九月對應，與音律無射對應。無射指這個時節陰氣強盛，占主導地位，陽氣隱藏於地下，地上沒有剩餘，故叫無射。十二支對應戌，戌就是各種植物皆已滅亡，所以叫戌。

1 律數❶：

2 九九八十一以為宮。三分去一，五十四以為徵。三分益一，七十二以為商。三分去一，四十八以為羽。三分益一，六十四以為角。

3 黃鍾長八寸七分一，宮❷。大呂長七寸五分三分一。太蔟長七寸七分二，角。夾鍾長六寸一分三分一。姑洗長六寸七分四，羽。仲呂長五寸九分三分二，徵。蕤賓長五寸六分三分一。林鍾長五寸七分四，角。夷則長五寸四分三分二，商。南呂長四寸七分八，徵。無射長四寸四分三分二。應鍾長四寸二分三分二，羽。

4 生鍾分❸：

5 子一分❹。丑三分二❺。寅九分八❻。卯二十七分十六❼。辰八十一分六十四。巳二百四十三分一百二十八。午七百二十九分五百一十二。未二千一百八十七分一千二十四。申六千五百六十一分四千九十六。酉一萬九千六百八十三分八千一百九十二。戌五萬九千四十九分三萬二千七百六十八。亥十七萬七千一百四十七分六萬五千五百三十六。

6 生黃鍾術❽曰：以下生者，倍其實，三其法❾。以上生者，四其實，三其法❿。上九，商八，羽七，角六，宮五，徵九⓫。置一而九三之以為法⓬。實如法，得長一寸⑬。凡得九寸，命曰「黃鍾之宮」。故曰音始於宮，窮於角⑭；數始於一，終於十，成於三⑮；氣始於冬至，周而復生。

7 神生於無，形成於有⑯，形然後數，形而成聲⑰，故曰神使氣，氣就形。形理如類有可類。或未形而未類⑱，或同形而同類，類而可班，類而可識。聖人知天地識之別，故從有以至未有⑲，以得細若氣，微若聲⑳。然聖人因神而存之㉑，雖妙必效情，核其華道者明矣。非有聖心以乘聰明，孰能存天地之神而成形之情哉？神者，物受之而不能知其去來，故聖人畏而欲存之。唯欲存之，神之亦存。其欲存之者，故莫貴焉。

8 太史公曰：在旋璣玉衡以齊七政㉒，即天地二十八宿。十母，十二子，鍾律調自上古。建律運曆造日度，可據而度也。合符節，通道德，即從斯之謂也。

【章　旨】以上為第三段，敘述計算律數的方法。

【注　釋】❶律數　《夢溪筆談》卷八：「《史記．律書》所論二十八舍，十二律，多皆臆配，殊無義理。至於言數，亦多差舛。如所謂律數者，八十一為宮，五十四為徵，七十二為商，四十八為羽，六十四為角，此止是黃鍾一均耳，十二律各有五音，豈得定以此為律數？」又云：「黃鍾長八寸七分一，……太簇長七寸七分二，……此猶誤也。此亦實積數耳，非律之長也。蓋其間字又有誤者，疑後人傳寫之失也。餘分下分數目，凡『七』字皆當作『十』字，誤屈其中畫耳。」董樹年、戴念祖等認為：「司馬遷《史記．律書》中有『律數』一節，它記述了兩種音律數據：其一，『黃鍾長八寸七分一，宮』的一組數據，至少從唐代以來就被認為「難曉」、「多誤」。歷代學者從弦律出發對第二組數據作出校正更改，其校正值孰是孰非，聚訟千年。」根據他們研究認為，《史記・律書》所載的該組數據原本是一組管律數據，它基本上沒有錯誤，尤其是「黃鍾長八寸七分一」是完全正確的黃鍾宮音管長。歷代校勘家改「七」為「十」，從而使這組律數失去它本來的意義。❷黃鍾長八寸七分一二句　《索隱》曰：「案上文云：『律九九八十一以為宮，故云長八寸十分一，宮』，而云『黃鍾長九寸』者，九分之寸也。劉歆、鄭玄等，皆以為長九寸即十分之寸，不依此法也。云宮者，黃鍾為律之首，宮為五音之長，十一月以黃鍾為宮，則聲得其正，舊本多做七分，蓋誤也。」❸生鍾分　《索隱》曰：「算術生鍾律之法也。」❹子一分　《索隱》曰：「自此以下十一辰，皆以三乘之，為黃鍾積實之數也。」❺丑三分二　《索隱》曰：「案子律黃鍾長九寸，林鍾為衡，長六寸，以九比六，三分少一，故云丑三分二，即是黃鍾三分去一，下生林鍾數也。」❻寅九分八　《索隱》曰：「十二律以黃鍾為主，黃鍾長九寸，太蔟長八寸，寅九分八，即是林鍾三分益一，上生太蔟之義。」《正義》曰：「孟康云：『元氣始起於子未分之時，天地人混合為一，故子數獨一。』」❼卯二十七分十六　《索隱》曰：「此以丑三乘寅，寅三乘卯，得二十七。南呂為卯，衡長五寸三分寸之一，以三約二十七得九，即黃鍾之本數，又以三約十六得五餘三分之一，即南呂之長，故云：卯二十七分十六，亦是太蔟三分去一，下生南呂之義。以下八辰並準此，然云丑三分二，寅九分八者，皆分之餘數也。」王光祈按：中國古代算律之法最重要者共有兩種，司馬遷計算法和鄭康成計算法。司馬遷的計算法即所謂三分損益法，三分損一，就是以三分之二去乘，三分益一，就是以三分之四去乘，照著這種計算法所得的結果全是幾分之幾，這便是「子一分。丑三分二。寅九分八。……亥十七萬七千一百四十七分六萬五千五百三十六。」的涵義。❽生黃鍾術　原本術字提行作「術曰」今依《史記正訛》，將「術」字移在「鍾」字下，作「生鍾術」。研究者多認為這個「黃」字是衍文。❾以下生者三句　《索隱》曰：「案蔡邕云：『陽生陰為下生，陰生陽為上生。』」今云：以下生者謂黃鍾下生林鍾，黃鍾長九寸，倍其實者二九十八，三其法者以三為法，約之得六，為林鍾之長也。「下生」即三分損一，減去原律長的三分之一，保留三分之二。❿以上生者三句　《索隱》曰：「四其實者，為林鍾上生太蔟，林鍾長六寸，以四乘六得二十四，以三約之得八，即為太蔟之長也。」上生，即三分益一，增加原律長度的三分之一。⓫上九六句　《索隱》曰：「此五聲之數，亦上生三分益一，下生三分去一，宮下生徵，徵益一上生商，商下生羽，羽益一上生角。然此文似數錯，未暇研覈也。」⓬置一而九三之以為法　《索隱》曰：「《漢書・律曆志》云：『太極元氣，函三為一，行之於十二，辰始動於子，參之於丑得三，又參之於寅得九，是謂因而九三之也。』韋昭曰：『置一而九以三乘之是也。』樂彥云：『一氣生於子，至丑而三，是一三也，又自丑至寅為九，皆以三乘之，是九三之也。」」即以「三」乘「一」九次，得一萬九千六百八十三，這是夾鍾的法數。「十一三之」即以「三」乘「一」十一次，得十七萬七千一百四十七，這是中呂的法數。如以十七萬七千一百四十七定為黃鍾數，則其他各律數皆成為整數。⑬實如法二句　《索隱》曰：「實，謂以子一乘丑三，至亥得十七萬七千一百四十七為實數。如法，謂以上萬九千六百八十三之法除實，得九，為黃鍾之長。言得一者算術設法辭也。『得』下有『長』，『一』下有『寸』者，皆衍字也。韋昭云：『得九寸之一也。』姚氏謂得一即黃鍾之子數。」⑭音始於宮二句　《索隱》曰：「即如上文，宮下生徵，徵上生商，商下生羽，羽上生角，是其窮也。」⑮成於三　太極為一，兩儀為二，二指陰陽，二氣運行有物生成為三，故三生萬物。⑯神生於無二句　《正義》曰：「無形為太陽氣，天地未形之時，神本在太虛之中而無形也。」「神」相當於老子所說的「道」，「無」指「虛無」的境界。《老子》：「天下萬物生於有，有生於無。」⑰形然後數二句　《正義》曰：「天地既分，二儀以質，萬物之形，成於天地之間，神在其中。」數謂天數也，聲謂宮商角徵羽也。言天數即形，則能成其五聲也。⑱或未形而未類　《史記正訛》云：「『未』作『異』。」⑲故從有以至未有　《正義》曰：「從有，謂萬物形質也。未有。謂天地未形也。」⑳細若氣二句　《正義》曰：「氣謂太易之氣，聲謂五聲之聲也。」㉑聖人因神而存之　《正義》曰：「言聖人因神理其形體，尋跡至於太易之氣，故云因神而存之。上云從有以至未有是也。」㉒在旋璣玉衡以齊七政　旋、璣、玉衡、七政皆古天文術語，出自《尚書》。意為用觀測北斗星的第二星名旋，第三星名璣，第五星名玉衡來考正日月五星和歲時季節。《索隱》曰：「《春秋運斗樞》云『斗，第一天樞，第二旋，第三璣，第四權，第五衡，第六開陽，第七搖光。第一至第四為魁，第五至第七為杓，合而為斗』」，馬融把旋璣比喻為渾儀中可以轉動的圓環，玉衡比喻為望筒。旋、璣、玉衡，星名，今均屬大熊座。

【語　譯】律數：

2 九乘九得八十一為宮聲律數，以此為長度的律管可吹出宮聲。八十一減去三分之一為五十四，為徵聲律數。五十四加三分之一為七十二，為商聲律數。七十二減三分之一為四十八，為羽聲律數。四十八加三分之一為六十四，為角聲律數。

3 黃鍾長八十一寸，大呂長七十五寸又三分之一，太蔟長七十二寸，夾鍾長六十一寸又三分之一，姑洗長六十四寸，仲呂長五十九寸又三分之二，蕤賓長五十六寸又三分之一，林鍾長五十四寸，夷則長五十寸又三分之二，南呂長四十八寸，無射長四十四寸又三分之二，應鍾長四十二寸又三分之二。

4 鍾律的產生：

5 子律即黃鍾律定為一，丑律即林鍾，為黃鍾的三分之二；寅律即太蔟，為黃鍾的九分之八；卯律即南呂，為黃鍾的二十七分之十六；辰律即姑洗，為黃鍾的八十一分之六十四；巳律即應鍾，為黃鍾的二百四十三分之一百二十八；午律即蕤賓，為黃鍾的七百二十九分之五百一十二；未律即大呂，為黃鍾的二千一百八十七分之一千零二十四；申律即夷則，為黃鍾的六千五百六十一分之四千零九十六；酉律即夾鍾，為黃鍾的一萬九千六百八十三分之八千一百九十二；戌律即無射，為黃鍾的五萬九千零四十九分之三萬二千七百六十八；亥律即仲呂，為黃鍾的十七萬七千一百四十七分之六萬五千五百三十六。

6 產生鍾律的方法：一名下生法，是原律數乘以二再除以三而求得；一名上生法，是原律數乘以四再除以三而求得。本節律數第一段的數據，就是由宮用下生法得徵，由徵用上生法得商，由商用下生法得羽，由羽用上生法得角的。九是數字中最大的，五聲調對應的數分別是商八、羽七、角六、宮五、徵九。分母的計算是用三乘一乘九次而求得（數值為一萬九千六百八十三），若所求音律的分子與上述分母相等，求得的長為一寸；若所求音律的分子是用三乘一乘十一次而得（數值為十七萬七千一百四十七），則分子與分母相約得到的長度為九寸，這個音律就是「黃鍾之宮」。所以說五音起始於宮聲，止於角聲。數起始於一而止於十，萬物則生成於三。陽氣萌發於冬至，其盛衰週期為一年。

7 神只存在於尚無物質時的虛無之中，物質產生以後，才有表徵物質的形的存在，有形才有律數，有形才有五聲，這就是說神使氣生，氣的運動才造就了有形的萬物。有形物質可以通過類比而進行分類，或是形不相同且類不相同，或是形相同且類也相同。萬物可以分類，分類而可識別萬物。聖人能知道天地並識別萬物，能識有形物，還能分辨剛從虛無之中產生的細微之氣和輕微之聲。聖人的這種能力是藉由神的賦予，這個過程雖然十分精妙，但聖人自己必須能體會理解，並經過反覆核驗才能真正明白。如果沒有聖人的心靈和聰明，怎麼能知道神在天地間的存在和神創有形萬物的事情呢？神存在於萬物之中而不顯示其來去的蹤影，所以敬畏神的聖人想讓神顯示其存在。只有相信神的存在，神才會存在。想要神存在，最好的辦法就是相信並尊重神。

8 太史公認為：用旋璣玉衡進行觀測，可知日月五星的運動。天上日月五星在二十八宿間的運行與地上季節變化與方位是相關的。十天干，十二地支與鍾律之間關係的協調源自上古。建律制，造曆法，制訂國家法律及規章制度。如此建立的信任如同符節一樣相合，也才能樹立共同遵守的道德規範，這一切都是從建立律曆開始的。

【研析】 從〈太史公自序〉所講的寫作〈律書〉的目的看，〈律書〉應該是兵書，應該寫自古以來的戰爭及有關兵法方面的事情，這也恰好是本篇開頭序言所講的內容。因此，本篇開頭的部分是司馬遷的原作，應該是沒有疑義的。它明確地表現了司馬遷的兵學思想，這種思想與儒家所談的「去兵、去食、存信」，一味的否定戰爭大不相同。把司馬遷這篇文章的序言，與《史記》中其他有關軍事家的篇章與段落串連起來，一部我國古代軍事史的框架就已經清晰的擺在讀者面前了。這是《史記》對我國古代文化所做出的又一個方面的卓越貢獻。可惜這篇文章後面的史實、材料散失了，後人不理解散失的是什麼，於是便將與曆法相關的「音律」內容補了進來。這部分內容雖然與本篇的序言未必相合，但也讓人們看到了我國古代人們對音律問題的高度重視。

從世界歷史看，人們能夠從非常遙遠的古代就充分認識音樂的價值，並高度予以重視的民族，當首推中國了。我們中國的法度文物以及精神思想幾乎無一不是建築在音樂的基礎之上。在我國古代，與人們日常生活休戚相關的度量衡，與古代的樂制有緊密聯繫。《呂氏春秋．古樂》中記載道：「昔黃帝令伶倫作為律。伶倫自大夏之西，乃之阮隃之陰，取竹於嶰谿之谷，以生空竅厚鈞者，斷兩節間，其長三寸九分，而吹之以為黃鐘之宮，吹曰舍少。次制十二筒，以之阮隃之下，聽鳳凰之鳴，以別十二律。其雄鳴為六，雌鳴亦六，以比黃鐘之宮適合。」從此中國人便有了一種「標準音」。此後，又定黃鐘之長為九寸，於是中國人便有了一種「標準尺」。在《漢書》中又記載了中國人制訂「標準量」的方法。拿若干黍子裝入黃鍾律管之中，裝滿之後，細數其數，共有一千二百，於是以一千二百黍子為一龠。在《漢書》還有一段這樣的記載：「衡權者，衡平也，權重也。衡所以任權而均物，平輕重也。……本起於黃鐘之重。一龠容千二百黍，十二銖重。兩（指兩個十二銖而言）之為兩，二十四銖為兩，十六兩為斤，三十斤為鈞，四鈞為石。」這便如〈律書〉中所言「王者制事立法，物度軌則，壹稟於六律，六律為萬事根本焉」。

古人以「量音器」（即黃鍾律管）規定一切度量衡，是費了許多心血才想出來的。因為無論任何物質，總不免消長變更。假如我們以某種物質（如金類、木類等等）製成「標準度量衡」，而這種物質本身量一發生變化，則其作為「標準」的屬性立即喪失。至於音之高低則不然，永遠都是一定的。譬如我們以九寸竹管為黃鍾之音，一旦竹管物質變更，則不僅是其尺寸長短發生變化，同時它所發出的聲音也絕不是黃鍾了。所以古人寧可以「標準音」為一切度量衡之標準，而不以某種物質為永遠標準。近代西洋亦知物質時有變化，乃用「光波」以定度，而我們中國在數千年前，便知道用「音波」以定度，這真令人崇敬。

中國早在上古三代，禮樂文化便已相當繁榮。到春秋時代，中國的禮樂文化發展到頂峰。當時的各國之間雖常以兵戎相見，但仍恪守信義禮節，如果一個人沒有《詩》、《書》、《禮》、《樂》方面的嚴格訓練，是不能在重大社會活動中拋頭露面的。晉文公謀三軍統帥，必敦選《詩》、《書》、《禮》、《樂》的有德有義之人；宋襄公在戰場上還要講究禮樂，不鼓不成列。在中國思想史上，孔子是繼往開來的一代宗師，對禮樂文化抱有濃烈的感情，孔子主張「用樂化民」，其學說也是以音樂為基礎的。音樂的三要素第一是「和諧」，孔子欲以和諧之義灌入國民生活，首先要求人們對於自己和諧（即身心相安）；其次是與他人、與群體和諧；再其次便是與自然和諧；第二，音樂講究節奏，應快則快，應慢則慢，一點不能任性。因此學習音樂便成了一種涵養德性的妙法；第三，音樂之中含有「美感」，能使人態度閒雅，神思清爽，怡然自得，以領略有生之樂。孔子既知音樂如此重要，故而將其全部學說建築在禮樂之上，孔子的思想是千百年來中國文化的主導，也形成了中華民族的民族性。戰國後期以來，音律科學中又夾雜了陰陽五行，君、臣、民、事、物等非音樂的東西。發展成為能夠「預測」戰爭勝負、國家盛衰的具有神祕性的東西，因而律曆合併，成為正史不可缺少的一部分。

鑒於漢代人的音律觀念在秦火之後已與先秦大為懸殊，漢代學者迷醉於累黍、候氣，貫注於九進制、十進制之爭，直到西漢京房（西元前七七—前三七年）發出「竹聲不可度調」的警言之前，漢代人已基本上不辨絃管之別。司馬遷卒後，補寫或補缺《史記・律書》的博學儒生將旋律的兩個數值插入空白的二律中；為使〈律書〉數據與絃律約略一致，又將相臨的仲呂、蕤賓、林鍾三律數字作了相應的律位移動。此等情形雖未必真切，但至遲從唐代起，注家蜂起，並且校改其中七句後竟會與三分損益絃律近似，這說明〈律書〉原數確實是貨真價實的絃律數值。

卷二十六

曆書第四

【題解】〈曆書〉是我國最早有系統地研究古代曆法史的專章，也是第一篇有系統地闡述天文學重要意義的著作，它還是最早明確提出把天文學納入國家政體的歷史文獻，這三個第一無疑確立了〈曆書〉的歷史地位。〈曆書〉概括地介紹了曆法產生與發展的過程；用歷史事實論述了天文曆法對社會發展的重大意義；介紹了歷史上正月安排不同的曆法和制曆的基本原則；對漢武帝改變曆法的時代背景有較詳細的說明，但對〈太初曆〉本身未予記載。篇末附有〈曆術甲子篇〉，當是後人所加。

1 昔自在古，曆建正作於孟春❶。於時冰泮發蟄❷，百草奮興，秭鳺先滜❸。物迺歲具，生於東，次順四時，卒于冬分❹。時雞三號，卒明。撫十二月節，卒于丑❺。日月成，故明也❻。明者，孟也。幽者，幼也。幽明者，雌雄也❼。雌雄代興，而順至正之統也❽。日歸于西，起明於東；月歸於東，起明于西❾。正不率天，又不由人❿，則凡事易壞而難成矣。

2 王者易姓受命，必慎始初，改正朔⓫，易服色⓬，推本天元⓭，順承厥意。

3 太史公曰：神農以前尚矣。蓋黃帝考定星曆，建立五行，起消息，正閏餘[14]，於是有天地神祇物類之官，是謂五官[15]。各司其序，不相亂也。民是以能有信，神是以能有明德。民神異業，敬而不瀆，故神降之嘉生，民以物享[16]，災禍不生，所求不匱。

4 少皞氏[17]之衰也，九黎亂德[18]，民神雜擾，不可放物[19]，禍菑薦至，莫盡其氣[20]。顓頊[21]受之，乃命南正重司天以屬神[22]，命火正黎司地以屬民[23]，使復舊常，無相侵瀆。

5 其後三苗服九黎之德[24]，故二官咸廢所職，而閏餘乖次[25]，孟陬殄滅[26]，攝提無紀[27]，曆數失序。堯復遂重、黎之後，不忘舊者，使復典之，而立羲、和之官[28]。明時正度，則陰陽調，風雨節，茂氣至，民無夭疫。年耆禪舜，申戒文祖[29]云：「天之曆數在爾躬[30]。」舜亦以命禹。由是觀之，王者所重也。

6 夏正以正月，殷正以十二月，周正以十一月。蓋三王之正若循環[31]，窮則反本。天下有道，則不失紀序；無道，則正朔不行於諸侯。

7 幽、厲之後[32]，周室微，陪臣[33]執政，史不記時，君不告朔[34]，故疇人[35]子弟分散，或在諸夏，或在夷狄[36]，是以其禨祥廢而不統[37]。周襄王二十六年閏三月，而春秋非之[38]。先王之正時也，履端於始，舉正於中，歸邪於終[39]。履端於始，序則不愆；舉正於中，民則不惑；歸邪於終，事則不悖。

8 其後戰國並爭，在於彊國禽敵，救急解紛而已，豈遑念斯哉[40]！是時獨有鄒衍[41]，明於五德之傳[42]，而散消息[43]之分，以顯諸侯。而亦因秦滅六國，兵戎極煩，又升至尊之日淺，未暇遑也。而亦頗推五勝[44]，而自以為獲水德之瑞[45]，更名河曰「德水」，而正以十月[46]，色上黑。然曆度閏餘，未能睹其真也。

9 漢興，高祖曰：「北畤待我而起[47]。」亦自以為獲水德之瑞。雖明習曆及張蒼[48]等，咸以為然。是時天下初定，方綱紀大基，高后女主，皆未遑，故襲秦正朔服色。

10 至孝文時，魯人公孫臣[49]以終始五德上書，言：「漢得土德，宜更元，改正朔，易服色。當有瑞，瑞黃龍見。」事下丞相張蒼，張蒼亦學律曆，以為非是，罷之。其後黃龍見成紀[50]，張蒼自黜，所欲論著不成。而新垣平[51]以望氣見，頗言正曆服色事，貴幸。後作亂，故孝文帝廢不復問。

11 至今上[52]即位，招致方士唐都[53]，分其天部[54]；而巴落下閎運算轉曆[55]，然後日辰之度與夏正同。乃改元[56]，更官號[57]，封泰山[58]。因詔御史曰：「乃者[59]，有司言星度之未定也[60]，廣延宣問，以理星度，未能詹[61]也。蓋聞昔者黃帝合而不死，名察度驗，定清濁，起五部，建氣物分數[62]，然蓋尚矣。書缺樂弛，朕甚閔焉[63]。朕唯未能循明也，紬績日分[64]，率應水德之勝。今日順夏至，黃鐘為宮，林鐘為徵，太蔟為商，南呂為羽，姑洗為角。自是以後，氣復正，羽聲復清，名復正變[65]，以至子日當冬至，則陰陽離合之道[66]行焉。十一月甲子朔旦冬至已詹，其更以七年為太初元年[67]。年名『焉逢攝提格[68]』，月名『畢聚』[69]，日得甲子，夜半朔旦冬至。」

【章旨】以上為第一部分，論述曆法的起源和演變。

【注釋】❶曆建正作於孟春　意為曆法的正月建置在孟春。古曆一年分為四季，一季分為孟、仲、季三個月，孟春指春季的第一個月。上古時以黃昏時北斗斗柄的指向來定季節，指北為子月，北偏東為丑月，東偏北為寅月，正東為卯月，依次類推。這稱為一年十二月建。建正，古曆法術語，以黃昏時斗柄的指向確定哪個月分為正月，中國古代曆法大致有三種建正方式：以黃昏時北斗斗柄指子（含冬至之月）為正月，稱作「建子」，又稱「子正」；以黃昏時斗柄指丑（冬至後一月）為正月，稱作「建丑」，又稱「丑正」；以黃昏時斗柄指寅（冬至後二月）為正月，即正月建置在今農曆之孟春月，稱作「建寅」，又稱「寅正」。曆，是為了配合人們日常生活需要，而根據天象來連續計數時間的方式。我國歷史上對曆的解釋有兩種意義，一種是推算曆日制度，天體運動位置及日月蝕等；另一種只指曆日制度的推算。前者可以說是編算天文年曆需要的數理天文學，後者則是推算民用曆書所需要的內容。❷冰泮發蟄　冰融解了，蟄居的蟲子開始活動起來。泮，融解。發，奮起。❸秭鳺先滜　子規鳥最先鳴叫起來。秭鳺即「子規」，今名杜鵑，鳥名。滜，有兩說：一說通「嗥」，鳴叫；另一說義同「澤」，《索隱》解釋作「子規鳥春氣發動，則先出野澤而鳴也。」今取第一種說法。❹物迺歲具四句　意為萬物生長一年一個循環：從春季開始，依次經過夏季和秋季，結束在冬春之交。具，具備，言一歲萬物循環一次。東，代春季。四時，泛指四季，此代夏秋二季。冬分，《索隱》言：「建曆起孟春，盡季冬，則一歲事具也，冬盡之後，分為來春，故云冬分也。」❺撫十二月節二句　《正義》：「撫，猶『循』也。自平明寅至雞鳴丑，凡十二辰。辰盡丑又至明朝寅，使一日一夜，故曰『幽明』。」今人又有人認為，夏曆建正於寅月，一年分十二月，其順次為正月寅、二月卯、三月辰、四月巳、五月午、六月未、七月申、八月酉、九月戌、十月亥、十一月子、十二月丑，至丑，一年循環結束。撫，順次；循著。❻日月成二句　有人認為，根據上下文研判，此句有脫文，應為「日月歲成，故幽明矣」。《大戴禮記・誥志》有「日月成歲，曆再閏以順天道，此謂歲」的句子。《易傳》云：「日月相推而明生矣。」❼幽明者二句　幽明又為雌雄。幽明，猶「陰陽」。幽，陰。明，陽。❽雌雄代興二句　白晝曰「雄」，黑夜曰「雌」；春夏曰「雄」，秋冬曰「雌」。雌雄即陰陽。言陰陽循環，形成正常的秩序。❾日歸于西四句　日落在西方，出現於東方。殘月逐漸消失在東方，新月初見在西方。（地球繞太陽公轉視太陽有東升西落，而月亮繞地球運動，故新月現於正西，逐轉而東，至望月則現於東。）❿正不率天二句　《索隱》言「正不率天，又不由人」此文出自《大戴禮記・誥志》，是孔子稱周太史之詞。意為為政不遵循天時，又不順從人心。正，同「政」。率，遵循。⓫改正朔　《索隱》曰：「王者易姓而興，必當推本天之元氣行運所在，以定正朔，以承天意。故云承順厥意。」正朔，古曆法術語，即正月朔日，一年開始的第一天。我國古代行用不同的曆法，並以不同的月分為正月，形成夏正、殷正、周正的三正之論。今農曆即採用「夏正」。用不同的曆法推出的正月及各自合朔的干支、時刻與置閏是不相同的。⓬易服色　更換朝服的顏色。服色，古時每個王朝所定的車馬祭牲的顏色。後也指各級官員的服飾。以何為上，每個新王朝都要重新選定。⓭推本天元　推算曆法的新起點。天元，又稱上元，古曆法術語，中國古曆法選取的推算起點。一般曆法選取甲子日夜半作為起點，此時正好交冬至節和日月合朔，為使日月五星，交會計算方便，往往再上推找出某個甲子日夜半日月合朔，正好交冬至節，又恰逢五星連珠（五大行星聚集在同一經度）的時刻作為起點，這樣一個理想的起點稱作「上元」。後世關於不設上元不能成為官方曆法而只能稱作民間小曆的思想皆出於此。⓮蓋黃帝考定星曆四句　這是講黃帝時如何制訂曆法的。「考定星曆」，即考察星象，確定曆日，也即以星象定時節。「五行」即五時或五節，春木、夏火、季夏土、秋金、冬水，每行七十二日。故曰五行需要以星象來建立。此處的五行，絕非抽象的哲學概念。「消息」，《正義》引皇侃云：「乾者陽，生為息；坤者陰，死為消。」「消息」即陰陽，春夏為陽為息，秋冬為陰為消。「起消息」，即以星象來確定陰消陽長的時節。陽氣上升起自冬至，陰氣上升起自夏至，故「起消息」即是定冬、夏至的時刻。「正閏餘」即是以星象的出沒為標準，用設置閏餘的辦法來調整季節。《集解》引《漢書音義》

曰：「以歲之餘為閏，故曰閏餘。」⑮五官　指傳說中黃帝時設置的春、夏、秋、冬、中五種官職。《正義》引應劭云：「黃帝受命有雲瑞，故以雲紀官。春官為青雲，夏官為縉雲，秋官為白雲，冬官為黑雲，中官為黃雲。」五行建立了，閏餘設置了，又設立了專門管理五行的五官，各有各的管理範圍，條理分明，各不相亂。⑯故神降之嘉生二句　嘉生，《索隱》應劭云：「嘉穀也。」指莊稼的好收成。物，祭品，五穀和犧牲。享，祭享。意為神給人好收成，人獻犧牲給神享用。⑰少皞氏　傳說中的古代聖王，古代東夷族首領，黃帝之子。⑱九黎亂德　《集解》引《漢書音義》曰：「少皞時諸侯作亂者。」九黎，古代南方部落名，即後之三苗氏，苗黎種族繁多，故曰九黎、三苗。亂德，破壞已有的秩序，即造反。⑲放物　民與神失去依託。《索隱》：「放音昉，依也。」放，通「仿」。仿效；依照。又《易》云：「方以類聚，物以群分。」方，即方物。言民神雜擾，群類混淆，故不可方物。⑳禍菑薦至二句　各種災禍接踵而來，人們無法享盡天年。薦，連續；屢次。氣，時節。㉑顓頊　傳說中遠古帝王，黃炎部落聯盟首領之一，（《史記・五帝本紀》則說他是「黃帝之孫」。）號高陽氏。其部落活動於帝丘（今河南濮陽東南）一帶。㉒南正重司天以屬神　《索隱》：「按《左傳》重為句芒，木正，黎為祝融，火正。此言南者，劉氏以為『南』字誤，非也。蓋重、黎二人，元是木火之官，兼司天地職。而天是陽，南是陽位。故木亦是陽，所以木正為南正也。而火是地正，亦稱北正者，火數二，二，地數。地陰主北方。故火正亦稱北正。為此故也。」南正，官名，主管天時曆象之官。顓頊曾任命重為南正，主管天時，以告民授時，便利農業。㉓火正黎司地以屬民　《集解》引應劭云：「黎，陰官也。火數二，二，地數也。故火正司地以屬萬民。」黎，古史傳說中掌握地面的官。傳說黎是少昊之子，號祝融，為火正，兼同理地之職，凡是地面上的一切事務都歸他管，故又稱「地正」，又稱「北正」。㉔其後三苗服九黎之德　《正義》引孔安國云：「三苗，縉雲氏之後，諸侯也。按：服，從也。言九黎之君在少皞之世作亂。今三苗之君從九黎亂德，故南北二官皆廢，使曆數失序。」三苗，古民族名，分布在江、淮、荊州一帶。服，從；奉行。㉕閏餘乖次　《集解》引《漢書音義》曰：「次。十二次也。史推曆失閏，則斗建與月名錯。」次，星空區域，又名「星次」。古代天文學家將黃道赤道附近天域分成十二份，由西向東依次為星紀、玄枵、諏訾、降婁、大梁、實沉、鶉首、鶉火、鶉尾、壽星、大火、析木。十二次用來指示太陽的週年視運動，以及五星的運行，並據此定出閏月和一年四季以及二十四節氣的起止日期。如有錯亂，會嚴重影響農牧業生產。㉖孟陬殄滅　《集解》引《漢書音義》曰：「正月為孟陬。閏餘乖錯，不與正歲相值，謂之殄滅。」言曆法上的正月不能正確地固定在應有的天文月上。孟陬，古代曆法術語，就是孟春正月。㉗攝提無紀　《集解》引《漢書音義》曰：「攝提，星名。隨斗杓所指，建十二月。若曆誤，春三月當指辰而指巳，是謂失序。」《索隱》：「攝提失方，按〈天官書〉

云：攝提三星若鼎足句之直，斗杓所指，以建時節，故曰攝提格。格，至也。言攝提隨月建至，故云格。」攝提，古星官名，分左攝提與右攝提，屬亢宿。攝提與斗杓一起，根據它的指向以建十二月時節。如果曆法推算有誤，是謂失序或失紀。㉘而立羲和之官　指堯立羲氏與和氏為掌管治曆之事。羲和，古史傳說中掌管天文曆法的官員。一說是黃帝時人，受命占日，一說是重黎之後，堯令羲氏、和氏兄弟二人分駐東南西北四方，觀察日月星辰，制訂曆法，頒布農時季節。又一說是夏仲康時天文官員，後因沉湎於酒色，疏於觀測，漏報重要天象之出現，引起很大驚慌，而被懲治。㉙中戒文祖　《正義》言「於文祖之廟以申戒舜也」。即在祖廟告誡舜。㉚天之曆數在爾躬　語出《尚書・大禹謨》。意為按天體運行規律制訂和頒行曆法，是事關大權的事，責任在你身上。《集解》引何晏曰：「曆數，謂列次也。」即日月五星之運行規律及曆日農時之次序安排。爾躬，你的身上。㉛三王之正若循環　此為三正循環的理論，子、丑、寅三正作循環交替。夏用寅正，殷用丑正，周用子正，秦漢又用寅正。㉜幽厲之後　厲，指周厲王姬胡，西元前八七七—前八四一年在位。幽，指周幽王姬宮涅，西元前七八一—前七七一年在位，厲王之孫。幽厲是西周中、後期的兩個君主。㉝陪臣　指各諸侯國掌握實權的卿大夫。㉞告朔　古代禮儀的一種，亦稱「告月」。兩周時規定每月朔日，即當時行用的曆法之每月初一日，從周天子起到各路諸侯國的王侯，都要用羊類牲畜，到太廟祭祀，行告朔之禮，含有對神明報告，今日是朔日，祈求佑護之意。㉟疇人　《集解》引如淳曰：「家業世世相傳為疇。」《索隱》引韋昭云：「疇，類也。」引孟康云：「同類之人明曆學者也。」又引樂彥云：「疇，昔知星人。」古代天文曆算家統稱為「疇人」。疇，通「籌」。計算度量之意。㊱或在諸夏二句　諸夏，指當時黃河流域華夏族居住的各諸侯國，它們都經過周王室的分封。夷狄，我國古代對四方邊遠民族的貶稱。㊲機祥廢而不統　沒有統一的占卜吉凶的理論。機祥，古代的星占術語，有關鬼神吉凶之兆的總稱。㊳周襄王二十六年閏三月二句　周襄王二十六年（西元前六二六年）魯曆將閏月設在三月，而《春秋》以為這不符合禮制。按當時習慣，應是年終置閏，魯僖公末年當閏，而魯國打破慣例，沒有在年終置閏，改在第二年新君魯文公即位之元年閏三月，故引起著《春秋》之人的非議。周襄王，春秋時東周第六位國君。此非議出自於《春秋左氏傳》，而非《春秋》。㊴先王之正時也四句　這是講以前曆法中月序和閏月的排列方法。「履端於始」言制訂正確的曆法，首先要選好曆元——曆法的推算起點。「舉正於中」以往人們認為以中氣所在，來定每個月的名稱，這種方法叫做「以中為建」。一年二十四節氣中有十二節氣，十二個中氣。用這種方法，夏曆建寅，正月一定有中氣「雨水」，二月有中氣「春分」，餘類推。「歸邪於終」，「邪」同「餘」，即將每個月的餘分歸到年終，累計夠了一個月，就置閏。回歸年長三百六十五・二四二二日，朔望月長二十九・五三〇六日都不是整數，曆法上年和月只能取整數，每月二十九或三十天，每年十二個月或十三個月，為了和天象配合，就要將每月的餘分歸到年終，累積滿一個月，就置閏。但陳久金認為：「舉正即放正；「於中」即其中。「舉正於中」即將中間的月分固定放正，其間不插入閏月，所以人們用起來不會感到迷惑。當閏餘積滿一個月時，就將閏月置於該年年終。「歸邪於終」，即將閏月歸集於年終。給出了一種新的解釋。譯者認為是用大小月相間取中以接近朔望月長。按：以前對這句話的注解均不準確，這些注文均是以東漢以後的曆法知識推算先秦的置閏方法。二十四節氣起於戰國末期，無中氣置閏的方法起自西漢中期，這在當前天文學史界幾乎已成定論。而〈曆書〉的這句話，出自《左傳》，所載置閏方法，即使不是魯文公時的定法，也肯定在《左傳》的寫作時代以前，即戰國以前。先秦曆法中的置閏，從顓頊曆來看，均閏在歲終。因此，在西漢中期的〈太初曆〉以前，均沒有以無中氣之月置閏的定法。古代注家不明此理，才作出錯誤的解釋。㊵豈遑念斯哉　哪有閒暇考慮這件事。遑，閒暇。斯，指古代治曆之事。㊶鄒衍　（約西元前三〇五～前二四〇年）戰國時學者，陰陽家代表人物之一，齊國人，創立「五德終始」之說。㊷五德之傳　即五德終始學說，是一種大一統的歷史循環理論。五德，即五行之德。五行相生為木生火、火生土、土生金、金生水、水生木，五行相剋為水剋火、火剋金、金剋木、木剋土、土剋水，五德終始說認為五帝三代的更替就是根據五行相勝的順序進行的。㊸消息　即陰陽。司馬遷說鄒衍是「深觀陰陽消息，而作怪迂之變」。㊹五勝　五德相勝（剋）之道理。《鄒子》說：「五德從所不勝，虞土、夏木、殷金、周火。」㊺自以為獲水德之瑞　秦也相信五勝之說，認為周火德衰，水勝火，故秦得水的德。㊻正以十月　指以十月為年始。秦用顓頊曆，行夏正，十月為年始，閏在後九月，沿用閏在年終的習慣。㊼北時待我而起　天有五帝，秦立了四帝祠，北祠等著我建立。北時，祠名。雍五祠之一，在今陝西鳳翔南。劉邦以為漢獲水德，水位在北方，遂建北時以祭黑帝。詳見《史記．封禪書》。時，祠廟。㊽張蒼　秦時御史，主柱下方書，沛公為漢王時，任常山守，為代相，以功封北平侯。文帝四年任丞相，卒於景帝五年。曾著書十八篇，言陰陽律曆事。㊾公孫臣　西漢陰陽家，術數家，文帝時，上書朝廷，建議改曆，後因丞相張蒼反對而作罷。㊿成紀　古縣名，在今甘肅靜寧西南，漢置。(51)新垣平　（？—西元前一六三年）西漢星占家，善於觀望天地的氣運。文帝時，請求朝廷更正曆法並改換朝服，得到賞識，後因叛亂罪名被殺。(52)今上　即漢武帝。(53)唐都　西漢天文術數家，曾重新劃分和測定二十八宿各宿的距度（二十八宿代表星的赤經差）和宿度（二十八宿代表星的赤經）。武帝元封年間受詔參與制訂〈太初曆〉，司馬談曾向他學過天文。(54)分其天部　《集解》引《漢書音義》曰：「謂分部二十八宿為距度。」指西漢元封年間，唐都重新測定二十八宿的距星（二十八宿的代表星）和宿度。天部，即天空區域，指星空十二次、二十八宿的距星和各宿間的星度。(55)落下閎運算轉曆　落下閎，西漢天文曆法家，今四川閬中人，隱居落下，一說洛下或落亭，因稱落下閎，精於天文、曆算，武帝時應徵參與製造渾儀，以觀測星象。轉曆，根據渾天學說轉動渾天儀器而制訂的曆法。56乃改元　元封七年（西元前一○四年）因頒布新曆改元太初。元封七年十一月初一恰好是甲子日，又恰好交冬至節氣，是一個難逢的改曆機會，這年五月，漢武帝命公孫卿、壺遂、司馬遷等議造新曆。他們所制訂的曆法就是《史記・曆書》中的〈曆術甲子篇〉，這是以太初元年前十一月甲子朔為曆元的四分曆法。57更官號　太初元年漢武帝更改了百官名號和秩祿，表示與改曆相應。58封泰山　元封元年（西元前一一○年）漢武帝封禪泰山。59乃者　以往。60有司言星度之未定也　有司，負責專項事物的官吏。星度，指星辰的度分，即日月星辰運行的週期、速度、距離、位置，有時也指交冬至時（太陽黃經為二七○度）太陽運行入二十八宿中某一宿的宿度。61詹　通「占」。占筮。一說《漢書・律曆志上》作「讎」，兩兩比較而相當。另一說「詹」同「瞻」，引申為省視。62蓋聞昔者黃帝合而不死五句　傳說黃帝造曆，由於合於天象的運行，所以能循環使用下去，這種曆法能夠分清各種天體的名稱，測定它們的行度，審定律呂的清濁，建立起五氣的運行，節氣間相距的日數，和天上各星體間的距離。明察，《釋名・釋言語》：「名，明也。」察寒暑節氣之名，與日月星行之度相驗正。《集解》引應劭曰：「言黃帝造曆得仙，名節會。察寒暑，致啟閉分至，定清濁，起五部。五部，金、木、水、火、土也。建氣物分數，皆敘曆之意也。」又引孟康曰：「合，作也。黃帝作曆，曆終復始，無窮已，故曰『不死』。清濁，律聲之清濁也。五部，五行也，天有四時，分為五行也。氣，二十四氣。物，萬物也。分，曆數之分也。」63朕甚閔焉　我感到很難過。朕，古人自稱之詞，從秦始皇開始，才專用為皇帝的自稱。64紬績日分　編排日數。紬績，緝織；綴集。日分，日子。言造曆者編排日數，猶如女工之緝織。65名復正變　各種名稱重新得到匡正，即二十四節氣與實際天象又符合了。「變」字衍（從王元啟說）。66陰陽離合之道　太初曆元甲子夜半，七曜皆會斗牽牛分度，是謂合；此後七曜按各自的軌道運行有遲有速，各異其行，是謂離。67更以七年為太初元年　《索隱》：「按改元封七年為太初元年。然漢始以建亥為年首，今改以建寅。故以七年為元年。」又引韋昭云：「漢興至此，百二歲。案：〈律曆志〉云：『乃以前曆上元，太初四千六百一十七歲。至元封七年，復得閼逢攝提之歲，中冬十一月甲子朔旦。』」68焉逢攝提格　攝提格，古代紀年名稱。古人認為歲星十二年一周天，將黃赤道附近天域均勻劃分為十二部分，稱做十二星次，歲星每年走一次。古代就根據歲星所在位置來紀年，如歲在鶉火、歲在星紀等。攝提格為十二次第三位，與十二地支的「寅」相當。為符合十二辰方向的習慣，古人又假想出一個與歲星運動方向相反的一個點，叫做太歲，或者歲陰、太陰。以歲陰每年所在位置來紀年，就叫做歲陰紀年法或太歲紀年法。《史記》所述紀年法，是由十二歲陰（歲雌）和十歲陽（歲雄）兩部分組成，將十個歲陽與十二個歲陰依次配合就得出一組以六十週期的計數序列，與六十干支完全對應，故也看作干支紀年法的一套別名。歲陰與十二支的對應關係如下：

地支	子	丑	寅	卯	辰	巳	午	未	申	酉	戌	亥
歲陰（歲雎）	困敦	赤奮若	攝提格	單閼	執徐	大荒（芒）洛（落）	敦牂	協（汁）洽	涒灘	作噩（鄂）	閹茂	大淵獻

歲陽與十干的關係如下：

十干	甲	乙	丙	丁	戊	己	庚	辛	壬	癸
歲陽（歲雄）	焉逢	端蒙	游兆	彊梧	徒維	祝犂	商橫	昭陽	橫艾	尚章

太初元年（西元前一〇四年）的太歲紀年法換算為干支紀年法就是甲寅年。〈曆書〉所載〈曆術甲子篇〉是從甲寅年開始，第二年為乙卯年即端蒙單閼，以下類推，共載了七十六個年名推曆法之閏餘。69月名畢聚　古代紀月名稱由月雄（月陽）、月雌（月陰）的兩部分組成，月雌由日月相會位置來決定，商周時期主要用數字順序紀月，戰國、秦、漢逐漸同時採用以干支和數序兩種方法紀月，開始只用十二支，以後加進十干組成以六十為週期干支紀月。月雄、月雌實際上是干支紀月的一套別名，是干支紀月的前身。月雄、月雌名稱與干支的對應關係如下：

十二支	寅	卯	辰	巳	午	未	申	酉	戌	亥	子	丑
十二月	正	二	三	四	五	六	七	八	九	十	十一	十二
月雎	陬（娵）	如	病	余	皐	且	相	壯	玄	陽	辜	涂
十干	甲	乙	丙	丁	戊	己	庚	辛	壬	癸		
月雄	畢	桔	新	圉	厲	則	室	寒	終	極		

【語譯】過去在遠古的時候，曆法的正月設在孟春。這個時候，冰融河開，蟄居的蟲子蘇醒，大地上百草萌

發，子規鳥最早發出鳴啼。萬物生長一年一個循環：從春季開始，依次經過夏季和秋季，結束在冬春之交。雞鳴叫三次天就亮了，為一日的開始。正月為寅月，是一年的開始，經過十二個月，最後結束在丑月。觀測日月運動，制成有曆月、曆年的曆法，依時做事，十分明白。明即孟，有生長的意思，明亮為陽；幽即幼，有孕育的意思，幽暗為陰，幽明即為雌雄之意。陰陽交替，孕育生長，四季循環，規律而有秩序。日落於西方，升起在東方；殘月逐漸消失於東方，新月初見在西方。當政的如果不按天時行事，又不順應民心，他就會敗壞政務，難以成功。

2 君王改朝換代接受天命，必須謹慎地制訂最初的政令，修改曆法，改換朝服的顏色，推算曆法的起始點，順應天時，上承天意。

3 太史公認為：神農以前太久遠的曆法已經說不清楚了。自黃帝起，開始根據星體的運行制訂曆法，建立了表示五個時節運行的五行，確定季節交替的計量起點，即冬、夏至的時刻，設置閏月來調整季節，並依所管事物的不同命名了春、夏、秋、冬、中五種官職，叫做五官。他們各自掌理分屬自己的事務，按照時節順序不會發生混亂。民眾因此而能夠適時地從事生產活動，神明因此而能夠不錯過時日享受民眾對祂德澤的禮祀。民與神各盡其職，民眾敬神而不褻瀆，神賜民以好收成，民獻犧牲給神，不生災禍，不缺衣食。

4 少皞氏衰落，有九黎部族作亂，曆不能行用，民與神原有的秩序都被打亂，各種活動失去依據，於是災禍接踵而至，人們無法享盡天年。直到顓頊承受天命登臨帝位，才任命重擔任南正官職，負責曆法和主管祭天和祭祀事宜，任命黎擔任火正官職，主管人民依時節進行農作等生產活動，從此一切又恢復了秩序，神不受褻瀆，神民沒有相互侵擾。

5 後來三苗部族又像九黎一樣作亂，南正與火正二官無法再盡自己的職守，無人負責編算曆表，也不置閏月，失閏造成各月太陽所在的星次位置與預報不同，正月又不在相應的節氣，北斗斗杓方向的攝提星的方位與月建也不相符，混亂的曆法造成時序失順。直到堯帝登位，又起用天文世家重、黎後人中還能推算曆法的人，讓他們擔任曆官主管曆法，他們就是羲氏、和氏之官。此後，時節又清楚了，曆度也正確了，又使陰陽調和、風雨適時、農作豐收、沒有瘟疫。當堯年事已高禪位給舜的時候，在祖廟告誡舜說：「按照天體運行的規律制訂和頒行曆法，是事關社稷的大事，這責任在你身上啊。」以後舜也以同樣的話告誡禹，由此可見，曆法是帝王所注重的大事。

6 夏曆以寅月為正月，殷曆的正月為丑月，在夏曆的十二月，周曆的正月為子月，在夏曆的十一月。夏、商、周三代分別使用寅正、丑正和子正的曆法，現在又循環回去使用寅正的曆法。全國有統一的曆法就不失時序；帝王無道，諸侯各自為政，分別使用自己的曆法，則沒有通用的統一曆法，就會出現混亂。

7 周幽王和周厲王以後，西周王朝衰微，中央下屬諸侯國的卿大夫各自為政，史官記事沒有統一的年月日，君王因曆法混亂不再於每月朔日舉行告朔典禮，服務於周王朝的天文家、曆算家紛紛離開周都分散到各諸侯國去謀求自己的發展，有的在中原，有的去了邊遠的夷狄地區，各自樹立門派，沒有統一的天文星占理論去占卜吉凶。周襄王二十六年魯曆將閏月設在三月，《春秋》的作者以為它是錯誤的，因為按照先前曆法的制曆規律，一部曆法首先要確定好曆法的起算點——曆元，其次大小月平均取中接近正確值，第三置閏月的年分要將閏月置於年終。定好曆元，曆法的計算有序有依；月長正確，百姓好記好用不會糊塗；該加閏月之年年終置閏，則依曆辦事與節氣不會不相符合。

8 這以後，戰國諸雄並爭，他們只關心建立強國，戰勝敵國，或是替他們的盟友救急或解除糾紛，哪裡會想天文曆法的事情！當時只有一個叫鄒衍的人還在潛心研究曆法的事，他創立了五德終始學說，提出五行相勝，陰陽消長的理論，受到各諸侯國的重視。就秦國而言，在征滅六國時，戰事十分頻繁，建立統一的秦國以後，又因建國時間短，顧不上制訂一部新的曆法。但他們十分相信鄒衍的理論，並按他的理論推斷，自以為秦國獲得了水德的瑞兆，所以將黃河命名為「德水」，使用以十月為正月的曆法，崇尚黑色。然而他們曆法的推算和閏餘的數據是否正確，因缺乏資料不能詳知。

9 漢朝初興，高祖劉邦說：「祭祀黑帝的祠廟等待著我建立。」他也自認為是獲得了水德的瑞應。大臣中雖有像張蒼等熟悉天文的人，他們也都附和高祖沒有異議。當時天下初定，當務之急是建立國家的規章制度和法令，隨後不久又有呂后當政，都顧不上曆法的事情，所以仍然承襲秦的曆法和朝服的顏色。

10 到了漢孝文帝的時候，魯地一個叫公孫臣的人以五德終始的理論向皇帝上書，他說：「漢朝得到的是土德而不是水德，所以應該更改曆法的曆元，制訂新的曆法，更換朝服的顏色。應當有土德的瑞應一條黃龍出現。」皇帝交丞相張蒼去處理此事，學過律曆的張蒼還是認為漢得的不是土德，壓了下去。後來有人說在成紀出現了黃龍，合了土德的瑞應，張蒼不得已上書自請罷黜，他想自成一家之言的理想成為泡影。另一個叫新垣平的人因善於望氣得以晉見皇帝，再次提出改曆和更換服色的建議，頗受皇上賞識。後來新垣平自己作亂，孝文帝就再也不提改曆換服色的事情了。

11 當今皇帝即位後，招聘方士唐都，負責天空二十八宿的劃分與觀測以及日月行星相對於二十八宿的運動；招用來自巴郡的天文學家落下閎，負責製造、使用渾天儀，並根據觀測結果推算曆法。所得到的日月運行位置的度數和夏正曆法相符，於是就改曆法的曆元，更換官號，到泰山舉行封禪大典。並詔告御史說：「過去司天官吏曾報告說二十八宿的度數還沒有測定，也廣泛徵求能測星度的人，但都不能用於占筮。聽說以前黃帝所制訂的曆法，不但能使天象和季節完全相合，從而可以長久地使用下去，還弄清了天體的名稱和運行度數，審定了音律的清濁，建立了表徵時節五氣運行的五行，明確了各節氣日數和太陽位置度數的對應關係，不過這已經是很久遠的事了。現在有關天文曆數的典籍缺佚，樂理廢弛，我也很難過，這是我執政的過失。所幸現在經過周密測量和推算，制訂了新的曆法，其年月日的編排猶如織綢那樣細密，應驗了土德勝過水德。今日太陽在黃道上經過夏至點，也知道它今後在黃道上運行的位置。黃鐘為宮聲，林鐘為徵聲，太蔟為商聲，南呂為羽聲，姑洗為角聲。從此以後，節氣又正確了，用最高音調羽聲定調的音律又清明了，節氣名稱都與實際相符。以甲子日和冬至相合為曆法的起算點，則陰陽交替合乎規律。現在十一月甲子日恰逢朔旦冬至，正是換元改曆的好時機，於是改元封七年為太初元年，年名『焉逢攝提格』，即甲寅年，月名『畢聚』，即正月，日期為甲子，夜半時既是朔日的開始，也是節氣交冬至之時。」

曆術甲子篇❶

1 太初元年，歲名「焉逢攝提格」，月名「畢聚」，日得甲子，夜半朔旦冬至。

2 正北❷

3 十二❸

無大餘，無小餘❹；

無大餘，無小餘；

焉逢攝提格太初元年。

4 十二

大餘五十四❺，小餘三百四十八❻；

大餘五，小餘八❼；

端蒙單閼二年。

5 閏十三❽

大餘四十八，小餘六百九十六；

大餘十，小餘十六；

游兆執徐三年。

6 十二

大餘十二，小餘六百三；

大餘十五，小餘二十四；

彊梧大荒落四年。

7 十二

大餘七，小餘十一；

大餘二十一，無小餘；

徒維敦牂天漢元年。

8 閏十三

大餘一，小餘三百五十九；

大餘二十六，小餘八；

祝犂協洽二年。

9 十二

大餘二十五，小餘二百六十六；

大餘三十一，小餘十六；

10 商橫涒灘三年。

十二　大餘十九，小餘六百一十四；

大餘三十六，小餘二十四；

11 昭陽作噩四年。

閏十三　大餘十四，小餘二十二；

大餘四十二，無小餘；

12 橫艾淹茂太始元年。

十二　大餘三十七，小餘八百六十九；

大餘四十七，小餘八；

13 尚章大淵獻二年。

閏十三　大餘三十二，小餘二百七十七；

大餘五十二，小餘一十六；

14 焉逢困敦三年。

十二

大餘五十六，小餘一百八十四；

大餘五十七，小餘二十四；

15 端蒙赤奮若四年。

十二

大餘五十，小餘五百三十二；

大餘三，無小餘；

16 游兆攝提格征和元年。

閏十三

大餘四十四，小餘八百八十；

大餘八，小餘八；

17 彊梧單閼二年。

十二

大餘八，小餘七百八十七；

大餘十三，小餘十六；

徒維執徐三年。

18 十二

大餘三，小餘一百九十五；

大餘十八，小餘二十四；

祝犂大芒落四年。

19 閏十三

大餘五十七，小餘五百四十三；

大餘二十四，無小餘；

商橫敦牂後元元年。

20 十二

大餘二十一，小餘四百五十；

大餘二十九，小餘八；

昭陽汁洽二年。

21 閏十三
大餘十五，小餘七百九十八；
大餘三十四，小餘十六；
橫艾涒灘始元元年。
22 正西
23 十二
大餘三十九，小餘七百五；
大餘三十九，小餘二十四；
尚章作噩二年。
24 十二
大餘三十四，小餘一百一十三；
大餘四十五，無小餘；
焉逢淹茂三年。
25 閏十三
大餘二十八，小餘四百六十一；

大餘五十，小餘八；

端蒙大淵獻四年。

26 十二

大餘五十二，小餘三百六十八；

大餘五十五，小餘十六；

游兆困敦五年。

27 十二

大餘四十六，小餘七百一十六；

無大餘，小餘二十四；

彊梧赤奮若六年。

28 閏十三

大餘四十一，小餘一百二十四；

大餘六，無小餘；

徒維攝提格元鳳元年。

29 十二

大餘五，小餘三十一；

大餘十一，小餘八；

祝犂單閼二年。

30 十二

大餘五十九，小餘三百七十九；

大餘十六，小餘十六；

商橫執徐三年。

31 閏十三

大餘五十三，小餘七百二十七；

大餘二十一，小餘二十四；

昭陽大荒落四年。

32 十二

大餘十七，小餘六百三十四；

大餘二十七，無小餘；

橫艾敦牂五年。

33 閏十三

大餘十二，小餘四十二；

大餘三十二，小餘八；

尚章汁洽六年。

34 十二

大餘三十五，小餘八百八十九；

大餘三十七，小餘十六；

焉逢涒灘元平元年。

35 十二

大餘三十，小餘二百九十七；

大餘四十二，小餘二十四；

端蒙作噩本始元年。

36 閏十三

大餘二十四，小餘六百四十五；

大餘四十八，無小餘；

游兆閹茂二年。

37 十二

大餘四十八，小餘五百五十二；

大餘五十三，小餘八；

彊梧大淵獻三年。

38 十二

大餘四十二，小餘九百；

大餘五十八，小餘十六；

徒維困敦四年。

39 閏十三

大餘三十七，小餘三百八；

大餘三，小餘二十四；

祝犂赤奮若地節元年。

40 十二

大餘一，小餘二百一十五；

大餘九，無小餘；
商橫攝提格二年。
41 閏十三
大餘五十五，小餘五百六十三；
大餘十四，小餘八；
昭陽單閼三年。
42 正南
43 十二
大餘十九，小餘四百七十；
大餘十九，小餘十六；
橫艾執徐四年。
44 十二
大餘十三，小餘八百一十八；
大餘二十四，小餘二十四；
尚章大荒落元康元年。

45 閏十三

大餘八，小餘二百二十六；

大餘三十，無小餘；

焉逢敦牂二年。

46 十二

大餘三十二，小餘一百三十三；

大餘三十五，小餘八；

端蒙協洽三年。

47 十二

大餘二十六，小餘四百八十一；

大餘四十，小餘十六；

游兆涒灘四年。

48 閏十三

大餘二十，小餘八百二十九；

大餘四十五，小餘二十四；

49 彊梧作噩神雀元年。

十二 大餘四十四，小餘七百三十六；

大餘五十一，無小餘；

50 徒維淹茂二年。

十二 大餘三十九，小餘一百四十四；

大餘五十六，小餘八；

51 祝犁大淵獻三年。

閏十三 大餘三十三，小餘四百九十二；

大餘一，小餘十六；

52 商橫困敦四年。

十二 大餘五十七，小餘三百九十九；

大餘六，小餘二十四；
昭陽赤奮若五鳳元年。
53 閏十三
大餘五十一，小餘七百四十七；
大餘十二，無小餘；
橫艾攝提格二年。
54 十二
大餘十五，小餘六百五十四；
大餘十七，小餘八；
尚章單閼三年。
55 十二
大餘十，小餘六十二；
大餘二十二，小餘十六；
焉逢執徐四年。
56 閏十三

大餘四，小餘四百一十；

大餘二十七，小餘二十四；

端蒙大荒落甘露元年。

57 十二

大餘二十八，小餘三百一十七；

大餘三十三，無小餘；

游兆敦牂二年。

58 十二

大餘二十二，小餘六百六十五；

大餘三十八，小餘八；

彊梧協洽三年。

59 閏十三

大餘十七，小餘七十三；

大餘四十三，小餘十六；

徒維涒灘四年。

60 十二
大餘四十，小餘九百二十；
大餘四十八，小餘二十四；
祝犂作噩黃龍元年。

61 閏十三
大餘三十五，小餘三百二十八；
大餘五十四，無小餘；
商橫淹茂初元元年。

62 正東

63 十二
大餘五十九，小餘二百三十五；
大餘五十九，小餘八；
昭陽大淵獻二年。

64 十二
大餘五十三，小餘五百八十三；

大餘四，小餘十六；

橫艾困敦三年。

65 閏十三

大餘四十七，小餘九百三十一；

大餘九，小餘二十四；

尚章赤奮若四年。

66 十二

大餘十一，小餘八百三十八；

大餘十五，無小餘；

焉逢攝提格五年。

67 十二

大餘六，小餘二百四十六；

大餘二十，小餘八；

端蒙單閼永光元年。

68 閏十三

無大餘，小餘五百九十四；
大餘二十五，小餘十六；
游兆執徐二年。

69
十二
大餘二十四，小餘五百一；
大餘三十，小餘二十四；
彊梧大荒落三年。

70
十二
大餘十八，小餘八百四十九；
大餘三十六，無小餘；
徒維敦牂四年。

71
閏十三
大餘十三，小餘二百五十七；
大餘四十一，小餘八；
祝犂協洽五年。

72

十二

大餘三十七，小餘一百六十四；

大餘四十六，小餘十六；

商橫涒灘建昭元年。

73

閏十三

大餘三十一，小餘五百一十二；

大餘五十一，小餘二十四；

昭陽作噩二年。

74

十二

大餘五十五，小餘四百一十九；

大餘五十七，無小餘；

橫艾閹茂三年。

75

十二

大餘四十九，小餘七百六十七；

大餘二，小餘八；

76 尚章大淵獻四年。

閏十三

大餘四十四，小餘一百七十五；

大餘七，小餘十六；

77 焉逢困敦五年。

十二

大餘八，小餘八十二；

大餘十二，小餘二十四；

78 端蒙赤奮若竟寧元年。

十二

大餘二，小餘四百三十；

大餘十八，無小餘；

79 游兆攝提格建始元年。

閏十三

大餘五十六，小餘七百七十八；

大餘二十三，小餘八；

彊梧單閼二年。

80 十二

大餘二十，小餘六百八十五；

大餘二十八，小餘十六；

徒維執徐三年。

81 閏十三

大餘十五，小餘九十三；

大餘三十三，小餘二十四；

祝犁大荒落四年。

82 右曆書：大餘者，日也。小餘者，月也❾。端蒙❿者，年名也。支：丑名赤奮若⓫，寅名攝提格。干：丙名游兆⓬。正北，冬至加子時；正西，加酉時；正南，加午時；正東，加卯時。

【章旨】以上為第二部分，敘述〈曆術甲子篇〉的內容。

【注釋】❶曆術甲子篇　「曆術」是曆法推步的方法、步驟和數據。《史記》所述曆法為四分術，以十一月甲子朔旦冬至為曆元氣朔，它的第一蔀蔀名甲子。〈曆書〉中只列出甲子蔀之曆表和數據，故以蔀名甲子作為曆術篇之篇名。一說甲子為六十干支表之首位，〈曆術甲子篇〉就是曆術首篇之意。又一說為《史記》所述曆法以甲子朔旦冬至為推算起點，故以甲子命名「曆術篇」。❷正北　曆法術語，方位。〈曆書〉中用來表示交冬至之時刻為夜半子時。古四分曆術每年三六五・二五天，每章十九年，每蔀四章七十六年。以朔旦冬至夜半為曆元，即每蔀蔀首之年年前冬至合朔時刻為夜半子時，十二支中子的方位是正北，故記為「正北」。夜半子時稱「加子時」。次年冬至時刻是卯時，故稱「加卯時」。卯，方位正東。第三年的冬至時刻值正午，稱「加午時」。午，方位正南。第四年的冬至時刻正值酉時，稱「加酉時」。酉，方位正西。第五年又值夜半子時冬至，正北，加子時。這樣順序循環下去到第二章章首之年年前冬至值酉時，正西。第三章章首之年年前冬至值午時，正南。第四章章首之年年前冬至值卯時，正東。第五章，即下一蔀第一章第一年又值夜半子時合朔冬至，正北。❸十二　指平年一年是十二個月。《索隱》曰：「歲有十二月，有閏則云十三月也。」❹無大餘二句　《索隱》曰：「其歲甲子朔旦日月合於牽牛之初。餘分皆盡，故無大小餘也。」《正義》曰：「無大小餘者，以出閏月之歲，有三百五十四日四十八分……緣未滿六十日，故置為來年大小餘。亦為太初元年，日得甲子朔旦，冬至前年，無奇日分，故無大小餘。」大餘小餘，古曆法術語。〈曆書〉記曆術的部分在每年曆數中給出兩組大餘、小餘。第一組大餘表示第二年離干支起始日甲子序數後五十四。按：〈曆數甲子篇〉共記一蔀，七十六年四章。每章十九年有七個閏月，一蔀共有 4×7=28 個閏月，則一蔀有 (76×12)+28=940 個朔望月，有 76×(365+1/4)=27759 日。可知每朔望月有 27759/940=(29+499/940) 日。經十二個月後，共有日數 12×(29+499/940)=354+348/940 日，非干支整數。其中三百日為六十的整數倍，去掉三百日，餘 (54+348/940) 日。其中五十四叫「大餘」，348/940 叫「小餘」。而「小餘」表示第二年首合朔離開夜半有 348/940×24=8.885 小時，即比夜半提前了八小時五十三分。第二組大餘、小餘推算的是下一年的冬至。〈曆術甲子篇〉將一回歸年 (365+1/4) 日記為 (365+8/32) 日。第一年甲子夜半合朔，冬至發生於同時。故無大餘，無小餘；第二年三六五日中去掉六十整數倍為五，即「大餘」，8/32 為「小餘」。可見「大餘」表示的是冬至發生的干支記日序數，「小餘」表示的是冬至發生的時刻。❺大餘五十四　《索隱》曰：「歲十二月，六大、六小。合三百五十四日，以六除之，五六三十，除三百日餘五十四日。故下云大餘者，日也。」❻小餘三百四十八　《索隱》曰：「太初曆法，一月之日，二十九日九百四十分日之四百九十九。每兩月合成五十九日，餘五十八分。今十二月合餘六個五十八得此數，故云小餘者月也。」自曆元起，一年十二個月之後，每個朔望月二十九又九百四十分之四百九十九日，積日數為三百五十四又九百四十分之三百四十八，日數以六十餘棄之，得餘數五十四。這就是大餘五十四，小餘三百四十八的來歷。❼大餘五二句　一回歸年為三百六十五又四分之一日，日數以六十除棄之，得五又四分之一日。取氣日法（節氣日餘的分母）為三十二，四分之一餘為八分，故有大餘五，小餘八。以下仿此。❽閏十三　一平年十二個月積三百五十四又九百四十分之三百四十八日，一回歸年經過十二月後，尚餘十日又九百四十分之八百二十七日，經過三個平年之後，歲餘達三十二日有餘，積滿一月，故於此年置閏。四分曆以十九年為一章，在十九年中共積滿七個閏月。❾小餘者二句　「月」係原作有誤，當為餘分。❿端蒙　原作「端旃蒙」。然〈曆數甲子篇〉皆作「端蒙」，「旃」為衍字，應刪。⓫支二句　地支。赤奮若等是十二地支的另一套別名。⓬干二句　天干。游兆等是十天干的別名。這些十干、十二干的異名，都具特殊語形，普通文章，殆均不用，因而有人疑其傳自外國，如拉哥布利就力圖用巴比倫來說明，也未得圓滿的結果。陳遵嬀在《中國天文學史》一書中認為仍為漢語，只因星占家故意不用一般語形用隱語使它神祕化。

【語譯】曆術甲子篇

1 本曆法的曆元為太初元年，年名「焉逢攝提格」，月名「畢聚」，這一天是甲子日，夜半時合朔且節氣交冬至。

2 第一章　第一年冬至時太陽夜半位於正北方向，時刻為子時。

3 本年十二個月。合朔大餘為零，小餘為零（因為合朔時恰為干支起始的甲子日，所以合朔干支序數的整數部分和分數部分皆為零）；冬至大餘為零，小餘為零（因為冬至日干支序數也在起算點，所以都為零）。太初元年焉逢攝提格，即甲寅年。

4 本年十二個月。合朔大餘五十四日，小餘三百四十八分（朔望月不是日的整數，計算朔日干支序數時，去掉干支六十日的整數倍後，所餘干支的整數日叫大餘，為五十四日。去掉大餘後所餘日的分數的分子叫小餘，是三百四十八分）。冬至大餘五日，小餘八分（年長不是日的整數，計算冬至日干支序數時，去掉曆年三百六十五日中六十的整數倍後，所餘干支的整數日叫大餘，為五天。去掉大餘後所餘日的分數的分子叫小餘，為八分。以下各年先出現的大餘、小餘，指合朔干支序數，後出現的大餘、小餘，為冬至日干支序數）。

太初二年端蒙單閼，即乙卯年。

5 本年閏年十三個月。大餘四十八日，小餘六百九十六分；大餘十日，小餘十六分。

太初三年游兆執徐，即丙辰年。

6 本年十二個月。大餘十二日，小餘六百零三分；大餘十五日，小餘二十四分。

太初四年彊梧大荒落，即丁巳年。

7 本年十二個月。大餘七日，小餘十一分；大餘二十一日，小餘為零。

天漢元年徒維敦牂，即戊午年。

8 本年閏年十三個月。大餘一日，小餘三百五十九分；大餘二十六日，小餘八分。

天漢二年祝犂協洽，即己未年。

9 本年十二個月。大餘二十五日，小餘二百六十六分；大餘三十一日，小餘十六分。

天漢三年商橫涒灘，即庚申年。

10 本年十二個月。大餘十九日，小餘六百一十四分；大餘三十六日，小餘二十四分。

天漢四年昭陽作鄂，即辛酉年。

11 本年閏年十三個月。大餘十四日，小餘二十二分；大餘四十二日，小餘為零。

太始元年橫艾淹茂，即壬戌年。

12 本年十二個月。大餘三十七日，小餘八百六十九分；大餘四十七日，小餘八分。

太始二年尚章大淵獻，即癸亥年。

13 本年閏年十三個月。大餘三十二日，小餘二百七十七分；大餘五十二日，小餘十六分。

太始三年焉逢困敦，即甲子年。

14 本年十二個月。大餘五十六日，小餘一百八十四分；大餘五十七日，小餘二十四分。

太始四年端蒙赤奮若，即乙丑年。

15 本年十二個月。大餘五十日，小餘五百三十二分；大餘三日，小餘為零。

征和元年游兆攝提格，即丙寅年。

16 本年閏年十三個月。大餘四十四日，小餘八百八十分；大餘八日，小餘八分。

征和二年彊梧單閼，即丁卯年。

17 本年十二個月。大餘八日，小餘七百八十七分；大餘十三日，小餘十六分。

征和三年徒維執徐，即戊辰年。

18 本年十二個月。大餘三日，小餘一百九十五分；大餘十八日，小餘二十四分。

征和四年祝犁大芒落，即己巳年。

19 本年閏年十三個月。大餘五十七日，小餘五百四十三分；大餘二十四日，小餘為零。

後元元年商橫敦牂，即庚午年。

20 本年十二個月。大餘二十一日，小餘四百五十分；大餘二十九日，小餘八分。

後元二年昭陽汁洽，即辛未年。

21 本年閏年十三個月。大餘十五日，小餘七百九十八分；大餘三十四日，小餘十六分。

始元元年橫艾涒灘，即壬申年。

22 第二章 第一年冬至時夜半太陽位於正西，冬至時刻在酉時。

23 本年十二個月。大餘三十九日，小餘七百零五分；大餘三十九日，小餘二十四分。

始元二年尚章作噩，即癸酉年。

24 本年十二個月。大餘三十四日，小餘一百一十三分；大餘四十五日，小餘為零。

始元三年焉逢淹茂，即甲戌年。

25 本年閏年十三個月。大餘二十八日，小餘四百六十一分；大餘五十日，小餘八分。

始元四年端蒙大淵獻，即乙亥年。

26 本年十二個月。大餘五十二日，小餘三百六十八分；大餘五十五日，小餘十六分。

始元五年游兆困敦，即丙子年。

27 本年十二個月。大餘四十六日，小餘七百一十六分；大餘為零，小餘二十四分。

始元六年彊梧赤奮若，即丁丑年。

28 本年閏年十三個月。大餘四十一日，小餘一百二十四分；大餘六日，小餘為零。

元鳳元年徒維攝提格，即戊寅年。

29 本年十二個月。大餘五日，小餘三十一分；大餘十一日，小餘八分。

元鳳二年祝犂單閼，即己卯年。

30 本年十二個月。大餘五十九日，小餘三百七十九分；大餘十六日，小餘十六分。

元鳳三年商橫執徐，即庚辰年。

31 本年閏年十三個月。大餘五十三日，小餘七百二十七分；大餘二十一日，小餘二十四分。

元鳳四年昭陽大荒落，即辛巳年。

32 本年十二個月。大餘十七日，小餘六百三十四分；大餘二十七日，小餘為零。

元鳳五年橫艾敦牂，即壬午年。

33 本年閏年十三個月。大餘十二日，小餘四十二分；大餘三十二日，小餘八分。

元鳳六年尚章汁洽，即癸未年。

34 本年十二個月。大餘三十五日，小餘八百八十九分；大餘三十七日，小餘十六分。

元平元年焉逢涒灘，即甲申年。

35 本年十二個月。大餘三十日，小餘二百九十七分；大餘四十二日，小餘二十四分。

本始元年端蒙作噩，即乙酉年。

36 本年閏年十三個月。大餘二十四日，小餘六百四十五分；大餘四十八日，小餘為零。

本始二年游兆閹茂，即丙戌年。
37 本年十二個月。大餘四十八日，小餘五百五十二分；大餘五十三日，小餘八分。
本始三年彊梧大淵獻，即丁亥年。
38 本年十二個月。大餘四十二日，小餘九百分；大餘五十八日，小餘十六分。
本始四年徒維困敦，即戊子年。
39 本年閏年十三個月。大餘三十七日，小餘三百零八分；大餘三日，小餘二十四分。
地節元年祝犁赤奮若，即己丑年。
40 本年十二個月。大餘一日，小餘二百一十五分；大餘九日，小餘為零。
地節二年商橫攝提格，即庚寅年。
41 本年閏年十三個月。大餘五十五日，小餘五百六十三分；大餘十四日，小餘八分。
地節三年昭陽單閼，即辛卯年。
42 第三章　第一年冬至時夜半太陽位於正南，冬至時刻為午時。
43 本年十二個月。大餘十九日，小餘四百七十分；大餘十九日，小餘十六分。
地節四年橫艾執徐，即壬辰年。
44 本年十二個月。大餘十三日，小餘八百一十八分；大餘二十四日，小餘二十四分。
元康元年尚章大荒落，即癸巳年。
45 本年閏年十三個月。大餘八日，小餘二百二十六分；大餘三十日，小餘為零。
元康二年焉逢敦牂，即甲午年。
46 本年十二個月。大餘三十二日，小餘一百三十三分；大餘三十五日，小餘八分。
元康三年端蒙協洽，即乙未年。
47 本年十二個月。大餘二十六日，小餘四百八十一分；大餘四十日，小餘十六分。

元康四年游兆涒灘，即丙申年。

48 本年閏年十三個月。大餘二十日，小餘八百二十九分；大餘四十五日，小餘二十四分。

神雀元年彊梧作噩，即丁酉年。

49 本年十二個月。大餘四十四日，小餘七百三十六分；大餘五十一日，小餘為零。

神雀二年徒維淹茂，即戊戌年。

50 本年十二個月。大餘三十九日，小餘一百四十四分；大餘五十六日，小餘八分。

神雀三年祝犂大淵獻，即己亥年。

51 本年閏年十三個月。大餘三十三日，小餘四百九十二分；大餘一日，小餘十六分。

神雀四年商橫困敦，即庚子年。

52 本年十二個月。大餘五十七日，小餘三百九十九分；大餘六日，小餘二十四分。

五鳳元年昭陽赤奮若，即辛丑年。

53 本年閏年十三個月。大餘五十一日，小餘七百四十七分；大餘十二日，小餘為零。

五鳳二年橫艾攝提格，即壬寅年。

54 本年十二個月。大餘十五日，小餘六百五十四分；大餘十七日，小餘八分。

五鳳三年尚章單閼，即癸卯年。

55 本年十二個月。大餘十日，小餘六十二分；大餘二十二日，小餘十六分。

五鳳四年焉逢執徐，即甲辰年。

56 本年閏年十三個月。大餘四日，小餘四百一十分；大餘二十七日，小餘二十四分。

甘露元年端蒙大荒落，即乙巳年。

57 本年十二個月。大餘二十八日，小餘三百一十七分；大餘三十三日，小餘為零。

甘露二年游兆敦牂，即丙午年。

58 本年十二個月。大餘二十二日，小餘六百六十五分；大餘三十八日，小餘八分。

甘露三年彊梧協洽，即丁未年。

59 本年閏年十三個月。大餘十七日，小餘七十三分；大餘四十三日，小餘十六分。

甘露四年徒維涒灘，即戊申年。

60 本年十二個月。大餘四十日，小餘九百二十分；大餘四十八日，小餘二十四分。

黃龍元年祝犂作噩，即己酉年。

61 本年閏年十三個月。大餘三十五日，小餘三百二十八分；大餘五十四日，小餘為零。

初元元年商橫淹茂，即庚戌年。

62 第四章　第一年冬至時夜半太陽在正東方位，冬至時刻卯時。

63 本年十二個月。大餘五十九日，小餘二百三十五分；大餘五十九日，小餘八分。

初元二年昭陽大淵獻，即辛亥年。

64 本年十二個月。大餘五十三日，小餘五百八十三分；大餘四日，小餘十六分。

初元三年橫艾困敦，即壬子年。

65 本年閏年十三個月。大餘四十七日，小餘九百三十一分；大餘九日，小餘二十四分。

初元四年尚章赤奮若，即癸丑年。

66 本年十二個月。大餘十一日，小餘八百三十八分；大餘十五日，小餘為零。

初元五年焉逢攝提格，即甲寅年。

67 本年十二個月。大餘六日，小餘二百四十六分；大餘二十日，小餘八分。

永光元年端蒙單閼，即乙卯年。

68 本年閏年十三個月。大餘為零，小餘五百九十四分；大餘二十五日，小餘十六分。

永光二年游兆執徐，即丙辰年。

69 本年十二個月。大餘二十四日，小餘五百零一分；大餘三十日，小餘二十四分。

永光三年彊梧大荒落，即丁巳年。

70 本年十二個月。大餘十八日，小餘八百四十九分；大餘三十六日，小餘為零。

永光四年徒維敦牂，即戊午年。

71 本年閏年十三個月。大餘十三日，小餘二百五十七分；大餘四十一日，小餘八分。

永光五年祝犂協洽，即己未年。

72 本年十二個月。大餘三十七日，小餘一百六十四分；大餘四十六日，小餘十六分。

建昭元年商橫涒灘，即庚申年。

73 本年閏年十三個月。大餘三十一日，小餘五百一十二分；大餘五十一日，小餘二十四分。

建昭二年昭陽作噩，即辛酉年。

74 本年十二個月。大餘五十五日，小餘四百一十九分；大餘五十七日，小餘為零。

建昭三年橫艾閹茂，即壬戌年。

75 本年十二個月。大餘四十九日，小餘七百六十七分；大餘二日，小餘八分。

建昭四年尚章大淵獻，即癸亥年。

76 本年閏年十三個月。大餘四十四日，小餘一百七十五分；大餘七日，小餘十六分。

建昭五年焉逢困敦，即甲子年。

77 本年十二個月。大餘八日，小餘八十二分；大餘十二日，小餘二十四分。

竟寧元年端蒙赤奮若，即乙丑年。

78 本年十二個月。大餘二日，小餘四百三十分；大餘十八日，小餘為零。

建始元年游兆攝提格，即丙寅年。

79 本年閏年十三個月。大餘五十六日，小餘七百七十八分；大餘二十三日，小餘八分。

建始二年彊梧單閼，即丁卯年。

80 本年十二個月。大餘二十日，小餘六百八十五分；大餘二十八日，小餘十六分。

建始三年徒維執徐，即戊辰年。

81 本年閏年十三個月。大餘十五日，小餘九十三分；大餘三十三日，小餘二十四分。

建始四年祝犂大荒落，即己巳年。

82 以上曆書中的專用名詞解釋如下：每年第一個大餘，是正月合朔干支序數去掉六十整數倍後餘下的整日數，小餘是剩餘的日的分數的分子，其分母為九百四十；第二個大餘是正月冬至日干支序數去掉曆年中六十整數倍後餘下的整日數，小餘是剩餘的日的分數的分子，其分母為三十二。端蒙是年名。年名中地支丑叫赤奮若，寅叫攝提格，天干丙叫游兆。正北指冬至的時候夜半太陽的方位在正北，時刻在子時；正西表示冬至之時夜半太陽方位在正西，時刻在酉時；正南表示冬至之時夜半太陽方位在正南，時刻在午時；正東表示冬至之時夜半太陽方位在正東，時刻在卯時。

【研析】曆法是我國古代天文學的一個重要部分。它一方面是為農業服務，正如李約瑟在他的長篇巨著《中國科學技術史》中寫道：「對於農業經濟來說，作為曆法準則的天文學知識具有首要的意義，誰能把曆法授予人民，他便有可能成為人民的領袖。這一點對於在很大程度上依靠人工灌溉的農業經濟來說，尤為千真萬確。」曆法的另一個方面也是為占星術服務，通過占星以通天意，由此來預測一個王朝的興衰和國家所要發生的重大事件。這從我國曆法絕大多數內容是對交蝕和五大行星運動的推算（這與農業完全無關的內容），以及頒布曆法的權力被國家所壟斷可以得到某些印證。

先秦時期施用的古六曆、顓頊曆等等，隨著社會的變遷已經湮滅了，其內容只能在先秦的古籍中去尋找隻言片語。這時期的曆法尚未形成理論體系，有些甚至與物候曆相摻雜。我國第一部完整而具有一定理論的專業曆法就是《史記・曆書》。它對曆法發生、發展的過程作了概括的描述，也論述了曆法對社會的重大意義，結束了曆書上正月安排不同的曆法和制曆原則，指出了夏正、殷正、周正之間的關係。對漢武帝改曆的背景，《曆書》作了較詳細的說明。雖然其主要內容《曆術甲子篇》只是給出了每年年首日和冬至日，但是根據這些數據，可以推導出閏月、大小月，二十四節氣等完整曆譜。由《曆術甲子篇》的結構可見，該曆的年首接近冬至。「建子」、置閏規則（輔助基本條件）規定十九年閏週中頭兩年為平年，就是保證了冬至總是在一月（如果第一年是閏年，那麼當年有兩個冬至，另一年就沒有冬至）。由於《曆術甲子篇》使用的基本條件很簡單，因而其規律性很強。每七十六年一個週期，閏月，大小月，二十四節氣完全相同（只是年名，日干支不同），十分方便使用。

卷二十七

天官書第五

【題解】〈天官書〉是我國古代天文學著名文獻，也是一篇星占學著作、史學著作、哲學著作，可以看作是兩千多年前的一篇天文學綜合文獻，包含有豐富的天文學內容。它建立了一個完整的司馬氏的星官體系；它對恆星的顏色與亮度變化都有記載，確定了觀測星體顏色的標準；它對五大行星的運動作了詳細的描述；它以較大的篇幅介紹了漢代的占星學，在客觀記錄整理的同時，又加入了自己一針見血的評論。

1 中宮天極星❶，其一明者❷，太一常居也❸。旁三星三公❹，或曰子屬。後句四星，末大星正妃❺，餘三星後宮之屬也。環之匡衛十二星❻，藩臣。皆曰紫宮❼。

2 前列直斗口三星，隨北端兌，若見若不，曰陰德，或曰天一❽。紫宮左三星曰天槍❾，右五星曰天棓❿，後六星絕漢抵營室⓫，曰閣道⓬。

3 北斗七星，所謂「旋、璣、玉衡，以齊七政」⓭。杓攜龍角⓮，衡殷南斗⓯，魁枕參首⓰。用昏建⓱者杓；杓，自華以西南⓲。夜半建⓳者衡；衡，殷中州河、濟之間⓴。平旦建㉑者魁；魁，海、岱㉒以東北也。斗為帝車，運于中央，臨制四鄉。分陰陽，建四時，均五行，移節度，定諸紀，皆繫於斗[23]。

4 斗魁戴匡六星，曰文昌宮[24]：一曰上將，二曰次將，三曰貴相，四曰司命，五曰司中，六曰司祿[25]。在斗魁中，貴人之牢[26]。魁下六星，兩兩相比者，名曰三能[27]。三能色齊[28]，君臣和；不齊，為乖戾。輔星明近，輔臣親彊[29]；斥小，疏弱。

5 杓端有兩星：一內為矛，招搖[30]；一外為盾，天鋒[31]。有句圜十五星[32]，屬杓，曰賤人之牢。其牢中星實則囚多，虛則開出[33]。

6 天一、槍、棓、矛、盾動搖，角[34]大，兵起。

7 東宮蒼龍，房、心[35]。心為明堂[36]，大星天王[37]，前後星子屬。不欲直[38]，直則天王失計。房為府，曰天駟[39]。其陰，右驂[40]。旁有兩星曰衿[41]；北一星曰舝[42]。東北曲十二星曰旗[43]。旗中四星曰天市[44]；中六星曰市樓[45]。市中星眾者實，其虛則秏。房南眾星曰騎官[46]。

8 左角，李；右角，將[47]。大角[48]者，天王帝廷。其兩旁各有三星，鼎足句之，曰攝提[49]。攝提者，直斗杓所指，以建時節，故曰「攝提格」[50]。亢為疏廟[51]，主疾。其南北兩大星，曰南門[52]。氐為天根[53]，主疫。

9 尾為九子[54]，曰君臣；斥絕，不和。箕為敖客[55]，曰口舌。

10 火犯守角[56]，則有戰。房、心，王者惡之也。

11 南宮朱鳥，權、衡[57]。衡，太微，三光之廷[58]。匡衛十二星[59]，藩臣：西，將；東，相；南四星，執法[60]；中，端門[61]；門左右，掖門[62]。門內六星，諸侯[63]。其內五星，五帝坐[64]。後聚一十五星，蔚然，曰郎位[65]；傍一大星，將位也[66]。月、五星順入，軌道[67]，司其出，所守，天子所誅也[68]。其逆入，若不軌道，以所犯命之；中坐，成形，皆羣下從謀也。金、火尤甚。廷藩西有隋星五，曰少微，士大夫[69]。權，軒轅。軒轅，黃龍體。前大星[70]，女主象；旁小星，御者後宮屬[71]。月、五星守犯者，如衡占。

12 東井[72]為水事。其西曲星曰鉞[73]。鉞北，北河[74]；南，南河[75]。兩河、天闕間為關梁[76]。輿鬼[77]，鬼祠事；中白者為質[78]。火守南北河，兵起，穀不登。故德成衡，觀成潢[79]，傷成鉞[80]，禍成井[81]，誅成質[82]。

13 柳為鳥注[83]，主木草。七星，頸，為員官[84]，主急事。張，素，為廚[85]，主觴客。翼為羽翮[86]，主遠客。

14 軫[87]為車，主風。其旁有一小星，曰長沙星[88]，星不欲明；明與四星等，若五星入軫中，兵大起。軫南眾星曰天庫樓(89)，庫有五車(90)。車星角若益眾，及不具，無處車馬。

15 西宮咸池，曰天五潢。五潢，五帝車舍(91)。火入，旱；金，兵；水，水。中有三柱；柱不具，兵起(92)。

16 奎曰封豕(93)，為溝瀆。婁為聚眾(94)。胃(95)為天倉。其南眾星曰廥積(96)。

17 昴曰髦頭(97)，胡星也，為白衣會。畢(98)曰罕車，為邊兵，主弋獵。其大星旁小星為附耳(99)。附耳搖動，有讒亂臣在側。昴、畢間為天街(100)。其陰，陰國；陽，陽國(101)。

18 參為白虎(102)。三星直者，是為衡石(103)。下有三星，兌，曰罰(104)，為斬艾事。其外四星，左右肩股也。小三星隅置，曰觜觿(105)，為虎首，主葆旅(106)事。其南有四星，曰天廁(107)。廁下一星，曰天矢(108)。矢黃則吉；青、白、黑，凶。其西有句曲九星，三處羅：一曰天旗(109)，二曰天苑(110)，三曰九游(111)。其東有大星曰狼(112)。狼角(113)變色，多盜賊。下有四星曰弧(114)，直狼。狼比地有大星，曰南極老人(115)。老人見，治安；不見，兵起。常以秋分時候之于南郊。

19 附耳入畢中，兵起。

20 北宮玄武，虛、危[116]。危為蓋屋[117]；虛[118]為哭泣之事。

21 其南有眾星，曰羽林天軍[119]。軍西為壘[120]，或曰鉞。旁有一大星為北落。北落若微亡，軍星動角益希，及五星犯北落[121]，入軍[122]，軍起。火、金、水尤甚。火，軍憂；水，水患[123]；木、土，軍吉。危東六星，兩兩相比，曰司空[124]。

22 營室為清廟，曰離宮[125]、閣道。漢中四星，曰天駟[126]。旁一星，曰王良[127]。王良策[128]馬，車騎滿野。旁有八星，絕漢，曰天潢[129]。天潢旁，江星。江星動，人涉水[130]。

23 杵、臼四星，在危南[131]。匏瓜[132]，有青黑星守之，魚鹽貴。

24 南斗[133]為廟，其北建星[134]。建星者，旗也。牽牛[135]為犧牲。其北河鼓[136]。河鼓大星，上將；左右，左右將[137]。婺女[138]，其北織女[139]。織女，天女孫也。

【章旨】以上為第一段，描述全天星官。

【注釋】❶中宮天極星　中宮，古代星區名。中國先秦曾將星空劃分為五個區域：中宮黃龍，東宮蒼龍，南宮朱鳥，西宮白虎，北宮玄武。黃龍介於朱雀與白虎之間的黃道上，即軒轅座、五帝座一帶。黃道五方星又與五方神對應。後來黃道五方星才演變為四方星，並把靠近北極附近的天區改為中宮，又稱紫宮。天極星，星官名，即北極星官，今屬小熊座。由五顆星組成。❷其一明者　其中最亮的那一顆。❸太一常居也　意為太一常居正北不動。太一，星官名，古人將位於北天極鄰近，聯成如一串明珠之五顆星中最亮的一顆稱為帝星的星，認為是太一。由於它處於全天星座中的特殊地位，古人都把它比喻為八卦中的太極，或曰太一，今指小熊星座的β星。陳遵嬀先生認為，司馬遷時代，以帝星為極星。極星是指離北天極最近的星，於是觀測者看到的全天恆星似乎都在以一晝夜一周的速度繞太一（極星）旋轉。由於極星並不與北天極完全重合，實際上極星也繞北天極旋轉，並且由於歲差的影響，天極在星空中的位置在不斷變化，導致極星也在不斷變換。❹旁三星三公　據陳遵嬀先生考，「旁三星三公」是太一「即帝星」旁邊的太子、庶子、后，絕不是紫微垣中或太微垣中的三公。這三顆星都屬小熊座。❺後句四星二句　（天極星）後邊彎曲排列四顆星的末端，代表正妃。陳遵嬀先生認為「後句四星」指勾陳四明星，從帝星算起，最近帝星的是勾陳四，次為勾陳三，再次為勾陳二，最後為最亮的勾陳一，太史公稱它為正妃。勾陳，星官名。❻匡衛十二星　當指西藩的右樞、少尉、上輔、少輔、上衛、少衛、上丞、和東藩的左樞、上宰、少宰、上弼、少弼、少衛十二顆星。今屬天龍座、大熊座和鹿豹座。❼紫宮　即中宮。❽前列直斗口三星五句　擋在紫宮門口內三星，排列成向北比較尖銳的形狀。直，通「值」。正當。兌，通「銳」。陳久金認為後世的天一星，介於太一和右樞之間。它不可能位於斗口前。又陰德二星較暗，其附近還有一些小星，司馬遷把陰德星說成三顆星，也是可能的。《考證》王元啟曰：「按《晉書・天文志》門內東南維五星曰尚書，尚書西二星曰陰德，陽德。今圖但云陰德，又止二星在宮垣內，不與斗口相直。下云或曰天一，天一在垣外，與斗近，然止一星，疑史公謂之斗口指宮垣南口，非謂斗魁之口也。」陰德二星，今屬天龍座。不，同「否」。❾天槍　星官名，今屬牧夫座。❿天棓　星官名，今屬天龍座和武仙座。棓，通「棒」。天棓與天槍均為守衛宮門的兩件兵器。⓫絕漢抵營室　漢，指銀河。營室，星官名，原包括室宿和壁宿，後專指室宿，二十八宿之一，今屬飛馬座。⓬閣道　星官名，今屬仙后座。據陳遵嬀先生考，當帝星過子午圈（過南點、北點和天頂的大圓）時居北極之上，則天槍三星在左，天棓五星在帝星之右，若以天一為紫宮之前，則閣道六星適在其後，閣道北二星在天漢之北，正向紫宮，南二星在天漢之南，斜指室宿。⓭所謂旋璣玉衡二句　古天文術語。出自《尚書》，意為用觀測北斗星的第二星名旋，第三星名璣，第五星名玉衡來考正日月五星和歲時季節。《索隱》案：「《春秋運斗樞》云『斗，第一天樞，第二旋，第三璣，第四權，第五衡，第六開陽，第七搖光。第一至第四為魁，第五至第七為杓，合而為斗。』」馬融把旋璣比喻為渾儀中可以轉動的圓環，玉衡比喻為望筒。旋、璣、玉衡，星名，今均屬大熊座。⓮杓攜龍角　斗杓沿長線連著東方蒼龍龍角的大角星。⓯衡殷南斗　玉衡和前後兩星的連線連著南斗。南斗，星官名，就是斗宿，二十八宿之一，今屬人馬座。衡星與斗宿中的二星正好在一條直線上，故曰：「衡殷南斗」。⓰魁枕參首　斗魁四星順著杓的方向向北延伸是參宿的頭。參，星官名，二十八宿之一，今屬獵戶座。魁四星位於參宿的兩肩上，參宿的左右肩分別與魁四星中的左右兩星兩兩相連，成兩條平行的直線，故曰：「魁枕參首」。⓱昏建　古天文術語，黃昏太陽落入地平約六至八度時，觀察北斗斗杓所指十二辰方位名作為該月月名的月建方法叫昏建。約在戰國時期，地面方位分為北子南午東卯西酉，每個象限內還有每隔三十度的兩個地支，如東北方向有丑和寅，西北方向有戌和亥。夏正十一月黃昏，斗柄指子，十二月指丑，正月指寅，以此類推。有時也把這種用方位地支表示月分的方法叫月建。⑱杓二句　斗杓指向華山及其西南地區。華，華山，在今陝西華陰南。在古代人們為了星占，需要把地上不同的區域同天上不同的分區相對應，叫做分野。分野有不同的標準，可用二十八宿，十二次，也可用北斗七星進行地理分野。因此，斗杓、斗魁、斗衡，都指向一定的地理區域。⑲夜半建　古天文術語。指子夜時觀測北斗斗杓所指十二辰方位名為該月月名的月建的方法。參看「昏建」。⑳衡二句　斗衡代表中州黃河，濟水之間的區域。中州，古地區名，相當於今河南省一帶，因地處古九州之中而得名。河，古代對黃河的專稱。濟，濟水，發源於河南濟源王屋山。㉑平旦建　古天文術語，指黎明時觀測北斗斗魁所指十二辰方位為該月月名的月建方法。參看「昏建」。㉒海岱　指東海和泰山之間地區，就是古代的青州，現在山東省一帶。岱指泰山。㉓分陰陽六句　陳久金認為，太陽一歲在黃道上運行一周，每月移動一辰，故黃昏時看北斗斗柄的指向，每月移十二方位中的一個方位，正月指寅，二月指卯，三月指辰等等。斗建與月序相差一辰則設置閏月，故說「建四時，移節度，定諸紀，皆繫於斗」。四時指一年各節氣；「節度」指節氣和太陽的行度，太陽日行一度，節氣和行度是相關聯的；「諸紀」即曆法中的紀年、紀月、紀日等週期。天文學上的陰陽五行與哲學上的陰陽五行的概念是不同的，它不是抽象的概念，而是指季節的變化。自冬至到夏至，為陽氣上升，為陽；自夏至到冬至，為陰氣上升，為陰，故天文上將一歲分為陰陽兩個部分。五行在天文上即為五季，每季七十二天。四時五季各為不同的分法。所以有「分陰陽，均五行，皆繫於斗」的說法。㉔斗魁戴匡六星二句　文昌宮，星官名，今屬大熊座。陳久金認為舊釋「戴匡」純屬附會，今據《爾雅・釋地》，戴作「值」解；匡作「輔助」解。全句釋為「與斗魁相值、匡扶天帝的六星曰文昌宮」，似更貼切自然。㉕一曰上將六句　皆古星名，從司命以下的名稱和順序，從《漢書・天文志》以後的各代史書的說法跟這裡有出入。㉖在斗魁中二句　在斗魁內無亮星，因幾乎看不見星，像是貴人的牢房。斗魁中的四顆星，叫天理，屬大熊座。㉗魁下六星三句　斗魁下方有六顆星兩兩臨近，名叫三能。據陳遵媯先生考，魁下六星是三台，即原文三能，上台起文昌，中台對軒轅，下台抵太微，三台各二星相距不及半度。故稱兩兩相比。三能，星官名，今屬大熊座。㉘色齊　顏色相近。三能六星，顏色、亮度基本上差不多，但它們相對的地平高度相差比較大，由於大氣消光對地平高度低的恆星的顏色影響比較大，對地平高度高的影響比較小，因此這六顆星表現為色不齊，但六星隨周日運動到天頂附近時，大氣消光對它們的顏色影響比較小，故表現為色齊的現象。㉙輔星明近二句　北斗第六星開陽和它旁邊的輔星相鄰，如果輔星明亮並靠近開陽，是輔臣能力強並且盡職的吉兆。輔星，星名，指大熊座的八十一星。恆星之間的相對位置是在短時間內基本上不變的，但由於恆星在做周日運動中所處地平高度不同，由於人的視覺效應，看起來兩顆恆星的相對距離就有遠近的感覺。㉚招搖　指牧夫座的γ星。㉛天鋒　星名，一說即元戈，今屬牧夫座，據陳遵嬀先生考，招搖南十度為天鋒，即梗河星。㉜句圜十五星　《考證》王元啟曰：「按句七星曰七公。圜八星曰貫索。」七公今在武仙座和牧夫座，貫索星在今北冕座。㉝其牢中星實則囚多二句　據當代科學家研究，「賤人之牢」主要包括北冕座的半圓形部分，其中有兩顆變星R.S.變幅分別為五・八—一四・八等及六・〇—一四・〇等，它們最大亮度在人眼可見範圍之內，而最小亮度又在人眼不可見範圍之內，故當R.S.可見時，牢中星實，反之可稱為虛。㉞角　芒角。恆星在天空背景上只是一個點，但是由於大氣抖動造成星象閃爍，看起來恆星似乎就有了芒角。㉟東宮蒼龍二句　東宮的主體形象似一條蒼龍，主要星官是房宿和心宿。東宮，古星區名，包含角、亢、氐、房、心、尾、箕七宿。房，房宿，又名天駟，二十八宿之一，今屬天蠍座。心，心宿，又名商星，二十八宿之一，因相當於東方蒼龍心臟而得名，今屬天蠍座。㊱明堂　古代天子宣明政教的地方，凡朝會、祭祀、慶賞、選士、養老、教學等大典均在此舉行。㊲天王　指心宿二，又名「大火」，是觀象授時的主要星辰，今指天蠍座α星。㊳前後星二句　指心宿一和心宿三，屬於天蠍座。據陳遵嬀先生認為前星在中央大星西南，後星在其東北，它們不在一條直線上，稍彎曲，故稱不欲直。㊴天駟　即指房宿。《索隱》引《爾雅》云：「天駟，房。」又引《詩紀曆樞》云：「房為天馬，主車駕。」㊵右驂　星名，指天龍座α星。㊶衿　指鉤衿一和鉤衿二，分別對應今天蠍座Ë ω1、ω2。衿，通「鈐」。㊷牽　即牽星，後稱鍵閉，今指天蠍座γ星。㊸東北曲十二星曰旗　據《晉書・天文志》應為：「東北曲二十二星曰旗。」它們指西邊的河中、河間、晉、鄭、周、秦、蜀、巴、梁、楚、韓。今屬武仙座、巨蛇座、蛇夫座。東邊的魏、趙、九河、中山、齊、吳越、徐、東海、燕、南海、宋。它們今屬武仙座、巨蛇座、蛇夫座、天鷹座。㊹天市　據陳遵嬀先生考證，指天市垣的宗正一、斛二、帝座、侯。但據薄樹人先生考，司馬遷所說的天市四星，今證為蛇夫座α、κ、γ三星及巨蛇座η星，這四星範圍內有蛇夫座μ及R.S.兩星變星，變幅分別為五・八—六・五等及五・三—一二・三等，介於肉眼可見與不可見的範圍，故有虛實之稱。㊺市樓　星官名，今屬蛇夫座和巨蛇座。㊻騎官　星官名，在今豺狼座和半人馬座。㊼左角四句　角宿左邊是李星，右邊是將星。由於角宿橫跨黃道南北，按日自西向東運行，故有左右之分。㊽大角　星名，今指牧夫座的α星。㊾攝提　古星官名。左攝提與右攝提之合稱。在今牧夫座。攝提可與斗杓一起，根據斗杓的指向以建十二時節。㊿攝提格　古代紀年名稱。古人認為歲星十二年一周天，將黃赤道附近天域均勻劃分為十二部分，稱做十二星次，歲星每年走一次。古代就根據歲星所在位置來紀年，如歲在鶉火，歲在星紀。攝提格為十二次第三位，與十二地支的「寅」相當。(51)亢為疏廟　亢宿外形像廟宇。亢，亢宿，二十八宿之一，今屬室女座。疏廟，外廟。(52)南門　星官名，指南門一和南門二，今屬半人馬座。(53)氐為天根　氐宿比亢宿更接近地平，就像天的根柢。氐，氐宿，二十八宿之一，今屬天秤座。(54)尾為九子　指尾宿九星，也為古代星占用語。尾，尾宿，二十八宿之一，今屬天蠍座。(55)箕為敖客　箕宿是說客，它是口舌是非的表象。箕，星官名，二十八宿之一，今屬人馬座。敖客，撥弄是非的人。(56)火犯守角　火星運行接近或停留在角宿。火，指熒惑。角，指角宿。「淩、犯、守」均是星占用語，表示兩天體接近的程度。(57)南宮朱鳥二句　南宮的主體形象是一隻紅色的鳳凰，主要星官是權、衡。南宮，古代星區名，包含有井、鬼、柳、星、張、翼、軫七宿。朱鳥，又名朱雀或鶉。權，即軒轅，星官名，今屬獅子座和天貓座。衡，據陳遵嬀先生考，衡是並列與權東的大星座，叫做太微，是天帝的南宮，乃三光入朝之庭，在今后髮座、獅子座、室女座。(58)三光之廷　三光，古代天文術語，日、月、行星的總稱。黃道經過太微垣的南部，為三光必經之路，故曰「三光之廷」。(59)匡衛十二星　亦即東將、西相、執法。分別指太微西垣的西上將、西次將、西上相、西次相四星，和太微東垣的東上相、東次相、東上將、東次將四星，它們均屬獅子座。加上左右執法四顆星，共是十二星。(60)執法　是左執法和右執法的總稱。今屬室女座和獅子座。在今星圖上，左右執法各為一顆星。(61)端門　古天文術語。「端門」本是皇宮南面之正門，古人把天穹的紫宮和太微也比作天帝的宮殿，而把紫宮的左樞，右樞兩星，太微的左執法，右執法兩星都視作端門。(62)掖門　陳遵嬀先生認為掖門當指《晉書．天文志》所謂左執法之東的左掖門和右執法之西的右掖門。(63)諸侯　又名五諸侯，今屬后髮座。據陳遵嬀先生考證，五諸侯指太微西北垣內的五顆星。(64)五帝坐　古星官名，今屬獅子座。(65)郎位　古星官名，今屬后髮座，據考證郎位所在處是一個疏散星團。(66)傍一大星二句　一般認為在我國古代天文史中，一直未對恆星的亮度做定量的描述，但據薄樹人先生研究，在《天官書》中大星之謂是一種對恆星亮度的定性式反映。大星的平均亮度約為〇．五一—〇．六九等，但據陳遵嬀先生考證，這顆將星不過是一顆五等星而已。(67)月五星順入二句　月亮和五星自西向東運行，循順行軌道由西進入太微垣。行星的視運動是地球和行星公轉運動的合成，行星視運動在恆星背景上由西向東，表現為順行。若運動方向是自東向西沿赤經減小的方向運行，則表現為逆行。行星與地球公轉運動合成的方向為觀測者的視線方向，若行星由於這一原因在天球上的視位置停留不動，這種表觀現象稱為留。由於順行時間長，逆行的時間短，留的時間更短，古人把後兩種現象作為變異，是災禍的預兆。(68)司其出三句　《史記札記》稱「司其出，謂自太微庭過五帝坐而東也。守者，留而不去也；犯者，獵其旁也」。(69)廷藩西有隋星五三句　太微廷外靠西邊有從上垂下的五顆星，它們是少微和士大夫。但亦有人認為太微西有少微四星，南北排列，第一星為處士，第二星為議士，第三星為博士，第六星為士大夫。南北為隋，是隨下的意思。今本《史記》作「隋星五」應如《漢書・天文志》作「隋星四」。少微，星官名，今屬獅子座和小獅座。(70)前大星　據陳遵嬀先生考證，此星指軒轅十四，它應在五帝坐之旁。(71)旁小星二句　指軒轅十四以北眾星，因其小，故稱後宮之屬。(72)東井　即井宿，今屬雙子座。(73)鉞　星官名，今屬雙子座。(74)北河　星官名，今屬雙子座。(75)南河　星官名，今屬小犬座。(76)兩河天闕間為關梁　兩河、天闕間為日月五星的通道。天闕，星官名，又名闕丘，占星家把它認為是天府之宮，故名之，今屬麒麟座。關，關塞。梁，津梁，指水陸的交通要道，比喻為日月五星之交通要道。(77)輿鬼　即鬼宿，又名輿鬼，二十八宿之一，在今巨蟹座。(78)質　一名天質，即《觀象玩占》所謂積屍氣，也即鬼星團M34，在今巨蟹座。(79)德成衡二句　《集解》引晉灼曰：「日月五星不軌道也。衡，太微廷也，觀占也。潢，五帝車舍也。」(80)傷成鉞　《集解》引晉灼曰：「賊傷之占先成形與鉞」。(81)禍成井　《集解》引晉灼曰：「東井主水事，火入一星居其旁，天子且以火敗，故曰禍也。」(82)誅成質　《集解》引晉灼曰：「熒惑入輿鬼天質，占曰：大臣有誅」。(83)柳為鳥注　柳為朱鳥的嘴。柳，即柳宿，二十八宿之一，屬長蛇座。注，通「咮」。鳥口。(84)七星三句　星宿七星在朱鳥的頸部，是朱鳥的喉嚨。員官，喉嚨。星，星宿，二十八宿之一，今屬長蛇座。(85)張三句　張宿是朱鳥的嗉囊，為天廚。張，張宿，二十八宿之一，在今長蛇座。素，通「嗉」。(86)羽翮　指鳥的翅膀。翮，羽莖。(87)軫　軫宿，二十八宿之一，在今烏鴉座。(88)長沙星　星名，屬軫宿，在今烏鴉座。(89)天庫樓　星官名，又名庫樓，今屬半人馬座。(90)庫有五車　據陳遵嬀先生考證，五車指天市內外的五柱。《晉書・天文志》：「庫樓十星，其六大星為庫，南四星為樓，一曰天庫，兵車之府也，旁十五星，三三而聚者柱也。」(91)西宮咸池四句　西宮的主要星官是咸池，又叫天五潢。西宮，星區名，它包括奎、婁、胃、昴、畢、觜、參七宿。咸池，古星官名，今屬御夫座。陳久金認為此句句讀應為「西宮。咸池，曰天五潢。五潢，五帝車舍」。前人常常將西宮咸池與東宮蒼龍、南宮朱雀、北宮玄武並稱。這實在是誤解，在西宮後當缺漏「白虎」二字。〈天官書〉說：「咸池，曰天五潢。五潢，五帝車舍」。咸池僅為與權、衡、房、心等同列的星官，並不能與蒼龍、朱雀、玄武同列為四宮。另外，四神都是動物，〈天官書〉是不可能用車舍來代替白虎的。(92)中有三柱三句　五潢中有三柱，柱星看不清楚，可能有戰事發生。三柱，星官名，今屬御夫座。陳遵嬀先生認為，五車中有三柱九星，分布三處而不整齊，故稱柱不具。薄樹人先生認為三柱是九顆星，其中西北一柱為御夫座ζ、ε、η三顆星，ε和ζ均為變星，ε的變幅為五・○－五・六等，在它亮度極小而天氣條件又較差的情況下就有可能看不見，這時就可以說是「柱不具」。(93)封豕　奎宿的別稱，又叫天豕，二十八宿之一，今屬仙女座和雙魚座。封豕，大豬。(94)婁為聚眾　《正義》云：「婁三星為苑，牧養犧牲以供祭祀，亦曰聚眾。」婁，婁宿，今屬白羊座。(95)胃　胃宿，二十八宿之一，今屬白羊座。(96)廥積　古星名，又名「芻廥」，今屬鯨魚座。(97)髦頭　昴宿的別稱。昴，二十八宿之一，即著名的昴星團，肉眼可看到七顆星，因而又叫七姐妹星團，在今金牛座。(98)畢　畢宿，二十八宿之一，今屬金牛座。(99)其大星旁小星為附耳　大星為天高星，其旁小星為附耳，今屬金牛座。(100)天街　星官名，今屬金牛座。昴在黃道北，畢在黃道南，其間正是日月五星的通道，故稱天街。(101)其陰四句　《正義》云：「天街二星，在畢昴間，主國界也。街南為華夏之國，街北為夷狄之國。」在天街兩星中，北星為「陰國」，南星為「陽國」。(102)參為白虎　參星是西宮白虎的主體，參四星為左右肩，可見參宿為虎身。觜是虎頭，罰為虎尾，其口為畢宿，虎鬚為昴宿。錢大昕《三史拾遺》以為虎在參，不當西方正位，只有咸池為正位，所以咸池與蒼龍、玄武、朱雀並稱，為西宮之名稱，此論失當。實際自昴宿、畢宿至參罰，均屬虎的一部分。(103)衡石　參宿中部橫列三星的名稱。今屬獵戶座。衡石可能是古代稱量重量的一種器具。(104)罰　古星官名，在今獵戶座。(105)觜觽　古星官名，簡稱觜，二十八宿之一，今屬獵戶座。(106)葆旅　或謂守軍，或謂野菜。由於虎為兇猛的象徵，主戰殺，虎頭更不能與此相應，不能想像虎頭去找野菜吃，當解釋為守軍，主戰殺事。(107)天廁　古星官名，今屬天兔座。(108)天矢　古星名，亦名天屎，今屬天鴿座。天矢一星是一顆變星，亮度隨時間變化，黃、青、白、黑不是說明顏色變化，而是反映這顆星在亮度上的視覺效應。(109)天旗　古星官名，參宿西北參旗九星稱為「天旗」，今在獵戶座。(110)天苑　古星官名，屬波江座。天苑星當為十六星。(111)九游　古星官名，屬波江座和天兔座。(112)狼　即天狼星，亦稱「犬星」，是全天最亮的一顆星，今指大犬座的α星。(113)狼角　天狼星其色青白，光強眩目，似有芒角。(114)弧　弧矢之簡稱，又名「天弧」「狼弧」，今屬大犬座。(115)南極老人　星名，今指船底座α星，是全天著名的亮星。但由於老人星近南極，在北緯三十六度觀看，僅在地平一度多，又由於近地平，受大氣折射的影響，故不多見。只有在秋分前後，其位於正南方時，才能偶見。(116)北宮玄武二句　北宮的整體形象是一個龜蛇。主要星官是虛宿和危宿。北宮，古代星區名，包括斗、牛、女、虛、危、室、壁。玄武，相傳是一種靈龜。「玄」黑色，又訓北方，又訓幽遠。北方在五行中屬水，故北宮星象多與水生動物有關，如南斗又稱玄龜之首，斗、箕二宿南有天鱉、天龜二星，壁宿又稱天池。又根據幽玄之意，派生出虛、玄宮（室宿）等星。(117)危為蓋屋　《索隱》引宋均云：「危上一星高，兩旁星隋下，似乎蓋屋也」。《正義》：「蓋屋二星，在危南，主天子所居宮室之官也。」危，危宿，二十八宿之一，今屬寶瓶座和飛馬座。(118)虛　虛宿，二十八宿之一，屬寶瓶座和飛馬座。(119)羽林天軍　星官名，又名「羽林軍」或「天軍」，今屬寶瓶座和南魚座。(120)壘　古星官名，壁壘陣的簡稱，在今雙魚座。(121)北落若微亡三句　古星官名，南魚座的α星。北落近地平時為蒙氣所遮蔽，故有

「北落若微亡」之稱。又由於北落師門是月道所必經，故五星都可犯它。(122)入軍　羽林軍占黃道南一度到北十六度，故五星都能入之。(123)水二句　「水」字原不重複。王念孫《雜志・史記第二》：「『水患』當作『水水患』。言水犯北落入軍，則有水患也。」《漢書・天文志》亦作「水，水患」。今據補。軍星運行到水星的位置，就要發生水災。(124)司空　古星官名。《正義》云：「危東兩兩相比者，是司命等星也。司空唯一星耳，又不在危東，恐『命』字誤為『空』字也」。(125)營室為清廟二句　「營室」室宿二星與壁宿二星，成一大正四方形，古稱為定星。《詩》曰：「定之方中，作于楚宮。」言黃昏時定星位於南中時，正是建築宮室的時候。離宮，星官名，今屬飛馬座。營室為清廟，又稱為離宮，可見〈天官書〉將營室，離宮合為一個星官。後世室宿為二星，壁宿為二星，離宮也獨立為六星，三個星官總星數正為十顆，因此〈天官書〉之營室包括室宿、壁宿、離宮在內。(126)天駟　《索隱》案：「《元命包》曰：『漢中四星曰騎，一曰天駟』」。此處不是指房宿的天駟。(127)王良　古星名，今屬仙后座。自晉以後，天駟與王良合稱為王良五星。(128)策　駕馭，有人認為策應指王良與閣道間的策星。(129)天潢　《索隱》引宋均云：「天潢，天津也。津：湊也，故主計度也。」天津，古星官名。(130)江星動二句　本是古語，言觀察到江星顫動，就要下大雨了，後世由此衍生出人星。江星，古星名。〈天官書〉所述天潢即後世天津，天津有九星，「江星」可能是天津四，在今天鵝座。(131)杵臼四星二句　杵、臼星官有四顆星，危宿實際上在它們的南邊。杵，星官名，當為內杵，屬蠍虎座和飛馬座。臼，星官名，今在天鵝座和飛馬座。(132)匏瓜　星官名，今屬海豚座。(133)南斗　斗宿的別稱，在今人馬座。二十八宿之一，與北斗星相對應。(134)建星　古星官名，在今人馬座。(135)牽牛　為牛宿的別稱，二十八宿之一，在今摩羯座。(136)河鼓　古星官名，又稱「天鼓」，今屬天鷹座。(137)左右二句　分指河鼓星官的河鼓一，河鼓三，分別對應今天鷹座的α、γ星。(138)婺女　古星官名，一作「須女」，即女宿，二十八宿之一，在今寶瓶座。(139)織女　即織女星，今指天琴座α星。

【語譯】中原地區可能看到的整個星空，可以劃分成東、西、南、北、中五大部分並以五宮命名。中宮是以天極星為中心的天區。中宮裡面比較明亮而且好像總是停留在正北不動的那一顆就是天極星，名叫太一星，太一有天帝的意思。旁邊三顆星叫三公，也有稱它們為太子星、庶子星和后星。後面四顆星可連接成彎曲形狀，其中末尾較亮的一顆是正妃，其餘三顆星為後宮嬪妃之屬。環繞中宮的十二顆星將中宮護衛似地圍在裡面，它們以藩臣命名。以上所有這些星就構成中宮，也叫紫宮。

2 擋在紫宮前門口的左樞星和右樞星與在它們北邊的陰德星，組成一個向北尖銳的形狀。處在尖端的陰德星很暗，看上去若隱若現，也有稱它為天一星的。由宮門二星向南，左前方的三顆星叫天槍，右前方的五顆星叫天棓。出紫宮的後門向南有六顆星，再向南越過銀河直指壁宿和室宿，這六顆星就是閣道。

3 北斗七星即《尚書》說的「旋、璣、玉衡互相配合運行，達到相互協調的狀態」。由斗杓向南延伸可見到一顆十分明亮的星，它就是東宮蒼龍的龍角，叫大角星。斗衡即玉衡星和它前後兩星，斗衡向南延伸可見南斗。斗魁四星順著杓的方向向北延伸是參宿的頭。其次在曆法上，用黃昏後斗杓所指十二辰方位的名稱命名該月月名，這種月建方法就叫做昏建。第三，杓上可將天區與地域相對應，昏建時的斗杓指向對應華山及其西南地域。除昏建外還有夜半建，它是夜半時以斗衡所指方位定月名為月建的，斗衡所指為中州黃河、濟水之間的地域；如果在黎明時刻看斗魁所指方位定月名的，則叫平旦建，斗魁所指為東海、泰山及東北部地域。北斗的形狀就像天帝乘坐的車子，運行於靠近中央天極附近。由此可見，北斗可主管四方地域分野，區分陰陽，分辨月建，配合五行均分五個節氣，計量各節氣太陽度數，確定曆法的紀年、紀月和紀日，這許多重大的事情都要依靠北斗。

4 北斗斗魁上方與斗魁相近匡扶天帝的六顆星，叫文昌宮，六顆星的名稱分別是上將、次將、貴相、司命、司中和司祿。在斗魁內幾乎看不見星，像是貴人的牢房。斗魁下方也有六星兩兩並肩叫三能，可以分別叫做上台、中台和下台。三能六星顏色相近，意味著君臣和睦；三能顏色不一致，則君臣關係緊張。北斗的第六星開陽和它旁邊的輔星相鄰，輔星明亮且靠近主星開陽，是輔臣能力強並盡職的吉兆；輔星暗且與主星相斥，意味著輔臣與皇帝疏遠且力量微弱。

5 斗杓尾端有兩顆星，靠近杓的為矛，叫招搖星；遠一點的為盾，叫天鋒星。有圍成一個圓圈的十五顆星，也在杓尾方向，它好像是下層人的牢房。圓圈內看到的星清晰，表示囚犯多；圈內星模糊不清，是囚犯已開脫的兆應。

6 天一、槍、棓、矛、盾這些星如果看上去好似在搖動，芒角顯得很大，是發生戰事的預兆。

7 東宮的整體形象似一條蒼龍，東宮的中央是房宿和心宿。這裡像是天王行政的殿堂，其中最亮的一顆就是天王，它的上下各有一星是王子，三顆星不在一條直線上，三顆星要是直了，意味著天王政令失誤。房宿是天府，叫天駟。它的北邊是右驂星，右驂旁的兩星叫衿星，衿星北邊的一顆星叫舝星。房宿東北彎曲的十二顆星是右旗，旗內四顆星叫天市，靠南居中的六顆星叫市樓。天市中看到的星多則國庫充盈，看到的星少則國庫空虛。房宿南邊眾星組成騎官星座。

8 角宿兩星一左一右，左邊的叫李星，右邊的叫將星。大角星很亮，像是天王的帝廷。它兩旁各有三顆星，都呈鼎足形排列，叫攝提。為什麼叫攝提？因為它們正在斗杓所指的方向上，和斗杓一樣有指示時節的作用。所以斗杓指寅位，年名「攝提格」。亢宿外形像廟的房頂，主管人間疾病。亢宿往南有一南一北兩顆亮星，叫做南門。氐宿比亢宿更靠近地平，所以說它是天根，主管瘟疫之類的傳染病。

9 尾宿九星也是君臣關係的表象：它們之間表現排斥，則君臣不和。箕宿是說客，它是口舌是非的表象。

10 火星運行中接近或停留在角宿，是有戰事的徵兆。它若接近或停留在房宿、心宿，是很不吉利的，這是執政者們厭惡的天象。

11 南宮的整體形象像朱鳥或朱雀，主體星座是權與衡。衡指的就是太微，是日月五星運行中要經過的天區。有十二顆星環繞護衛著太微，它們都以藩臣命名：在西邊的叫將；在東邊的叫相；在南邊的四星叫執法；在中間的叫端門，端門左右的星叫掖門。門內有六顆星，其中一星名諸侯，另五星叫五帝坐。太微北聚集著十五顆星，頗為明亮，這個星座名郎位，其旁有一亮星叫將位。如果月亮和五星自西向東運行，循順行軌道進入太微，需要十分小心地觀察它們出太微和停留在那裡的時間，因為它是天子誅殺下臣的預兆。如果月亮和五星自東向西循逆行軌道進入太微，它們接近什麼星，相應官職的大臣就有危險；如果它們離五帝坐很近，叫淩犯五帝坐，意味著一定要發生禍及下臣和謀士的災禍。五星中尤以金星和火星發生以上天象更有危險。太微廷的西側有從上垂下的五顆星，它們以少微和士大夫命名。再往西是權，權就是軒轅星座，它的形態像一條黃龍。黃龍體南端那顆很亮的星是天上女主的象徵，其旁邊的暗星為御者，屬於後宮。月亮和五星運行至軒轅附近或者是停留在這裡，作占的方法和太微一樣。

12 井宿主管有關水的事。它西面組成彎曲形狀的星座叫鉞。鉞北有北河星座；鉞南有南河星座。北河和南河、天闕星之間有黃道通過，所以這裡是日月五星運行的通道。鬼宿主管供奉祠鬼的事，鬼宿當中有一團白霧狀星體叫做質。火星如停留在南北河附近，可能有兵禍，五穀不登，或收成不好。概括地說，從太微廷可看出帝王是否行德政，從五帝東舍天潢星座可看出帝王外出巡幸的表象，傷敗的徵兆見於星座鉞，災禍的事表現於井宿，誅殺的事表現於鬼宿中間的質處。

13 柳宿是朱鳥的嘴，主管草木。星宿七星是朱鳥的頸，是員官，喉嚨的意思，掌管緊急事務。張宿是朱鳥的嗉囊，為天廚，掌管宴請賓客。翼宿是朱鳥的羽翅，主管迎送遠方來的賓客。

14 軫宿的外形像一輛車，主管風。它的旁邊有一顆暗星，名叫長沙星，通常光微弱得看不見，但發亮的時候其亮度與軫宿四星相當。如果五星之中有哪一個進入軫宿，就有可能發生很大的戰事。軫宿南面的許多星是屬於天庫樓星座的，該星座中一些星組成五車。看到車星芒角很多或者看不清車星，都是有動亂發生的徵兆，以至於無處安頓車馬。

15 西宮有白虎之象，其中心在咸池，叫天五潢。五潢星為五方天帝的車舍。火星入五潢，有旱災；金星入五潢，有兵災；水星入五潢，有水災。五潢中有分別由三顆星組成的柱星共三柱，其中位於西北的柱星通常明顯可見是三顆星，如果看不清楚的話，可能有戰事發生。

16 奎宿也叫封豕，主管有關溝渠的事。婁宿有聚眾的意思，聚集祭祀用的犧牲。胃宿是天帝的糧倉。胃宿南面眾星名廥積，意思為草料庫。

17 昴宿又叫髦頭，看上去星周圍有光霧相伴，所以也叫它是胡星，主管喪事。畢宿也叫罕車，是邊防兵，主管狩獵。畢宿中有一暗星在最亮的那顆星偏南一點兒叫附耳星，附耳看上去搖動，是國君旁有進讒言亂臣的徵兆。昴宿和畢宿之間是叫天街的兩星，其中靠北的一顆，叫陰國星；靠南的一顆，叫陽國星。

18 參宿似一隻白虎。三顆排列成直線的星像一桿秤，名衡石。下面的三顆星和它成一銳角的叫罰星，主管斬殺的事。外邊有四顆星，分別是參宿的左右肩和左右股。肩的上方略偏向一邊的有三顆暗星成小斜三角狀，它們叫觜觿，是白虎的頭，主戰殺事。參宿南邊的四顆星名天廁。天廁南有一星叫天矢。天矢星呈現黃色是吉兆；如果呈現青、白、黑的顏色就是凶兆。參宿西邊彎曲排列著九顆星，可分為三組：一組是天旗，另一組是天苑，還有一組叫九游。參宿東邊有一顆全天最亮的星叫狼星。狼星芒角變色，是盜賊多的表象。狼星東南的四顆星叫弧，正對著狼星。狼星正南靠近地平有一顆亮星叫南極老人星。老人星可見，國家安定；老人星不可見，國家動亂有戰事。通常是在秋分左右的晴夜，去城南郊觀察和等候老人星出現。

19 附耳星如果看上去像是進到了畢宿裡，是發生戰爭的徵兆。

20 北宮的整體形象是龜蛇，以玄武稱呼它。北宮的主體是虛宿和危宿。危宿像房屋的蓋頂，虛宿掌管哭泣之事。

21 北宮的南方星數很多，它們被命名為羽林天軍。羽林軍西面的星叫壘，或者叫鉞星。壘星旁有一顆亮星名北落。如果北落星暗弱的幾乎看不清楚，羽林軍眾星搖動而芒角稀少，五星運行凌犯北落或者進入羽林軍，都是發生戰事的預兆。五星中尤以火星、金星、水星發生上述凌犯的情況比較嚴重：發生於火星，軍隊有憂患；發生於水星，可能有水災。但如果發生於木星或土星，反而對軍事有利。危宿東邊兩兩並列的六顆星，名叫司空。

22 營室好像天上的清廟。營室宿中有離宮、閣道等星座，在銀河中的四顆星叫天駟，是天馬的意思。天駟旁一星名叫王良。王良星、策星、天馬星看上去閃爍搖動，是人間車騎滿野動亂的徵兆。王良旁有八顆星橫跨於銀河之上，它們叫做天潢。天潢八星旁有一星叫江星，江星看上去搖動的時候，人間可能發大水。

23 叫杵、臼的四顆星在危宿之北。如果在天潢南邊的匏瓜星旁，發現星光發青黑色，兆應魚鹽欠豐而昂貴。

24 斗宿是天帝的廟堂，它的北邊是建星。組成建星的幾顆星彎曲得像天旗。牛宿主管祭祀用的犧牲。牛宿之北有一顆很亮的星叫天鼓，是天帝的大將，其左右各有一顆較暗的星，是左右將。其東面為婺女，即女宿。往北越過銀河可見織女星，她是天帝的孫女。

1 察日、月之行，以揆歲星順逆❶。曰東方木，主春，日甲、乙❷。義失者，罰出歲星。歲星贏縮❸，以其舍命國❹。所在國不可伐，可以罰人。其趨舍❺而前曰贏，退舍❻曰縮。贏，其國有兵不復；縮，其國有憂，將亡，國傾敗。其所在，五星皆從而聚於一舍❼，其下之國可以義致天下。

2 以攝提格歲：歲陰左行在寅，歲星右轉居丑❽。正月，與斗、牽牛晨出東方，名曰監德❾。色蒼蒼有光❿。其失次，有應見柳⓫。歲早，水；晚，旱。

3 歲星出，東行十二度，百日而止，反逆行；逆行八度，百日，復東行。歲行三十度十六分度之七，率日⓬行十二分度之一，十二歲而周天。出常東方，以晨；入於西方，用昏⓭。

4 單閼歲：歲陰在卯，星居子。以二月與婺女、虛、危晨出，曰降入。大有光。其失次，有應見張，其歲大水⓮。

5 執徐歲：歲陰在辰，星居亥。以三月與營室、東壁晨出⓯，曰青章。青青甚章⓰。其失次，有應見軫⓱。歲早⓲，旱；晚，水。

6 大荒駱歲：歲陰在巳，星居戌。以四月與奎、婁晨出⓳，曰跰踵⓴。熊熊赤色㉑，有光。其失次，有應見亢。

7 敦牂歲：歲陰在午，星居酉。以五月與胃、昴、畢晨出，曰開明。炎炎有光㉒。偃㉓兵；唯利公王㉔，不利治兵。其失次，有應見房。歲早，旱；晚，水。

8 叶洽歲：歲陰在未，星居申。以六月與觜觿、參晨出，曰長列。昭昭有光㉕。利行兵。其失次，有應見箕。

9 涒灘歲：歲陰在申，星居未。以七月與東井、輿鬼晨出，曰大音。昭昭白。其失次，有應見牽牛。

10 作鄂歲：歲陰在酉，星居午。以八月與柳、七星、張晨出，曰長王㉖。作作有芒㉗。國其昌，熟穀。其失次，有應見危㉘。有旱而昌㉙，有女喪，民疾。

11 閹茂歲：歲陰在戌，星居巳。以九月與翼、軫晨出，曰天睢。白色大明。其失次，有應見東壁。歲水，女喪。

12 大淵獻歲：歲陰在亥，星居辰。以十月與角、亢晨出，曰大章。蒼蒼然㉚，星若躍而陰出旦，是謂「正平」㉛。起師旅，其率必武；其國有德，將有四海。其失次，有應見婁。

13 困敦歲：歲陰在子，星居卯。以十一月與氐、房、心晨出，曰天泉。玄色甚明㉜。江池其昌，不利起兵。其失次，有應見昴㉝。

14 赤奮若歲：歲陰在丑，星居寅。以十二月與尾、箕晨出，曰天晧。黫然㉞黑色甚明。其失次，有應見參。

15 當居不居㉟，居之又左右搖，未當去去之，與他星會，其國凶。所居久，國有德厚。其角動，乍小乍大，若色數變，人主有憂。

16 其失次舍以下，進而東北，三月生天棓㊱，長四丈，末兌。進而東南，三月生彗星㊲，長二丈，類彗。退而西北，三月生天欃，長四丈，末兌。退而西南，三月生天槍，長數丈，兩頭兌。謹視其所見之國，不可舉事用兵。其出如浮如沉㊳，其國有土功㊴；如沉如浮，其野亡。色赤而有角，其所居國昌。迎角而戰者，不勝。星色赤黃而沉，所居野大穰。色青白而赤灰，所居野有憂。歲星入月㊵，其野有逐相；與太白鬬㊶，其野有破軍。

17 歲星一曰攝提，曰重華，曰應星，曰紀星。營室為清廟，歲星廟也。

18 察剛氣以處熒惑㊷。曰南方火，主夏，日丙、丁。禮失，罰出熒惑，熒惑失行是也。出則有兵，入則兵散。以其舍命國。熒惑為勃亂㊸、殘賊、疾、喪、饑、兵。反道二舍以上㊹，居之，三月有殃，五月受兵，七月半亡地，九月太半亡地。因與俱出入，國絕祀。居之，殃還㊺至，雖大當小；久而至，當小反大。其南為丈夫喪[46]，北為女子喪。若角動繞環之，及乍前乍後，左右，殃益大。與他星鬬，光相逮，為害；不相逮[47]，不害。五星皆從而聚于一舍，其下國可以禮致天下。

19 法，出東行十六舍而止[48]；逆行二舍；六旬，復東行，自所止數十舍，十月而入西方；伏行五月，出東方。其出西方曰「反明」[49]，主命者惡之。東行急，一日行一度半。

20 其行東、西、南、北疾也[50]。兵各聚其下；用戰，順之勝，逆之敗。熒惑從太白，軍憂；離之，軍卻。出太白陰，有分軍；行其陽，有偏將戰。當其行，太白逮之，破軍殺將。其入守犯太微、軒轅、營室，主命惡之。心為明堂，熒惑廟也。謹候此[51]。

21 曆斗之會，以定填星之位[52]。曰中央土，主季夏，日戊、己，黃帝，主德，女主象也。歲填一宿[53]，其所居國吉。未當居而居，若已去而復還，還居之，其國得土，不乃得女。若當居而不居，既已居之，又西東去，其國失土，不乃失女，不可舉事用兵。其居久，其國福厚；易，福薄。

22 其一名曰地侯[54]，主歲[55]。歲行十三度百十二分度之五[56]，日行二十八分度之一，二十八歲周天。其所居，五星皆從而聚于一舍，其下之國可以重[57]致天下。

禮、德、義、殺、刑盡失，而填星乃為之動搖。

23 嬴，為王不寧；其縮，有軍不復[58]。填星，其色黃，九芒，音曰黃鍾宮[59]。其失次上二三宿曰嬴，有主命不成，不乃大水。失次下二三宿曰縮，有后戚，其歲不復，不乃天裂若地動。

24 斗為文太室[60]，填星廟，天子之星也。

25 木星與土合[61]，為內亂，饑，主勿用戰，敗；水則變謀而更事；火為旱；金為白衣會若水[62]。金在南曰牝牡[63]，年穀熟；金在北，歲偏無。火與水合為焠[64]，與金合為鑠[65]，為喪，皆不可舉事，用兵大敗。土為憂，主孽卿[66]；大饑，戰敗，為北軍，軍困，舉事大敗。土與水合，穰而擁閼[67]，有覆軍，其國不可舉事。出，亡地；入，得地。金為疾，為內兵，亡地。三星若合，其宿地國外內有兵與喪，改立公王。四星合，兵喪竝起，君子憂，小人流[68]。五星合，是為易行，有德，受慶，改立大人[69]，掩有四方[70]，子孫蕃昌；無德，受殃若亡。五星皆大，其事亦大；皆小，事亦小。

26 蚤出者為嬴，嬴者為客；晚出者為縮，縮者為主人。必有天應見於杓星。同舍為合，相陵為鬬，七寸以內必之矣。

27　五星色白圜，為喪旱；赤圜，則中不平，為兵；青圜，為憂水；黑圜，為疾，多死；黃圜，則吉。赤角，犯我城；黃角，地之爭；白角，哭泣之聲；青角，有兵憂；黑角，則水。意，行窮兵之所終[71]。五星同色，天下偃兵，百姓寧昌。春風秋雨，冬寒夏暑，動搖常以此[72]。

28　填星出百二十日而逆西行，西行百二十日反東行。見三百三十日而入，入三十日復出東方。太歲在甲寅，鎮星在東壁，故在營室[73]。

29　察日行以處位太白[74]。曰西方，秋[75]，日庚、辛，主殺[76]。殺失者，罰出太白。太白失行，以其舍命國。其出行十八舍二百四十日而入。入東方，伏行十一舍百三十日；其入西方，伏行三舍十六日而出。當出不出，當入不入，是謂失舍，不有破軍，必有國君之篡。

30　其紀上元[77]，以攝提格之歲，與營室晨出東方，至角而入；與營室夕出西方，至角而入；與角晨出，入畢；與角夕出，入畢；與畢晨出，入箕；與畢夕出，入箕；與箕晨出，入柳；與箕夕出，入柳；與柳晨出，入營室；與柳夕出，入營室。凡出入東西各五，為八歲，二百二十日，復與營室晨出東方[78]。其大率[79]，歲一周天[80]。其始出東方，行遲，率日半度，一百二十日，必逆行一二舍；上極[81]而反，東行，行日一度半，一百二十日入。其庳，近日，曰明星，柔[82]；高，遠日，曰大囂，剛。其始出西方[83]，行疾，率日一度半，百二十日；上極而行遲，日半度，百二十日，旦入，必逆行一二舍而入。其庳，近日，曰大白，柔；高，遠日，曰大相，剛[84]。出以辰、戌[85]，入以丑、未[86]。

31 當出不出，未當入而入，天下偃兵，兵在外，入。未當出而出，當入而不入，天下起兵[87]，有破國。其當期出也，其國昌。其出東為東，入東為北方[88]；出西為西，入西為南方。所居久，其鄉[89]利；易[90]，其鄉凶。

32 出西至東[91]，正西國吉；出東至西，正東國吉。其出不經天；經天，天下革政[92]。

33 小以角動，兵起。始出大，後小，兵弱；出小，後大，兵強。出高，用兵深吉，淺凶；庳，淺吉，深凶。日方南金居其南，日方北金居其北，曰贏，侯王不寧，用兵進吉，退凶。日方南金居其北，日方北金居其南，曰縮，侯王有憂，用兵退吉，進凶。用兵象太白：太白行疾，疾行；遲，遲行。角，敢戰。動搖躁，躁。圜以靜，靜。順角所指，吉；反之，皆凶。出則出兵，入則入兵。赤角，有戰；白角，有喪；黑圜角，憂，有水事；青圜小角，憂，有木事；黃圜和角，有土事，有年[93]。其已出三日而復，有微入，入三日乃復盛出，是謂耎[94]，其下國有軍敗將北。其已入三日又復微出，出三日而復盛入[95]，其下國有憂；師有糧食兵革，遺[96]人用之；卒雖眾，將為人虜[97]。其出西失行，外國敗；其出東失行，中國[98]敗。其色大圜黃滜，可為好事；其圜大赤，兵盛不戰。

34 太白白，比狼[99]；赤，比心；黃，比參左肩[100]；蒼，比參右肩；黑，比奎大星[101]。五星皆從太白而聚乎一舍，其下之國可以兵從天下。居實，有得也；居虛，無得也。行勝色，色勝位，有位勝無位，有色勝無色，行得盡勝之。出而留桑榆[102]間，疾其下國。上而疾，未盡其日，過參天[103]，疾其對國。上復下，下復上，有反將。其入月，將僇。金、木星合，光，其下戰不合，兵雖起而不鬬；合相毀[104]，野有破軍。出西方，昏而出陰，陰兵彊；暮食[105]出，小弱；夜半出，中弱；雞鳴出，大弱：是謂陰陷於陽。其在東方，乘明而出陽，陽兵之彊，雞鳴[106]出，小弱；夜半出，中弱；昏出，大弱：是謂陽陷於陰。太白伏也，以出兵，兵有殃。其出卯南，南勝北方；出卯北，北勝南方；正在卯，東國利。出酉北，北勝南方；出酉南，南勝北方；正在酉，西國勝。

35 其與列星相犯[107]，小戰；五星，大戰。其相犯，太白出其南，南國敗；出其北，北國敗。行疾，武；不行，文。色白五芒，出蚤為月蝕[108]，晚為天夭[109]及彗星，將發其國。出東為德，舉事左之迎之，吉。出西為刑，舉事右之背之，吉。反之皆凶。太白光見景[110]，戰勝。晝見而經天，是謂爭明，彊國弱，小國彊，女主昌。

36 亢為疏廟，太白廟也。太白，大臣也，其號上公[111]。其他名殷星、太正、營星、觀星、宮星、明星、大衰、大澤、終星、大相、天浩、序星、月緯。大司馬[112]位謹候此。

37 察日辰之會，以治辰星之位[113]。曰北方水，太陰之精，主冬，日壬、癸。刑失者，罰出辰星，以其宿命國。

38 是正四時[114]：仲春春分，夕出郊[115]奎、婁、胃東五舍，為齊[116]；仲夏夏至，夕出郊東井、輿鬼、柳東七舍，為楚[117]；仲秋秋分，夕出郊角、亢、氐、房東四舍，為漢[118]；仲冬冬至，晨出郊東方，與尾、箕、斗、牽牛俱西，為中國。其出入常以辰、戌、丑、未。

39 其蚤，為月蝕；晚，為彗星及天夭。其時宜效不效為失[119]，追兵在外不戰。一時不出，其時不和；四時不出，天下大饑。其當效而出也，色白為旱，黃為五穀熟，赤為兵，黑為水。出東方，大而白，有兵於外，解[120]。常在東方，其赤，中國勝；其西而赤，外國利。無兵於外而赤，兵起。其與太白俱出東方，皆赤而角，外國大敗，中國勝；其與太白俱出西方，皆赤而角，外國利。五星分天之中，積于東方，中國利；積于西方，外國用兵者利[121]。五星皆從辰星而聚于一舍，其所舍之國可以法致天下。辰星不出，太白為客；其出，太白為主。出而與太白不相從，野雖有軍，不戰。出東方，太白出西方；若出西方，太白出東方，為格，野雖有兵不戰[122]。失其時而出，為當寒反溫，當溫反寒。當出不出，是謂擊卒，兵大起。其入太白中而上出，破軍殺將，客軍勝；下出，客亡地。辰星來抵[123]太白，太白不去，將死。正旗上出，破軍殺將，客勝；下出，客亡地[124]。視旗所指，以命破軍。其繞環太白，若與鬬，大戰，客勝。兔[125]過太白，間可椷劍[126]，小戰，客勝。兔居太白前，軍罷；出太白左，小戰；摩[127]太白，有數萬人戰，主人吏死；出太白右，去三尺，軍急約戰。青角，兵憂；黑角，水。赤行窮兵之所終[128]。

40 兔七命[129]，曰小正、辰星、天欃、安周星、細爽、能星、鉤星。其色黃而小，出而易處[130]，天下之文變而不善矣。兔五色，青圜憂，白圜喪，赤圜中不平，黑圜吉。赤角犯我城，黃角地之爭，白角號泣之聲。

41 其出東方，行四舍四十八日[131]，其數二十日，而反入于東方；其出西方，行四舍四十八日，其數二十日，而反入于西方。其一候之營室、角、畢、箕、柳。出房、心間，地動。

42 辰星之色：春，青黃；夏，赤白；秋，青白，而歲熟；冬，黃而不明。即變其色，其時不昌。春不見，大風，秋則不實。夏不見，有六十日之旱，月蝕。秋不見，有兵，春則不生。冬不見，陰雨六十日，有流邑[132]，夏則不長。

【章　旨】以上為第二段，介紹了五大行星的運動及其有關的作占方法。

【注　釋】❶察日月之行二句　觀察日月的運動，可以判斷木星是順行還是逆行。日、月都是自西向東運行，所以觀察日月的運行，就可以揆度歲星運行的順逆，與日、月同方向，謂之順行，與日、月反方向，就是逆行。揆，度量；計量。歲星，即木星，因為它一歲行一次，十二年一周天，所以叫做歲星。歲星所在的星宿，與地上的某一國家對應，所以又叫應星；歲星可遠離太陽，經天而行，故曰經星；可以用歲星來紀年，故曰紀星。歲星、鎮星、辰星、太白、熒惑在古代的五行理論支配下定出五個行星的顏色特徵，即土黃、木青、火紅、金白、水黑，除了水星配黑色純係湊合，其他四星的顏色與實際基本相符。❷東方木三句　根據五行說，把五行與五方配合：東方木、南方火、西方金、北方水、中央土；把五行與四季配合，木主春、火主夏、金主秋、水主冬，土與四季配合也主季夏；把五行與紀日的十干配合，甲乙木、丙丁火、戊己土、庚辛金、壬癸水。❸贏縮　古天文術語。行星視運動有快有慢有順有逆，有時停留不動。行星運行速度較快超過推算位置而到達下一宿是贏，運動較慢未達到推算位置而落後一宿叫做縮。案：所謂歲星應在何舍，只是古人根據行星運動是均勻的觀點而推算出來的，這種假設並不符合行星的真實運動，因此歲星的視行與所推未必密合，故有贏縮現象。❹以其舍命國　以贏縮所出現的星宿為該星宿所對應的分野國作占。舍，就是宿，是對天空區域劃分。❺趨舍　歲星快於推算速度而超過應停留的星宿。

參見❸。❻退舍　歲星慢於推算速度而落後應停留的星宿。參見❸。❼五星皆從而聚於一舍　指五大行星同時出現於同一星宿內時，古代稱為「五星聚」或「五星連珠」。這種現象不常發生，所以古人認為它是祥瑞。如《漢書・高帝紀》所記載「漢元年冬十月，五星聚于東井」，這條紀錄前人已有研究，指出紀錄的時間有誤。早在北魏的高允和崔浩就指出，十月分太陽在尾、箕，離東井一八〇度；如果五星聚井的話，水金兩星不會離太陽那麼遠。〈天官書〉的紀錄並沒有月分，可能是後來的人改動了天象紀錄的時間，把五星連珠湊合到劉邦的政治事件以符合星占術的需要。其實這一次天象可見時間很短，且五星聚分布在一一〇度範圍內，說五星聚井比較勉強。(劉金沂〈歷史上的五星聯珠〉《自然雜誌》)❽以攝提格歲三句　攝提格歲就是寅年，和木星運動方向相反的假想點歲陰向左運行在寅位，木星向右運行而在丑位。攝提格歲，及下單閼歲，執徐歲等，都是歲星紀年法的歲名，相應的歲陰向左運行在卯位和辰位。古人把天空一周分為十二段，稱作十二次，以星紀、玄枵等命名歲星每年行一次，古人就根據歲星所在十二次的情況來紀年，稱為歲星紀年法。為符合十二辰方向的習慣，古人又假想出一個與歲星背道而馳的點，叫做太歲，或者歲陰，太陰。以歲陰每年所在位置來紀年，就叫做歲陰紀年法或太歲紀年法。❾監德　古代歲星紀年法的一種別名，即攝提格歲。古人根據正月晨見東方之時的月分，又專門另外給歲星紀年法起了一套別名，如下邊的降入、青章等都是別名。❿色蒼蒼有光　光色青蒼，比較明亮。陳久金認為，這與下文光的顏色的描述，只是古人的一種認識，由於歲星沿橢圓軌道運動，其亮度確實應有週期變化。但歲星的顏色變化與距離關係不大。從各年歲星顏色變化的分析可知它與歲陰晨出的月分有關，寅、卯、辰年（一、二、三月晨出）為青色，巳、午、未年（四、五、六月晨出）為赤色，申、酉、戌年（七、八、九月晨出）為白色，亥、子、丑年（十、十一、十二月晨出）為黑色。由此可以推知，它是由五行的顏色推導出來的，並無實際的觀測依據。⓫其失次二句　失次，古天文術語。在春秋戰國時期，天文學家已知歲星的週期為十二年，但歲星的實際週期為一一・八六年。所以每年所行比一個星次多，十二年比一周天多四五度，累積起來，八十多年就要超越一星次，即八十多年後，本來推算木星應到的星次，木星卻過了頭，到了不應該到的下一個星次，對用歲星紀年法而言，這是超辰，對歲星運動來說，便是失次。(參照❺❼❽)斗、牽牛與柳宿之間相距十二宿，約為一百五十餘度。當歲星辰見於東方時，一般來說，柳宿已經隱沒於西方。但當歲星縮行或逆行時，其間間距就不足十二宿，歲星和柳宿便能分別見於東西方，故曰「有應見柳」。以下同此。⓬率日　每天。⓭出常東方四句　初見歲星總是在東方，所以叫做晨星；消逝於陽光淹沒之中，則在西方，表現為昏星。⓮其歲大水　這一年要有大水災。此句上原有「名曰降人」。梁玉繩《史記志疑》卷十五：「上文已言與婺女、虛、危晨出曰降入，則此四字為誤重。」今據刪。⓯以三月與營室東壁晨出　在三月與營室、東壁二星早晨出現。「與」上原有「居」字。梁玉繩《史記志疑》卷十五：「《義門讀書記》曰『居』字疑衍。」今據刪。⑯青青甚章　光色青青甚為明亮。章，同「彰」。明顯。⑰有應見軫　此句下原有「曰青章」。張文虎《札記》卷三：「《志疑》云『曰青章』三字衍。」今據刪。⑱歲早　意謂如果軫星在這一年中較早表現了異常。⑲以四月與奎婁晨出　「奎婁」下原有「胃昴」二字。梁玉繩《史記志疑》卷十五：「五月歲星與胃、昴畢晨出，若四月安得與胃、昴出乎？二字衍，〈漢志〉、〈淮南子〉俱無之。」今據刪。⑳曰跰踵　這種現象叫做「跰踵」。㉑熊熊赤色　光色紅而明亮。熊熊，光盛貌。㉒炎炎有光　星光明亮。炎炎，光強貌。㉓偃　止息；停止。㉔公王　指太平盛世的帝王諸侯。㉕昭昭有光　星光燦爛。昭昭，光明貌。㉖曰長王　這種現象叫做「長王」。「曰」下原有「為」字。梁玉繩《史記志疑》卷十五：「『為』字衍。」今據刪。㉗作作有芒　星很亮，像有芒角。㉘有應見危　此下原有「曰大章」三字。王元啟《正譌》：「『曰大章』三字乃大淵獻節語，錯衍於此。」今據刪。㉙有旱而昌　雖則有旱災，但國運仍昌盛。㉚蒼蒼然　青黑貌。㉛星若躍而陰出旦二句　歲星像是從黑暗中突然跳出，出現在明亮的晨曦之中似的，叫做「正平」，這是《史記》中的專稱。㉜玄色甚明　星的顏色為黑色，但比較明亮。㉝有應見昴　參見注⑪「有應見柳」。「見」，原作「在」。張文虎《札記》卷三：「前後並作『見』，此獨作『在』，誤。《占經》引《甘氏》作『見』，《正譌》說同。」今據改。㉞黫然　黑貌。㉟當居不居　木星按推算它該留某一宿而沒有留。因木星由順行轉為逆行，或由逆行轉為順行時要經過留，此時木星看起來似乎不動，故為居。㊱天棓　指妖星中的天棓，而不是恆星中的天棓。以下天欃，天槍與此相同，皆屬妖星。這些妖星可能是彗星的不同形態。㊲彗星　繞太陽運行的一種天體，呈雲霧狀，外貌獨特，體積龐大，由於其外貌獨特，民間又稱為掃帚星，古人認為它們是出現災禍的象徵。㊳如浮如沉　木星運行中看上去似要向北上浮，實際卻沉向南方。㊴其國有土功　「土功」原作「上功」。瀧川資言《史記會注考證》作「土功」，順合文意，今據改。有土功，國土有所收獲。㊵歲星入月　當木星運行到跟月亮、地球成為一條直線時，觀測者的視線被月亮遮斷看不見木星，這種現象叫月掩星。㊶鬭　星的光芒相接觸。㊷察剛氣以處熒惑　熒惑表現一種剛正執法的氣概。剛氣，剛毅之氣，古人認為火星象徵執法者，所以這樣說。也有人認為「剛」一作「罰」，言赤帝之神視察懲罰之氣，以決定熒惑的遲速運動。㊸熒惑為勃亂　「熒惑」原二字重複。梁玉繩《史記志疑》卷十五：「《史詮》、《補正》皆云『命國』下衍『熒惑』二字。」今據刪。勃，通「背」。違反；迷惑。㊹反道二舍以上　火星逆行超過兩宿以上。㊺還　通「旋」。不久；即刻。㊻其南為丈夫喪　這顆星出在南方主著男人有災難。「喪」字原無。張文虎《札記》卷三：「依《正譌》說『夫』下補『喪』字。〈漢志〉『夫』下有『喪』字。」今據補。㊼逮　及；到。㊽法二句　出，日出前，火星晨初出現於東方。東行十六舍而止，根據〈漢志〉出東行二百七十六日，歷百九十度。以平均每舍十三度計之，十六舍當二百零八度，誤差較大，王元啟以為此處每舍合十度。法，法規；常規。即火星運行的規律。㊾其出西方曰反明　如果火星在西方消逝之後，又出現在西方，叫做反明。案：火星軌道在地球軌道外，為地外行星，只能始見於東方，沒有出現在西方的可能。㊿其行東西南北疾也　火星在恆星背景上的軌跡是曲折的，它可以在東、西、南、北任何一個方向上急速運行。疾，急速。(51)謹候此　關於火星的占候謹撰於上。(52)曆斗之會二句　言推算時以填星與斗宿相會為起點，此後填星離斗宿越來越遠，故可用斗宿來確定填星的位置。曆，推算。填星，又名「鎮星」。(53)歲填一宿　土星約二十八年運行一周，（現代實測，土星公轉週期為二九・四六年）每年行程相當於一宿天區。填，通「鎮」。鎮守。(54)地侯　古代土星之別名。古人認為它的運動與歲收豐歉有關，故又稱它為地侯。(55)歲　年景，一年的收成。(56)歲行十三度句　「十三度」原作「十二度」。張文虎《札記》卷三：「《正譌》云當作『十三度』。」今據改。歲行，歲星運行。(57)重　莊嚴敦厚的德行。(58)復　還轉；返回。(59)黃鍾宮　古代樂律名，居十二律之首，聲調最為宏大響亮。〈樂書〉：「樂者，非謂黃鍾大呂弦歌干揚也」。(60)文太室　有文采的帝王祖廟的中室。(61)木星與土合　當據《漢書・天文志》《史記志疑》作「凡星五，木與土合。」(62)白衣會若水　《史記・儒林列傳序》說「白衣為天子三公」。三公聚是平常事。指金星與木星合不稀奇。(63)金在南曰牝牡　金星在木星南而發生合叫「牝牡」。金星象徵陰，木星象徵陽，故名之。牝，雌性；陰性。牡，陽性；雄性。(64)焠　金屬燒紅，浸入水中。(65)鑠　用火融化金屬。(66)孽卿　庶子擔任大臣。(67)穰而擁閼　農業雖有豐收，但流通受阻。擁閼，阻礙。(68)君子憂二句　當權的憂慮，百姓流離失所。君子，古代指統治階級，後用以稱有才德的人。小人，古代指平民百姓，後指無才德的人。(69)大人　指帝王。(70)掩有四方　擁有四方的土地。掩，通「奄」。覆蓋；包括。(71)意二句　它們的形狀、顏色能應驗軍事行動中的最終結果。《史記三書正譌》和《史記志疑》認為此句話是衍文。(72)動搖常以此　變化常以此應驗。(73)太歲在甲寅三句　東壁，壁宿的另一種別稱。〈天官書〉以甲寅為曆元，曆元正月時日月五星皆在營室。此處甲寅年土星在營室，下文太白「以攝提格之歲，與營室晨出東方」，均為明證，此採用顓頊曆。唯〈天官書〉歲星紀年採自他說，歲星甲寅年與斗、牽牛晨出，與次不合。(74)察日行以處位太白　金星總出現在太陽的左右，所以確定金星的位置需要觀察太陽的運行。(75)秋　字下原有「司兵月行及天矢」七字。張文虎《札記》卷三：「《考異》云：『七字衍，以木火土水例之可見。』《正譌》云：『此即後文所謂『出蚤為月蝕，晚為天矢也』，誤衍於此，又加譌舛。」今據刪。(76)主殺　意味著將有殺伐之事。(77)上元　古曆法術語。中國古曆法選取的推算起點，即曆元。一般曆法選取甲子日夜半作為起點，此時正好交冬至日月合朔。為使日、月、五星交會計算方便，往往再上推找出某一個甲子日、夜半、日月合壁、正好交冬至節，又恰逢五星連珠的時刻作為起算點，這樣一個理想的起算點，稱作上元。[78]凡出入東西各五四句　前文已述及上元時太白與營室晨出東方，經一個會合週期後，至角宿晨出東方，第三次與壁，第四次與箕，第五次與柳，第六次又與營室晨出東方，完成一個週期，共需八年。這就是「凡出入東西各五，為八歲」，「復與營室晨出東方」的意義。[79]大率　大都；大抵。[80]歲一周天　一年轉一周天。根據現在的實測，金星的公轉週期為二二五天。[81]上極　到達極點。[82]近日三句　早上它低的靠近太陽時，叫明星，光線比較明亮，柔和。明星，金星的別名之一。以下的大囂，大白，大相等都與此相同。[83]始出西方　剛從西方升起的時候。「西」下原無「方」字。依《正譌》：「『西』下脫一『方』字。」補正。[84]剛　在夜色背景上極亮，而顯得剛烈。[85]辰戌　辰，辰位，相當於東偏南。戌，相當於西偏北。[86]丑未　丑，相當於北偏東。未，相當於南偏西。[87]天下起兵　到處將有兵起。「天」字原無。梁玉繩《史記志疑》卷十五：「天下起兵，各本脫『天』字。」今據補。[88]其出東為東二句　它該出現在東方就出現在東方，並隱沒在東偏北的方向。此句與下句皆言金星出沒的方位，及其占卜與所主方位的國家的關係。[89]鄉　通「向」。對著。[90]易　挪動了位置。原作「疾」。張文虎《札記》卷三：「《雜志》云：『「疾」本作「易」，故蘇林訓為疾過。』案：〈漢志〉作『易』，注引蘇林曰『疾過也，一說易向而出入也』，是本作『易』可知。」今據改。[91]出西至東　出於西方，向東方運行。「出西」下原有「逆行」。今據王元啓《正譌》卷三：「出東至西為逆行，出西至東乃順行也。『逆行』二字衍。」刪去。[92]其出不經天三句　金星和太陽的距離總是保持在一定範圍之內，所以它的運行不會經歷周天出現在任意天區，如果是周天運行了，天下就要改革政治了。另一說晝見為中天。[93]有年　指豐收年。[94]耎　軟弱；退縮。[95]其已入三日又復微出二句　如果出現三日而又隱沒，且隱沒的時間很短，三天後出現再隱沒的時間較長。[96]遺　致送；留。[97]將為人虜　一說為將帥要被俘虜，另一說為將要做人家的俘虜，此採第一說。[98]中國　古時「中國」涵義不一。或指京師，或指華夏族與漢族地區，以其居四夷之中故名之。又因華夏漢族多建國於黃河流域一帶，故初時本指今河南省及其附近地區，與「中土」、「中原」、「中州」、「中夏」、「中華」涵義相同。[99]太白白二句　衡量太白的顏色用恆星作對比，與狼星相似為白色。比，比較；類比。狼，即天狼星，大犬座α星。根據江曉原的研究，司馬遷的這一記載否定了西方古代長期流傳著該星為紅色的記載，支持了現行恆星演化理論。[100]黃二句　太白和參宿左肩的參宿四相似為黃色。根據現代的觀測，參宿四即α Ori，是一顆紅色的超巨星。兩千年來迅速地從黃到紅，其原因可能是由於恆星的演化過程中出現超額的紅外輻射和很大的質量損失。[101]黑二句　太白與奎宿南的西南大星天豕目相比為黑色。金星的顏色和這幾顆恆星顏色相比，雖然夾雜著星占術的成分，但也向我們提供了五個恆星顏色的觀測紀錄，這和現代的觀測基本上是一致的。[102]桑榆　這是指代一般的樹木。[103]上而疾三句　金星上升很快，沒到一天運行已超過三分之一宿。參，通「叄」、「三」。參天，三分之一天空。[104]合相毀　金星與木星相合後，光淺變暗。[105]暮食　古代計時術語。在昏時以後，半夜以前。又稱「夜食時」約當戌、亥時分。見❻。[106]雞鳴　古代計時術語，指丑時。[107]其與列星相犯　太白和恆星相遇。列星，眾星，指恆星。[108]出蚤為月蝕　其出現早於推算時間，就可能出現月蝕。[109]天夭　古人把不是正常出現的天體如彗星等統稱為妖星。夭，通「妖」。[110]太白光見景　太白光明亮得能使地上物現出影子。景，通「影」。[111]上公　周代官制，三公（太師、太傅、太保）中有特殊公德者，加榮銜稱上公。漢代稱太傅為上公，因它的位置在三公（大司馬、大司徒、大司空）之上。[112]大司馬　漢代政官，由大司馬掌管庶政。秦代和漢代初期，設太尉掌管軍事，為三公之一。到漢武帝時，廢太尉，改設大司馬，作為權力最大的將軍的加銜。[113]察日辰之會二句　水星和太陽的距離不超過一辰，所以叫辰星，觀察它和太陽的會合就可以確定辰星的位置。治，確定。[114]正四時　確定四季。正，確定。[115]出郊　出現。郊，當據清錢大昕《二十二史考異》和《史記志疑》改作「效」，下文三「郊」與此相同。[116]齊　指戰國時代的齊國地區。相當今山東泰山以北的黃河流域及膠東半島地區。[117]楚　指戰國時代的楚國地區。相當今湖北省、湖南省、江西省、安徽省。[118]漢　指漢朝京都長安附近的三輔地區。約當今陝西省。[119]其時宜效不效為失　應當出現的時候就該出現，不出現就是失行。效，顯現。[120]有兵於外二句　雖然有兵在外，仍可以化解危險。[121]外國用兵者利　意即有利於敵對國家。「兵」字原無。張文虎《札記》卷三：「『用』下依《正譌》補『兵』字。」今據補。[122]若出西方四句　《索隱》：「謂辰星出西方。辰，水也。太白出東方。太白，金也。水生於金，母子不相從，故主有軍不戰，今母子各出一方，故謂格。格謂不和同，故野雖有軍不戰，然也。」[123]抵　靠近。[124]正旗上出五句　根據《史記志疑》，此句與上句重複，當為衍文。旗，《漢書．天文志》作「其」。[125]兔　兔星，水星的另一別名。「兔」原作「免」。《廣雅》：「辰星謂之兔星。」今據改。下文三處同改。[126]間可械劍　水星與太白星距離近得中間只能容納一把劍的空間。間，距離。[127]摩　接近；迫近。[128]赤行窮兵之所終　顏色赤紅而且運行是敗兵末日來臨的徵兆。據《史記三書正譌》及《史記志疑》，此句當為衍文。[129]命　名稱。[130]其色黃而小二句　這是辰星的特徵。王元啟謂此句當移至下文「黑圜吉」句之末，為五色中的一色，其實不妥。兔五色是帶圜的，此處並沒有圜。此處先言七命，次言總的特徵，再言五色圜，後言五色芒角，若說五色芒角也不全，其實不必全載。[131]行四舍四十八日　應是「四十八度」之誤。出東方至入東方，兩個基本數據一是度數，一是日數，此處開頭載舍數，後面載日數，有了日數以後，中間就不可能再載日數，必是將舍數折合成度數。如取一舍為十二度，四十八正是四舍之度。下文「四十八日」也應是「四十八度」之誤。根據〈漢志〉水星出東方凡見二十八日，行經二十八度。出西方凡見二十六日，行經二十六度。〈天官書〉所載誤差較大。[132] 流邑　被大水沖壞的城市。

【語　譯】觀察日、月的運動，可以看到它們在天空都是自西向東運行的，此即順行方向，故據此可以判斷木星是順行還是逆行。木星就是歲星，是東方之神，五行中屬木，掌管春作，日期干支為甲、乙。如果有失義的國家，從木星可以看出對它懲罰的徵兆。木星運行的實際位置與計算位置不一致，稱作「贏」或「縮」。木星運行到達哪一宿，該宿相應的分野國是不可以去征伐的，但這個國家可以去征伐別的國家。木星運行超過推算位置而到達下一宿叫贏，未達推算位置而落後一宿叫縮。如果發生贏，木星超前到達那一宿的分野國即使遇到侵犯也不會滅亡；如果發生縮，木星落在後一宿的分野國就令人擔憂了，可能發生大將陣亡、國家覆滅的禍事。如果分野國對應的天區，發生了五星先後會聚於那一宿的天象，這個國家能以義號召天下。

2　以攝提格這一年來說：這時歲陰順時針運行在寅位，故為寅年。木星逆時針運行在丑位。正月之時，木星和斗宿、牛宿於天亮前一道升起在東方，這時的歲星名監德。其光色青蒼比較明亮。木星運行超前或者落後推算所應到的星次叫做失次，用木星失次作占要觀察與斗、牛兩宿處在相對位置的柳宿，應驗顯現於柳宿的分野國。木星超前了，該國有水災；落後了，該國有旱災。

3　歲星初見，向東運行十二度，歷時一百天而停止。再向相反方向逆行，逆行運行八度，用一百天的時間，再向東運行。它一年運行三十又十六分之七度，每天運行十二分之一度，經過十二年在星空中運行一整周。初見時總是先出現於東方，表現為晨星；消逝時總是淹沒在西方的陽光裡，表現為昏星。

4　以單閼這一年來說：歲陰從寅位順時針運行到卯位，木星逆時針從丑位運行到子位。二月分木星和女宿、虛宿、危宿一道於天亮前升起在東方，這時的木星叫降入，顯得特別明亮。如果歲星失次出現在二月，有應驗會顯現在張宿的分野國，是有大水災的兆應。

5　以執徐這一年來說：歲陰順時針運行到辰位，木星逆時針運行到亥位。三月分木星和室宿、壁宿一齊在天亮前出於東方，這時的木星名叫青章，其光色青青而甚為明亮。歲星失次出現在三月，應驗會在軫宿的分野國顯現，軫星超前有旱災，軫星落後有水災。

6 以大荒駱這一年來說：歲陰在巳位，歲星在戌位。四月分木星清晨和奎、婁兩宿出於東方，這時的木星叫跰踵，其光色紅而明亮。歲星失次出現在四月，應驗會在亢宿的分野國顯現。

7 以敦牂這一年：歲陰在午位，歲星在酉位。五月分木星清晨和胃、昴、畢三宿出於東方，這時的木星叫開明，星光明亮。這一年沒有戰事，有利於太平盛世的帝王諸侯推行政令，但不利於窮兵黷武者。歲星失次出現在五月，應驗會在房宿的分野國顯現。歲星超前有旱災；歲星落後有水災。

8 以叶洽這一年來說：歲陰在未位，歲星在申位。六月分木星清晨和觜觿、參兩宿出於東方，這時的木星叫長列，星光燦爛。這一年是有利於用兵的年分。歲星失次出現在六月，應驗會在箕宿對應的分野國顯現。

9 以涒灘這一年來說：歲陰在申位，歲星在未位。七月分木星天亮前和井宿、鬼宿出於東方，這時的木星叫大音，星色白而光明。歲星失次出現在七月，應驗會在牛宿的分野國顯現。

10 以作鄂這一年來說：歲陰在酉位，歲星在午位。八月分木星天亮前和柳、星、張三宿出於東方，這時的木星叫長王，星很亮像有芒角。是國家昌盛的年分，五穀豐收。歲星失次在八月，應驗會在危宿的分野國顯現。本年即使遇旱，也不影響國運的昌盛，可能有后妃亡喪，民間有疾病的苦難。

11 以閹茂這一年來說：歲陰在戌位，歲星在巳位。九月分木星清晨和翼、軫兩宿出於東方，這時的木星叫天睢，星發白光很明亮。歲星失次在九月，有應驗顯現在壁宿的分野國。本年將有水災，有后妃死。

12 以大淵獻這一年來說：歲陰在亥位，歲星在辰位。十月分木星天亮前和角、亢二宿出於東方，這時的木星叫大章，光色蒼青，像是從黑暗中突然跳出在晨曦中閃亮似的，這就叫做「正平」。歲星所在對應的分野國若興兵伐敵，其將帥必然十分勇武，該國也能因正義有德而能臣服四海。歲星失次在十月，它的應驗顯現在婁宿的分野國。

13 以困敦這一年來說：歲陰在子位，歲星在卯位。十一月木星清晨和氐、房、心三宿出於東方，這時的木星叫天泉，色黑但明亮。本年江湖的水產豐收，對發動戰爭的國家不利。歲星失次在十一月，應驗顯現在昴宿的分野國。

14 以赤奮若這一年來說：歲陰在丑位，歲星在寅位。十二月木星天亮前和尾、箕兩宿出於東方，這時的木星叫天皓，色青黑頗明亮。歲星失次在十二月，有應驗在參宿的分野國出現。

15 木星由順行轉到逆行或由逆行轉到順行的時候要經過留，按推算它該留某一宿而沒有留在那一宿，或留在那裡又左右搖晃，或不該離開留的位置而離開了，運行到其他宿附近，該宿相應的分野國有大災難。留在那一宿的時間久，是因為該國的德政感應到了天上。它的光芒出現芒角，乍小乍大，好像顏色總在變化，是該國國君遇到麻煩的兆應。

16 木星失次超過一宿，且向東北方向順行，三個月以後會出現天棓星，看上去它長四丈，尖尾巴。若向東南方向順行，三個月以後會出現彗星，看上去它約長兩丈，和彗星很類似。若向西北方向逆行，三個月之後出現天欃星，長四丈，尖尾巴。如果向西南方向逆行，三個月以後將出現天槍星，看上去它有好幾丈長，頭尾都是尖的。發生以上這些天象，相應的分野國要十分注意木星的運行並慎重行事，一般來說不可以採取軍事行動。木星運行中看上去似要向北上浮，實際卻沉向南方，分野國可能會擴張它的領土；若似要向南下沉實際卻浮向北方，分野國可能會失去邊境的土地。它看上去色紅而有芒角，是分野國昌盛的兆應，和這個國家打仗是打不贏的。它看上去色橙並向南沉，分野國農業大豐收。它發出青白而帶赤灰的光色，是分野國有憂患的兆應。木星合月，分野國有罷黜的宰相；木星遇金星，分野國的軍事行動會以大敗告終。

17 歲星也叫攝提，又名重華、應星、紀星。前文說營室宿是天上的清廟，指的就是歲星的廟。

18 熒惑就是火星，表現出一種剛正執法的氣概。主管南方，五行中屬火，執掌夏季，日期干支為丙丁。有失禮的國家，對它的懲罰徵兆可以從火星不規則的運行看出來。火星出現在天空，可能有戰爭；火星不在天空的時期，是和平的時期，通常以火星所在的星宿占其分野國的吉凶。火星主管懲罰，所以它的出現意味著動亂、流寇、疾病、死喪、饑荒和戰爭。火星逆行超過兩宿以上留在某宿，留三個月分野國有禍殃，留五個月有敵國攻擊，留七個月該國可能喪失一半國土，留九個月會失去大半國土。如果從晨出東方至夕入西方一直與該宿同升落，所當國就要滅亡了。火星留於某宿，所當分野國雖然很快就發生了災殃，但嚴重的災情會減小；如果災禍遲遲才到，那麼小災也會變成大災。若火星運行向南，男子的喪事多；火星運行向北，則女子的喪事多。看到火星芒角動得厲害，像是各個方向都閃動，一會兒在前一會兒在後，一會兒在左一會兒在右，相應的災禍就更大。火星在運行中與其他星相遇，兩者近到光芒互相接觸有災害發生；兩者互相離得較遠就不會有災害。五大行星相繼會聚於一宿，其分野國能夠以禮號召天下。

19 火星運行的規律：晨出東方後向東順行十六宿後留，經留後向西逆行兩宿，共用時兩個月；再向東順行數十宿，歷時十個月，日落前逐漸消逝於陽光之中，進入伏行，伏行五個月後將再次晨出東方。如果它消逝以後又在西方出現，叫做「反明」，這是分野國最忌諱的天象。火星順行時速度比較快，一天移動一度半。

20 火星在恆星間移動的軌跡是曲折的，它可以在東、西、南、北任何一個方向疾速運行。戰爭往往發生在火星可見的時候；對與火星順行方向所在宿的分野國打仗可以得勝，與火星逆行方向所在宿的分野國打仗會失敗。火星緊隨金星運行，戰事不順利；火星逐漸離開金星運行，部隊要退卻。火星位於金星之北，有突襲的部隊；它位於金星之南，有不大的戰事。火星被從後面來的金星追上，可能軍潰將亡。火星在運行中到達、停留或接近太微、軒轅和室宿，都是執政者最忌諱的事。心宿是行政殿堂，是火星執法的廟堂。對火星的占候謹撰於上。

21 填星就是土星，以和斗宿的角度、距離確定它的位置。它主持中央，五行中屬土，掌管夏末，日期干支為戊己，是中央黃帝，執掌德行，為女主的象徵。土星約二十八年在恆星間運行一周，所以一年鎮守一宿，運行到哪一宿，該宿的分野國就吉利。土星出現在它不該出現的位置上，或者已經離開某宿後又返回該宿並停留在那裡，所當分野國能獲得領土，或者得到女子。按推算位置該留在某宿而沒有留在那裡，或者剛剛留在那裡很快又向東或向西離開了那裡，所當分野國可能失去一部分領土或失去女子，該國也不宜進行軍事行動。土星在某一宿停留的時間長，所當國福氣大，停留的時間短，該國福氣薄。

22 填星的另一個名字叫地侯，主管年歲豐歉。土星每年在恆星間移動十三又一百一十二分之五度，每天移動二十八分之一度，二十八年在天空運行一周。它停留在某宿後，其他四顆行星都先後隨它而聚於一宿，所當分野國可以成為天下最有影響力的國家。如果禮、德、義、殺、刑等國家的道德法規喪失殆盡，土星將出現動搖的兆應。

23 土星運行出現贏，執政者不得安寧；出現縮，出征的軍隊沒有返回的希望。土星發黃色的光芒，有九道芒角，對應的音律是黃鍾宮調。土星失次超過兩三宿就叫贏，所當國的國君有性命之憂，要不這個國家發生大水災。失次落後兩三宿就叫縮，所當國的王后有悲戚之事，這一年可能喪命，要不這個國家將發生天崩地動的大災難。

24 斗宿是天上有文采的太室，也是填星的廟堂，是屬於天子的星。

25 木星和土星會合，將會發生內亂、饑荒，出現這一天象後不宜用兵，否則會失敗；木星和水星會合是政令有不妥的表象，應改變謀略和做法；木星和火星會合，有旱災；木星和金星會合如同三公見面並不稀奇。金星在木星南合叫「牝牡」，當年五穀豐登；金星在木星北合，則是歉收年成。火星和水星合叫「焠」，火星和金星合叫「鑠」，都不吉利，國家不宜有重大舉措，若發動軍事行動會失敗。火星和土星合有憂患，有老百姓做了公卿；國內饑荒，作戰失利，有敗軍和部隊被圍困的危險，其分野國不可以有舉兵之事，舉兵將大敗。土星和水星合，雖有豐收卻流通受阻，有覆滅的部隊，其分野國不能舉兵。土星和水星合的時候兩星都出現在天空中，所當國喪失領土；若兩星合而隱沒於陽光之中的時候，所當國可獲得土地。土星和金星合，有疾疫流行，國內有造反的軍隊，所當國會喪失領地。其中三顆行星在某宿相合，其分野國外有入侵內有動亂造成喪亡，甚至改立君王。其中四顆行星合在一宿，所當國兵禍喪亂同時發生，當權的憂急，百姓則流離失所。五顆行星合於一宿，所當國形勢有變化，有德的國家有喜慶，改立的君王擁有四方土地，子孫昌盛；沒有德行的國家，將遭受災殃甚至滅亡。五顆星個個明亮，所影響的事大；它們都不太明亮，所影響的事也小。

26 行星早於推算時間出現為贏，好像來了客人；在預推時間之後出現為縮，像是主人送客在後。發生贏縮必定能在北斗斗杓看到兆應。行星同在一宿叫合，處於相鄰兩宿叫鬥，若相互之間近到了七寸以內，一定會有應驗出現。

27 五顆行星發白色且呈圓形，是喪亡乾旱的兆應；發紅色呈圓形，內部不安定，有干戈；發青色呈圓形，有水災；發黑色呈圓形，有惡疾傳染，死人多；發黃色呈圓形，則是吉兆。有紅色芒角，有敵侵犯；有黃色芒角，有領土之爭；有白色芒角，有悲戚可聞哭泣之聲；有青色芒角，兆應兵禍；黑色芒角，兆應水災。它們的形狀、顏色預示著軍事行動的最終結果。五顆行星發出同樣的顏色，天下和平無戰事，百姓安居樂業。春風秋雨，冬寒夏暑，變化之兆常見於這些天象。

28 土星晨出東方之後，順行一百二十日以後向西逆行，逆行一百二十日後再回頭向東順行。在天空中出現三百三十日後進入伏行，伏行三十日後再次出現於東方天空。太歲在寅位的甲寅年，土星在壁、室兩宿。

29 金星出現時總在太陽的左右，所以確定金星的位置要觀察太陽的運行。金星叫太白星，是西方掌秋季的神，日期干支為庚辛，主管征殺。征殺失當，懲罰的徵兆可以從金星看到。金星運行出現失常之時，用它所在位置可占其分野國的吉凶。金星晨出東方之後運行十八宿經二百四十日後消逝在陽光之中，在東方伏行十一宿經一百三十日後復現於東方；如果是消逝在日落前，則在西方伏行三宿經十六日後再次出現在西方。按推算該出現而未出現或者按推算該隱沒於陽光之中而沒有隱入，叫做失宿。出現失宿是壞兆頭，不是打敗仗或被擊潰就是國君遭受篡位。

30 曆法的上元是曆法一個理想的起始點，現行曆法的曆元定在攝提格歲即甲寅年，這時金星和室宿晨出東方，一直運行到角宿才隱沒；再同室宿夕出西方，運行至角宿隱沒，以後它又同角宿晨出東方，要運行到畢宿才隱沒；與角宿夕出西方，運行至畢宿隱沒；再和畢宿晨出東方，運行到箕宿隱沒；再與畢宿夕出，運行至箕宿隱沒；隨後和箕宿晨出東方，運行至柳宿隱沒；再與箕宿夕出西方，運行至柳宿隱沒；再和柳宿晨出東方，運行到室宿隱沒；最後與柳宿同時夕出西方，直到運行中隱沒於室宿。金星在這個與室宿晨出東方到傍晚與室宿夕入西方的過程中，五次從東方出現，五次從西方隱沒，歷五個會合週期，用時八年，共二千九百二十日，又回到與室宿晨出東方的狀態。近似地說，金星運行一周天約需一年的時間。它初出東方，運行較慢，約一日移行半度，經一百二十日，必逆行一、二宿。到達極點又往回返，復向東行。日移行一度半，經一百二十日隱沒。早晨它低得靠近太陽的時候，叫「明星」，看上去明亮溫柔；它的位置高而遠離太陽的時候，叫「大囂」，在夜色背景上顯得極為明亮、剛烈。金星初見於西方運行較快，日移行一度半，經一百二十日；到達極點後運行變慢，每日移行半度，經一百二十日，將消逝於晨光中，但在隱沒之前，必定要逆行一、二宿後才會隱沒。黃昏金星地平位置低且靠近太陽的時候，叫「大白」，在較亮的背景下光色顯得很溫柔；它地平位置高且遠離太陽的時候，叫「大相」，因背景已經黑暗，光色顯得十分剛烈。金星升出地平的方位在辰和戌，落入地平的方位在丑和未。

31 如果金星當出現時未出現，或者不該隱沒時已經隱沒，局勢和平，在外的軍隊能夠返回。它不該出現的時候出現了，或者該隱沒的時候沒有隱沒，有戰事發生，有滅亡的國家。它在該出現的時候就出現，所當分野國昌盛。它該出現在東方就出現在東方，並隱沒在正東偏北的地方；或者該出現在西方就出現在西方，隱沒在正西偏南的方位；或者它在某一宿停留的時間久，所當分野國吉利。反之，該國有凶險。

32 金星出現在西方向東順行，正西方向的國家吉利；它出現在東方向西逆行，正東方向的國家吉利。金星和太陽之間的角度距離總保持在一定的範圍之內，所以它不會歷經周天運行至任意天區；要是真的經周天運行了，天下就要革新政治了。

33 金星光暗並有芒角閃動，有戰事發生。它剛出現時很明亮，以後亮度逐漸減小，分野國軍力弱小。剛出現時並不太明亮，以後越來越亮，所當國是軍事強國。出現時地平位置較高，作戰的部隊深入敵腹有利，正面對陣不利。出現時金星靠近地平，正面進攻有利，深入敵腹危險。太陽位置偏南，金星又位於太陽南；或者太陽位置偏北，金星又位於太陽北，叫做贏，占候君王不安寧，在軍事上進兵吉利，退守凶險。太陽位置偏南，而金星位於太陽北；或者太陽位置偏北，而金星位於太陽南，叫做縮，占君王有憂患，在軍事上宜退守，進軍則有凶險。用兵的必須善觀金星的表象：太白運行速度快叫疾行，速度慢叫遲行。太白光有芒角，士兵勇敢善戰。它的光抖動得厲害，叫躁。呈現穩定的圓形，叫靜。順著芒角方向用兵，吉利；反之，用兵凶險。太白出現時出兵打仗，太白隱入時收兵。出現紅色芒角，有戰事；白色芒角，有死喪；黑色芒角環繞，不吉利，有和「水」相關的事；青色小芒角環繞，不吉利，有和「木」相關的事；黃環上黃色芒角，有和「土」相關的事，收成好。太白出現三日而又隱沒，隱沒的時間很短，隱沒三天再出現後的時間長，叫做「耎」，所當國有潰軍敗將。它隱沒三日而又復出了很短的時間，出現三天再隱入的時間長，其分野國也不吉利；軍隊的糧草輜重會白白送給人家；士兵雖眾，將領卻被敵國俘虜。太白從西邊出現後運行失常，外國入侵者敗；從東邊出現後運行失常，本國軍隊敗。它亮圓而色黃潤，會有好事發生；它亮圓而色紅，雖有強兵但無戰爭。

34 衡量金星的顏色可用恆星的顏色作參照，和天狼星相似為色白；和心宿二星相似為色赤；和參宿左肩的參宿四星相似為色黃，和參宿右肩的參宿五星相似為色蒼；和奎宿亮星相似為色黑。五顆行星都跟隨太白聚於一宿，所當分野國可以用武力征服天下。太白所到位置和推算一致，所當國能有所得；它所到位置和推算不一致，所當國無所獲。用太白運行作占的重要性勝過用星的顏色作占，用星的顏色作占的重要性又超過用它在恆星間的位置作占，有它的位置紀錄比沒有強，有它的顏色紀錄又比沒有強，但對作占最有效的是觀測紀錄太白的運行。它出現後留於樹梢間遲遲不下落，所當國有害。它出現後上升很快，不到一日已運行超過三分之一周天，所對分野國有害。它向下運行復而又向上，所當分野國可能出叛將。月掩太白，大將遭刑殺。金星和木星合，合後兩星顯得更亮，所當國不會起戰事，即使出兵也不會發生戰鬥；合後兩星的光反而變暗，邊境有潰敗的軍隊。太白出現在西方，黃昏時位置偏北，北方兵強；暮食時間才出現，其兵稍弱；夜半時間才出現，其兵較弱；雞鳴時才出現，其兵很弱：這就是所謂「陰陷於陽」。太白出現在東方，黎明時位置偏南，南方的軍隊強；雞鳴時星出，其兵稍弱；夜半時星出，其兵較弱；黃昏後才出，其兵極弱：這就是所謂「陽陷於陰」。看不見太白是它伏行的時候，是因為它運行於白晝的天空人們看不見它，這一段時間出兵的一方將遭殃。金星在東南方向升起，南方能戰勝北方；在東北方向升起，則北方能戰勝南方；恰在正東方向升起，有利於東方的國家。金星出在西北，北方能戰勝南方；出在西南，南方能戰勝北方；恰出在正西，西方的國家能打勝仗。

35 金星和諸恆星相遇，有小戰事；和其他行星相遇，有大戰爭。相遇時，金星出現在它們的南邊，南邊的國家失敗；出現在它們的北邊，北邊的國家失敗。它移行的速度快，糾紛需要靠武力解決，它處在留的時候，協商就能解決問題。發白色光且芒角有五道，它出現又早於推算時間，可能有月蝕，晚於推算時間出現，可能出天妖和彗星，將有應驗發生在分野國。太白在東方出現為德，向東方舉行迎接祭禮，吉利。太白在西方出現為刑，向西方舉行恭送祭禮，吉利，反之都有凶險。太白發出的光能使物體現出影子，作戰能取勝。白晝出現太白東升西落，叫做爭明，兆應強國轉化為弱國，小國轉化為強國，國君為女子的國家昌盛。

36 亢宿是天上的外廟，就是太白星的廟。太白是大臣，也號上公。它還有許多名字：殷星、太正、營星、觀星、宮星、明星、大衰、大澤、終星、大相、天浩、序星、月緯等。關於用太白作占的原則謹列於上。

37 水星和太陽的距離不超過一辰所以叫辰星，觀察它和太陽的會合以確定辰星的位置。它屬北方，五行中屬水，是太陰之精，掌管冬季，日期干支為壬癸。刑政失當的國家，可以從辰星看出對其懲罰的徵兆，即看水星所在宿所當的分野國。

38 辰星因其總在太陽附近，故可用它的位置確定四季：仲春春分，它黃昏出現在太陽東邊的奎、婁、胃等五宿，分野為齊的地域；仲夏夏至，它黃昏出現在太陽東邊的井、鬼、柳等七宿，分野為楚的地域；仲秋秋分，它黃昏出現在太陽東邊的角、亢、氐、房等四宿，分野為長安附近的三輔地區；仲冬冬至，它早晨出現在太陽西邊的尾、箕、斗、牛等宿，位於東方，分野為中原。辰星出入的方位常在辰、戌、丑、未四個方向。

39 辰星出現早於推算時間，是發生月蝕的徵兆；晚於推算時間，是出現彗星及妖星的徵兆。它應當出現而沒有按推算出現叫失行，有追兵在外也不會發生戰事。一季不出現，該季天下不和平；四季一直沒出現，天下就要發生大饑荒了。它在應當出現的時候出現，出現時光色發白，有旱情，光色發黃五穀豐登，光色發紅有兵禍，光色發黑有水災。它出現於東方，明亮而發白色光，雖然有軍隊在外，也可以和解。常在東方而發出紅色光，中原可戰勝敵國；在西方的時間長而發紅色光，外國用兵有利而不利於中原。辰星發紅光，即使並未在外屯兵，也會有戰事發生。辰星與太白同時出於東方，都發紅色且有芒角，中原以外的國家在戰爭中大敗，中原獲勝；它和太白同時出於西方，都發紅色且有芒角，作戰對中原以外的國家有利。以中天為準看五星的分布，若五星都在東半天球，對中原有利；五星都在西半天球，有利於中原以外的國家用兵。其他行星隨辰星而出現五星聚於一宿，該宿所當分野國能夠以法號召天下。辰星不出現時，太白是客；辰星出現後，太白是主。辰星出現後它不跟隨太白運行，邊境有軍隊也不發生戰事。辰星出現在東，太白出現在西，或者辰星出現在西，而太白出現在東，叫「格」，邊境即使有兵也打不起來。辰星在不該出現時出現，會出現該冷的時候反而溫暖，或該暖和的時候反而寒冷的反常天氣。該出現而不出現，叫「擊卒」，是烽煙四起的徵兆。辰星淩掩太白後從太白上方出來，有軍潰將亡敵國取勝的事，從太白下方出來，則敵國將失去領土。辰星運行與太白靠近而太白沒有離開，有將要死亡。有大的芒角從辰星上方出現，軍潰將亡，敵方勝；從辰星下方出現，敵國失去領土。率兵的應觀察芒角指向，以決定如何打仗。辰星環繞太白，好像在和太白鬥，有大戰，敵國勝。辰星也名兔星，兔星運行經過太白近旁，近到其間好像只容得一劍的空間，是小有戰事，敵國勝利。兔星在太白前留，軍隊罷戰；出在太白左方，有小戰事；緊挨著太白相擦而過，有幾萬人參加的大戰事，主軍會死將吏；出在太白右方，相距像有三尺左右，兩軍急於約戰。兔星有青色芒角，有兵憂；有黑色芒角，有水害。顏色赤紅且運行，敗軍的末日來臨。

40 兔星有七個名稱，它們是：小正、辰星、天欃、安周星、細爽、能星、鉤星。它色黃而不亮，出現時又不在推算的位置上，國家的制度將變得不利於百姓。兔星可以呈現五種顏色，青而圓有憂，白而圓有喪，紅而圓國內不安定，黑而圓吉利。色紅而有芒角敵犯我城，色黃而有芒角發生領土爭端，色白而有芒角將聽到悲號哭泣之聲。

41 辰星在東方出現後，運行四宿歷四十八度，離太陽約二十度，又反方向向東隱沒；在西方出現後，運行四宿歷四十八度，離太陽約二十度，再反方向向西隱入。可在室、角、畢、箕、柳等宿觀測辰星，它若是出現在房宿和心宿的中間，將會發生地震。

42 辰星的顏色：春季青黃；夏季赤白；秋季青白，則該年豐收；冬季發黃色但不明亮。即使這一季節辰星改變了顏色，冬季仍是萬物蕭條。春季看不見它，有大風，秋季將欠收。夏季看不見它，有連續兩個月的旱情及月蝕。秋季看不見它，有兵禍，來春莊稼不生。冬季看不見它，連陰雨長達兩個月，有大水沖毀的城市，來夏莊稼不長。

1 角、亢、氐，兗州❶。房、心，豫州❷。尾、箕，幽州❸。斗，江、湖❹。牽牛、婺女，楊州❺。虛、危，青州❻。營室至東壁，并州❼。奎、婁、胃，徐州❽。昴、畢，冀州❾。觜觿、參，益州❿。東井、輿鬼，雍州⓫。柳、七星、張，三河⓬。翼、軫，荊州⓭。

2 七星為員官，辰星廟，蠻夷星也⓮。

【章旨】以上為第三段，記載二十八宿和地理分野的關係。

【注釋】❶角亢氐二句　角、亢、氐三宿，分野在兗州。兗州，古九州之一，以沇水得名，約當山東省西南部。《漢書・天文志》作沇州。❷豫州　古州名，約當河南省東部和安徽省北部。❸幽州　古州名，約當河北省北部，遼寧省大部和朝鮮大同江流域。❹江湖　江，指長江下游地區。湖，指太湖流域一帶。❺楊州　約當今安徽省南部、江蘇省南部和江西省、浙江省、福建省一帶。❻青州　古州名，約當山東省中部、北部和東部。❼并州　古州名，約當山西省大部、河北省西部和內蒙古自治區東南部。❽徐州　古州名，約當今江蘇省北部和山東省東南部。❾冀州　古州名，約當今河北省中部和山東省西端與河南省北端地區。❿益州　古州名，約當今四川省東部、甘肅省南端、陝西省南部、湖北省西北部和貴州省大部。⓫雍州　古州名，漢代改為涼州，約當今陝西省北部、寧夏回族自治區、甘肅省和青海省東部。⓬三河　指河東、河內、河南三郡，約當今山西省西南部和河南省大部。⓭荊州　古州名，約當今湖北省、湖南省和廣東省、廣西壯族自治區、貴州省一帶。

⑭七星為員官三句 《考證》陳仁錫曰：「七星以下十二字，當在上文『辰星，出房，心間，地動』之下……。」蠻夷，古代華夏族統治者對四方異族的貶稱。

【語 譯】二十八宿有它們所當的地域分野：角、亢、氐三宿，分野在兗州。房、心兩宿，分野在豫州。尾、箕兩宿，幽州。斗宿，江、湖之地。牛、女兩宿，揚州。虛宿、危宿，青州。室宿至壁宿，并州。奎、婁、胃三宿，徐州。昴宿、畢宿，冀州。觜觿、參兩宿，益州。井宿、鬼宿，雍州。柳、星、張三宿，三河。翼宿、軫宿，荊州。

2 星宿七星是天上員官，是辰星的廟，是主管蠻夷的星宿。

1 兩軍相當，日暈暈等❶，力鈞；厚長大，有勝；薄短小，無勝。重抱大破無❷。抱為和，背為不和❸，為分離相去。直為自立❹，立侯王；破軍殺將❺。負且戴❻，有喜。圍在中，中勝；在外，外勝❼。青外赤中，以和相去；赤外青中，以惡相去。氣暈❽，先至而後去，居軍❾勝。先至先去，前利後病❿；後至後去，前病後利；後至先去，前後皆病，居軍不勝。見而去，其發疾⓫，雖勝無功。見半日以上，功大。白虹⓬屈短，上下兌，有者下大流血。日暈制勝⓭，近期三十日，遠期六十日。

2 其食⓮，食所不利；復生⓯，生所利；而食益盡⓰，為主位。以其直及日所宿⓱，加以日時⓲，用命其國也。

3 月行中道[19]，安寧和平。陰間[20]，多水，陰事[21]。外北三尺，陰星。北三尺，太陰[22]，大水，兵。陽間，驕恣[23]。陽星，多暴獄。太陽，大旱喪也。角、天門[24]，十月為四月，十一月為五月[25]，十二月為六月，水發，近三尺，遠五尺。犯四輔[26]，輔臣誅。行南北河，以陰陽[27]言，旱水兵喪。

4 月蝕歲星[28]，其宿地，饑若亡。熒惑也亂，填星也下犯上，太白也彊國以戰敗，辰星也女亂。蝕大角[29]，主命者惡之；心，則為內賊亂也；列星，其宿地憂。

5 月食始日，五月者六，六月者五，五月復六，六月者一，而五月者五，凡百一十三月而復始[30]。故月蝕，常也；日蝕，為不臧也[31]。甲、乙，四海之外，日月不占[32]。丙、丁，江、淮、海、岱也。戊、己，中州、河、濟也。庚、辛，華山以西。壬、癸，恆山[33]以北。日蝕，國君[34]；月蝕，將相當之。

6 國皇星[35]，大而赤，狀類南極。所出，其下起兵，兵彊；其衝[36]不利。

7 昭明星[37]，大而白，無角，乍上乍下。所出國，起兵，多變。

8 五殘星[38]，出正東東方之野。其星狀類辰星，去地可六丈。

9 大賊星[39]，出正南南方之野。星去地可六丈，大而赤，數動，有光。

10 司危星[40]，出正西西方之野。星去地可六丈，大而白，類太白。

11 獄漢星[41]，出正北北方之野。星去地可六丈，大而赤，數動，察之中青。此
四野星所出，出非其方，其下有兵，衝不利。

12 四填星[42]，所出四隅[43]，去地可四丈。

13 地維咸光[44]，亦出四隅，去地可三丈，若月始出。所見，下有亂；亂者亡，
有德者昌。

14 燭星[45]，狀如太白，其出也不行。見則滅[46]。所燭者，城邑亂。

15 如星非星，如雲非雲，命曰歸邪[47]。歸邪出，必有歸國者[48]。

16 星者，金之散氣，其本曰火[49]。星眾，國吉；少則凶。

17 漢者，亦金之散氣，其本曰水。漢，星多，多水，少則旱，其大經[50]也。

18 天鼓[51]，有音如雷非雷，音在地而下及地[52]。其所往者，兵發其下。

19 天狗[53]，狀如大奔星[54]，有聲，其下止地，類狗。所墮及，望之如火光，炎
炎衝天。其下圜如數頃田處，上兌者則有黃色，千里破軍殺將。

20 格澤星[55]者，如炎火之狀。黃白，起地而上。下大，上兌。其見也，不種而
穫；不有土功，必有大害。

21 蚩尤之旗[56]，類彗而後曲，象旗。見則王者征伐四方。

22 旬始(57)，出於北斗旁，狀如雄雞。其怒，青黑，象伏鼈。

23 枉矢(58)，類大流星，蛇行而倉黑，望之如有毛羽然。

24 長庚(59)，如一匹布著天。此星見，兵起。

25 星墜至地，則石也。河、濟之間，時有墜星。

26 天精而見景星(60)。景星者，德星也。其狀無常，常出於有道之國。

【章　旨】以上為第四段，介紹異常天象的占候。

【注　釋】❶日暈暈等　《漢書・天文志》不重「暈」字，應削其一。「日暈等」是一種大氣現象。太陽光線經大氣層中的冰晶折射形成的一種環繞太陽，視半徑為二十二度和四十六度（較為罕見）之白色或彩色光環。多發生在卷層雲之上。光環內部分的天空，明顯地要比其餘之天空晦暗。❷重抱大破無　日暈的光氣重重環抱向日，軍將大破。抱，指日暈的光環環抱向日，《漢書・天文志》「無」作「亡」。❸背為不和　「為」字原無。張文虎《札記》卷三：「〈漢志〉『背』下亦有『為』字，此脫。」今據補。背，指日暈的光氣背日向外。❹直為自立　日暈直，主自立。直，光暈筆直。❺破軍殺將　軍被敵所破，將被敵所殺。破軍殺將，原作「指暈若曰殺將」。張文虎《札記》卷三：「〈漢志〉作『破軍若曰殺將』，『若曰』二字疑皆誤。」今據刪改。❻負且戴　指太陽上下方都有光暈。負，有光暈在日下方叫日負。戴，有光暈在日上方為日戴。❼圍在中四句　日暈緊圍是被圍困者取勝的徵兆，日暈在外邊很遠的地方圍著，是圍困者取勝的徵兆。❽氣暈　氣象現象，由懸浮在大氣中的冰晶對光線的反射形成一種光學現象，多發生在日、月周圍。看起來似雲非雲，似氣非氣，多呈環狀，亦有弧狀、柱狀或亮點狀，古人常用來占卜用兵征伐之吉凶。❾居軍　守軍，即駐守防衛的軍隊。❿病　窘迫；處境不利。⓫見而去二句　日暈從出現到消逝時間很短。⓬白虹　大氣現象，一種橫亙天際，成帶狀如虹的淡白雲氣。古人通過觀察以占卜用兵征戰之吉凶勝負。⓭制勝　決斷勝敗。⓮食　指日蝕，天文現象。當月球運行到地球和太陽中間時，如月球遮蔽住太陽就發生日蝕，有全蝕、偏蝕、環蝕三種。⓯復生　指日蝕結束，太陽復生光時。⓰而食益盡　指蝕甚時，日蝕最深的時候。《史記三書正譌》、

《史記志疑》認為「而」、「益」為衍文，當刪。食盡，即食既。⑰以其直及日所宿　用太陽的方位及所在的星宿。其直，日蝕部位所當方位。日所宿，太陽所在的星宿。⑱日時　日蝕所發生的干支日期及時刻。此以日期、時刻、方位、星宿綜合起來考慮，用以判斷所當國家的命運。⑲中道　運行路線的名稱，指房宿四星的中間。《索隱》「案：中道，房星之中間也。房有四星，若人之房三間有四表然，故曰房。南為陽間，北為陰間，則中道房星之中間也。故房是日月五星之行道。」月行中道，指月亮在黃道附近運動。⑳陰間　古天文術語。參看「中道」。㉑陰事　不可告人的醜事。㉒外北三尺四句　古人稱太陽的軌道為中道或黃道，稱月亮的軌道為月道或白道。黃白二道相交，故月行出入中道南北。〈天官書〉將位於中道北的白道稱為太陰道，位於中道南的稱為太陽道。黃白交角為五度左右，古人對此十分注意觀察，故將位於黃道南北五度左右的星定名為陽星，陰星。古人通常以七寸為一度，西漢時黃白交角測量不精確，大致定為三尺，化為度相當於四度多，與實際值相近。〈天官書〉是將陽星和陰星作為月行軌道偏離南北的太陽道和太陰道的標誌點來使用的。要想知道月亮的軌道，只需觀看一下陽星和陰星的位置即可。㉓驕恣　驕傲放恣。㉔天門　古星官名，在角宿南，屬角宿，在今之室女座。㉕十月為四月二句　《索隱》：「角間天門，謂月行入角與天門，若十月犯之，當為來年四月成災；十一月，則主五月也。」㉖四輔　《索隱》：「案：謂月犯房星也。四輔，房四星也。房以輔心，故曰四輔。」㉗陰陽　北河星以北，南河星以南。㉘月蝕歲星　月掩歲星。《正義》：「孟康云：『凡星入月，見月中，為星蝕月；月掩星，星滅，為月蝕星也。』」㉙蝕大角　月亮遮住了大角星。「蝕」原作「食」。《正譌》云：「此『食』字亦當作『蝕』。」今據改。㉚月食始日七句　月蝕的發生是有週期的，從月蝕開始的那一天起，間隔五個月發生的有六次，再間隔六個月發生有五次，再間隔五月是六次，再間隔六月為一次，五月為五次，總共是一百一十三月為一週期。案：司馬遷根據歷代的月蝕紀錄，總結出月蝕發生存在著週期性的規律，並提出現存歷史上第一個交蝕週期，由此開始，中國曆法逐漸發展起自己的日月蝕預報工作。（見《司馬遷——我國偉大的天文學家》，薄樹人著）㉛故月蝕四句　此句由《詩經》「彼月而食，則維其常；此日而食，于何不臧」變化而來。意為月蝕比較常見，而日蝕不常見，見必有災。因為日蝕只能在地面上某一地區帶才能看見，而發生月蝕則半個地球都可見，就整個地球而言，日蝕多於月蝕，但就一個地區而言，月蝕多於日蝕。古人站在中國甚至中原地區觀察記錄，就覺得月蝕常見，日蝕不常見。加上迷信思想作怪，就認為月蝕是壞事，日蝕是大壞事。㉜甲乙三句　發生在甲、乙日的日月蝕，應驗見於四海之外，故一般不用於占候。㉝恆山　古山名，在今河北曲陽西北，古代稱為「北嶽」。自清代把「北嶽」恆山的名稱移至今山西省西北以後，此山通稱大茂山。㉞日蝕二句　意為日蝕應驗在國君身上。㉟國皇星　古代奇異天象名稱，所指可能是彗星或超新星，或新星。㊱衡　指相對方向。㊲昭明星　古代奇異天象名稱。又名「筆星」。可能是新星或超新星爆發現象。㊳五殘星　古代奇異天象名稱，又名「五鋒」。星的表面有「如暈之氣」，形似羽毛狀，為紅色大星，移動頻繁，五殘星是指天亮以前出現在東方的短尾彗星或無尾彗星。㊴大賊星　古代奇異天象名稱，大賊星是正南方向看到的火流星。㊵司危星　古代奇異天象名稱，出現於天空正西方，可能為雙尾之彗星。㊶獄漢星　古代奇異天象名稱，又名「咸漢」。出現在天空正北方，可能是火流星，與空氣摩擦燃燒而紅亮，背面顏色就暗些，空氣阻力使它出現左右或上下閃動。㊷四填星　古代奇異天象名稱，在任何方向都有可能看到，可能是出現於東南、西南、西北、東北四個方向的彗星或流星。㊸四隅　指天體四方。㊹地維咸光　古代奇異天象名稱，一作「地維藏光」。可能是彗星，也可能是新星或超新星爆發之現象。㊺燭星　古代奇異天象名稱，明亮似金星，瞬息即滅，可能是沿觀測者視線方向出現的流星，故亮的時間顯得略比其他流星長，並且看不出移動，但很快燃盡而滅。也有人認為它是一種像火炬一樣的極光現象。㊻見則滅　瞬息即逝。㊼歸邪　古代奇異天象名稱，可能是彗星或新星。也有人認為是一種極光現象。㊽歸國者　有兩說，一說為回到本國的大臣或國君。一說為歸順本國的人。㊾其本曰火　其本質是火。「其」字原無。張文虎《札記》卷三：「〈漢志〉作『其本曰人』，今《史》文脫『其』字。疑〈漢志〉『人』字即『火』字壞文。」今據補。㊿大經　總的規律。(51)天鼓　古代奇異天象名稱，可能是穿越大氣層的火流星。白天出現時，雖光不突出，但星體與大氣激烈摩擦而發出似雷的轟鳴。(52)音在地而下及地　它的聲音由地表直傳到地下。(53)天狗　古代奇異天象名稱，可能是近地火流星，並伴有隕星落地，所以用天狗命名是因為運行中與大氣摩擦而發出嘯叫聲。另有人認為：流星體穿過低層大氣，形成火流星，最後墜人地面，形成隕石坑，隕石的形狀像天狗，故稱為天狗。(54)大奔星　古代奇異天象名稱，「奔星」即流星。指形大行疾的流星和火流星。(55)格澤星　古代奇異天象名稱，像火焰，呈黃白色，由地面升起，上銳下大。可能是極光或黃道光。這可以說是世界上最早的描述黃道光的文字。(56)蚩尤之旗　古代奇異天象名稱，形態有二，一種像紅色的雲，另一種上部呈黃色，下段呈白色，可能是彗星或極光。因其尾部彎曲，狀如旗，故稱。(57)旬始　古代奇異天象名稱，張衡〈東京賦〉「欃槍旬始」並列，古人視作妖氣，可能是彗星，也有人認為是極光。由於極光形態萬千，朦朧多變，故名稱甚多。(58)枉矢　古代奇異天象名稱，指流星的一種，在墜地以前氣化，由於低層空氣濃度使大流星體在燃盡前因空氣阻力而形成蛇形軌跡，燃燒餘跡似羽毛飄散，可泛指流星。(59)長庚　古代奇異天象名稱，可能是極光。(60)天精而見景星　《集解》引孟康曰：「精，明也。有赤方氣與青方氣相連，赤方中有兩黃星，青方中一黃星，凡三星合為景星。」

【語　譯】兩軍相對，應看日暈，日暈均勻，敵我勢均；日暈厚而長大，我方有勝；日暈薄而短小，我方無勝；光暈曲抱向日多重，可大破敵軍。光暈向日為抱，出現兩軍修和，光暈背日向外，兩軍不能修和，但會互相退離而去。光暈直立日上，有自立的侯王，發生軍潰將死的戰事。光暈出現於太陽上下方分別叫日戴和日負，有喜慶的事。日暈緊圍，被圍困的一方得勝；日暈在外邊較遠的地方圍著，圍困方得勝。日暈外層色青，裡層赤紅，雙方媾和撤軍；外層色紅，裡層色青，雙方雖然撤軍但積怨更深。氣暈先到慢慢消逝，守軍勝；氣暈先到很快消逝，初對守軍有利後轉為對守軍不利；氣暈後到慢慢消逝，初對守軍不利後轉為對守軍有利；氣暈後到很快消逝，對守軍始終不利，守軍不能取勝。日暈從出現到消失，時間很短，即使打了勝仗也無所建樹。出現達到半日以上，取勝且收穫大。暈氣帶狀如虹謂之白虹，白虹彎而短，兩端尖銳，是發生大流血事件的徵兆。以日暈占候作戰的勝敗，有效時間近期三十日，遠期六十日。

2 發生日蝕，不吉利；蝕盡生光，是吉利的；日蝕作占，蝕甚時刻為主位，用日蝕的方位及所在星宿，再配合日期干支，占所當國的吉凶。

3 月亮運行在黃道附近，安寧和平。運行在黃道北，多水，多醜事。黃道北三尺，有陰星，陰星北三尺，為太陰道，月亮運行在這裡，有大水災和兵禍。運行在黃道南，君主驕傲一意孤行。月亮運行於黃道南陽星附近，獄中犯人爆滿。月亮愈是在黃道往南的地方運行，愈是有大旱和死喪的事。角宿的南面為天門，十月分月亮運行到角宿和天門星區，災害出現在來年四月，十一月在這裡運行，災害出現在來年五月，十二月運行到這裡，災害出現在來年六月，是大水災，日期近水深三尺，日期遠水深五尺。月亮運行至房宿，輔臣可能被殺。月亮運行到南河和北河星區，在北河之北或南河之南，有水旱兵喪的大禍。

4 月掩歲星，所在宿的分野國在饑荒中衰亡。月掩熒惑有動亂，月掩填星有犯上作亂的事，月掩太白強國敗於戰爭，月掩辰星有女子作亂。掩大角星，是君王忌諱厭惡的天象；掩心宿二，國內有叛亂；月掩列星，所當分野國有憂患。

5 月蝕是有週期的，自發生月蝕起，間隔五個月出現的月蝕有六次，再間隔六個月出現的月蝕有五次，再間隔五個月出現的月蝕有六次，然後再過六個月發生一次月蝕，再間隔五個月發生月蝕的有五次，共計一百一十三個月。所以月蝕是常見的；但日蝕較為罕見，所以《詩經》中有「彼月而食，則維其常；此日而食，于何不臧」的句子，日蝕與月蝕均不吉利。甲、乙日發生交蝕，應驗見於海外，故不用作占。丙、丁日發生交蝕，應驗將出現在江、淮、東海到泰山等地。戊、己日發生交蝕，應驗見於中原及黃河、濟水之間。庚、辛日發生交蝕，應驗在華山以西。壬、癸日發生交蝕，應驗見於恆山以北。日蝕是和國君相關的天象；月蝕則關係將相。

6 國皇星，明亮而赤紅，類似南方地平的老人星。它出現於哪一宿，所當國有戰事，該國兵力強大；和它相對一宿的所當國就不利。

7 昭明星，明亮而色白，雖無芒角但看上去忽上忽下。它出現處的分野國有戰事，形勢多變。

8 五殘星，出現在正東地平以上，樣子像水星，往往在地平以上六丈的地方。

9 大賊星，出現在正南地平以上，離地約高六丈，明亮而色紅，移動好幾次，動跡有光。

10 司危星，出現在正西地平之上，離地約高六丈，明亮而色白，很像金星。

11 獄漢星，出現在正北地平之上，離地約高六丈，明亮而色紅，移動好幾次，可看出星體中間發青色。以上四個方向出現的星，如果出現在不該出現的方向上，所當分野國有戰爭，相衝位置對應的分野國也不吉利。

12 四填星，是出現在東北、東南、西南、西北四隅，離地約高四丈的星。

13 地維咸光，也是出現在四隅但離地約高三丈的星，明亮得好像初出的月亮。所出現位置對應的分野國有動亂；作亂的將滅亡，有德行的將昌盛。

14 燭星，亮度顏色與太白星相似，出現後並不移動，瞬息即逝。它發光所在宿的分野國有動亂的城市。

15 看上去似星而不是星，似雲又不是雲的發光體，叫做歸邪。出現歸邪，必定有回歸國家的人。

16 天上的星，是由金的精氣而形成的，本質為火。星多，國家吉利；星少，則國家凶險。

17 銀河，也是由金的精氣而形成，本質為水。銀河中星多，地上也多水；銀河中星少，地上則旱，這是作占的基本原則。

18 天鼓，出現時發出雷鳴般的響聲，但不是雷聲，它的聲音由地表直傳到地下。其飛行下落的方向，是有戰事的地方。

19 天狗，它的形狀像一顆大流星，有響聲，其聲可傳至地面，像狗吠。它墜落的地方，遠看有火光，炎炎直衝天上。墜落的範圍大到數頃，其末端尖銳的發出黃色光芒，有驃悍部隊可奔襲千里擊敗敵人殺死敵帥。

20 格澤星，形如炎火之狀，色黃白，從地平延伸向上，下面大而向上逐漸尖銳。它若出現，即使沒付出多少辛勞也得好收成；但不加固防衛工事，必有大害。

21 蚩尤之旗，是尾巴彎曲的一類彗星，像飄開的旗。主戰，出現時為王的發兵征伐四方。

22 旬始，出現在北斗旁，樣子像一隻雄雞。它發怒時顏色變得青黑，像一隻伏鱉。

23 枉矢，大的流星，運行軌跡如蛇彎曲行進，顏色倉黑，軌跡處看上去像有羽毛飄落。

24 長庚，形如一匹布掛於天空，它出現的時候有兵禍。

25 隕星墜落在地面上，成為石頭。黃河、濟水之間，常有隕星墜落。

26 天精是三顆黃星與青紅光氣相連之象，此象出叫景星出現。景星是德星，沒有一定的形狀，常出現於有德行的國家。

1 凡望雲氣❶，仰而望之，三四百里；平望，在桑榆上，千餘里二千里❷；登高而望之，下屬地者三千里。雲氣有獸居上者，勝。

2 自華以南，氣下黑上赤。嵩高、三河之郊❸，氣正赤。恆山之北，氣下黑上青。勃、碣❹、海、岱之間，氣皆黑。江、淮之間，氣皆白。

3 徒氣[5]白。土功氣[6]黃。車氣[7]乍高乍下，往往而聚。騎氣[8]卑而布。卒氣[9]摶。前卑而後高者，疾；前方而後高者，兌；後兌而卑者，卻。其氣平者其行徐。前高而後卑者，不止而反。氣相遇者，卑勝高，兌勝方。氣來卑而循車通者，不過三四日，去之五六里見[10]。氣來高七八尺者，不過五六日，去之十餘里見。氣來高丈餘二丈者，不過三四十日，去之五六十里見。

4 稍雲[11]精白者，其將悍，其士怯。其大根而前絕遠者[12]，當戰。青白，其前低者，戰勝；其前赤而仰者，戰不勝。陣雲[13]如立垣。杼雲類杼[14]。軸雲[15]摶兩端兌。杓雲[16]如繩者，居前亙天，其半半天。其蛪者類闕旗故[17]。鉤雲句曲。諸此雲見，以五色合占。而澤摶密，其見動人，乃有占[18]；兵必起，合鬬其直。

5 王朔[19]所候，決於日旁。日旁雲氣，人主象。皆如其形以占。

6 故北夷之氣，如羣畜穹閭；南夷之氣，類舟船幡旗。大水處、敗軍場、破國之虛、下有積錢、金寶之上，皆有氣，不可不察。海旁蜄氣[20]象樓臺；廣野氣成宮闕然。雲氣各象其山川人民所聚積[21]。

7 故候息秏[22]者，入國邑，視封疆田疇之正治[23]，城郭室屋門戶之潤澤，次至車服畜產精華。實息者，吉；虛秏者，凶。

8 若煙非煙，若雲非雲，郁郁[24]紛紛，蕭索輪囷[25]，是謂卿雲[26]。卿雲見，喜氣也[27]。若霧非霧，衣冠而不濡，見則其域被甲而趨[28]。

9 夫雷電、蝦虹[29]、辟歷[30]、夜明[31]者，陽氣之動者也，春夏則發，秋冬則藏，故候者無不司之。

10 天開縣物[32]，地動坼絕[33]。山崩及徙[34]，川塞谿垘[35]；水澹地長，澤竭見象[36]。城郭門閭，閨臬槁枯[37]；宮廟邸第，人民所次[38]。謠俗車服，觀民飲食[39]。五穀草木，觀其所屬[40]。倉府廄庫，四通之路[41]。六畜禽獸，所產去就[42]；魚鼈鳥鼠，觀其所處[43]。鬼哭若呼，其人逢俉[44]。化言，誠然[45]。

11 凡候歲美惡，謹候歲始[46]。歲始或冬至日，產氣[47]始萌。臘明日，人眾卒歲[48]，一會飲食，發陽氣，故曰初歲。正月旦，王者歲首[49]；立春日，四時之始也[50]。四始者，候之日[51]。

12 而漢魏鮮集臘明正月旦決八風[52]。風從南方來，大旱；西南，小旱；西方，有兵；西北，戎菽為[53]，小雨[54]，趣兵[55]；北方，為中歲[56]；東北，為上歲；東方，大水；東南，民有疾疫，歲惡。故八風各與其衝對[57]，課多者為勝[58]。多勝少，久勝亟[59]，疾勝徐。旦至食，為麥[60]；食至日昳，為稷[61]；昳至餔[62]，為黍；餔至下餔[63]，為菽；下餔至日入[64]，為麻。欲終日[65]有雲，有風，有日。日當其時者，深而多實[66]；無雲有風日，當其時，淺而多實[67]；有雲風，無日，當其時，深而少實；有日，無雲，不風，當其時者稼有敗[68]。如食頃[69]，小敗；熟五斗米頃[70]，大敗。則[71]風復起，有雲，其稼復起[72]。各以其時用雲色占種所宜[73]。其雨雪若寒[74]，歲惡。

13 是日光明，聽都邑人民之聲[75]。聲宮[76]，則歲善，吉；商，則有兵；徵，旱；羽，水；角，歲惡。

14 或從正月旦比數雨[77]。率日食一升，至七升而極[78]；過之，不占[79]。數至十二日，日直其月，占水旱[80]。為其環域千里內占，則為天下候[81]，竟正月[82]。月所離[83]列宿，日、風、雲，占其國。然必察太歲所在。在金，穰；水，毀；木，饑；火，旱。此其大經也。

15 正月上甲[84]，風從東方，宜蠶；風從西方，若旦黃雲，惡。

16 冬至短極，縣土炭[85]，炭動，鹿解角[86]，蘭根出，泉水躍，略以知日至[87]，要決晷景[88]。歲星所在，五穀逢昌[89]。其對為衝[90]，歲乃有殃。

【章　旨】以上為第五段，介紹雲氣、風、以及其他方面的占候。

【注　釋】❶雲氣　雲霧煙氣。古人為占卜用兵征戰之吉凶勝負，常要觀望雲氣。所謂「雲氣」即地面水蒸發而成的氣體。上升後聚集成團的一般稱為雲，不積聚而散布天空的稱為氣。❷千餘里二千里　一千多里，將近二千里。❸嵩高三河之郊　嵩，即嵩山。古代亦稱為太室，中嶽在今河南登封北。其高峰有三，《名山記》云：「嵩山中為峻極峰，東曰太室，西名少室。」三河，今河南洛陽地區。❹勃碣　勃，即渤海。碣，碣石，古山名，在今河北昌黎碣石山，為燕山餘脈。古代碣石山指的位置並不一致。❺徒氣　大氣現象，兵家通過望氣，用於占卜用兵征戰之吉凶勝負，這是預兆備戰的一種氣。❻土功氣　大氣現象，預兆修建防禦工事。❼車氣　大氣現象，預兆車戰的一種氣。❽騎氣　大氣現象，常在大氣低層的雲氣，分布很廣，預兆騎戰的氣。❾卒氣　天空中的一種雲氣。其特點有前後兩端低而移動迅速者；有前端高，後端低而反覆往來不停者，有前後兩端高低一致而移動緩慢者，有後端尖銳而低，向後移動者，古人觀察它用以占卜步兵的作戰情況。❿氣來卑而循車通者三句　雲氣來得很低，而且循著車轍，不超過三四天，距離也就五六里，可見到這支部隊。通，當據《漢書·天文志》和《史記志疑》改作「道」。而《集解》則認為本當作「徹」。（當時還沒有「轍」字，「徹」有「轍」之意，因為避漢武帝劉徹名諱寫作「通」。）⓫稍雲　大氣現象，一種在天空中時時搖動，色白，呈羽毛狀的雲氣。可能是近代氣象學上的毛捲雲。⓬其大根而前絕遠者　雲氣底部龐大而前部極遠。⓭陣雲　從形狀看與近代氣象學上所謂的「水積雲」相似。古人通過觀測它以占卜兵患。⓮杼雲類杼　意為杼雲很像織布用的梭子。杼雲，大氣現象，兩頭尖，形似織機之梭，故名之「杼雲」。⓯軸雲　大氣現象，一種狀如螺旋、兩端尖銳的雲氣。⓰杓雲　大氣現象，形狀似一條拉直的橫亙天空的繩子。⓱其蜺者類闕旗故　杓雲的雌雲像天空中飄動著戰鬥的旗幟。蜺，通「霓」。形狀像虹的雲；副虹。闕旗，當從《漢書·天文志》和《史記志疑》作「鬥旗」。按：「闕」與「鬭」形似而誤。鬥旗，打仗時的旗子。⓲而澤摶密三句　只有雲氣中那些潤澤、流動、濃密的，出現時極引人注目，才可以入占。⓳王朔　漢武帝時術士，占候家。精通觀測天空雲氣，占卜帝王吉凶。他觀測雲氣，主要是觀測太陽周圍的雲氣變化。⓴蜄氣　海面上出現像樓臺一樣的雲氣。蜄或作「蜃」，大蛤蜊。古人誤認為蜃所吐的氣，實際上是一種大氣折光現象。㉑雲氣各象其山川人民所聚積　《正義》引《淮南子》云：「土地各以類生人，是故山氣多勇，澤氣多瘖，風氣多聾，林氣多躄，木氣多傴，石氣多力，險阻氣多壽，谷氣多痺，丘氣多狂，廟氣多仁，陵氣多貪，輕土多利足，重土多遲，清水音小，濁水音大，湍水人重，中土多聖人，皆象其氣，皆應其類也。」㉒息秏　滋長消亡。秏，通「耗」。

㉓視封疆田疇之正治　考察疆界田地的整理耕作。封疆，指疆界。田疇，耕種的土地。種穀地稱田，種麻地稱疇。正治，疆界明確，田地耕作得好。㉔郁郁　文采明盛的樣子。㉕蕭索輪囷　指雲氣漂流的樣子。㉖卿雲　大氣現象，一種似煙非煙，似雲非雲的雲氣，屬於高層的一種。占候家通過觀望用以占卜國力之強弱和民生之殷富艱辛。據現代天文學家研究，卿雲是一種無定形的彌散光面型極光。㉗卿雲二句　卿雲出現，意味著將有喜事。㉘見則其域被甲而趨　出現這樣的氣，這地方將有戰事，人們已經披甲以待了。被，通「披」。趨，奔走。㉙夫雷電蝦虹　「夫」原作「天」。張文虎《札記》卷三：「《正譌》云『天』字誤。〈漢志〉作『夫』。」今據改。蝦虹，大氣現象，是一種在雨幕或霧上形成的彩虹。陽光射入水滴後經反射、折射、衍射，較短波長的光被濾掉，餘下的是波長較長的紅光。由於其紅如蝦，故稱。㉚辟歷　大氣現象，即雷震、雷暴及看不到閃電之響雷，或由一組響雷組成的突然放電現象。㉛夜明　古人觀察用以占卜歲時美惡，國力強弱的一種高空大氣現象。可能是多出現於高緯地區的極光或氣輝。氣輝是夜間高層大氣微弱的發光現象，是大氣成分受太陽光作用而發出弱光輝，可以有多種不同的色彩。㉜天開縣物　天空裂開，呈現懸空的現象。薄樹人先生認為天開是在黑夜的天空出現的一條光帶，好像開裂了一樣，這是一種極光現象。縣，通「懸」。㉝地動坼絕　大地震而且龜裂分離。地動，土地變形開裂，土石崩落移動，地面凸起凹陷等現象，多由地震引起。坼絕，絕裂。㉞山崩及徙　山陵崩塌及遷移。山崩，大多是由構造地震或火山所引起的地層斷裂，因而產生土石大量地崩落現象。㉟川塞谿垘　河川壅塞，溪谷不流。川塞，大多是由構造地震而引起的山谷崩裂，土石滑落，使河川塌陷和堵塞的現象。垘，阻塞。㊱水澹地長二句　原作「水澹澤竭地長見象」。張文虎《札記》卷三：「《考異》云：『〈漢志〉「水澹地長，澤竭見象」，蓋以「長」「象」為韵，此傎倒兩字，傳寫之譌。』」今據調整。水澹地長，水無故自動，土地自己生長。水澹，波浪起伏，流水迴旋。澤竭見象，沼澤枯竭是兆應現象。澤竭，湖沼乾涸。象，徵象；跡象。㊲城郭門閭二句　城郭里巷門戶，它門軸的潤滑，枯澀，磨毀。城郭，內城牆曰城，外城牆曰郭。閭，里巷的大門。閨臬，當據《漢書．天文志》和《史記志疑》作潤澤，潮澀的意思。「槀枯」原作「枯槀」。錢大昕《考異》：「『枯槀』當作『槀枯』，『枯』與『閭』韻也。」今據改。㊳宮廟邸第二句　宮廟官邸，與平民居住的住宅對比而言。宮，古代是對房屋的統稱。秦、漢以後專指帝王居住的房屋。邸，封國王侯在京城的住所。第，貴族官僚的住宅。次，止宿；居住。㊴謠俗車服二句　民間風俗，車輛服飾，飲食娛樂。謠俗，風俗。謠，民間歌謠，可以反映人民的風俗習慣。㊵五穀草木二句　五穀草木要看它生長的地方。屬，聚會；會集。㊶倉府廄庫二句　指糧倉、錢府、馬廄、武庫、道路交通。府，儲藏財物的地方。廄，馬棚；牲畜棚。庫，儲藏武器戰車的地方。㊷六畜禽獸二句　六畜禽獸，要留意牠們生長繁衍的環境是否適合。六

畜，指牛、馬、羊、豬、狗、雞。㊸魚鼈鳥鼠二句　魚鼈鳥鼠，要觀察牠們藏匿的地方。處，居止；棲息。㊹鬼哭若呼二句　鬼的哭聲，好像在呼叫，有人曾經遇上。逢俉，意外相逢，感到驚怪。俉，通「迕」。偶然相遇。㊺化言二句　謠言流語等確實都是徵兆。化言，謠言；妖言。化，通「訛」。誠，真是；的確。㊻歲始　古天文術語，即一歲的開始。古代星相家占候一年的歲時美惡和農收豐歉，一定要謹慎觀察一年的開始。《史記》中記述了占候採用的四種歲始：冬至日、臘明日、正月初一、立春日。㊼產氣　生氣。㊽臘明日二句　在臘明日之時，人們會聚一起慶祝一年的結束。臘明日又叫「初歲」。一說指臘月之第二日，即十二月初二。一說是指臘日（臘日，冬至後第三個戌日，或稱十二月八日）。又一說臘乃歲終，除夕，一年最後一天，「臘明日」指正月初一，元旦。㊾正月旦二句　正月初一，是君主頒用曆法的起點。正月旦，正月初一之早晨。亦稱「元旦」。旦，有天明、早晨、明亮、日子之意。㊿立春日二句　立春是四季的開始。立春，正月的節氣，二十四節氣之一，每年二月四日前後，太陽走到黃道約三一五度時稱作立春，該日稱為立春日。即太陽到達冬至和春分當中位置的那一天。四時，天文氣象術語。一年四季春夏秋冬之總稱。我國古代以四立（立春、立夏、立秋、立冬）作為四時的開始。四時之始也，「始」上原有「卒」字。張文虎《札記》卷三：「《正譌》云〈漢志〉無『卒』字，衍。」今據刪。(51)四始者二句　四始都是占候的日子。四始，曆法術語。一說指冬至日，萬物生氣始發；臘明日，陽氣始發；正月旦，歲之初始；立春日，四季之初始。另一說指正月初一早晨是歲、月、日、時四種計時單位之起點。(52)而漢魏鮮集臘明正月旦決八風　漢代魏鮮總結出在臘月、正月初一觀風的占候方法叫決八風。魏鮮，西漢時代天文氣象學家，約與天文學家唐都同時代。主「占歲」觀察天象並根據節令氣候，推測全年現象，疾疫程度以及各種農產品收穫情況。他繼承了先秦「占歲」諸法後，又首創以每年元旦之風向來預測全年氣象變化的方法。《漢書・藝文志》著錄《泰壹雜子候歲》二十六卷，據王先謙《漢書補注》考證，可能是彙輯諸家候歲之法而成。八風，古代星卜，占候術語。又稱「八方之風」。古人認為風從東、南、西、北、東北、西北、東南、西南八方而來，與立春、立夏、立秋、立冬、春分、夏至、秋分、冬至八個節氣對應，用以占卜年內的風雨歲時和收成豐歉。《史記》「八風」之名異於《呂氏春秋》之所記。(53)戎菽為　大豆成熟。戎菽，大豆。為，成熟。(54)小雨　衍文。據《史記三書正譌》、《史記志疑》當刪。(55)趣兵　迅速發生戰爭。趣，通「促」。(56)中歲　中等年成。(57)故八風各與其衝對　八方來風各有從相對方向來的風和它敵對或抵消。對，敵對；抵消。(58)課多者為勝　占候時以來風次數多的作決斷。課，考核；比較。(59)亟　急速；短暫。(60)旦至食二句　風來在旦時到食時，占麥類作物的收成。旦，平旦。指寅時，相當於現在的三點到五點。食，食時，指辰時，相當於現在的七點到九點。(61)食至日昳二句　風來在食時至日昳，占稷類作物的收成。昳，未時，又指午後日偏斜。(62)餔　餔時，也作「晡時」。指申時，相當於現在的十五至十七點。(63)下餔　申時過後五刻，相當於現在的十八點過後。(64)日入　指酉時，相當於現在的十七點到十九點。(65)欲終日　此下原有「有雨」二字。張文虎《札記》卷三：「《志疑》云〈漢志〉無『有雨』二字，此衍。」今據刪。欲，希望。(66)日當其時者二句　這兩天正是有風、有雲、有太陽的天，那麼農作物種植面積大而且結實多。日，衍文，根據《漢書・天文志》和《史記志疑》當刪。(67)無雲有風日三句　兩日後沒有雲，有風有太陽，那麼農作物種植面積小，但結實多。(68)有日四句　如果兩天裡有太陽，無雲無風，那麼莊稼將要歉收。有，助詞。(69)如食頃　只有一頓飯的功夫，比喻時間短。(70)熟五斗米頃　煮熟五斗米長的時間無風，比喻時間長。(71)則　倘若；如果。假設連詞。(72)其稼復起　說明形勢可轉變到對莊稼有利。(73)各以其時用雲色占種所宜　決定種什麼作物收成好，要靠風來的時間並參考雲的顏色作決定。「種」下原有「其」字。張文虎《札記》卷三：「《雜志》引顧子明曰『其』字因上而衍，〈漢志〉無。」今據刪。(74)其雨雪若寒　如果下雪而且氣候寒冷。雨，名詞作動詞，降下。(75)都邑人民之聲　都邑，都市；集鎮。聲，指樂聲和歌聲。(76)宮　古樂五聲音節的名稱。依次是：宮、商、角、徵、羽。它們分別跟五行配合：宮為土、商為金、角為木、徵為火、羽為水。再牽強附會人事的吉凶。(77)或從正月旦比數雨　還有一種占候方法是從正月初一起計數連續下雨的日數。比，排列；接連。數，計算。(78)率日食一升二句　按一日雨相應有一升實物收成的比例計算收穫，到七升為極限。(79)過之二句　超過了七升就不再入占。(80)數至十二日三句　將正月初一到十二日，當成本年的一月到十二月，用十二天各天的雨量占本年各月的水旱。(81)為其環域千里內占二句　對於疆域千里的範圍，實際上是對天下的占候。環域，環繞國境。「域」原作「城」；「則」下原有「其」字。梁玉繩《史記志疑》卷十五：「〈漢志〉『城』作『域』，無下『其』字蓋是也。」今據刪改。(82)竟正月　在整個正月計數的方法。竟，自始至終。(83)離　經歷。(84)正月上甲　正月上旬的甲日。(85)縣土炭　《集解》引孟康曰：「先冬至三日，懸土炭於衡兩端，輕重適均，冬至日陽氣至則炭重，夏至日陰氣至則土重。」又引晉灼曰：「蔡邕《律曆記》：『候鍾律權土炭，冬至陽氣應，黃鍾通，土炭輕而衡仰，夏至陰氣應，蕤賓通，土炭重而衡低，進退先後，五日之中。』」這是根據土和炭對空氣中溼度感應靈敏度的不同而判斷的。冬至以後太陽回歸，溼度增大，炭的重量也逐漸增加，平衡器向著懸炭的一方傾斜。但在北方冬至後「數九」，氣溫下降，相對溼度下降，實際上應是炭輕，所以這一說法因地域而異。(86)鹿解角　牡鹿的角每年初春脫落，到暮春復生。解，脫落。(87)略以知日至　告訴人們冬至已經降臨。日至，天文術語。冬至、夏至，日長至、日短至的總稱。黃道上距離赤道最遠的兩個點，一在南，一在北。每年六月二十二日前後，太陽到達黃道最北點，稱為夏至點，該日地球上北半球白晝最長，稱夏至，又稱日長至、日北至。每年十二月二十二日左右，太陽到達黃道上最南點，稱作冬至點。該日地球北半球白晝最短，稱作冬至，又稱日短至、日南至。(88)要決晷景　要準確定出冬至日，就要依靠圭表測影來決定。要，總。決，確定。晷景，古代天文術語。景，通「影」。指圭表的表影。約在殷商時代，我國已經找到用圭表測量的方法來確定冬夏二至的時刻、日期。即在平坦的地面上，垂直豎立一根標杆，稱作表，在與表垂直的地面上，正南北方向安放一條刻有尺寸長度單位的平面直尺，稱作度圭或量天尺。表放在度圭之南端，每天正午，圭面上出現太陽投射形成的表影，稱作晷影。用度圭的尺寸刻度，得出晷影長度。通過長期觀測比較，就可以得出冬至日的準確日期。(89)逢昌　大豐收。逢，大。(90)其對為衝　跟木星相對的星次就叫衝。例如木星在星紀次，鶉首次就是衝，木星在玄枵次，鶉火次就是衝。在這種情況下，鶉首次和鶉火次所對應的分野國就要遭殃了。

【語　譯】凡觀察雲氣作占的，仰而向上望者，占三四百里；在高於樹梢之上平望，占一二千里；登上更高的地方觀望，可占三千里。雲氣上方似有獸盤踞的，是取勝的雲氣。

2 自華山以南，那裡的氣下黑上赤。河南嵩山洛陽一帶的氣為正紅色。恆山以北的氣下黑上青。渤海、碣石、海、岱地區的氣都是黑色的。江、淮之間的氣則都是白色的。

3 徵調軍隊的氣是白色的。修築備戰工事的氣是黃色的。車戰部隊的氣忽高忽低，常常聚集。騎兵的氣低而分布廣。步兵的氣隨其行動而不斷變化。氣前低而後高，軍行迅速；氣前形方而後高，部隊精銳；氣後細而低，軍隊退卻；氣平則軍行緩慢；氣前高而後低，部隊在不停地回返。看到兩氣相遇，氣低的一方戰勝氣高的一方，氣銳的一方戰勝氣方的一方。氣來得低且循著車轍行進，不超過三四天可見敵情，這種氣五六里外可見。氣來時高七八尺，不超過五六天可見敵情，這種氣十來里外可見。氣來時高一丈多到兩丈，不超過三四十日可見敵情，這種氣五六十里外就可望見。

4 潔白如羽的雲叫稍雲，它對應的軍隊是一支將領驃悍而士兵缺乏士氣的軍隊。雲氣底部龐大而前部極遠，此雲見，有戰事。雲色青白而前端低，對應戰勝的一方；雲前端色紅且向上仰，對應的軍隊不能取勝。陣雲的形狀好像直立的有垛的城牆。杼雲的樣子像織機上的梭子。團團起伏相連而兩端尖銳的叫軸雲。杓雲的形狀像一條繩，橫亙於天，其一半就長約半個天空，其中大彎如虹的像是戰鬥的旗幟飄動。鉤雲彎曲如鉤。出現以上幾種雲，可結合雲的顏色作占。但只有那些潤澤、翻動、濃密並極引人注目的雲才入占；兩軍已經開戰，相應雙方的雲氣必呈交鬥情景。

5 王朔作占的時候，他主要看日旁的雲氣，認為日旁雲氣主帝王之事，以雲氣的形狀作占。

6 正是因為如此，北方游牧民族的雲氣，形如畜群與氈蓬；南方漁業民族的雲氣，形如舟船幡旗。凡是發生水災之處、軍隊敗潰的戰場、滅亡國家的廢墟、下藏大量錢幣的地方、埋有金銀珠寶之地，都有相應的雲氣，不可不察。海旁蜃氣會出現樓臺景象，空闊曠野能有宮闕圖像浮於氣上，可見雲氣能呈現各地山川和聚集人群的風貌。

7 占一個地方是繁榮還是虛耗，作占的人要親自進入這個地方的城邑，考察那裡的疆域、農耕生產，看城牆、居室門戶的新舊，再看人們的車駕、服飾、農畜商品。充實繁榮的，吉利；空虛蕭條的，凶險。

8 像煙而不是煙，像雲而不是雲，色彩華麗，像是不停地轉動飄緲，叫做卿雲，出現卿雲，將有喜事。像霧而不是霧，衣帽沾著它也不溼，此氣出現有戰事，這裡的軍隊已經披甲以待了。

9 雷電、虹色偏紅的蝦虹、雷暴、夜明等現象，都是陽氣運動的產物，春夏時出現，秋冬時隱藏，作占的人都注意觀察它們。

10 許多自然現象，如天開裂懸示物象，地震出現地裂斷錯，山崩及泥石徙移，河川壅塞，溪谷石流，水冒地長，湖井澤竭等都是兆應徵象。並且要觀察社會上諸如城郭里巷，門軸的潤滑、枯澀、磨毀；宮廟官邸、平民住宅。民間風俗、車輛服飾、飲食娛樂。莊稼草木生長的地方。糧倉、錢庫、馬棚、軍械庫、道路交通。牲畜禽獸放牧畜養的場所；魚鱉鳥鼠棲息藏匿的地方。鬼哭嚎叫，驚嚇了遇上的人，以及謠言流語等，也都是兆應徵象。

11 凡占候年成好壞，一定要謹慎地占候歲首。歲首始為冬至日，是一年生氣之始。二為臘月的臘明日，這一天人們慶祝舊的一年行將結束，要在一起聚餐，這是陽氣將發之時，所以叫初歲。三為正月初一，是君主頒用年曆的起始日。四為立春日，是四季的開始。冬至、臘明、元旦、立春合為四始，都是占候的日子。

12 漢代魏鮮總結出一種在臘明、正月元旦觀風的決八風占候法。在這兩日裡，風從南方來，有大旱；從西南來，小旱；從西方來，有打仗；從西北來，大豆收成好，但很快將有戰事；從北方來，年成較好；從東北來，是大豐收之年；從東方來，有大水災；從東南來，民間有疾病流行，為歉收之年。因為八方之風各有從相對方向的來風相抵，所以占候的時候要以來風的次數作為決斷的依據。來風次數多的勝過次數少的，來風時間久的勝過時間短的，風速快的勝過風速和緩的。風來在旦時至食時即寅時至辰時，占麥類；風來在食時至日昳即辰時至未時，占稷類；日昳至餔時即未時至申時，占黍類；餔時到下餔即申時到再過五刻，占豆類；下餔到日入即到酉時，占麻類。其時是有雲、有風又有太陽的日子，則今年農作面積大結實多；其時沒有雲但有風有太陽，這一年農作面積小但結實多；其時有雲有風而不晴天，農作面積雖大但結實少；其時有太陽而無雲無風，這一年莊稼歉收。沒有風的時間只有一頓飯的功夫，莊稼有損失但不大；沒有風的時間長到能煮熟五斗米，莊稼將有大損失。這以後又起了風並且有雲，形勢可轉變到對莊稼有利。選擇種什麼作物以期好的收成，要看風來的時間並參考雲的顏色來定。其時還下雪並且天像冬天那麼寒冷，這一年收成壞。

13 歲首這一天晴朗光明，還可以用傾聽都市中發出的樂聲作占。發出宮聲調，兆應好年成，吉利；發商聲調，有兵禍；發徵聲調，有旱災；發羽聲調，有水災；若發角聲調，這一年就是壞年成。

14 還有一種在歲首作占的方法，是從正月初一起計數連續下雨的日數，按一日雨相應有一升實物收成的比例預估收穫，到七升為極限；超過七升的不占。這種占法還可以簡化，即將正月初一到十二日，當成本年的一月到十二月，用十二天各天的雨量預測本年各月的水旱。對於疆域千里即對天下的占候，需用前面所說的在整個正月計數的方法。若要占各分野國的收成，要看正月時月亮在哪一宿經過，並使用前面所述用太陽、風、雲去占分野國。然而最重要的是要觀測太歲所在方位。太歲在西，主豐收；在北，為歉收年；在東，是饑荒年；在南，主旱災。以上是占候風的一般原則。

15 正月裡的第一個甲日，風從東方來，是蠶桑好年成；風從西方來，日出時有黃雲，則是歉收年。

16 冬至日白晝最短，冬至前在天平一端懸土，另一端懸炭，使其平衡，隨著冬至臨近，因空氣溼度變化，懸炭的一端將失去平衡，屆時鹿將脫落其角，蘭花的根會長出，泉水躍流，這些物候變化顯示冬至的來臨。但要準確地定出冬至日，則需要依據圭表測影來決定。歲星所在之宿，它對應的分野國五穀豐登。該宿相對之宿對應的分野國，這一年則有災殃。

1 太史公曰：自初生民以來，世主曷嘗不曆日月星辰[1]？及至五家[2]、三代[3]，紹而明之[4]，內冠帶，外夷狄[5]，分中國為十有二州[6]，仰則觀象於天，俯則法類[7]於地。天則有日月，地則有陰陽。天有五星[8]，地有五行。天則有列宿，地則有州域。三光者，陰陽之精，氣本在地，而聖人統理[9]之。

2 幽、厲以往，尚矣[10]。所見天變[11]，皆國殊窟穴，家占物怪[12]，以合時應，其文圖籍禨祥不法[13]。是以孔子論六經[14]，紀異而說不書[15]。至天道命[16]，不傳；傳其人[17]，不待告[18]；告非其人，雖言不著[19]。

3 昔之傳天數[20]者：高辛[21]之前，重、黎[22]；於唐[23]、虞[24]，羲、和[25]；有夏[26]，昆吾[27]；殷商[28]，巫咸[29]；周[30]室，史佚[31]、萇弘[32]；於宋[33]，子韋[34]；鄭則裨竈[35]；在齊[36]，甘公[37]；楚[38]，唐眛[39]；趙[40]，尹皋[41]；魏[42]，石申[43]。

4 夫天運[44]，三十歲一小變，百年中變，五百載大變；三大變一紀，三紀而大備[45]，此其大數[46]也。為國者必貴三五[47]。上下各千歲，然後天人之際續備[48]。

5 太史公推古天變，未有可考于今者。蓋略以春秋二百四十二年之間，日蝕三十六[49]，彗星三見，宋襄公時星隕如雨[50]。天子微[51]，諸侯力政，五伯[52]代興，更[53]為主命，自是之後，眾暴[54]寡，大并小。秦[55]、楚、吳[56]、越[57]，夷狄也，為彊伯。田氏篡齊[58]，三家分晉[59]，並為戰國。爭於攻取，兵革更起[60]，城邑數屠[61]，因以饑饉疾疫焦苦，臣主共憂患，其察禨祥候星氣尤急。近世十二諸侯七國相王[62]，言從衡者繼踵[63]，而皋、唐、甘、石因時務論其書傳[64]，故其占驗凌雜米鹽[65]。

6 二十八舍主十二州，斗秉兼之，所從來久矣。秦之疆也，候在太白，占於狼、弧。吳、楚之疆，候在熒惑，占於鳥衡[66]。燕[67]、齊之疆，候在辰星，占於虛、危。宋、鄭之疆，候在歲星，占於房、心。晉[68]之疆，亦候在辰星，占於參、罰。

7 及秦并吞三晉、燕、代[69]，自河、山[70]以南者中國。中國於四海內則在東南，為陽；陽則日、歲星、熒惑、填星，占於街南[71]，畢主之。其西北則胡、貉、月氏諸衣旃裘引弓之民[72]，為陰；陰則月、太白、辰星，占於街北，昴主之。故中國山川東北流，其維[73]，首在隴、蜀[74]，尾沒于勃、碣。是以秦、晉好用兵，復占太白，太白主中國；而胡、貉數侵掠，獨占辰星，辰星出入躁疾，常主夷狄，其大經也。此更為客主人[75]。熒惑為孛[76]，外則理兵，內則理政，故曰「雖有明天子，必視熒惑所在」。諸侯更彊，時菑異記，無可錄者[77]。

8 秦始皇之時，十五年彗星四見，久者八十日，長或竟天[78]。其後秦遂以兵滅六王[79]，并中國，外攘四夷[80]，死人如亂麻，因以張楚[81]並起，三十年之間兵相駘藉[82]，不可勝數。自蚩尤[83]以來，未嘗若斯也。

9 項羽救鉅鹿[84]，枉矢西流，山東[85]遂合從諸侯，西坑秦人[86]，誅屠咸陽[87]。

10 漢之興，五星聚于東井。平城之圍[88]，月暈參、畢七重[89]。諸呂[90]作亂，日蝕，晝晦[91]。吳、楚七國叛逆[92]，彗星數丈，天狗過梁[93]野；及兵起，遂伏尸流血其下。元光、元狩[94]，蚩尤之旗再見，長則半天。其後京師師四出，誅夷狄者數十年[95]，而伐胡尤甚。越之亡[96]，熒惑守斗；朝鮮之拔[97]，星茀于河戍[98]；兵征大宛[99]，星茀招搖：此其犖犖[100]大者。若至委曲[101]小變，不可勝道。由是觀之，未有不先形見而應隨之者也。

11 夫自漢之為天數者，星則唐都[102]，氣則王朔，占歲則魏鮮。故甘、石曆五星法[103]，唯獨熒惑有反逆行；逆行所守，及他星逆行，日月薄[104]蝕，皆以為占。

12 余觀史記[105]，考行事[106]，百年之中，五星無出而不反逆行，反逆行，嘗盛大[107]而變色；日月薄蝕，行南北有時[108]，此其大度[109]也。故紫宮、房心、權衡、咸池、虛危列宿部星(110)，此天之五官坐位也，為經，不移徙，大小有差，闊狹有常。水、火、金、木、填星，此五星者，天之五佐(111)，為經緯，見伏有時(112)，所過行贏縮有度。

13 日變脩德(113)，月變省刑(114)，星變結和(115)。凡天變，過度(116)乃占。國君彊大，有德者昌；弱小，飾詐(117)者亡。太上(118)脩德，其次脩政(119)，其次脩救(120)，其次脩禳(121)，正下無之(122)。夫常星(123)之變希見，而三光之占亟(124)用。日月暈適(125)，雲風，此天之客氣(126)，其發見亦有大運(127)。然其與政事俯仰(128)，最近天人之符(129)。此五者，天之感動(130)。為天數者，必通三五，終始古今(131)，深觀時變，察其精粗(132)，則天官備矣。

【章旨】以上為第六段，回顧過去星占家所取得的成就，並且記述各個時期不尋常的天象以及它們所兆應的大事件。

【注釋】❶世主曷嘗不曆日月星辰　歷代帝王有哪個不重視觀測日月星辰制訂曆法的？曷嘗，何嘗；何曾。星辰，有兩解：一、眾星的總稱；二、星指五星，辰指二十八宿。❷五家　黃帝、顓頊、帝嚳、唐堯、虞舜五位帝，歷史上對五家所指並不一致。❸三代　指夏、商、西周三個朝代。❹紹而明之　曆法經過五帝三代的繼承發展，對其規律更加明瞭了。紹，繼承。❺內冠帶二句　對內親和華夏各族，對外抵禦夷狄等族。內，親近。冠帶，禮帽和腰帶，本是貴族的服裝，引申為文明的意思，借指華夏族。外，疏遠。夷狄，古代對四方外族的貶稱。夷，指東方外族。狄，指北方外族。❻十有二州　《尚書·堯典》有「肇十有二州」的話，但並沒有記載州名，後人根據《尚書·禹貢》、《周禮·職方》、《爾雅·釋地》三種九州名稱，拼湊成為冀、幽、并、兗、青、營、徐、揚、荊、豫、梁、雍十二州。❼法類　效法物類。❽五星　古代天文術語。又稱「五宮」、「五佐」，太陽系中水、金、火、木、土五顆行星的總稱。❾統理　統一調理。❿幽厲以往二句　周厲王、周幽王以前，已經比較久遠了。周厲王，西元前八七七—前八四一年在位。周幽王，西元前七八一—前七七一年，厲王之孫。尚，久遠。⓫天變　古代天文術語。異常的天空現象。通常把天空出現日蝕、月蝕、日月薄蝕、彗星、客星、流星、隕星、五大行星的淩犯、守、留、月亮掩蝕、日暈、月暈、彩虹與其他奇形怪狀的雲氣等等天象，以及氣象的異常變化，統稱為天變。⓬皆國殊窟穴二句　那時所看見的天象變化，由於各國取的應驗有各自的標準，記錄下不同的奇異，物怪變化，以符合各自的國情。殊，異；不同。窟穴，洞穴。借指災異現象和其他遺跡。物怪，怪異的事物。⓭其文圖籍句　他們的圖文典籍中所記占候吉凶的方法全不統一，無法效法。禨祥，通過觀察天象以預測吉凶。法，效法。⓮六經　六部儒家經典，指《詩》、《書》、《禮》、《樂》、《易》、《春秋》。⓯紀異而說不書　敘述他們記載的異象而不尋求他們的解釋方法。⓰天道命　指天道、天命。天道，古代哲學概念。它最初包含有日、月、星辰等天體運行規律和用來推測人們吉凶禍福的兩個方面。⓱其人　指所謂懂得天道、天命的聖哲。⓲不待告　只能自己領悟其微妙。⓳著　明白；通曉。⓴天數　《易經》：「天一、地二、天三、地四、天五、地六、天七、地八、天九、地十。」其中一、三、五、七、九為天數，二、四、六、八、十為地數。後把天文學、天算、曆算也稱為天數。㉑高辛　古代傳說中炎黃部落聯盟首領，姬姓，名嚳，一作「俈」，亦稱「帝嚳」，號高辛氏。㉒重黎　古代人名。《左傳》載蔡墨曰：「少昊氏之子曰黎，為火正，號祝融。」黎即火正之官，知天數。《尚書》孔《傳》曰：「重，直龍反，少昊之後。黎，高陽之後。」重為少昊氏玄囂的後代句芒，黎為帝顓頊高陽氏的孫子祝融，此是第一代重、黎。其子孫各繼其位為重、黎，至高辛氏時仍有此官，帝摯時廢棄。㉓唐　陶唐氏，帝堯的國號。㉔虞　有虞氏，帝舜的國號。㉕羲和　古代官職名，羲氏和和氏，古史傳說中掌管天文曆法的官員。一說是黃帝時人，受命占日，一說是重黎之後，堯令羲氏、和氏兄弟二人分駐東南西北四方，觀察日月星辰，制訂曆法，頒布農時季節。又一說是夏仲康時天文官員，後因沉湎於酒色，疏於觀測，漏報重要天象之出現，引起很大驚慌，而被懲治。㉖有夏　夏代。我國歷史上第一個朝代。約當西元前二十一世紀至前十六世紀左右。有，用在專有名詞之前的助詞。㉗昆吾　夏朝的諸侯，已姓，名失考，已樊之後裔，夏桀時為侯伯，後為商湯誅滅。㉘殷商　朝代名。商湯滅夏後建。盤庚時遷都殷（今河南安陽西北）遷都以後的商朝又叫殷。紂王時為周武王所滅。共傳十七代，三十一王，歷時約西元前十六世紀至西元前十一世紀。㉙巫咸　商朝大臣，星占學家。帝太戊時政局一度不穩，諸侯或不至，在他和伊陟的共同輔佐下，使「殷復興，諸侯歸之」。擅長於天文術數，精於占星。曾觀測過許多恆星，並給予命名。著有《星經》一卷，今佚，有《巫咸星名》傳世。㉚周　王朝名，周武王於西元前一〇四六年滅商建國，都鎬（今陝西西安灃水東岸）；至平王時遷都洛陽，西元前二五六年周赧王卒，周被秦國所滅。共歷三十二代三十七王，歷時七百九十多年。㉛史佚　西周初期史官，天文家，星占家，亦稱「尹佚」。周武王時，任太史，擅長天文、術數。曾輔佐武王伐紂，與姜尚及周、召二公並稱「四聖」。㉜萇弘　（？—西元前四九二年）春秋時人。周景王、敬王時大臣劉文公所屬大夫。於天地之氣、日月之行、風雨之變、律曆之數無所不通。後因政治集團內部鬥爭於敬王二十八年被處死。《漢書‧藝文志》有《萇弘》十五篇，已佚。㉝宋　古國名，子姓；周公平定武庚叛亂後所封，建都商丘（今河南商丘南），西元前二八六年為齊國所滅。㉞子韋　春秋時宋國天文學家。精通天文。《拾遺記》謂：宋景公時，子韋如野人般披草負芨，扣門而入，景公延之崇堂。子韋語及未來之兆，次及以往之事，萬無一失。夜觀星望氣，晝則執算披圖，不穿寶衣，不甘奇食。景公遂賜姓子。㉟鄭則裨竈　鄭，古國名。開國君主為周宣王弟（鄭桓公）。周宣王二十二年（西元前八〇六年）封於鄭（今陝西華夏），周烈王元年（西元前三七五年）為韓國所滅。裨竈，春秋時天文、星占家，鄭國大夫。長於天文、術數，以占星術著名。㊱齊　古國名，開國君主為呂尚，姜姓。周初封國，都營丘（今山東臨淄）。春秋末年君權為大臣田氏所奪，並成為戰國七雄之一，長期與秦國相對峙，西元前二二一年為秦所滅。㊲甘公　戰國初期天文學家，名德，齊國人，一說魯國或楚國人。西元前三〇〇年前後曾測定過恆星的位置，著有《天文星占》八卷，今佚。世傳《甘石星經》並非他和石申所作，而是後人所傳。㊳楚　古國名。楚民族建立的國家。活動在今湖北荊山一帶，春秋時成為五霸之一。戰國時其疆域不斷擴大，成為戰國七雄之一。西元前二二三年為秦國所滅。㊴唐眛　戰國時天文、星占家。楚國人，擅長天文、術數。㊵趙　戰國時國名。七雄之一，周威烈王二十三年（西元前四〇三年）封為諸侯。定都邯鄲（今河北邯鄲），西元前二二二年為秦國所滅。㊶尹皋　戰國時趙國人，天文學家，擅長天文術數。㊷魏　戰國時國名，七雄之一。周威烈王二十三年（西元前四〇三年）封為諸侯。周顯王二十五年（西元前三四四年）魏惠王自稱為王。馬陵之戰失敗後，國勢疾落，西元前二二五年為秦所滅。㊸石申　戰國中期天文學家。魏國人。西元前三六〇年前後測定了一二〇顆恆星的位置，著有《天文》八卷，今佚；所測位置收錄於《開元占經》。㊹天運　指日月星辰之運行以及異常天象的出現變化。「運」為運行、運轉之意。又作命運、氣數解。㊺三紀而大備　經過三紀就完成了整個的變化週期，這是它的大週期。㊻大數　自然的分限。㊼為國者必貴三五　主持國政的人一定要知道並重視日、月、五大行星的運行週期。三五，《索隱》以為指三十歲小變，五百歲大變。㊽上下各千歲二句　考察上下各一千年的變化，然後才能完備地了解天人之間的關係。天人之際，天道和人事之間的相互關係。續備，上下繼承，前後貫通，才能夠大備。㊾春秋二百四十二年之間二句　春秋，時代名，根據魯國編年史《春秋》得名。孔子根據魯史資料，以編年體形式，編成《春秋》一書。記載從魯隱公元年（西元前七二二年）到魯哀公十四年（西元前四八一年）共二百四十二年的歷史。《春秋》載三十六次日蝕如下：隱公三年二月乙巳；桓公七月壬辰朔；十七年十月朔；莊公十八年三月朔；二十五年六月辛未朔；二十六年十二月癸亥朔；三十九年九月庚午朔；僖公五年九月戊申朔；十二年三月庚午朔；十五年五月朔；文公元年二月癸亥朔；十五年六月辛卯朔；宣公八年七月庚子朔；十年四月丙辰朔；十七年六月癸卯朔；成公十六年六月丙辰朔；十七年七月丁巳朔；襄公十四年二月乙未朔；十五年八月丁巳朔；二十年十月丙辰朔；二十一年九月庚戌朔；十月庚辰朔；二十三年二月癸酉朔；二十四年七月甲子朔；八月癸巳朔；二十七年十二月乙亥朔；昭公四年七月甲辰朔；十五年六月丁巳朔；十七年六月甲戌朔；二十一年七月壬午朔；二十二年十二月癸酉朔；二十四年五月乙未朔；三十年十二月辛亥朔；定公五年三月辛亥朔；十二年十一月丙寅朔；十五年八月庚辰朔。後世稱《春秋》三十六次日蝕，還包括獲麟以後哀公十四年五月庚申朔的一次日蝕。這三十六次日蝕紀錄是復原春秋時期魯國曆譜的客觀依據。(50)宋襄公時星隕如雨　《春秋》記載隕星事有兩次：一是魯莊公七年發生在魯國，這時是宋閔公五年，原文作「夜中星隕如雨」。一次是魯僖公十六年發生在宋國，這時是宋襄公七年，原文作「隕石于宋五」。(51)天子微　指中央政權衰微。天子，指周天子。(52)五伯　指春秋五霸，一說是春秋時期的齊桓公、晉文公、秦穆公、宋襄公、楚莊王。二說是齊桓公、晉文公、秦穆公、楚莊王、吳王闔閭。三說是齊桓公、晉文公、楚莊王、吳王闔閭、越王句踐。(53)更　連續；交替。(54)暴　欺侮；踐踏。(55)秦　古國名，嬴姓，居於犬丘（今甘肅天水地區），周孝王因其有功而封於秦（今甘肅清水秦亭附近），號曰「秦嬴」。西周之時，始為諸侯。西元前二二一年秦始皇統一中國之後，建立歷史上第一個封建集權國家秦朝。(56)吳　古國名，也稱句吳、攻吳。姬姓，西周太王之子太伯，雍仲所建，西元前四七三年為越國所滅。(57)越　古國名，於越族所建。西元前四七二年消滅吳國，並稱霸中原，戰國時為楚國所敗。(58)田氏篡齊　齊相田常，於齊簡公四年（西元前四八一年）五月，發動武裝奪權，殺死齊簡公，另立簡公弟驁為齊平公，自立為相，掌實權。西元前三八七年周天子承認田和為侯，田氏始列為諸侯。歷史上稱為「田氏篡齊」或「田氏代齊」。(59)三家分晉　指韓、趙、魏三家瓜分晉室。周威烈王二十三年（西元前四〇三年）通過天子冊命，三家成為諸侯。周安王二十六年（西元前三七六年）趙、韓、魏最後滅掉了晉國君。(60)兵革更起　指戰爭此起彼伏。兵革，指代戰爭。(61)數屠　多次全城被殺光。(62)近世十二諸侯七國相王　十二諸侯，指春秋時期的魯、齊、晉、秦、楚、宋、衛、陳、蔡、曹、鄭、燕十二個諸侯國，當時天子衰微，大國爭霸。七國相王，指戰國時期齊、楚、燕、韓、趙、魏、秦七個強國相互稱王。(63)言從衡者繼踵　遊說合縱連衡的穿梭接踵，頻繁往來。從衡，合縱與連衡的兩種外交鬥爭。繼踵，前後相接。(64)因時務論其書傳　天文星占家各自根據他們國君的需要而寫出不同的占候著述。因，就；針對。介詞。書傳，書文典籍，此指占候的著作。〔65〕故其占驗淩雜米鹽　這使他們的占驗互相矛盾雜亂無章，瑣碎得如同米和鹽一般。米鹽，比喻微小瑣碎。〔66〕鳥衡　當指南宮朱鳥和太微庭。〔67〕燕　古國名，姬姓。周初封國，戰國時為七雄之一，西元前二二二年為秦所滅。〔68〕晉　古國名，姬姓。周成王封弟叔虞於唐（今山西翼城東南），故稱唐國。燮父時為晉國，為春秋五霸之一，春秋末年為韓、趙、魏瓜分，國遂滅。〔69〕代　春秋戰國時國名，在今河北蔚縣東北代王城。周元王元年（西元前四七五年）為趙國所滅。〔70〕河山　河指黃河，山指華山。〔71〕街南　天街星官的南邊。〔72〕其西北則胡貉月氏諸衣旃裘引弓之民　西北方向居住的是胡、貉、月氏等穿獸皮彎弓打獵的民族。胡，我國古代對北方和西方各族的泛稱。貉，也作「貊」。古代對東北部族的貶稱。月氏，古民族名，在敦煌、祁連間（相當於今甘肅蘭州以西至敦煌的河西走廊一帶）。衣，動詞，穿衣。旃裘，古代西北民族用獸毛製成的衣服。〔73〕維　系統；脈絡。〔74〕隴蜀　隴山南連蜀之岷山，故稱「隴蜀」。一說隴坂險阻，與蜀道並稱，故云「隴蜀」。〔75〕此更為客主人　金星和水星交替地處在客位和主位。〔76〕孛　通「悖」。逆亂。一說作「理」，與下二「理」字相同。〔77〕時菑異記二句　當時這些災異占候的紀錄眾說紛紜，無法收錄於書。〔78〕竟天　橫貫天空。〔79〕六王　指韓王韓安、趙王趙遷、魏王魏假、楚王熊負芻、燕王姬喜、齊王田建。〔80〕外攘四夷　對外排斥四夷。攘，排斥；排除。四夷，指東夷、西戎、南蠻、北狄，古代對華夏族以外四方各民族之泛稱。〔81〕張楚　秦代末年農民起義領袖陳勝於西元前二〇九年在陳縣（今河南淮陽）建立楚政權，號為張楚。〔82〕跆藉　踐踏。〔83〕蚩尤　傳說中原始社會末期的部落酋長。後為黃帝戰敗擒殺。〔84〕鉅鹿　古城名，在今河北平鄉（乞村）西南。〔85〕山東　古地區名，戰國秦、漢通稱華山或崤山（今河南境內）以東地區為山東。〔86〕西坑秦人　項羽在鉅鹿之戰後，摧毀了秦軍主力，後坑殺秦軍士兵二十多萬人。坑，活埋。〔87〕咸陽　古都邑名，秦朝的都城，在今陝西咸陽東北二十里。〔88〕平城之圍　漢高帝七年（西元前二〇〇年），劉邦親自率領大軍出擊匈奴，剛到平城（今山西大同東北），被匈奴突擊部隊圍困在白登山（在今大同市東北），七天才解困。〔89〕月暈參畢七重　有月暈七重出現在參宿與畢宿。月暈，大氣現象。月亮光線經雲層中冰晶的折射和反射而形成的一種環繞月亮的白色或彩色光環，或通過月亮的白色光帶。〔90〕諸呂　漢高后八年（西元前一八〇年）呂雉死後，她的姪兒呂產、呂祿等企圖奪取政權，被太尉周勃等平定。〔91〕晝晦　白天天色昏暗。〔92〕吳楚七國叛逆　漢景帝前元三年（西元前一五四年）吳王劉濞聯合楚王劉戊、趙王劉遂、膠西王劉卬、膠東王劉雄渠、濟南王劉辟光、菑川王劉賢反對朝廷「削藩」政策，發動大規模叛亂，被太尉周亞夫等平定。〔93〕梁　此指文帝子劉武的封國，國都睢陽，在今河南商丘城南。〔94〕元光元狩　皆漢武帝年號。元光，當西元前一三四—前一二九年。元狩，當西元前一二二—前一一七年。〔95〕誅夷狄者數十年　指漢武帝時期對匈奴、西南夷、百越、朝鮮、西域的歷次戰爭。[96]越之亡　漢武帝元鼎五年（西元前一一二年）南越相呂嘉反，漢武帝派兵征討，平定南越，設置南海等九郡。越，指南越。[97]朝鮮之拔　漢武帝元封二年（西元前一〇九年）朝鮮王衛右渠攻掠遼東，漢武帝派兵進擊，平定朝鮮，設置樂浪等四郡。拔，攻克。被動用法。[98]星茀于河戍　孛星出現在和它相應的天區北河與南河那裡。星茀，指新星出現於某個星宿，或彗星掃過某一星官。如「星茀于河戍」、「星茀招搖」。茀，同「孛」。河戍，指南河星和北河星。因為它們的位置是天帝的關梁，是需要守衛的交通要衝，故稱為河戍。[99]兵征大宛　漢武帝太初元年至四年（西元前一〇四—前一〇一年），武帝派兵征服大宛。大宛，古西域國名，王治貴山城（今俄羅斯中亞卡散塞；或說俱戰提，今俄羅斯列寧納巴德），領地相當於今俄羅斯中亞費爾干納盆地。[100]犖犖　事理分明貌。[101]委曲　隱微曲折。委，微末。曲，曲折。[102]唐都　西漢天文術數家。曾重新劃分和測定二十八宿各宿的距度和宿度。武帝元封年間受詔參與制訂〈太初曆〉。[103]五星法　指利用五星作占之法。[104]薄　太陽或月亮被不透明的高空雲氣遮掩，因而昏暗無光。[105]史記　泛指古代的歷史書籍。[106]考行事　指自己的觀察實踐。[107]盛大　指光線強烈閃耀。[108]日月薄蝕二句　指日月接近的時候是否出現交蝕，和它們在南北方向的相對位置有關係。南北，指天球黃道的南北。[109]大度　一般規律。[110]部星　分區管轄的眾星。[111]五佐《正義》引徐廣曰：「水、火、金、木、土佐天行德也。」[112]見伏有時　指五星的出現和隱沒都是有規律的。[113]脩德　修養德行。[114]省刑　減少刑罰。[115]星變結和　發生星變時要對外睦鄰對內親和。[116]過度　超出常規。[117]飾詐　虛偽狡猾。[118]太上　最上，指國君。[119]脩政　修明政治、制度和執行好的政策。[120]脩救　發現錯誤或失誤時，提出及時的補救措施。[121]脩禳　出現災禍後，虔誠祈禱上天結束和減輕災害。[122]正下無之　最糟糕的就是不聞不問，無視出現的問題。正下，最下。無，無視。之，代表天變。[123]常星　恆星。[124]亟　一再；屢次。[125]暈適　《集解》引：孟康曰：「暈，日旁氣也。適，日之將食，先有黑氣之變。」適，通「蝕」。[126]客氣　暫時停留的雲氣。客，不久留。[127]大運　就是天運。[128]俯仰　上下變化。[129]天人之符　天道和人事的同一性。「天」原作「大」。梁玉繩《史記志疑》卷十五：「《正譌》曰『「大」字誤，當作「天」』。」今據改。[130]天之感動　天道和人間政治行為反映的表象。[131]終始古今　要能縱觀古今上下歷史。終始，從頭到尾貫通。動詞。[132]精粗　精髓和皮毛。

【語譯】太史公說：自從人類社會形成以來，歷代帝王沒有哪一個不重視觀測日月星辰的。經過五帝及夏商周三代的繼承發展，對天體運行規律和觀測天象的重要性更加明瞭，他們對內親和華夏各族，對外抵禦夷狄等族，將中原劃分為十二州，抬頭觀測天象，低頭注意地上可以效法的事物。天上有日月，地上分陰陽。天上有五星，地上有五行。天上劃分出列宿，地上區分為州域。日月星三光，是陰陽之精，精氣的根源在地上，要靠聖明的帝王統領調理它們。

2 周幽王和周厲王之前，距今已經十分久遠。那時觀測天象變化後，他們各自按照本國國情去占卜，記錄下許多奇聞異事和物怪變化，作為天變的兆應，致使他們在圖文典籍中所記占卜的方法全不統一，無法效仿。所以孔子講論《六經》的時候，只敘錄他們記載的異象而不講他們互相矛盾的解釋。至於天道、天命是涉及天體運行規律和天象解釋的大事，無法傳授；那些知天道、天命的聖哲，都是自己領悟體驗出來的。如果遇上不合適的人，就是傳授給他，他也不能明白。

3 過去知曉天數的，在高辛氏以前，是重和黎；在唐堯、虞舜時代，是羲氏與和氏；夏代為昆吾；殷商為巫咸；周代，有史佚和萇弘；宋國有子韋；鄭國有裨竈；齊國有甘公；楚國有唐眛；趙國有尹臯；魏國有石申。

4 天道循環，三十年一小變，百年一中變，五百年一大變；三大變的時間叫一紀，三紀是變化的整個週期，這是天道的大限。主持國政的人一定要知道並重視天道有三十年、五百年的變化週期。考察上下各千年的變化，然後才能完備地了解天人之間的關係。

5 太史公推考歷史上以天象變化作占的記載，發現並沒有什麼占候的原則是可以應用於當今的。大概在春秋二百四十二年的時間裡，有日蝕紀錄三十六次，彗星紀錄三次，一次流星雨即宋襄公時記錄的星隕如雨。那時中央政權衰微，諸侯以武力互相征伐，五霸相繼形成，交替當政。從此以後，勢重的欺凌孤弱的，強大的兼併弱小的。秦、楚、吳、越原本屬於夷狄，也因武力強大而成為霸主。田氏篡奪了齊國政權，韓、趙、魏三國瓜分了原來的晉國，揭開了戰國諸雄並爭的新格局。他們互相爭奪攻戰，戰爭一場接著一場，許多城邑頻遭屠掠，飢餓、疾疫給人民造成極大災難，各國當權的也都十分憂慮，在這種背景下，以星象、雲氣占候吉凶成為社會急需。近代這十二諸侯七國相繼為王的時期，主張合縱和主張連橫的說客頻繁穿梭，接踵往返於各國之間，於是尹皐、唐眜、甘德、石中等天文星占家各自根據他們國君的需要寫出了不同的星占著作，這就使他們的占驗互相矛盾且雜亂無章，瑣碎的如同米、鹽一般。

6　用發生在二十八宿中的天象變化占十二州域，同時參照北斗斗柄的指向，這種星占方法已經行用了很久。秦國的疆域，候在金星，占驗見於狼星、弧矢。吳、楚的疆域，候在火星，占驗見於南宮朱雀和太微垣。燕、齊的疆域，候在水星，占驗見於虛宿和危宿。宋、鄭的疆域，候在木星，占驗見於房宿和心宿。晉國的疆域，亦候在水星，占驗見於參宿和罰星所在天區。

7　秦國吞併三晉、燕、代以後，黃河、華山以南稱作中原。此處地處四海範圍的東南，屬陽；用屬陽的太陽、木星、火星、土星作占，候在天街之南，以畢宿為主。中原西北為胡、貉、月氏等穿獸皮彎弓打獵的民族，屬陰；用屬陰的月亮、金星、水星作占，候在天街之北，以昴宿為主。由於中原的山川流向東北，主脈之頭在隴、蜀，末尾消失在勃、碣地方的海中，可見秦、晉地處主脈西北而和胡人同屬陰，所以他們喜好征戰，也占候於屬陰的金星，金星占候的也是屬於中原國家的事；但對於原本屬陰的胡、貉等民族的多次入侵，只能用水星作占，水星出沒運行躁急快速，一般來說主要用於占候夷狄，這也是作占的通用原則。金星和水星交替地處在主位或客位。火星為悖亂，用它對外占候軍事，對內占候政令，以致流傳有「有聖明的天子在，也要注意火星的運行和它所在的位置」的話。至於諸侯勢力強弱的變更，當時災異占候的紀錄眾說紛紜，無法收錄於書。

8　秦始皇時期，十五年間出現過四次彗星，有的日久，八十天天空可見，有的大得驚人，幾乎橫貫天空。此後秦終於以武力征滅六國，併吞中原，對外還和四夷作戰，這一時期死人如麻，不計其數，導致張楚王和群雄都起兵造反，三十年間打仗踐踏，次數多的無法計數。自從蚩尤以來，還沒有發生過死人如此之多的大戰亂。

9　項羽救鉅鹿的時候，有流星從東向西劃破長空，崤山以東諸侯聯合向西攻秦，坑殺秦兵，殺掠占領了咸陽。

10 漢朝建國，出現五大行星會聚於井宿的天象。漢高祖平城被圍，有月暈七重出現在參宿和畢宿。呂氏家族作亂，發生了日蝕和白晝晦暗不見太陽。吳楚等七國叛亂，見到幾丈長的彗星，有火流星越過梁的疆域；隨後那裡發生了戰爭，屍橫遍野，血沃梁土。元光、元狩年間，蚩尤旗樣的彗星再度出現，其尾長有半個天空。此後中央向四外發兵，和夷狄作戰幾十年，尤以討伐胡人的戰事為多。越國滅亡的時候，火星停留在斗宿；攻取朝鮮，孛星出現在所當天區北河和南河；出兵征討大宛，孛星則出現在招搖星附近；以上所舉都是非常顯明的天象應驗。至於那些不直接對應而需要再借助中間環節才能占出的變化較小的天象，則不勝枚舉。由此可見，沒有哪一件事不是先有徵兆出現而隨後被應驗的。

11 漢代以來研究天數的，占候星象有唐都，占候雲氣有王朔，占候年歲收成有魏鮮。在此以前的甘德、石申用五星作占，不過那時他們認為五星中只有火星才會逆行；所以火星逆行時所在位置，以及其他四顆行星出現逆行，日蝕月蝕，都要進行占候。

12 但我讀過的歷史記載和我自己的觀察實踐，證明近百年來，五顆行星出現後都會有逆行運動，並且當它們逆行的時候，不但比平常亮，還會改變顏色；日月接近的時候是否會發生日蝕，和月亮運動在黃道南還是在黃道北有關，這是一般規律。紫宮、房宿與心宿、軒轅和太微、咸池、虛宿與危宿，以上五部分星區，對應的是五宮的正位，這些宿的恆星南北方向分布，所以說它們為經。它們的位置是固定的，不移動，但各宿的寬窄有差異，其寬度是定數不變。水、火、金、木、土，這五顆行星是天帝的五個輔佐，為緯，它們在經向分布的列宿中穿梭，其出現與隱沒都是有規律的，它們運行的贏縮有一定度數。

13 做君主的在發生日變時要修養德性，發生月變時要反省刑罰是否得當，發生星變時要對外睦鄰對內人和。凡是發生天變，只有超出常規的才用來作占。國君強大而有德行，其國家昌盛；國君虛弱而偽詐狡猾，其國家會滅亡。一個國君最要緊的是提高自己的德行與修養，並且要制訂和執行好政策，這樣才能在發現錯誤和失誤的時候，及時提出改正和補救措施，不然也要在出現災害後，虔誠祈求上天結束和減輕災害，最糟糕的就是不聞不問，無視出現的問題。恆星變化極為罕見，日月五星因為它們不停地運動變化所以常常用來作占。

日暈、月暈、日月交蝕、雲氣和風這五種變化，都是暫時的現象，但都與天運有關。它們與國家的政治大局相關，是最能溝通天人之間關係的表象。這五氣是上天對人間大事的反映。所以研究天數的人，必須精通日月星三光和以上五氣的占候，要能縱觀古今上下歷史，深入了解當前時事的變化，可以宏觀和微觀地考察，這樣才算得上掌握了天官這門學問。

蒼帝行德，天門為之開。赤帝行德，天牢為之空。黃帝行德，天夭為之起。風從西北來，必以庚、辛。一秋中，五至，大赦；三至，小赦。白帝行德，以正月二十日、二十一日，月暈圍，常大赦載，謂有太陽也。一曰：白帝行德，畢、昴為之圍。圍三暮，德乃成；不三暮，及圍不合，德不成。二曰：以辰圍，不出其旬。黑帝行德，天關為之動。天行德，天子更立年；不德，風雨破石。三能、三衡者，天廷也。客星出天廷，有奇令。

【章　旨】以上為第七段，吳汝綸以為是「後人附記，非《史記》本文」；也有人認為，此段只是一些殘簡，是在長期的傳抄、轉刻過程中積存下來的。

【注　釋】由於這段文字錯雜，很難理解，故不作詳細注解。《史記三書證訛》曾對此做過一番校改和解說，現分條介紹如下：

①「蒼帝行德，天門為之開；赤帝行德，天牢為之空；黃帝行德，天（夭）矢為之起；白帝行德，畢昴為之圍；黑帝行德，天關為之動。」這十句應當移到上文末節「此五者，天之感動」的前面。意為蒼帝主政，可見天門打開的天象；赤帝主政，可見天牢無星；黃帝主政，可見到妖異天象；白帝主政，可見月行於畢宿、昴宿而為月暈所圍；黑帝主政，可見到天關星動

搖的表象。②「風從西北來，必以庚、辛。一秋中，五至，大赦；三至，小赦。」這幾句應當移至上文「候歲」段中，但跟魏鮮的說法不同。意思是有風從西北來，必在庚日、辛日，一季之內風來五次，有大赦；來三次，有小赦。③「白帝行德」為衍文。④「以正月二十日、二十一日，月暈圍，(常)當大赦。」這兩句是「白帝行德，畢、昴為之圍」的旁注。後人誤入正文。意為正月二十日、二十一日，見到殘月外圍有月暈包圍，常有大赦令出現。⑤「載」字是衍文。⑥「謂有太陽也」這一句是「候歲」段中的旁注。⑦「一曰：圍三暮，德乃成；不三暮，及圍不合，德不成。二曰：以辰圍，不出其旬。」這幾句是星占家的異說。意為另一種說法是白帝主政，月行於畢宿、昴宿而為月暈所圍，圍三個晚上，或者暈圈不合攏，沒有德政。⑧「白帝行德，畢、昴為之圍」，「黑帝行德，天關為之動。」這四句移到前面。⑨「天行德，天子更立年；不德，風雨破石。」意為隨著五帝更換著主政，君主要更換他的年號，不順應五帝主政的變化，就會有石破天驚的大災難。⑩「三能，三……」下面有缺文。⑪「衡者，天廷也。客星出天廷，有奇令。」這三句申述上文「南宮朱鳥」段的一層意思。

【語　譯】蒼帝主政，有天門打開的天象。赤帝主政，天牢中看不到星。黃帝當政，可見到妖異天象。有風從西北來，必在庚日、辛日。一季之內風來五次，有大赦；風來三次，有小赦。白帝主政，可在正月二十日、二十一日見到殘月外圍有暈包圍，常有大赦令出現，因為這時已經快天亮了。太陽出就見到了光明。另一種說法是白帝主政，月行於畢宿、昴宿並被暈所圍，圍三個晚上，政德人和；圍不到三個晚上或者暈圈不能合攏，沒有德政。也有人說，天亮前的月暈，不可能連續十天看到。黑帝主政，可見到天關星動搖。五帝更換主政，君王要隨著更換年號；不順應五帝更換，有石破天驚之災。三能、三衡，都是天王帝廷。有客星在這裡出現，就會有奇異的兆應。

【研　析】我國古人為了辨認恆星、觀測和記錄天象的方便，把相鄰或相近的恆星多寡不等地組合起來，並給予命名，這種組合單位，稱為天官，亦稱為星官。在早期，不同的天文學派有各自不同的星官和星官體系，過去人們認為〈天官書〉的星官是抄自石申，但經過薄樹人先生研究，〈天官書〉的星官體系是司馬氏的體系，也是漢代皇家機構所使用的體系。他將全天劃分為五大部分，即「中、東、南、西、北」五宮，並且有條不紊地加以描述。同時他以北極和黃赤道帶的中間天區，不屬於二十八宿的星官也劃歸到了五個星官中去，形成了自己獨有的特點，這與後代三垣二十八宿的劃分法是不同的。

其次他對恆星的顏色與亮度都有記載，確定了觀測星體顏色的標準，並對恆星的視亮度也有了一個粗略的定性式描述，譬如「大星，小星，星星不欲明，若見若否」就是例子。

再次，〈天官書〉對於行星的運動狀態作了詳盡的討論，他指出五星都有逆行，從而對行星的視運動有了正確認識。

最後，〈天官書〉對太陽系其他天體以及不常見天象的各種表現都詳加記錄，還對其名稱與同物異名一併列出，這對於閱讀古籍是十分有用的。

星占是我國古代一種重要的社會活動、社會觀念，我國古代天文學的高速發展的一個重要的原因就是為占星術服務。在西漢時期「天人合一」、「天人感應」的思想極為盛行。司馬遷也曾說過，他立志通過《史記》這部書「究天人之際，通古今之變，成一家之言」，而「究天人之際」最直接的途徑就是研究占星術了。歷代的帝王天子都深信王朝的興衰、世代的更迭，天都會有所預示，他們不得不求助於天文學家、星占學家以了解上天的旨意，這就使中國古代的天文學具有明顯的官辦特點。作為史學家的司馬遷，為我們詳盡地記錄了當時的星占活動，但作為哲學家他對星占並不迷信，他敘述這些星占只是為了「警時君修德修政」。他總結了漢代以前的星占學，同時在對星占學客觀記錄、整理的同時，又加入了自己清醒客觀的評判。

卷二十八

封禪書第六

【題解】〈封禪書〉記載了自遠古以來歷代帝王祭祀天地鬼神的發展變化史，其中尤其以大量的篇幅與細膩的筆觸描述了漢武帝迷信神仙、祈求長生不死的愚蠢荒唐行徑，是《史記》中諷刺性、批判性很強的篇章之一，即使在已經進入二十一世紀的今天，也仍有鮮活的警世意義。

1 自古受命❶帝王，曷嘗不封禪❷？蓋有無其應❸而用事❹者矣，未有睹符瑞❺見而不臻❻乎泰山者也。雖受命而功不至❼，至梁父矣而德不洽❽，洽矣而日有不暇給❾，是以即事用希❿。傳⓫曰：「三年不為禮，禮必廢；三年不為樂，樂必壞⓬。」每世之隆⓭，則封禪答焉⓮，及衰而息⓯。厥曠⓰遠者千有餘載，近者數百載，故其儀⓱闕然堙滅，其詳不可得而記聞云⓲。

2 尚書曰：舜在璇璣玉衡⓳，以齊七政⓴。遂類㉑于上帝，禋于六宗㉒，望山川㉓，徧羣神㉔。輯五瑞㉕，擇吉月日，見四嶽諸牧㉖，還瑞㉗。歲二月㉘，東巡狩㉙，至于岱宗[30]。岱宗，泰山也。柴[31]，望秩于山川[32]。遂覲東后[33]。東后者，諸侯也。合時月，正日[34]，同律度量衡[35]。修五禮[36]，五玉[37]三帛[38]二生[39]一死[40]贄[41]。五月，巡狩至南嶽。南嶽，衡山[42]也；八月，巡狩至西嶽。西嶽，華山[43]也；十一月，巡狩至北嶽。北嶽，恆山[44]也，皆如岱宗之禮。中嶽，嵩高[45]也。五載一巡狩[46]。

3 禹遵之。後十四世，至帝孔甲，淫德好神[47]，神瀆[48]，二龍去之[49]。其後三世，湯伐桀[50]，欲遷夏社，不可[51]，作夏社[52]。後八世，至帝太戊，有桑穀生於廷[53]，一暮大拱[54]，懼。伊陟[55]曰：「妖不勝德。」太戊修德，桑穀死。伊陟贊[56]巫咸，巫咸之興[57]自此始。後十四世，帝武丁得傅說為相[58]，殷復興焉，稱高宗[59]。有雉登鼎耳雊[60]，武丁懼。祖己[61]曰：「修德。」武丁從之，位以永寧[62]。後五世，帝武乙慢神而震死[63]。後三世，帝紂淫亂，武王伐之[64]。由此觀之，始未嘗不肅祗，後稍怠慢也[65]。

4 周官[66]曰：冬日至[67]，祀天於南郊[68]，迎長日之至[69]；夏日至[70]，祭地祇[71]，皆用樂舞，而神乃可得而禮[72]也。天子祭天下名山大川[73]，五嶽視三公[74]，四瀆視諸侯[75]，諸侯祭其疆內名山大川。四瀆者，江、河、淮、濟[76]也。天子曰明堂[77]、辟雍[78]，諸侯曰泮宮[79]。

5 周公[80]既相成王[81]，郊祀后稷以配天[82]，宗祀文王於明堂以配上帝[83]。自禹興[84]而修社祀[85]，后稷稼穡[86]，故有稷祠[87]，郊社所從來尚矣[88]。

6 自周克殷後十四世，世益衰，禮樂廢，諸侯恣行，而幽王為犬戎所敗[89]，周東徙雒邑[90]。秦襄公攻戎救周，始列為諸侯[91]。秦襄公既侯，居西垂[92]，自以為主少皞之神[93]，作西畤[94]，祠白帝[95]，其牲[96]用駵駒[97]、黃牛、羝羊[98]各一云。其後十六年[99]，秦文公東獵汧、渭之間[100]，卜居[101]之而吉。文公夢黃蛇自天下屬地[102]，其口止於鄜衍[103]。文公問史敦[104]，敦曰：「此上帝之徵[105]，君其祠之。」於是作鄜畤[106]，用三牲[107]郊祭白帝焉。

7 自未作鄜畤也，而雍旁[108]故有吳陽武畤[109]，雍東有好畤，皆廢無祠[110]。或曰：「自古以雍州[111]積高，神明之隩[112]，故立畤郊上帝，諸神祠皆聚云。蓋黃帝[113]時嘗用事[114]，雖晚周亦郊焉[115]。」其語不經見[116]，縉紳[117]者不道。

8 作鄜畤後九年[118]，文公獲若石云[119]，于陳倉[120]北阪[121]城祠之[122]。其神或歲不至，或歲數來，來也常以夜，光輝若流星，從東南來集[123]于祠城，則若雄雞，其聲殷[124]云，野雞夜雊[125]。以一牢祠，命曰陳寶[126]。

9 作鄜畤後七十八年，秦德公[127]既立，卜居雍[128]，「後子孫飲馬於河[129]」，遂都雍。

雍之諸祠自此興。用三百牢於鄜畤[130]。作伏祠[131]，磔狗邑四門，以禦蠱菑[132]。

10 德公立二年卒[133]。其後四年[134]，秦宣公作密畤於渭南[135]，祭青帝[136]。

11 其後十四年，秦繆公[137]立，病臥五日不寤；寤，乃言夢見上帝，上帝命繆公平晉亂，史書而記藏之府[138]，而後世皆曰秦繆公上天[139]。

12 秦繆公即位九年[140]，齊桓公[141]既霸，會諸侯於葵丘[142]，而欲封禪。管仲[143]曰：「古者封泰山禪梁父[144]者七十二家，而夷吾所記者十有二[145]焉。昔無懷氏[146]封泰山，禪云云[147]；虙羲[148]封泰山，禪云云；神農[149]封泰山，禪云云；炎帝[150]封泰山，禪云云；黃帝封泰山，禪亭亭[151]；顓頊[152]封泰山，禪云云；帝俈[153]封泰山，禪云云；堯封泰山，禪云云；舜封泰山，禪云云；禹[154]封泰山，禪會稽[155]；湯[156]封泰山，禪云云；周成王[157]封泰山，禪社首[158]：皆受命然後得封禪[159]。」桓公曰：「寡人北伐山戎[160]，過孤竹[161]；西伐大夏[162]，涉流沙[163]，束馬懸車[164]，上卑耳[165]之山；南伐至召陵[166]，登熊耳山[167]以望江、漢[168]。兵車之會[169]三，而乘車之會[170]六，九合諸侯[171]，一匡天下[172]，諸侯莫違我。昔三代受命[173]，亦何以異乎！」於是管仲睹桓公不可窮以辭[174]，因設之以事[175]，曰：「古之封禪，鄗上之黍，北里之禾[176]，所以為盛[177]；江、淮之間，一茅三脊[178]，所以為藉[179]也。東海致比目之魚[180]，西海[181]致比翼之鳥[182]，然后物有不召而自至[183]者十有五焉。今鳳皇麒麟不來，嘉穀[184]不生，而蓬蒿藜莠[185]茂，鴟梟[186]數至，而欲封禪，毋乃不可乎？」於是桓公乃止[187]。是歲，秦繆公內晉君夷吾[188]。其後三置晉國之君，平其亂[189]。繆公立三十九年而卒[190]。

13 其後百有餘年，而孔子[191]論述六藝[192]，傳略言[193]易姓而王[194]，封泰山禪乎梁父者七十餘王矣。其俎豆之禮[195]不章[196]，蓋難言之[197]。或問禘[198]之說，孔子曰：「不知。知禘之說，其於天下也視其掌[199]。」詩云[200]紂在位，文王受命[201]，政不及泰山[202]。武王克殷二年，天下未寧而崩[203]。爰周德之洽維成王[204]，成王之封禪則近之矣[205]。及後[206]陪臣執政[207]，季氏[208]旅於泰山[209]，仲尼譏之[210]。

14 是時，萇弘[211]以方[212]事周靈王，諸侯莫朝周，周力少[213]，萇弘乃明鬼神事，設射貍首[214]。貍首者，諸侯之不來者，依物怪欲以致諸侯[215]。諸侯不從，而晉人執殺萇弘[216]。周人之言方怪者自萇弘。

15 其後百餘年，秦靈公[217]作吳陽上畤[218]，祭黃帝；作下畤[219]，祭炎帝。

16 後四十八年[220]，周太史儋[221]見秦獻公[222]曰：「秦始與周合，合而離，五百歲當復合，合十七年而霸王出焉[223]。」櫟陽雨金[224]，秦獻公自以為得金瑞[225]，故作畦畤[226]櫟陽而祀白帝。

17 其後百二十歲而秦滅周[227]，周之九鼎[228]入于秦。或曰宋太丘社亡[229]，而鼎沒于泗水彭城下[230]。

18 其後百一十五年，而秦并天下[231]。

【章　旨】以上為第一段，追溯了古代帝王有關封禪的傳說。

【注　釋】❶受命　接受天命。❷曷嘗不封禪　曷，同「何」。封禪，《正義》曰：「此泰山上築土為壇以祭天，報天之功，故曰封；此泰山下小山上除地，報地之功，故曰禪。」❸無其應　上天沒有顯示相應的靈異。❹用事　指行封禪之禮。瀧川引楊慎曰：「與後所論秦始皇云『豈所謂無其德而用其事者與』相應。」❺符瑞　上天對下界帝王顯示嘉獎的信號，如出現「麒麟」、「鳳凰」、「甘霖」，以及「海晏」、「河清」等。❻臻　至。❼雖受命而功不至　有的帝王雖然「受命」為帝了，但他的功業還沒有達到應有的程度。❽至梁父矣而德不洽　「梁父」二字衍。此句意謂有的帝王功業到位了，但他的道德還不到位。不洽，不周，不能讓黎民普遍受惠。❾洽矣而日有不暇給　有的帝王功業、道德都到位了，偏偏又顧不上，沒有時間上泰山。不暇給，顧不過來。❿事用希　舉行過封禪活動的帝王不多。希，同「稀」。⓫傳　漢代稱儒家《六經》以外的賢人著作皆曰「傳」，這裡指的是《論語》。⓬三年不為禮四句　按：以上四句見《論語．陽貨》，原文為：「三年不為禮，禮必壞；三年不為樂，樂必崩。」⓭世之隆　國家興盛。⓮封禪答焉　以封禪之禮報答上天。⓯及衰而息　等到國家衰敗時，封禪活動也就停止了。⓰厥曠　指封禪典禮的曠廢。厥，其。曠，空缺；中間斷絕。⓱其儀　指封禪典禮具體儀式。⓲其詳不可得而記聞云　郭嵩燾曰：「發端便說『其儀湮滅，不可得而記聞』，然則所聞亦妄誕而已，是史公大旨歸宿處。」⓳璇璣玉衡　美玉製作的觀測天文星象的儀器，璇璣是儀器上的旋轉部分，玉衡是管狀的觀測鏡。詳見〈天官書〉第一段注⓭。⓴以齊七政　以觀測日月星辰的運行是否正常。七政，指日、月與金、木、水、火、土五星。㉑類　祭祀，祭天而以事告之。㉒禋于六宗　禋，也是祭祀。六宗，諸說不一，《索隱》引鄭玄說以為指星、辰、司中、司命、風師、雨師。㉓望山川　謂遙望山川而祭。山川，孔安國謂「九州名山大川，五岳四瀆之屬」。望，也是祭祀名。㉔徧羣神　孔穎達曰：「又遍祭於山川丘陵墳衍古之聖賢之群神。」㉕輯五瑞　將各地諸侯所執的瑞玉收集起來。輯，斂。五瑞，《集解》引馬融曰：「公、侯、伯、子、男所執，以為瑞信也。」㉖四嶽諸牧　四方的諸侯之長，與各地區的地方官。四嶽，《集解》引孔安國曰：「分掌四岳之諸侯。」諸牧，九州的官長。㉗還瑞　把瑞玉發還給他們。孔穎達曰：「此瑞本受於堯，斂而又還之，若言舜新付之，改為舜臣，正新君之始也。」㉘歲二月　這一年的二月。㉙巡狩　天子出巡視察各地諸侯之所守。狩，通「守」。㉚岱宗　泰山的別稱，即所謂「東嶽」，在今山東泰安北。㉛柴　祭祀名，馬融曰：「積柴加牲其上而燔之。」㉜望秩于山川　對東方的山川按等級進行望祭。秩，等級。㉝覲東后　接受東方諸侯的朝見。覲，進見，這裡是使動用法。后，君長。㉞合時月二句　即統一各地區的曆法，孔安國曰：「合四時之氣節，月之大小，日之甲乙，使齊一也。」合、正，都是協調、調整的意思。時，四時，春、夏、秋、冬。㉟同律度量衡　《集解》引鄭玄曰：「律，音律；度，丈尺；量，斗斛；衡，斤兩也。」《正義》曰：「律之十二律，度之丈尺，量之斗斛，衡之斤兩，皆使天下相同，無制度、長短、輕重異也。」按：「律之十二律」即古代的十二個定音管。㊱五禮　《集解》引馬融曰：「吉、凶、軍、賓、嘉也。」㊲五玉　即前文所說之「五瑞」。㊳三帛　低於諸侯的群臣拜見天子時所執之帛。孔安國曰：「諸侯世子執纁，公之孤執玄，附庸之君執黃也。」㊴二生　謂活的羔、雁。孔安國曰：「謂卿執羔，大夫執雁。」㊵一死　指死雉。孔安國曰：「士執雉。」㊶贄　禮品，這裡指不同等級的人拜見天子時所持的不同禮品。孔安國曰：「玉、帛、生、死，所以為贄以見之。」㊷衡山　在今湖南衡山西北。㊸華山　在今陝西華陰南。㊹恆山　在今河北曲陽西北。至後世乃稱在今山西渾源境內。梁玉繩曰：「『恆』字宜諱，下文『恆』字仿此。」㊺嵩高　即今嵩山，在今河南登封西北。㊻五載一巡狩　按：以上文字見於《尚書・堯典》。㊼淫德好神　即自比為鬼神，自己裝扮鬼神。㊽神瀆　神被太甲的行為所褻瀆。㊾二龍去之　二龍乃離夏庭而去。按：《國語・鄭語》云：「夏之衰也，褒人之神化為二龍，以降于王庭，而言曰：『余，褒之二君也。』夏后卜殺之與去之與止之，莫吉；卜請其漦而藏之，吉。乃布幣焉而策告之，龍亡而漦水在，櫝而藏之。」史文所言即指此，故事詳見於〈周本紀〉。而〈夏本紀〉乃云：「天降龍二，有雌雄」，「龍一雌死，以食夏后，夏后使求，懼而遷去。」說法與此大異。㊿湯伐桀　桀是夏朝的末代君主，其被商湯所滅事，在西元前一六〇〇年。(51)欲遷夏社二句　想改變夏朝祭祀土神所供的句龍，但找不到更合適的人選，只好作罷。孔安國曰：「欲變置社稷，而後世無及句龍者，故不可而止。」師古引應劭曰：「遭七年大旱，明德以荐，而旱不止，故遷社，以棄代為稷。欲遷句龍，德莫能繼，故作〈夏社〉，說不可遷之義也。」(52)夏社　《尚書》篇名，原文已佚。以上數句亦見於〈殷本紀〉。(53)桑穀生於廷　謂桑、穀二木合而生於廷。(54)一暮大拱　一夜之間就長了兩手合拱那麼粗。(55)伊陟　商帝太戊時的賢臣，伊尹的後代。(56)贊　告。(57)巫咸之興　指朝廷上設立巫覡這種神職官員。巫咸，巫者名咸，當時的神職人員。以上太戊修德以勝妖祥的故事，見〈殷本紀〉。(58)武丁得傅說為相　武丁夢傅說，訪得之於傅險胥靡事，詳見〈殷本紀〉。(59)稱高宗　古代凡謚為「高宗」的帝王，通常都是「中興」之主。(60)雉登鼎耳雊　一隻野雞立在鼎耳上叫。(61)祖己　武丁時的賢臣。(62)位以永寧　武丁修德以勝妖祥事，亦見於〈殷本紀〉。(63)武乙慢神而震死　據〈殷本紀〉：武乙侮辱天神，以革囊盛血，仰而射之，名曰射天，後獵於河渭，被暴雷震死。(64)帝紂淫亂二句　商朝的末代帝王殷紂被周武王伐滅事，在西元前一〇四六年，見〈殷本紀〉、〈周本紀〉。(65)始未嘗不肅祗二句　「始」謂剛開國時的一些國君。肅祗，對神靈虔敬。後，後世的一些國君。稍，逐漸。(66)周官　即《周禮》，記載周代典章制度的書。(67)冬日至　即「冬至」那一天。(68)祀天於南郊　帝王在京城的南郊祭天，即今北京之「天壇」的用場。(69)迎長日之至　從「冬至」開始，白天就一天比一天長了。(70)夏日至　「夏至」那一天。(71)祭地祇　帝王在京城的北郊祭地，即今北京之「地壇」的用場。自「夏至」開始，黑夜就一天比一天長了。(72)可得而禮　可以真正對神靈表示敬意。(73)天子祭天下名山大川　言普天下的名山大川，都在天子祭祀的範圍內。(74)五嶽視三公　祭祀五嶽之神的規格相當於對國家「三公」的禮遇。三公，周朝指司徒、司馬、司空；秦漢時指丞相、太尉、御史大夫。視，取齊；相當。(75)四瀆視諸侯　祭祀四條大河之神的規格相當於對各國諸侯的禮遇。(76)江河淮濟　長江、黃河、淮水、濟水。(77)明堂　古代天子舉行典禮的廳堂，其體制在西漢時就已經講不清楚。(78)辟雍　古代舉行典禮、宣明教化的地方，《集解》引韋昭曰：「水外四周，圓如辟雍，蓋以節觀者也。」後代也用以稱太學。(79)泮宮　諸侯舉行典禮的地方，後世也用以稱諸侯國的太學。師古曰：「泮之言半也，制度半於天子之辟雍也。」(80)周公　文王之子，武王之弟，名旦。西周的開國元勳，也是西周一切典章制度的創建者。(81)成王　武王之子，名誦。初即位時年幼，大政由周公代為執掌。(82)郊祀后稷以配天　在南郊祭天的時候，以周朝的始祖后稷為配享。有關后稷的事跡，詳見《詩經・生民》與〈周本紀〉。(83)宗祀文王於明堂以配上帝　意謂在明堂祭祀上帝的時候，以周朝的奠基者周文王為配享。有關周文王的事跡，詳見《詩經・大雅・文王》與〈周本紀〉。又，上句的「天」與本句的「上帝」涵義相同。(84)自禹興　謂自大禹平治水土以來。(85)社祀　對土神的祭祀。(86)后稷稼穡　謂自周朝祖先后稷發展農業以來。(87)稷祠　對農作物之神的祭祀。(88)郊社所從來尚矣　對「天神」、「地神」、「土神」、「穀神」的祭祀，起源可是早得很。郊，兼指南郊祭天與北郊祭地。社，指祭祀土神，也兼指穀神。(89)幽王為犬戎所敗　事在幽王十一年，西元前七七一年。幽王，名宮涅（一作湦），宣王之子，西元前七八一－前七七一年在位。犬戎，當時活動於今陝西西部及甘肅東部一帶的少數民族名。(90)周東徙雒邑　幽王被殺後，犬戎猶占據鎬京（今西安市西），平王即位後無法在西方落足，於是遷都雒邑，實即王城（今洛陽市）。從此，歷史上稱之為「東周」。以上過程見〈周本紀〉。(91)始列為諸侯　秦襄公因伐犬戎救周有功，被周平王封為諸侯，事在平王即位而尚未改元時（即西元前七七一年），這是秦國成為諸侯的開始。秦襄公，西元前七七七－前七六六年在位，七年時被封為諸侯。(92)西垂　泛指西方邊陲，約當今甘肅東南一帶。(93)主少皞之神　應該主持對少皞之神的祭祀。少皞，也作「少昊」，號「金天氏」，後來被供奉為「西帝」。(94)西時　在西垂附近修建的祭天壇臺。(95)白帝　西方的上帝，其神相傳即少昊。(96)牲　犧牲，祭祀用的新宰殺的供品，如牛、羊等。(97)駵駒　《索隱》曰：「赤馬黑鬣曰駵。」駵，通「騮」。(98)羝羊　公羊。(99)其後十六年　梁玉繩曰：「當依〈郊祀志〉作『十四年』。」即秦文公十年，西元前七五六年。秦文公是襄公之子，西元前七六五－前七一五年在位。(100)汧渭之間　即今陝西寶雞市的寶雞縣一帶，因其地處渭水與汧水相匯合的夾角地帶，故云。(101)卜居　占卜欲往這裡遷都。(102)自天下屬地　從天下垂下，一直垂到地面。屬，連接。(103)其口止於鄜衍　蛇的嘴落在鄜衍（今陝西鳳翔東南）。(104)史敦　秦國的史官名敦，當時的史官也主管祭祀。(105)此上帝之徵　這是白帝顯靈的徵象。(106)鄜時　祭天用的壇臺。(107)三牲　指牛、羊、豬。(108)雍旁　雍縣附近。(109)吳陽武時　修築在吳山之南的「武時」，也是祭天的壇臺。(110)廢無祠　日久廢毀，無人祭祀。(111)雍州　古九州之一，其地約當今之陝西省與甘肅、青海的東部一帶。(112)積高二句　地勢高，是神靈居住的地方。師古曰：「土之可居者曰隩。」(113)黃帝　《史記》所認為可信的中國最早的帝王，為「五帝」之首，事跡見〈五帝本紀〉。(114)用事　指在這裡祭祀上帝。(115)雖晚周亦郊焉　即使到周朝的晚期也還在這裡祭天。(116)不經見　不常見，指不見於經典。(117)縉紳　指有身分的人。李奇曰：「縉，插也，插笏於紳。紳，大帶也。」(118)作鄜時後九年　秦文公十九年，西元前七四七年。(119)獲若石云　獲得了一塊像是石頭的東西，即所謂「陳寶」、「寶雞」。云，語詞，表示疑問懷疑的口氣。(120)陳倉　秦邑名，在今寶雞市東的渭水河北。(121)北阪　地名，在今寶雞市南，當時的陳倉西南。(122)城祠之　修城建廟將其供奉起來。(123)集　落。(124)殷　鳴聲響亮的樣子。(125)野雞夜雊　師古曰：「陳寶若來而有聲，則野雞皆鳴以應之也。」(126)命曰陳寶　遂稱此神靈為「陳寶」。命，名；稱呼。按：關於「陳寶」的故事，傳說不一，〈秦本紀〉之《正義》引《晉太康地志》云：「秦文公時，陳倉人獵得獸，若彘，不知名，牽以獻之，逢二童子。童子曰：『此名為媦，常在地中，食死人腦。即欲殺之，拍捶其首。』媦亦語曰：『二童子名陳寶，得雄者王，得雌者霸。』陳倉人乃逐二童子，化為雉，雌上陳倉北坂，為石，秦祠之。」(127)秦德公　寧公之子，武公之弟，西元前六七七－前六七六年在位。(128)卜居雍　占卜遷都雍縣是否吉利。(129)後子孫飲馬於河　意思是後代子孫將把秦國的勢力向東擴展到黃河邊。這是占卜得到的占辭。(130)用三百牢於鄜時　在鄜時祭天時，用的供品是牛、羊、豬各三百頭。(131)作伏祠　首次進行夏天入「伏」的祭祀。伏，即今之所謂「三伏」，自夏至後第三個庚日起的十天為「初伏」；第四個庚日起的十天為「中伏」；第五個庚日起的十天為「終伏」。

(132)磔狗邑四門二句　〈秦本紀〉之《正義》曰：「蠱者，熱毒惡氣為傷害人，故磔狗以禦之。」磔，剐成碎塊。(133)德公立二年卒　事在西元前六七六年。(134)其後四年　原作「六年」，梁玉繩曰：「『四年』，誤為『六年』。」即秦宣公四年，西元前六七二年。秦宣公，德公之子，西元前六七五—前六六四年在位。據改。(135)渭南　應指雍縣城南的渭水南岸。(136)青帝　東方的天神。(137)秦繆公　名任好，春秋時期秦國最有作為的國君，被稱為「五霸」之一，西元前六五九—前六二一年在位。(138)史書而記二句　史，謂史官。府，府庫；檔案館。(139)後世皆曰秦繆公上天　按：上述秦繆公夢見上帝的故事，〈秦本紀〉不載，而見於〈趙世家〉、〈扁鵲倉公列傳〉與本篇。(140)秦繆公即位九年　相當於齊桓公三十五年，西元前六五一年。(141)齊桓公　名小白，春秋時代的第一位霸主，西元前六八五—前六四三年在位。(142)葵丘　春秋時代宋邑名，在今河南蘭考東。(143)管仲　佐助齊桓公成就霸業的賢臣，事跡見〈管晏列傳〉與〈齊太公世家〉。(144)梁父　也作「梁甫」，泰山下東南側的小山名。(145)十有二　即十二個。有，通「又」。(146)無懷氏　古代傳說中的帝王名，相傳在伏羲前，其人見《莊子》。(147)云云　泰山下的小山名，在上文所說的「梁父」以東。(148)虙羲　同「伏羲」，傳說中的古代帝王名，據說他教人結網，從事漁獵，並畫了八卦。(149)神農　傳說中的古代帝王名，據說他教人種植五穀，並嘗百草以為藥。(150)炎帝　傳說中的古代帝王名，〈五帝本紀〉說他曾與黃帝戰於阪泉。(151)亭亭　泰山下的小山名，距上所謂「云云」不遠。(152)顓頊　黃帝之孫，「五帝」之一，事見〈五帝本紀〉。(153)帝俈　也作「帝嚳」，黃帝的曾孫，「五帝」之一，事見〈五帝本紀〉。(154)禹　古代帝王名，相傳治洪水有功，受舜禪讓而為帝，事跡見〈五帝本紀〉、〈夏本紀〉。(155)會稽　山名，在今浙江紹興南。徐孚遠曰：「以上帝王封泰山，禪不過其域，今禹乃禪會稽，其地遠不相應也，蓋以禹朝諸侯於此山，故假其說以實之。」(156)湯　也稱「商湯」、「成湯」，滅掉夏桀、建立商王朝的開國帝王，事在西元前一六〇〇年，見〈殷本紀〉。(157)周成王　名誦，武王之子。(158)社首　泰山下的小山名，在今泰安市東南。(159)皆受命然後得封禪　都是受命為帝王之後才舉行封禪的。(160)山戎　春秋時期活動於今河北省東北部與遼寧省西南部的少數民族名。(161)孤竹　當時留存的古代小國名，其都城在今河北盧龍城東南。(162)大夏　〈齊太公世家〉之《正義》曰：「大夏，并州晉陽是也。」即今山西太原以南地區。(163)流沙　錢穆以為指今山西平陸東之沙澗水。按：有稱「大夏」為漢代張騫所通之西域國，稱「流沙」為新疆東部之沙漠者，蓋非。(164)束馬懸車　《集解》引韋昭曰：「將上山，纏束其馬，懸鉤其車也。」(165)卑耳　也作「辟耳」，山名，在今山西平陸西。(166)召陵　鄭邑名，在今河南偃城東。(167)熊耳山　在今河南盧氏東。(168)江漢　長江、漢水。按：齊桓公伐蔡後，進兵伐楚，與楚使者相會於召陵事，見《左傳．僖公四年》與〈齊太公世家〉。(169)兵車之會　與諸侯會師共伐某國。師古曰：「兵車之會三指莊十三年會於北杏以伐宋亂；僖四年伐蔡，蔡潰，遂侵楚，次於陘；六年伐鄭，圍新城也。」(170)乘車之會　召集諸侯舉行和平性質的會盟。乘車，用於文事之車，與「兵車」相對而言。師古曰：「乘車之會六謂莊十四年會於鄄；十五年又會於鄄；十六年同盟於幽；僖五年會於首止；八年會於洮；九年會於葵丘也。」(171)九合諸侯　多次召集諸侯會盟。(172)一匡天下　師古曰：「謂定襄王為天子之位也。一說謂陽穀之會令諸侯『無障穀，無貯粟，無以妾為妻』，天下皆從，故云『一匡』者也。」(173)三代受命　指夏禹、商湯、周武王的接受「天命」而成為帝王。(174)不可窮以辭　不能以言語說服。(175)設之以事　又拿其他的一些事情做推託。(176)鄗上之黍二句　鄗上、北里，有人說是地名，有人說是山名，定為難以企及之所在。(177)所以為盛　以上述兩地所產的「黍」與「禾」作為供品。盛，裝滿供器。(178)一茅三脊　服虔曰：「茅草有三脊也。」《正義》引《武陵記》云：「山際出苞茅，有刺而三脊，因名茅山。」(179)以為藉　祭祀時以上述「靈茅」墊地。(180)比目之魚　師古引《爾雅》曰：「東方有比目魚焉，不比不行，其名謂之鰈。」(181)西海　傳說中的西方大海，舊說中國四周都有大海圍繞。(182)比翼之鳥　師古曰：「《山海經》云：『崇吾之山有鳥狀如鳧，而一翼一目，相得乃飛，其名曰蠻蠻』。《爾雅》曰：『南方有比翼鳥焉，不比不飛，其名謂之鶼鶼』。而管仲乃云『西海』，其說異也。」(183)物有不召而自至　按：此皆指稀奇珍怪之物。(184)嘉穀　也稱「嘉禾」，奇特的穀物，如有所謂「一莖九穗」者。(185)蓬蒿藜莠　師古曰：「皆穢惡之草。」(186)鴟梟　貓頭鷹，過去被說成是一種不吉祥的鳥。(187)於是桓公乃止　按：以上管仲阻止齊桓封禪事，不知史公採自何處，蓋為諷武帝而設。(188)秦繆公內晉君夷吾　晉獻公死後，新君奚齊、悼子連續被里克所殺，晉國國內無君，於是秦繆公用軍隊送夷吾回國即位，是為晉惠公。(189)三置晉國之君二句　按：此語不準確。事實是晉惠公得立後，在位十四年，與秦國關係緊張，惠公子在秦國為人質。惠公死後，其子潛逃回國，繼位為懷公。秦國大怒，遂又以兵送重耳入晉，殺懷公，立重耳，是為文公。(190)繆公立三十九年而卒　秦繆公卒於魯文公六年，西元前六二一年。(191)孔子　名丘，字仲尼，生於西元前五五一年，卒於西元前四七九年。(192)六蓺　謂《詩》、《書》、《禮》、《樂》、《易》、《春秋》六種儒家經典。(193)傳略言　有的書上簡略地記載著孔子說過。(194)易姓而王　指改朝換代時。(195)俎豆之禮　祭祀的禮節、儀式。俎豆，俎是擺祭品的案子；豆是古時盛肉的器具。(196)不章　不分明；不清楚。(197)蓋難言之　看來這些事情連孔子也沒法講。(198)禘　楊伯峻曰：「古代一種極為隆重的大祭之禮，只有天子才能舉行。」(199)知禘之說二句　誰要是明白「禘」祭的規矩，那他治理天下就會像看自己的掌紋一樣容易。按：孔子此語見《論語・八佾》，原文作「或問禘之說，孔子曰：『不知也，知其說者之于天下也，其如示諸斯乎？』指其掌。」(200)詩云　虞、芮二侯有爭執欲請文王評斷事，見《詩經・大雅・緜》。(201)紂在位二句　在殷紂王還沒有被推翻以前，周文王就已經接受天命了。按：《詩經・大雅・緜》之《毛傳》曰：「虞、芮之君相與爭田，久而不決，乃相與朝周。入其境，則耕者讓畔，行者讓路。入其邑，男女異路，斑白者不提挈。入其朝，士讓為大夫，大夫讓為卿。二國之君感而相謂曰：『我等小人，不可以履君子之境。』乃相讓以其所爭之田為閑田而退。天下聞之而歸者四十餘國。」〈周本紀〉所記與此略似，惟最後稱「諸侯聞之曰：『西伯蓋受命之君。』」202政不及泰山　意謂周文王雖已受命為王了，但並沒有去封禪泰山。203武王克殷二年二句　其意謂武王也沒有封禪泰山。按：武王在位之年，各處說法不一，此與〈周本紀〉作「二年」，《漢書・律曆志》作「八年」，《周書》與《竹書紀年》作「七年」，今《夏商周工程》定之為「四年」。204爰周德之洽維成王　因此周王之德能普施於人者是周成王。爰，於是；因此。洽，渥；周遍。205成王之封禪則近之矣　意謂像周成王這樣，如果想去封禪泰山，那就差不多了。言外之意是周成王竟然也沒有去。206及後　指春秋後期。207陪臣執政　指諸侯的權力下移，諸侯國由大夫執政，如魯之三桓，晉之六卿等。春秋時代各諸侯國的大夫對周天子自稱「陪臣」。208季氏　也稱「季孫氏」，魯莊公之弟季友的後代，世掌魯政。此時當權的「季氏」為季桓子，名斯。209旅於泰山　即祭祀泰山。旅，祭祀名，師古曰：「旅，陳也，陳禮物而祭之也。」210仲尼譏之　《論語・八佾》：「季氏旅于泰山，子謂冉有：『女（汝）弗能救（阻止）與？』對曰：『不能。』子曰：『嗚乎，曾謂泰山不如林放乎？』」根據古禮，泰山在魯國境內，魯國諸侯是可以祭祀泰山的，但季氏只是一個大夫，他沒有祭祀泰山的資格。他這樣做是越禮，故孔子譏之。211萇弘　周靈王（西元前五七一—前五四五年在位）手下的大夫，周國的忠臣。212方　方術，指裝神弄鬼的一套把戲。213周力少　春秋後期，周國的地盤已經非常狹小，周天子也幾乎成了徒有虛名的傀儡。214射貍首　古代的一種巫術，在箭靶上寫上某個人的名字，用箭射之，以詛咒其人因此而死。215依物怪欲以致諸侯　想通過這種鬼神的手段讓諸侯前來朝周。物，古人用以稱常理以外的精靈。216晉人執殺萇弘　按：萇弘為維護周室而死事，不見於〈周本紀〉。關於萇弘的生年與其死法，諸處說法不一。梁玉繩曰：「《左傳》魯昭十一年萇弘始見，魯昭十一為周景王十四，恐未逮事靈王也，誤一；弘之見殺，當敬王二十八年，魯哀三年，而以為殺於靈王時，誤二；弘與于范、中行之難，周人殺之以說於晉，亦非晉執而殺之，誤三。《淮南・氾論》云：『萇弘，周室之執數者也，天地之氣，日月之行，風雨之變，律歷之數，無所不通，然不能自知車裂而死。』《莊子・外物篇》云：『弘死於蜀，藏其血，三年化為碧。』」217秦靈公　戰國初期的秦國國君，西元前四二四—前四一五年在位。218吳陽上畤　祭天的壇臺名，在當時秦都雍縣（今陝西鳳翔南）南的三畤原上。219下畤　即吳陽下畤。據此處文意，似自秦靈公起即將人間之「黃帝」供為上天中央之「黃帝」，將炎帝供為上天南方之「赤帝」。220後四十八年　即周烈王二年，秦獻公十一年，西元前三七四年。221周太史儋　周國的太史名儋。太史，官名，主管記錄史事，保管圖籍，亦管占卜、祭祀等。222秦獻公　名師隰，西元前三八四—前三六二年在位。223秦始與周合四句　類似文字又見於〈周本紀〉、〈秦本紀〉、〈老子韓非列傳〉。此處所云與〈周本紀〉、〈秦本紀〉大致接近，與〈老子韓非列傳〉區別較大。蓋秦、漢之際的讖緯者流以古人口氣編造的「預言」，各家曲為解釋，皆難以彌縫。就其大意推斷，開始的所謂「合」，應該是指秦的祖先在周國為官，如孟增的幸於成王，造父的幸於穆王，非子的幸於孝王等。所謂「離」，應該是指秦襄公被周平王封為諸侯，秦國成為獨立國家。所謂再「合」，應該是指周國被秦所滅。所謂「霸王」，應該是指秦始皇。224櫟陽雨金　櫟陽城裡天空降金屬。據〈秦本紀〉，事在獻公十八年，西元前三六七年。櫟陽，秦國的新都名，在今西安市之閻良區，秦獻公二年遷都於此。225金瑞　「雨金」帶來的好徵兆。瑞，好徵兆。226畦畤　祭天的壇臺名。227其後百二十歲而秦滅周　梁玉繩曰：「秦獻十八年作畦畤，為顯王二年（西元前三六七年），至赧王五十九年（西元前二五六年）滅，凡百一十一年，若數至滅東周（西元前二四九年），則百十八歲。」228九鼎　夏禹時用各地貢金所鑄造，後世歷朝視為傳國之寶。229宋太丘社亡　宋國太丘邑的社樹忽然失蹤。太丘，在今河南永城西北。瀧川引呂祖謙《大事記》云：「古者立社，植木以表之，因謂其木為社。所謂『亡』者，震風淩雨，此社之樹摧損散落，不見蹤迹也。」230鼎沒于泗水彭城下　周國的九鼎也同時飛走，落入彭城下的泗水中去了。彭城，即今江蘇徐州。當時的泗水自山東流來，經彭城東，東南流，匯入淮水。231其後百一十五年二句　梁玉繩曰：「鼎沒泗水，據〈漢志〉、《竹書》在顯王四十二年（西元前三二七年），至秦併天下（西元前二二一年），首尾一百七年。」

【語　譯】自古以來接受天命登上寶座的帝王，哪有一個不舉行封禪大典的？大概只有沒見祥瑞就忙著跑去封禪的，而沒有見到了祥瑞還推託不去的。有的帝王雖然承受了天命，但自己的功業還沒有到應有的成就；有的帝王功業有成，但自身的道德還達不到應有的高度；有的帝王功德、道德全都齊備了，但他又沒有來得及去。所以真正能到泰山進行封禪的帝王，在歷史上有記載的為數甚少。古書上說：「三年不用禮制，禮制就會荒廢；三年不用音樂，音樂就會散亂。」每個王朝當其國運昌盛的時候，就會舉行封禪大典以答謝天地；到其國運衰敗的時候，這種活動就停止了。這種典禮有時一斷就是上千年，短的也有幾百年，所以封禪活動的具體儀式缺乏記載，其細節詳情誰也說不清。

2　《尚書》上說：舜帝用美玉製成的天文儀器觀測、了解日、月、五星運行的情況；他祭祀上帝、祭祀六宗；他對山川之神遙望而祭，他對地面上的各種神靈通通予以祭祀。他聚集各地諸侯之長與各地區的地方官，把他們所持的瑞玉收起來進行檢驗，然後再選擇吉日良辰，會見各地的諸侯之長與地方官，把這些瑞玉再發還給他們。這一年的二月，舜帝到東方巡視，一直到達岱宗，岱宗就是泰山。他在泰山舉行柴祭，接著按等級望祭山川之神。然後會見東后，東后就是東方的諸侯。他統一各地區的曆法，統一音律和度量衡。他修訂吉、凶、賓、軍、嘉五種禮節，他規定了五等諸侯在進見帝王時各自應持的瑞玉，以及大夫、士拜見帝王應當進獻的絹帛、羔、雁、雉雞等禮品。這年的五月，他巡視到南嶽，南嶽就是衡山。這年的八月，他巡視到西嶽，西嶽就是華山。這年的十一月，他巡視到北嶽，北嶽就是恆山。他對這些山的祭祀規格，也都和祭祀岱宗一樣。此外還有中嶽，中嶽就是嵩山。舜帝每五年巡視天下一次。

3　後來的大禹一直遵循舜帝的這些做法。夏朝傳到第十四代，也就是到孔甲帝，孔甲喜好祭祀，但作風淫亂，褻瀆了神靈，於是降臨在夏朝宮廷的兩條龍就飛走了。孔甲帝以後的第三代是夏桀，夏桀被商湯所滅。商湯想改變夏朝祭祀的土神，由於找不到更合適的對象只好作罷，為此他寫了一篇〈夏社〉。商湯以後的第八代是帝太戊，帝太戊在位時朝堂前長出了一棵桑樹和穀樹的合生樹，一夜之間就長到了兩手合拱那麼粗，帝太戊很害怕。賢臣伊陟說：「不要緊，妖孽是不能戰勝有德之人的。」於是帝太戊就加緊修養自己的德行，結果那棵桑穀合生的樹很快就枯死了。伊陟把這件事情告訴了神職官員巫者名咸，商朝在朝廷上設立巫覡這種神職官員由此開始。再往後的十四代是商王武丁，武丁因為得到了傳說做宰相，殷商重新興盛起來，所以武丁被稱作「高宗」。武丁在位時，有一隻野雞飛來停在殿前的鼎耳上鳴叫，武丁很害怕。賢臣祖己勸告說：「只管修養德行，不用怕別的。」武丁採納了祖己的意見，王位遂得長久安定。再往後的第五代是帝武乙，武乙對天神特別傲慢，結果被雷震死了。武乙以後的第三代是殷紂王，殷紂淫亂暴虐，被周武王所滅。由此看來，開國創業的君主大多恭敬謹慎，以後的君主就逐漸怠慢了。

4　《周官》說：冬至那一天，帝王要在京城的南郊祭天，這是迎接白晝變長的日子開始；夏至那一天，帝王要在京城的北郊祭祀地神，祭祀的時候都要採用樂舞的形式，這樣神靈才能接受祭祀者的敬意。天子主管祭祀天下的名山大川，以對待三公的禮節祭祀五嶽，以對待諸侯的禮節祭祀四瀆，各地諸侯祭祀各自封疆之內的名山大川。四瀆就是長江、黃河、淮河和濟水。天子祭祀天地的地點叫明堂、辟雍，諸侯祭祀天地的地點叫泮宮。

5 周公輔佐成王在郊外祭天時，讓周朝的祖先后稷陪同天神地神一同受祭，在明堂中祭祀上帝的時候讓周朝開國的文王陪同上帝一同受祭。從大禹興起就開始了對社神的祭祀，后稷教給人們種植莊稼，從后稷就開始供奉五穀之神，因此人們對天神、地神、土神、五穀之神的祭祀是由來已久了。

6 周朝滅殷以後的十四代，朝廷更加衰敗，禮樂制度都荒廢了，諸侯們任意妄行，致使周幽王被蠻族犬戎打敗，周王室只好向東遷到雒邑。這時秦襄公由於驅逐犬戎、救助天子，開始被列入了諸侯的行列。秦襄公成為諸侯之後，居住在西部邊陲，自以為應該主持祭祀西方之神少皞，於是他建築西畤，以祭祀西方的天神白帝，也就是少皞氏。祭祀用的供品是黑鬣的紅馬駒與黃牛、公羊各一頭。這以後的第十六年，秦文公向東遊獵到了汧水與渭水匯合口。他很喜歡這個地方，於是占卜詢問可否在這裡定居，結果獲得了吉兆。後來秦文公夢見一條黃蛇從天上垂到地面，蛇的嘴停在了鄜衍。秦文公問太史敦，太史敦說：「這是上帝對您的示意，您應該祭祀祂。」於是秦文公建造了鄜畤，在那裡用牛、羊、豬為祭品祭祀白帝。

7 在還沒有建造鄜畤的時候，雍縣旁邊的吳山之南原來有個武畤，雍縣城東有個好畤，都是久已荒廢的祭神之處。也有人說：「自古以來以雍州的地勢高，是神靈居住的地方，所以西方人就建立神壇祭祀上帝，於是各種神靈就都會聚到這裡來了。大約是早從黃帝時代就有人在這裡祭天，一直到周朝末年還有人祭祀。」這種話不見於經典，有身分的人們都不說。

8 建立鄜畤以後第九年，秦文公在陳倉發現了一塊像是石頭的東西，於是就在陳倉縣北阪築城立廟將它供奉起來。這位神靈有時一年也不來，有時一年來好幾次，來的時候常常是夜間，像流星一樣帶著光輝，從東南方向飛來落在祠城中，樣子像隻公雞，發出響亮的叫聲，四處的野雞也都跟著叫起來。祭祀這位神靈的供品，是用牛、羊、豬各一頭，並且把這位神靈稱作「陳寶」。

9 秦文公建立鄜時以後的第七十八年，秦德公即位，他占卜可否建都雍縣，得到的回答是：「如果你在雍縣建都，那麼你的後代子孫將把國境線向東推到黃河邊。」於是秦德公就把國都遷到了雍縣。雍城的各種祠廟從此越發多起來。秦德公開始用牛、羊、豬各三百頭在鄜時祭天，他又開始在夏天入伏時進行祭祀，在雍縣的四面城門口把狗剁成碎塊，說是可以防禦毒氣的害人。

10 秦德公在位兩年去世，又過了四年，秦宣公在渭水的南岸建造了密時，用以祭祀東方的天神青帝。

11 這以後的第十四年，秦繆公即位，有一次，他昏昏沉沉地病了五天五夜，醒來說是夢中見到了上帝，說上帝讓他平定晉國的內亂。史官把這些話記下來保存在檔案館，於是後代人就說秦繆公曾經上過天。

12 秦繆公在位的第九年，齊桓公做了諸侯的霸主，齊桓公邀集各國諸侯在葵丘聚會，他想舉行封禪活動。管仲說：「古代到泰山、梁父舉行過封禪典禮的帝王有七十二家，而我能說得出的只有十二家。早在伏羲氏之前有位帝王叫無懷氏，他曾封過泰山，禪過梁父以東的云云山；之後虙羲曾封過泰山，禪過云云山；神農氏封過泰山，禪過云云山；炎帝封過泰山，禪過云云山；黃帝封過泰山，禪過亭亭山；顓頊封過泰山，禪過云云山；帝告封過泰山，禪過云云山；堯封過泰山，禪過云云山；舜封過泰山，禪過云云山；禹封過泰山，禪過會稽山；湯封過泰山，禪過云云山；周成王封過泰山，禪過社首山：他們都是接受天命登上帝位之後才舉行這種封禪活動的。」齊桓公說：「我向北討伐了山戎部族，到過孤竹國；我向西討伐了大夏，經過流沙，又懸車束馬登上了卑耳山；我向南曾打到召陵，登上熊耳山眺望長江、漢水；我曾三次召集諸侯軍隊會同作戰，我曾六次召集諸侯協商政事，我總共九次會盟諸侯，還有一次穩定了周天子王位的危機，諸侯中沒有任何人敢違抗我。過去夏、商、周三代帝王的『接受天命』，我想最多也不過就是如此吧？」管仲見齊桓公這種架勢，知道光說道理不行，於是便想用一些不可能的事情來搪塞他，管仲說：「古代帝王封禪時，一定要用『鄗上』出產的黍米，『北里』出產的穀物，作為祭祀使用的糧食；一定要用江水、淮水一帶出產的三稜靈茅灑在地上作鋪墊；要有東海送來的比目魚，西海送來的比翼鳥，然後還要有不召自來的十五種奇物。現在鳳凰、麒麟都沒來，祥瑞的穀物也不生，而蓬蒿藜莠這些雜草反倒長得很茂盛，貓頭鷹一類的惡鳥也是多次來，這時候想要封禪，怕是不合適吧？」於是齊桓公就打消了封禪的念頭。這一年，秦繆公把晉國的公子夷吾送回晉國為君。以後又三次為晉國立了國君，平定了晉國的內亂。秦繆公在位三十九年去世。

13 此後又過了一百多年，孔子論述《詩》、《書》、《禮》、《樂》、《易》、《春秋》六種經典，有的書上簡略記載著孔子說過有七十多位歷代改朝換姓的帝王去封泰山、禪梁父的情況，但對他們祭祀時的禮節儀式都說得不明確，大概也是很難說清吧。有人向孔子請教禘祭的禮儀制度，孔子說：「我不知道。誰要是能把禘祭的禮儀說清楚，那他治理天下就會像看自己的手掌一樣容易了。」《詩》中說商紂王在位時，周文王雖然接受了天命，但他的功業還不足去封泰山；武王滅殷後兩年，天下還沒有安定就去世了。周朝德政的普及要從成王說起，成王的封禪是比較近乎情理的，但他竟也沒去。到後來王室衰弱，諸侯國中大臣執政，像魯國的季孫氏居然也去祭祀泰山，所以孔子諷刺他。

14 就在這個時候，周國大臣萇弘用鬼神迷信的一套為周靈王效力，由於當時周王室的力量衰微，諸侯們都不來朝拜。於是萇弘就做了一套「箭射貍首」的把戲，想通過神的力量把凡是不來朝見的諸侯，都通通弄死。諸侯們很惱火，晉國人就抓起萇弘把他殺了。周國人的鬼神迷信就是從萇弘開始的。

15 往後又過了一百多年，秦靈公在吳山之陽建造了上畤，祭祀黃帝；建造了下畤，祭祀炎帝。

16 又過了四十八年，周朝的太史儋去見秦獻公說：「秦國當初是與周王室合在一起的，後來分開了；分到五百年時還要再合在一起；合在一起後第十七年，將要出現一位統一天下的霸王。」不久，在秦國都城櫟陽的天空向下落金子，秦獻公認為這表明自己在五行中是得到了金瑞，於是在櫟陽城裡建造了一座畦畤以祭祀白帝。

17 一百二十年後秦國果然滅掉了周朝，周朝的傳國九鼎也歸了秦國。但也有人說在此之前宋國太丘縣的社樹突然失蹤，周朝的九鼎有一只掉到彭城旁邊的泗水中去了。

18 又過了一百一十五年，秦國統一了天下。

1 秦始皇既并天下而帝，或曰：「黃帝得土德❶，黃龍地螾❷見。夏得木德❸，青龍止於郊❹，草木暢茂。殷得金德❺，銀自山溢❻。周得火德❼，有赤烏之符❽。今秦變周，水德之時❾。昔秦文公出獵，獲黑龍，此其水德之瑞❿。」於是秦更命河曰「德水」⓫，以冬十月為年首⓬，色上黑⓭，度以六為名⓮，音上大呂⓯，事統上法⓰。

2 即帝位三年⓱，東巡郡縣，祠騶嶧山⓲，頌秦功業⓳。於是徵從⓴齊、魯之儒生博士㉑七十人，至乎泰山下。諸儒生或議曰：「古者封禪為蒲車㉒，惡傷山之土石草木。埽地而祭，席用葅稭㉓，言其易遵也。」始皇聞此議各乖異㉔，難施用，由此絀儒生㉕。而遂除㉖車道，上自泰山陽至巔㉗，立石頌秦始皇帝德，明其得封㉘也。從陰道㉙下，禪於梁父，其禮頗采太祝㉚之祀雍上帝㉛所用，而封藏㉜皆祕之，世不得而記也。

3 始皇之上泰山，中阪㉝遇暴風雨，休於大樹下㉞。諸儒生既絀，不得與用㉟於封事之禮，聞始皇遇風雨，則譏之㊱。

4 於是始皇遂東遊海上，行禮祠名山大川及八神，求僊人羨門㊲之屬。八神將自古而有之，或曰太公㊳以來作之。齊所以為齊，以天齊也㊴。其祀絕，莫知起時[40]。八神：一曰天主[41]，祠天齊。天齊淵水，居臨菑南郊山下[42]者。二曰地主，祠泰山梁父。蓋天好陰，祠之必於高山之下，小山之上，命曰「時」[43]，地貴陽，祭之必於澤中圜丘云[44]。三曰兵主，祠蚩尤[45]。蚩尤在東平陸監鄉[46]，齊之西境也。四曰陰主，祠三山[47]。五曰陽主，祠之罘[48]。六曰月主，祠之萊山[49]。皆在齊北[50]，並勃海[51]。七曰日主，祠成山[52]。成山斗[53]入海，最居齊東北隅[54]，以迎日出云。八曰四時主，祠琅邪[55]。琅邪在齊東方，蓋歲之所始[56]。皆各用一牢具祠[57]，而巫祝所損益，珪幣雜異焉[58]。

5 自齊威、宣[59]之時，騶子[60]之徒論著終始五德之運[61]，及秦帝[62]而齊人[63]奏[64]之，故始皇采用之。而宋毋忌[65]、正伯僑[66]、充尚[67]、羨門高[68]最後皆燕人[69]，為方僊道[70]，形解銷化[71]，依於鬼神之事。騶衍以陰陽主運[72]顯於諸侯[73]，而燕、齊海上之方士傳其術不能通，然則怪迂阿諛苟合之徒自此興[74]，不可勝數也。

6 自威、宣、燕昭[75]使人入海求蓬萊、方丈、瀛洲。此三神山者，其傅在勃海中[76]，去人不遠[77]；患且至，則船風引而去[78]。蓋[79]嘗有至者，諸僊人及不死之藥皆在焉。其物禽獸盡白，而黃金銀為宮闕[80]。未至，望之如雲[81]；及到，三神山反居水下。臨之[82]，風輒[83]引去，終莫能至云。世主[84]莫不甘心[85]焉。及至秦始皇并天下，至海上(86)，則方士言之不可勝數。始皇自以為至海上而恐不及矣(87)，使人乃齎童男女入海求之(88)。船交海中(89)，皆以風為解(90)，曰未能至，望見之焉。其明年(91)，始皇復游海上，至琅邪，過恆山(92)，從上黨(93)歸。後三年(94)，游碣石(95)，考入海方士(96)，從上郡(97)歸。後五年(98)，始皇南至湘山(99)，遂登會稽(100)，並海上(101)，冀遇海中三神山之奇藥。不得，還至沙丘崩(102)。

7 二世元年(103)，東巡碣石，並海南(104)，歷(105)泰山，至會稽，皆禮祠之。而刻勒始皇所立石書旁(106)，以章始皇之功德(107)。其秋，諸侯畔秦(108)。三年而二世弒死(109)。

8 始皇封禪之後十二歲，秦亡(110)。諸儒生疾(111)秦焚詩、書(112)，誅僇文學(113)，百姓怨其法，天下畔之，皆譌曰(114)：「始皇上泰山，為暴風雨所擊，不得封禪。」此豈所謂無其德而用事者邪(115)？

【章旨】以上為第二段，寫秦始皇封禪、求仙的情景。

【注釋】❶黃帝得土德　戰國以來的陰陽五行家，將歷代王朝的更替與金、木、水、火、土五行相互比附，他們說黃帝與「土」相應，故謂其「得土德」。❷地螾　神奇的大蚯蚓。螾，通「蚓」。❸夏得木德　夏朝與五行中的「木」相應。❹青龍止於郊　五行家又將金、木、水、火、土與東、西、南、北、中相比附，以為「木」相應於東方，又相應於一年四季裡的春天，故有「青龍」出現，以及「草木暢茂」云云。青龍，代表東方的神靈。❺殷得金德　金德與西方，又與四季的秋天相應。❻銀自山溢　山上往下噴銀子，是「金」性帝王的瑞應。❼周得火德　火德與南方、與四季的夏天相應。❽有赤烏之符　有天降火烏的瑞應。符，瑞應，好的徵兆。按：〈周本紀〉寫武王伐紂渡河時有所謂「有火自上復于下，至于王屋，流為烏，其色赤，其聲魄云」。❾今秦變周二句　周為「火」德，秦能滅「火」，故是「水」德。按：秦代的祖先都是祭白帝，以為自己與「西方」之神相應，現在又開始改為說自己是「水德」，與「北方」之神相應了。都是五行家的欺人之談。❿獲黑龍二句　按：五行家又以金、木、水、火、土與白、青、黑、紅、黃五種顏色相配，「水」與黑色相應，故稱黑龍出現是秦國興旺之兆。⓫更命河曰德水　給黃河改名為「德水」。⓬以冬十月為年首　秦朝以自己為「水德」，「水」與「冬天」相應，故改用陰曆十月，即冬天的第一個月作為每年的開頭。⓭色上黑　以黑色為貴，如皇帝的禮服、車駕等都用黑色。上，通「尚」。⓮度以六為名　〈秦始皇本紀〉云：「數以六為紀，符、法冠皆六寸，而輿六尺，六尺為步，乘六馬。」⓯音上大呂　師古曰：「大呂，陰律之始也。」大呂，古代音樂的十二律名之一。⓰事統上法　辦任何事情都以法律為準則。服虔曰：「政尚法令也。」臣瓚曰：「水陰，陰主刑殺，故上法。」⓱即帝位三年　即皇帝位的第三年，西元前二一九年。⓲騶嶧山　鄒縣的嶧山。騶，通「鄒」。也稱「邾」，秦縣名，在今山東鄒縣東南。嶧山在今鄒縣東南，當時鄒縣的城北。⓳頌秦功業　謂立石刻銘以頌秦功業。按：騶嶧山的刻石銘文見〈秦始皇本紀〉二十八年注引。⓴徵從　召來；使之跟著。㉑博士　帝王身邊以備顧問的知識型閒散官員，上屬於太常。㉒蒲車　《索隱》曰：「謂蒲裹車輪，惡傷草木。」㉓席用葅稭　以草與禾稈作墊，人在上面行禮。葅，可用為鋪墊的草。稭，禾稈，可以編席子。㉔乖異　相互矛盾，各不相同。㉕由此絀儒生　中井曰：「封禪實昉於此，宜乎其無典禮故事也，儒者蠢愚，尚欲討論故事，絀之固宜。」絀，退；罷斥。㉖除　開拓；開通。㉗上自泰山陽至巔　從泰山南面上到了頂峰。㉘明其得封　說明了他所以封泰山的理由。按：秦始皇封泰山的刻石銘文見〈秦始皇本紀〉二十八年。㉙陰道　從北面上山的路。㉚太祝　為朝廷主管祭祀的官員，上屬太常。㉛祀雍上帝　在雍縣諸時祭祀上帝。㉜封藏　指祭祀時埋藏在山上的禮品與告天的文字等。㉝中阪　半山腰的斜坡。㉞休於大樹下　〈秦始皇本紀〉云：「風雨暴至，休於樹下，因封其樹為『五大夫』。」即今泰山故事中之所謂「五大夫松」也。㉟與用　參與；被用。㊱聞始皇遇風雨二句　造說天以此表現不喜歡始皇之所為。亦有造說始皇根本沒能上得山去，事見後文「齊人丁公」之所言。㊲羨門　姓羨門，名高，也有的地方稱其名為「子高」。㊳太公　姜子牙，名尚，周武王的開國功臣，齊國諸侯的始封之君，事見〈齊太公世家〉。㊴齊所以為齊二句　齊國之所以稱為「齊」，是因為它正對著天的肚臍。齊，此處通「臍」。師古曰：「謂其眾神異，如天之腹齊也。」㊵其祀絕二句　關於天齊的祭祀現已斷絕，不知當初是從什麼時候開始的。㊶天主　猶言「天神」，下同。程一枝曰：「天、地、兵、日、月、陰、陽、四時者，八神名也。」㊷臨菑南郊山下　《索隱》引《齊記》云：「臨淄城南有天齊泉，五泉并出，有異于常，如天之腹齊也。」(43)時　在小山上修的祭臺，所以稱為「時」者，蓋神靈之所棲止也。(44)地貴陽二句　澤中圜丘，在低溼的水草地上修的圓臺。郭嵩燾曰：「『八神』之祀起於齊，而祀天於『天齊淵水』，則仍澤中也；祀地於泰山、梁父，則山也。史公以『好陰而祠之山地，貴陽而祭之澤』，與齊天主、地主之祀正相反，疑此處必有脫文。」(45)蚩尤　傳說中的諸侯名，見於〈五帝本紀〉，相傳是古代兵器的發明者。(46)蚩尤在東平陸監鄉　按：此指蚩尤墓。東平陸，即古平陸縣，在今山東東平東南。《索隱》引《皇覽》云：「蚩尤冢在東平郡壽張縣闞鄉城中。」(47)三山　師古以為即後文之所謂蓬萊、方丈、瀛洲三神山。《索隱》以為指東萊曲成（今山東掖縣北）之「三山」（也作「參山」）。按：後說較好，前者無法指實，與其他七者不倫。(48)之罘　海島名，也是海島上的小山名，在今山東煙臺北海中。(49)祠之萊山　郭嵩燾曰：「當云『祠萊山』，『之』字緣上文而衍。」萊山，在今山東黃縣東南。(50)齊北　齊國北部。(51)竝勃海　沿著勃海。竝，傍；沿著。(52)成山　即今所謂成山角，在山東榮成東北，是一個伸入大海中的小半島。(53)斗　通「陡」。突出。(54)最居齊東北隅　處於齊國的最東北角。(55)琅邪　即所謂琅邪臺，在今山東膠南東南的大海邊，其山如臺狀。(56)歲之所始　是一年開頭最早的地方，因其居東海之濱也，築有「四時祠」。(57)皆各用一牢具祠　對八神的祭祀，都統一用一太牢的祭品。一太牢指牛、羊、豬各一頭。具，猶今所謂「一套」、「一桌」，指招待人的筵席或祭神的供品。(58)巫祝所損益二句　大意謂只是使用巫祝和用於祭神的珪幣多少，有些不同而已。巫祝，主管祭祀的神職人員。珪幣，祭祀用的璧玉、絲帛等。幣，禮品。(59)威宣　齊威王、齊宣王。齊威王名因齊，西元前三五六—前三二〇年在位。齊宣王，名辟彊，威王之子，西元前三一九—前三〇一年在位。(60)騶子　指騶衍，早期五行家的代表人物，事跡見〈孟子荀卿列傳〉。(61)論著終始五德之運　如淳曰：「其書有《五德終始》，五德各以所勝為行，秦謂周為火德，滅火者水，故自謂水德。」(62)秦帝　秦始皇稱帝以後。(63)齊人　謂騶衍的徒子徒孫。(64)奏　進獻。謂進獻《五德終始》之書。(65)宋毋忌　《索隱》引《戒經》謂其為月中仙人，又引《白澤圖語》稱其為火仙。(66)正伯僑　後人也寫作「征伯僑」，《索隱》謂其為古仙人之名。(67)充尚　《漢書·郊祀志》作「元尚」，瀧川引沈濤語以為應作「元穀」，即〈列仙傳〉中之「元俗」。(68)羨門高　神仙之流，其人見於〈秦始皇本紀〉。(69)最後皆燕人　「最後」二字不可通，《集解》以為應作「其後」；王念孫以為應作「聚穀」，即宋玉〈高唐賦〉中之「樂聚穀」。按：〈高唐賦〉將「樂聚穀」、「羨門高」、「溪上成」和「鬱林公」並稱為「有方之士」，蓋亦仙人，王說可從。(70)為方僊道　講究修道成仙的方法。(71)形解銷化　即神仙家的所謂「尸解」，謂修道成功後，拋下肉身，真人「飛升」而去。(72)陰陽主運　指騶衍學說的基本內容。如淳曰：「今其書有〈主運〉，五行相次，轉用事，隨方面為服也。」(73)顯於諸侯　〈孟子荀卿列傳〉說「騶子重於齊。適梁，惠王郊迎，執賓主之禮。適趙，平原君側行撇席。如燕，昭王擁彗先驅，請列弟子之座而受業，築碣石宮，身親往師之。」(74)怪迂阿諛苟合之徒自此興　按：武帝時之欒大、文成、五利，皆此類也，史公感慨殊深。(75)燕昭　戰國中期的燕國國君，西元前三一一—前二七九年在位，事跡見〈燕召公世家〉。(76)其傳在勃海中　「傳」字《漢書》作「傳」，臣瓚曰：「世人相傳云爾。」(77)去人不遠　和人們常到的地方相距不遠。去，相距。(78)患且至二句　麻煩的是，每當人們的船隻靠近三山時，船就被風吹到別處去了。患，難；麻煩。(79)蓋　疑似傳疑之詞。(80)黃金銀為宮闕　王念孫以為「銀」上應有「白」字。(81)未至二句　按：實即所謂「海市蜃樓」。(82)臨之　臨近，即上所謂「且至」。(83)輒　即；往往。(84)世主　世間的帝王。(85)甘心　其意似為「為求得仙山而不惜付出任何代價」。(86)至海上　指到達海邊。(87)始皇自以為至海上而恐不及矣　意謂始皇帝本想親自去，但又怕去了找不到。(88)使人乃齎童男女入海求之　按：所使之人即徐市。〈秦始皇本紀〉二十八年云：「於是遣徐市發童男女數千人入海求仙人。」徐市，也寫作「徐福」。(89)船交海中　言船到海中以後。交，達。(90)以風為解　以「被風吹開」為口實。(91)其明年　始皇二十九年，西元前二一八年。(92)恆山　山名，在今河北曲陽西北；也是郡名，郡治東垣，在今石家莊東北。(93)上黨　秦郡名，郡治長子（今山西長子西南）。(94)後三年　始皇三十二年，西元前二一五年。(95)碣石　山名，在今河北昌黎北。(96)考入海方士　考，考問；核查。(97)上郡　秦郡名，郡治膚施（今陝西榆林東南）。(98)後五年　始皇三十七年，西元前二一○年。(99)湘山　即今湖南洞庭湖中的君山，上有湘君祠。(100)會稽　山名，在今浙江紹興南。(101)竝海上　沿海邊北行。竝，傍；沿著。(102)還至沙丘崩　陳仁錫曰：「詳次怪迂，而終以始皇崩深著迷謬。」按：關於秦始皇死於沙丘的複雜經過，詳見〈秦始皇本紀〉與〈李斯列傳〉。(103)二世元年　西元前二○九年。二世，名胡亥，秦始皇的少子。有關胡亥改詔書、殺扶蘇、篡取帝位的過程，詳見〈秦始皇本紀〉、〈李斯列傳〉。(104)竝海南　沿海邊南行。(105)歷　經過。(106)刻勒始皇所立石書旁　在始皇帝當年所刻的銘文旁邊再補刻上一些字。勒，也是「刻」的意思。(107)以章始皇之功德　〈秦始皇本紀〉二世元年云：「盡刻始皇所立刻石石旁，著大臣從者名，以章先帝成功盛德焉。」意思是：當年始皇在諸處所刻銘文，但稱「皇帝」某年某月，未寫清是「始皇帝」。這樣再過一些年，後人就無法分清到底是哪一個皇帝刻寫的銘文了。所以二世要依次做一些補充性的說明，以指明那是始皇帝做的。(108)其秋二句　二世元年七月，陳勝首先舉事反秦，其後項羽、劉邦等相繼皆起，事見〈陳涉世家〉、〈項羽本紀〉、〈高祖本紀〉諸篇。畔，通「叛」。(109)三年而二世弒死　二世三年（西元前二○七年）胡亥被趙高所弒事，見〈秦始皇本紀〉、〈李斯列傳〉。(110)始皇封禪之後十二歲二句　從始皇二十八年封泰山（西元前二一九年），到二世三年（西元前二○七年）秦朝滅亡，前後共十二年。(111)疾　恨。(112)秦焚詩書　事在始皇三十四年（西元前二一三年），過程見〈秦始皇本紀〉。

[113] 誅僇文學　事在始皇三十五年（西元前二一二年），過程見〈秦始皇本紀〉。文學，謂「文學方術之士」，也稱「術士」，包括各學派的學者，也包括以仙人、仙藥騙人的方士。[114] 謗曰　編造謠言說。[115] 此豈所謂無其德而用事者邪　與本文開始之所謂「至梁父矣而德不洽」句相應，明說秦始皇，暗指漢武帝。

【語　譯】秦始皇統一天下稱帝後，有人說：「黃帝得的是土德，所以有當時黃龍和巨大的蚯蚓出現。夏朝得的是木德，所以當時有青龍棲息在郊外，草木茁壯茂盛。殷朝得的是金德，所以當時有白銀從山中流出來。周朝得的是火德，所以當時有紅色烏鴉的符瑞。現在秦朝取代了周朝，是水德的時代，從前秦文公出外打獵，捕獲了一條黑龍，這就是水德的祥瑞。」於是秦朝把黃河改名叫「德水」，規定以冬季十月作為每年一年的開端。秦朝崇尚黑色，器物用六作單位，音樂推崇大呂律，國家政事崇尚法治。

2 秦始皇做皇帝的第三年，東出巡視郡縣，他在鄒縣的嶧山祭天，刻石讚頌秦朝的功業。他從齊、魯之都徵集了信奉孔子學說的儒生和通曉古今的博士七十人隨行，來到了泰山腳下。這些學者中有人議論：「古代帝王封禪時要用蒲草把車輪子裹起來，為的是不傷害山上的土石草木。祭祀時只把地面清掃一下，鋪上禾秸編製的墊席就行了，這表明古代的制度是很容易照辦的。」秦始皇聽他們彼此說得矛盾而又古怪，很難採用，於是罷黜了這些儒生。隨後他開山築路，從泰山南面一直上到山頂。他立碑歌頌自己的功德，表明他所以登封泰山的理由。而後他從泰山北面下來，在梁父山舉行了祭地的典禮。秦始皇封禪所用的禮儀，有一些就是朝廷祭官提供的在雍縣祭祀上帝的儀式，但具體活動都很祕密，世人不得而知，沒有記載。

3 秦始皇在上泰山的時候，半山腰遇到了暴風雨，他曾躲在一棵大樹下避雨。那些被罷黜的儒生由於未能參加封禪典禮，心裡有氣，後來聽說秦始皇上山時半路遇雨，就編了些故事譏笑他。

4 隨後秦始皇就東行到海邊巡遊，一路上他祭祀名山大川和當地傳頌的「八神」，並尋找羨門子高一類的仙人。「八神」也許是來自很早的傳說，但也有人說是姜太公以後編造的。齊國之所以稱做「齊」的原因，就因為它正對著天的肚臍。對於天臍的祭祀早已斷絕，不知道是從什麼時候開始的。所謂「八神」：第一位叫「天主」，在天齊祭祀祂。「天齊」是泉水的名稱，位於齊國首都臨淄南郊的山下。第二位叫「地主」，在泰山腳下的梁父祭祀祂。因為天神喜好陰，祭祀祂一定要在高山的下面，小山的上頭，祭祀的神壇叫做「時」，因為地神喜好陽，祭祀祂一定要在水澤當中的圓形臺上。第三位叫「兵主」，在蚩尤山祭祀祂。蚩尤墓在東平郡的陸監鄉，在齊國的西部邊境。第四位叫「陰主」，在三山祭祀祂。第五位叫「陽主」，在之罘山祭祀祂。第六位叫「月主」，在萊山祭祀祂。三山、之罘山、萊山都在齊國的北部，靠近勃海。第七位叫「日主」，在成山祭祀祂。成山角陡峭地插入海中，處於齊國的東北角，因而是迎接日出的好地方。第八位叫「四時主」，在琅邪臺祭祀祂。琅邪臺在齊國的東邊，大概是表示一年開頭最早的地方。對「八神」都用牛、羊、豬各一頭的規格來進行祭祀，只是在神職人員與用於祭祀的珪幣數量上多少有些不同。

5 從齊威王、齊宣王的時候起，騶衍這批人就著書講說金、木、水、火、土的五德終始變化，到秦始皇稱帝時，騶衍的徒子徒孫就把這些「學說」上奏，被秦始皇採用了。而另一批人像宋毋忌、正伯僑、充尚、羨門高等他們都是燕國人，編造一種煉丹吃藥、脫胎換骨、白日飛升的欺人之談，都是依傍鬼神大售其奸。騶衍所講的陰陽交替、主宰王朝命運的「學說」在各諸侯國很受到歡迎，燕齊兩地那些大講神仙的傢伙們儘管繼承不了鄒衍的衣鉢，但他們很能靠奇談怪論迎合帝王們的心理，這種人多得不可勝數。

6 從齊威王、齊宣王、燕昭王開始，就不斷派人到海上去尋找神仙居住的蓬萊、方丈、瀛洲。這三座神山，據說就在勃海中，離塵世不遠；難辦的是當那些探尋它們的船隻快要靠近它們時，那些船隻就被大風吹得遠遠的。據說有人曾經到過那裡，那裡有許多仙人和可以使人長生不死的靈丹妙藥。那裡的萬物禽獸都是白色的，宮殿是用黃金白銀建造而成。在還沒有到達三山的時候，遠遠望去，好像是在一片雲彩當中；等到了跟前，三仙山就隱到了海水下面。再要往前靠近，就有大風來把你吹走，所以你就永遠不能上到仙山上去。這一來，人世間的帝王們就沒有一個不為求得仙山而不惜付出任何代價。等到秦始皇統一天下後，他巡遊到了海邊，方士們就紛紛的向他講述這三仙山的事。秦始皇擔心自己去了找不到，就派徐福帶著童男童女乘船下海去找。但他們都推說當船駛進海中，總有大風作怪，不能到達，但卻真的是望見了。第二年，秦始皇又到海邊遊覽，他到了琅邪臺，回來時經過恆山，從上黨回到咸陽。這以後的第三年，秦始皇又到了碣石山，他查問了進入海區的方士，而後經由上郡返回咸陽。往後又過了五年，秦始皇南遊到了湘山，接著東行登上了會稽山，而後沿著海邊北上，希望能夠見到海中的三仙山，採到山上的奇藥。結果什麼也沒有得到，在返回咸陽的路上死在了沙丘。

7 秦二世元年，秦二世東巡到了碣石，而後沿著海岸南下，經過泰山，到達會稽，在這些地方都進行了祭祀。又在始皇所立的石碑銘文的旁邊刻寫了一些文辭，以表彰始皇的功德。同年秋天，各地諸侯都紛紛起兵反秦。三年後，秦二世被趙高所殺。

8 秦始皇舉行封禪活動後的第十二年，秦朝就滅亡了。因為有些學者痛恨秦始皇的焚書坑儒，百姓們也怨恨秦朝的酷法，天下人都討厭秦朝，於是都編造謠言說：「當年秦始皇上泰山的時候，遇到了暴風雨的襲擊，沒能舉行封禪大典。」這不就是古人所說的那種不具備良好的德行卻非要去進行封禪的人嗎？

1 昔三代之居皆在河、洛之間❶，故嵩高❷為中嶽，而四嶽各如其方❸，四瀆咸在山東❹。至秦稱帝，都咸陽，則五嶽、四瀆皆并在東方。自五帝以至秦，軼興軼衰❺，名山大川或在諸侯，或在天子，其禮損益世殊❻，不可勝記。及秦并天下，令祠官所常奉天地名山大川鬼神可得而序也。

2 於是自殽以東，名山五，大川祠二。曰太室。太室，嵩高也。恆山，泰山，會稽，湘山。水曰濟、曰淮❼。春以脯酒❽為歲祠❾，因泮凍❿，秋涸凍⓫，冬塞禱祠⓬。其牲用牛犢各一，牢具⓭珪幣⓮各異。

3 自華以西⑮，名山七，名川四。曰華山，薄山。薄山者，衰山也⑯。岳山⑰，岐山⑱，吳岳⑲，鴻冢⑳，瀆山。瀆山，蜀之汶山㉑。水曰河㉒，祠臨晉㉓；沔㉔，祠漢中㉕；湫淵㉖，祠朝那㉗；江水㉘，祠蜀㉙。亦春秋泮涸禱塞㉚，如東方名山川；而牲牛犢㉛牢具珪幣各異。而四大冢㉜鴻、岐、吳、岳，皆有嘗禾㉝。

4 陳寶節來祠㉞。其河加有嘗醪㉟。此皆在雍州㊱之域，近天子之都，故加車一乘，騮駒四㊲。

5 霸㊳、產㊴、長水㊵、灃㊶、澇㊷、涇㊸、渭㊹皆非大川，以近咸陽，盡得比山川祠㊺，而無諸加㊻。

6 汧、洛二淵㊼，鳴澤㊽、蒲山㊾、嶽壻山㊿之屬，為小山川，亦皆歲禱塞泮涸祠(51)，禮不必同。

7 而雍(52)有日、月、參、辰(53)、南北斗(54)、熒惑(55)、太白(56)、歲星(57)、填星(58)、辰星(59)、二十八宿(60)、風伯(61)、雨師(62)、四海(63)、九臣、十四臣(64)、諸布、諸嚴、諸逑(65)之屬，百有餘廟；西(66)亦有數十祠。於湖(67)有周天子祠(68)，於下邽(69)有天神(70)，灃、滈(71)有昭明(72)、天子辟池(73)；於杜、亳(74)有三杜主(75)之祠、壽星(76)祠，而雍菅廟亦有杜主(77)。杜主，故周之右將軍(78)，其在秦中(79)，最小鬼之神者(80)。各以歲時奉祠(81)。

8 唯雍四時[82]上帝為尊，其光景動人民[83]唯陳寶。故雍四時，春以為歲禱[84]，因泮凍，秋涸凍，冬塞祠，五月嘗駒[85]，及四仲之月月祠，若陳寶節來一祠[86]。春夏用騂[87]，秋冬用駵。時駒四匹[88]，木禺龍欒車一駟[89]，木禺車馬一駟，各如其帝色[90]。黃犢羔各四[91]，珪幣各有數，皆生瘞埋[92]，無俎豆之具[93]。三年一郊[94]，秦以冬十月為歲首，故常以十月上宿郊見[95]，通權火[96]，拜於咸陽之旁[97]，而衣上白[98]，其用如經祠[99]云。西時、畦時[100]，祠如其故[101]，上不親往。

9 諸此祠皆太祝常主，以歲時奉祠之。至如他名山川諸鬼及八神之屬，上過則祠，去則已[102]。郡縣遠方神祠者，民各自奉祠[103]，不領於天子之祝官[104]。祝官有祕祝[105]，即有菑祥，輒祝祠移過於下[106]。

【章旨】以上為第三段，縷述秦漢時代統治者所供奉、祭祀的各種神祇。

【注釋】❶昔三代之居皆在河洛之間　三代之居，「居」原作「君」。梁玉繩《史記志疑》卷十六：「『君』乃『居』之譌，《漢志》作『居』。」今據改。河洛之間，指今河南省境內的黃河、洛水流域。《正義》曰：「《世本》云：『夏禹都陽城（今河南登封東南），避商均也；又都平陽（今山西臨汾西南），或在安邑（今山西夏縣東北），或在晉陽（今山西太原西南）。』《帝王世紀》云：『殷湯都亳（今山東曹縣東南），在梁，又都偃師（今河南偃師西）；至盤庚，徙河北（今河南安陽西北），又徙偃師也。周文、武都豐（今陝西西安西南）、鄗（今西安市西），至平王徙都河南（今洛陽市）。』按：三代之居皆在河、洛之間也。」❷嵩高　即今嵩山，在河南登封西北。❸四嶽各如其方　謂東嶽在嵩山東方，西嶽在嵩山西方，南嶽在南，北嶽在北。❹山東　此指殽山（今河南靈寶東南）以東。❺軼興軼衰　《漢書・郊祀志》作「迭興迭衰」，即此起彼伏之意。軼，此處通「迭」，師古曰：「互也。」❻其禮損益世殊　對各名山大川祭祀的禮數，各個時代都不一樣。❼水曰濟曰淮　要祭祀的兩條大川一是濟水，二是淮水。❽脯酒　乾肉與酒。❾為歲祠　為祈求農業豐收而祭祀。❿因泮凍　趁河冰剛解凍的時候。⓫秋涸凍　秋天的祭祀是在水漸乾涸，開始結冰的時候。⓬冬塞禱祠　冬天進行感謝河神一年賜福的祭祀。塞，也作「賽」，感謝神賜的祭祀。⓭牢具　祭祀用的牲畜和盛這些祭品的祭器。⓮珪幣　祭神用的玉璧與絲帛等。⓯自華以西　自華山以西。華山，在今陝西華山南。⓰薄山者二句　衰山，《漢書・郊祀志》作「襄山」，舊注皆以為即今山西省境內的中條山，但此與史文所謂「自華以西」不合。⓱岳山　梁玉繩以為應作「垂山」，太乙山之北峰，在今陝西武功南。⓲岐山　在今陝西岐山東北。⓳吳岳　也稱「吳山」、「岳山」、「岍山」，在今陝西隴縣西南。⓴鴻冢　在今陝西鳳翔東，相傳黃帝的大臣名「鬼臾區」號「大鴻」者葬於此山，因以為名。說見後文。㉑汶山　也稱「岷山」，在今四川岷縣西南。㉒水曰河　要祭祀的河水，第一是黃河。㉓祠臨晉　祭祀黃河的地點是在臨晉縣（今陝西大荔東）。《索隱》引韋昭曰：「臨晉有河水祠。」㉔沔　漢水的上游，這裡即指漢水。㉕祠漢中　在漢中（今陝西漢中）立廟祭祀漢水。㉖湫淵　湖泊名，在今寧夏固原境。㉗朝那　秦縣名，在今寧夏固原東南。㉘江水　即今長江。㉙蜀　秦郡名，這裡指蜀郡的郡治即今成都市。《正義》引《括地志》云：「江瀆祠在益州成都縣南八里。」㉚亦春秋泮涸禱塞　也是在春天解冰、深秋結冰、和冬天的時候三次進行祭祀。㉛牲牛犢　以牛犢作為供品。「牲」字用如動詞。㉜四大冢　白華以西七座名山裡的四座大山。冢，《索隱》曰：「山頂謂冢，蓋亦因『鴻冢』而為號也。」㉝嘗禾　祭祀名，孟康曰：「以新穀祭之。」意思是讓四山之神嘗到新糧食。㉞陳寶節來祠　《集解》引服虔曰：「陳寶神應節來也。」李笠曰：「上文云『其神或歲不至，或歲數來』，不當云『應節來』甚明，此『節來』蓋謂祠官來祠耳。」㉟其河加有嘗醪　祭祀華山以西的河流時要加新釀製的米酒。㊱雍州　古九州名，約當今之陝西全省與甘肅東部、青海東北部一帶地區。㊲加車一乘二句　意謂對雍州地區的七座山、四條河，以及對陳寶的祭祀，都除了和祭祀東方山川用相同的祭品外，而格外另增加一輛車、四匹紅馬駒。騂，通「騮」。紅毛黑鬣的馬。㊳霸　霸水，自藍田縣東南流來，流經當時的長安東，匯入渭水。㊴產　產水，自藍田縣南流來，在長安城東南匯入霸水。㊵長水　產水的一條支流，在藍田縣境內。㊶灃　灃水，自今陝西戶縣南流來，經當時的長安城西匯入渭水。㊷澇　澇水，自戶縣西南流來，經今戶縣西，匯入渭水。㊸涇　涇水，自甘肅流來，經彬縣、涇陽，匯入渭水。㊹渭　渭水，自甘肅流來，經寶雞、咸陽，東流入黃河。㊺比山川祠　享受和其他名山大川一樣的祭祀。㊻無諸加　不像前述白華以西的七山四河等還要增加一些東方山川所享受不到的東西，如所謂「車一乘、騂駒四」云云。㊼汧洛二淵　即汧水、洛水。汧水源於甘肅六盤山，經今隴縣、千陽，在寶雞市東匯入渭水。

洛水源於吳旗縣西北，經今甘泉、洛川，至大荔南人渭水。(48)鳴澤　舊注多以今河北涿州之鳴澤當之，與史文的方位不合。錢穆以為即今甘肅平涼西都盧山之彈箏峽。(49)蒲山　錢穆以為或即今陝西蒲城北之「堯山」。(50)嶽嶿山　有說在今華山之西。(51)歲禱塞泮涸祠　與前文「亦春秋泮涸禱塞」意同，即在年冬時舉行報謝神賜的祭祀，春天解冰、秋天結冰的時候照例舉行祭祀。(52)雍　此指雍縣，春秋時代的秦國都城，在今陝西鳳翔東南。(53)參辰　二十八宿中的兩個星座名。辰，也稱「心宿」。(54)南北斗　南斗也稱「斗宿」，二十八宿之一；北斗即今所謂北斗七星，屬大熊星座。(55)熒惑　即火星。(56)太白　即金星。(57)歲星　即木星。(58)填星　即土星。填，通「鎮」。(59)辰星　即水星。(60)二十八宿　黃道沿途的二十八個星宿名，即東方的角、亢、氐、房、心、尾、箕；北方的斗、牛、女、虛、危、室、壁；西方的奎、婁、胃、昴、畢、觜、參；南方的井、鬼、柳、星、張、翼、軫。(61)風伯　即俗所謂風神。(62)雨師　即俗所謂雨神。(63)四海　四海的海神。(64)九臣十四臣　舊注皆無說，瀧川引皮錫瑞語以為應作「九臣六十四臣」。並曰：「《漢舊儀》祭九皇六十四民，皆古帝王，漢時嘗列祀典。『九臣』當是『九皇』之臣；『六十四臣』當是『六十四民』之臣。」郭嵩燾曰：「九臣、十四臣祀之雍，蓋皆周臣之有功者也。馬融《論語》注『亂臣十人』，謂周公、召公、太公、畢公、榮公、太顛、閎夭、散宜生、南宮适，其一人為文母，則『九臣』當是周初功臣，《祭法》所謂『有功德于民者也』。」(65)諸布諸嚴諸逑　舊注皆無說。郭嵩燾曰：「按《爾雅》：『祭星曰布』，天垂象，故曰『布』。『諸布、諸嚴、諸逑』，蓋天神、地祇、人鬼之分。丘陵、林谷皆屬之地，而義取深嚴，故曰『嚴』。《說文》：『逑，斂聚也。』謂合祀之，九臣、十四臣皆合祀之。逑，亦匹也，人神皆有配，《楚辭》湘君、湘夫人亦配也，故『諸逑』宜以當人神也。」瀧川引葉德輝語，以為「諸嚴」即「諸莊」，漢人避明帝諱改；「諸逑」應作「諸遂」。莊，四通八達之道，這裡即指路神。遂，田間小路，也是指路神。《全注全譯史記》引劉洪濤語，以為「布」即瀑布，「嚴」即山巖，「遂」即隧洞。(66)西　《索隱》以為即西縣，亦即「西垂」，在今甘肅天水西南，秦國最早的都城。(67)湖　秦邑名，在今河南靈寶西，漢代立以為縣。(68)周天子祠　《索隱》引〈地理志〉：「湖縣屬京兆，有周天子祠二所。」(69)下邽　在今陝西渭南東北。(70)有天神　有天神祠。(71)灃滈　同「豐、鎬」，周朝的都城名，據說文王都豐（今西安市西南），武王都鎬（今西安市西）。(72)昭明　火星廟，《索隱》引《河圖》云：「熒惑星散為昭明。」(73)天子辟池　王先謙引沈欽韓曰：「周辟雍故地，故曰辟池，所祀者『滈池君』也。」(74)杜亳　即杜縣（今西安市東南）境內的亳亭。因西周末時曾有戎族的亳王居此，故稱為亳，後被秦寧公所滅。「杜」原作「社」。梁玉繩《史記志疑》卷十六：「〈漢志〉作『杜亳有五杜主之祠』是也，此誤『杜』為『社』。」(75)杜主　原作「社主」，梁玉繩曰：「此誤『杜』為『社』，《漢書・地理志》云：『杜陵有杜主祠四所。』」關於「杜主」其人，事跡見下文。

(76)壽星　《索隱》曰：「蓋南極老人星也，見則天下理安，故祠之以祈福壽。」(77)雍菅廟亦有杜主　雍縣的草庵小廟也有供奉「杜主」的。菅，野草。(78)故周之右將軍　當年周朝的右將軍。《索隱》引《墨子》曰：「周宣王殺杜伯不以罪，後宣王田于圃，見杜伯執弓矢射，宣王伏弢而死也。」梁玉繩曰：「周宣王殺杜伯事見《國語》、《墨子》及《還冤志》，然杜伯是國君，非將軍也。且宣王時安得有『右將軍』哉？蓋杜伯為最小鬼之神者，朱衣冠而操弓矢，厥狀甚武，因以『將軍』目之。『右將軍』者，以『右』尊故也。」(79)秦中　意同「關中」，略當於今陝西省渭水流域一帶地區。(80)最小鬼之神者　師古曰：「其鬼雖小，而有神靈也。」(81)各以歲時奉祠　各廟都是按年關、按四時舉行祭祀。(82)雍四時　雍縣附近的四時，即鄜時、密時、吳陽上、下時，分別祭祀白帝、青帝、黃帝、炎帝。(83)光景動人民　謂「神靈」降臨時的景象激動人心，如前所謂「來也常以夜，光輝若流星，從東南來集于祠城，則若雄雞，其聲殷云，野雞夜雊。」(84)歲禱　祈求豐收。(85)五月嘗駒　除春、秋、冬三次正規的祭祀外，還要在五月用一車四騂駒作為加祭。(86)及四仲之月月祠二句　每個季度的第二個月都要祭祀四時，至於陳寶祠則只有在陳寶節時舉行祭祀。仲之月，每季度的第二個月，如二月為仲春，五月為仲夏，八月為仲秋，十月為仲冬。二句原作「及四仲之月祠，若月祠陳寶節來一祠」，張文虎《札記》卷三：「《志疑》云：『〈漢志〉云「四仲之月祠，若陳寶節來一祠」』。此當衍上『祠』字，移『若』字於『陳寶』上。」今從〈漢志〉改。按：上下文都是講祭祀四時，而中間插入一句祭祀陳寶，文字頗覺混亂。(87)春夏用騂　春夏兩季的祭祀，用紅馬作犧牲。騂，紅馬。(88)時駒四匹　每個時的供品，用四匹馬駒。(89)木禺龍欒車一駟　木龍拉的車子一輛。木禺，同「木偶」。欒車，同「鑾車」，有鈴的帝王之車。《索隱》曰：「謂車有鈴，鈴乃有鸞和之節，故取名也。」(90)各如其帝色　如祭白帝用白色，祭黃帝用黃色，如此等等。(91)黃犢羔各四　黃牛犢、黃羊羔每種四頭。(92)生瘞埋　活埋。瘞，埋。(93)無俎豆之具　指將犢羔珪幣直接埋在土裡，不用祭器盛裝。俎，案板。豆，盛祭品的禮器。(94)三年一郊　帝王每三年舉行一次南郊祭天的典禮。(95)上宿郊見　帝王親自齋戒，在南郊拜見上帝。《集解》引李奇曰：「宿，謂齋戒也。」(96)通權火　有說「權火」即「烽火」，張晏曰：「欲令光明遠照，通於祀所也。漢祀五時於雍，五十里一烽火。」也有說「權火」即「舉火」，師古曰：「凡祭祀通舉火者，或以天子不親至祀所而望拜，或以眾祠各處，欲其一時薦享，宜知早晏，故以火把為之節度也。」(97)拜於咸陽之旁　主語為秦朝皇帝。(98)衣上白　謂祭祀時身著白衣。上，貴，以白為貴。(99)其用如經祠　使用的祭品和經常的祭祀一樣，不因帝王親祭而加多。經，常。(100)西時畦時　瀧川曰：「『畦時』應作『鄜時』。」蓋西時在西垂，鄜時在雍縣，皆秦國遠祖所建，且距咸陽遙遠；至於畦時，乃戰國時獻公所建，且近在櫟陽，故不可與西時並稱。(101)祠如其故　還按過去的辦法祭祀。(102)上過則祠二句　帝王出巡路過時就順便祭一回，走後也就算完了。103民各自奉祠　由當地的官民自己進行祭祀。104不領於天子之祝官　不受朝廷主管祭祀官員的管轄。105祝官有祕祝　有些祝官在祭祀時向鬼神做「詭祕」的祈禱。106即有菑祥二句　一旦見到災變的徵兆，就向鬼神祈禱，請鬼神把譴責轉移到下面的人。如〈宋微子世家〉景公時「熒惑守心，景公憂之」，宋之「司星」則曰「可移於相」，「可移於民」，即此類。

【語譯】從前夏、商、周三代帝王都建都在黃河、洛水一帶，所以把嵩高山定為中嶽，而四嶽各自按其所在的方位定名，所謂四瀆的長江、黃河、淮水、濟水，都在殽山以東。到了秦朝稱帝時，建都在咸陽，五嶽、四瀆就全都位於東方了。從五帝以來一直到秦，歷朝有興有衰，這些名山大川有時在諸侯掌握中，有時在天子控制下，祭祀它們的禮儀有增有減各個時代都不相同，無法一一記錄。到秦朝統一天下後，朝廷命令祭祀官員按規定祭祀天地名山大川和各種鬼神，從此才有案可查。

2　殽山以東要祭祀的名山有五座，大河有兩條。五座名山第一叫做太室，太室就是嵩高山。此外還有恆山、泰山、會稽山、湘山。兩條大河叫做濟水和淮水。對這五山二河的祭祀，春天是在河水剛解凍的時候用乾肉和酒祈求豐收；秋天是在河水乾枯快要封凍的時候；冬天要舉行酬報河神一年賜福的祭祀。對這些名山大川所用的祭品都是一頭小牛，至於裝盛供品的器皿與其他珪幣雜物各處不盡相同。

3　華山以西要祭祀的名山有七座，大川有四條。七座名山第一是華山，第二是薄山，薄山就是衰山，此外還有岳山、岐山、吳山、鴻冢、瀆山。瀆山也就是蜀郡的汶山。四條大川第一是黃河，在臨晉祭祀它；第二是沔水，在漢中祭祀它；第三是湫淵，在朝那祭祀它；第四是長江，在成都祭祀它。祭祀的時間也是在春天解凍、秋末封凍以及在冬天舉行酬報河神的祭祀，和祭祀東方名山大川的時間一樣。祭品使用的小牛，以及裝盛供品的器皿與其他珪幣等不盡相同。對於華山以西七座名山中的四座大山即鴻冢山、岐山、吳山、岳山的祭祀，除了使用以上通常的祭品外，還要另加新穀，以供有關神靈「嘗新」。

4　陳寶祠的神靈只在節日前來享受祭祀。祭祀華山以西的河流時還要增加一些新釀製的酒，讓有關神靈品嘗。以上七山四川以及陳寶的祭祖，因為都在雍州境內，靠近天子的都城，所以除用以上規定內的祭品外，還要再增加一輛車子和四匹黑鬃紅馬駒。

5 霸水、產水、長水、灃水、澇水、涇水、渭水雖然都稱不上大河，但因為它們靠近咸陽，所以都比照名山大川的規格享受祭祀，只是不再增加車馬一類的祭品。

6 汧水、洛水與鳴澤山、蒲山、嶽嵋山，雖然都是小山川，也都在解凍、封凍時進行祭祀，在冬天舉行酬報神靈的祭祀，規格不一定相同。

7 在雍州享受祭祀的有日、月、參宿、心宿、南斗北斗、火星、金星、木星、土星、水星、二十八宿、風神、雨神、四海之神、九臣、十四臣、諸布、諸嚴、諸逑等等，有一百多座神廟。秦國的舊都西縣也有幾十座祠廟。在京兆湖縣有周天子祠，在下邽縣有天神廟，在豐、鎬有火星廟和天子辟池；在杜縣的亳亭有三座杜主祠，還有壽星祠；在雍縣的茅草小廟中也有供奉杜主的。杜主，是周宣王的右將軍，在關中地區祂是最靈驗的小神。對以上神靈，各個祠廟每年都按一定的時節祭祀。

8 在以上所祭的神靈中只有雍州四時祭祀的上帝最尊貴，但要以神靈降臨景象激動人心來說則最數陳寶。雍州四時的祭祀，在春天解凍時祈求豐收，秋天在封凍時祭祀，冬天舉行酬報神靈的祭祀，五月要特別增加一次向天神供奉馬駒請其品嘗，在每個季度的第二個月要舉行月祭，至於陳寶神則只是在陳寶節來舉行祭祀。對陳寶的祭祀，春夏兩季用純紅色的馬，秋冬兩季用黑色鬃毛的紅馬。在四時祭祀上帝，用馬四匹，外加四條木雕的龍駕著有鈴鐺的車子一輛，四匹木雕的馬駕著的車子一輛，這些車馬龍的顏色和所祭祀的青、黃、赤、白四帝的顏色相同。此外還有黃色的牛犢羊羔各四頭，以及一定數量的玉帛，都用活埋的方式，不用器皿裝盛。帝王每三年舉行一次郊外祭天，秦朝是把冬天的十月定為一年的開始，所以皇帝總是在十月齋戒到郊外祭天。到那時，火把從咸陽一直排列到雍州的祭壇，皇帝在咸陽城外跪拜，衣冠都是白色，所用祭品和平常祭祀時一樣。西畤、畦畤的祭祀同過去一樣，皇帝不親自前往。

9 這些祭祀都由太祝主管，每年按時舉行。至於像其他的名山大川、各種鬼物和八神之類，皇帝經過的時候就去祭祀，離開後也就算完了。遠方郡縣的神廟，由當地民眾各自供奉祭祀，不歸天子的祭祀官員管理。

祝官在祭祀時向鬼神做「詭祕」的祈禱，如果出現災難，祈禱官就請求把災難轉移到臣民身上。

1 漢興。高祖之微❶時，嘗殺大蛇。有物❷曰：「蛇，白帝子也，而殺者赤帝子❸。」高祖初起❹，禱豐枌榆社❺。徇沛，為沛公❻，則祠蚩尤❼，釁鼓旗❽。遂以十月❾至灞上❿，與諸侯平咸陽⓫，立為漢王⓬。因以十月為年首⓭，而色上赤⓮。

2 二年⓯，東擊項籍而還入關⓰，問：「故秦時上帝祠何帝也？」對曰：「四帝，有白、青、黃、赤帝之祠。」高祖曰：「吾聞天有五帝，而有四，何也？」莫知其說。於是高祖曰：「吾知之矣，乃待我而具五⓱也。」乃立黑帝祠⓲，命曰北畤。有司進祠⓳，上不親往。悉召故秦祝官，復置太祝、太宰⓴，如其故儀禮㉑。因令縣為公社㉒。下詔曰：「吾甚重祠而敬祭，今上帝之祭及山川諸神當祠者，各以其時㉓禮祠之如故。」

3 後四歲㉔，天下已定㉕，詔御史㉖，令豐㉗謹治㉘枌榆社，常以四時、春以羊彘祠之㉙。令祝官立蚩尤之祠於長安㉚。長安置祠祝官、女巫㉛，其梁巫㉜祠天、地、天社、天水、房中、堂上㉝之屬；晉巫㉞祠五帝㉟、東君㊱、雲中君㊲、司命㊳、巫社、巫祠㊴、族人、先炊㊵之屬；秦巫㊶祠社主㊷、巫保、族纍㊸之屬；荊巫㊹祠堂下、巫先、司命、施糜(45)之屬；九天巫(46)祠九天。皆以歲時祠宮中(47)。其河巫(48)祠河於臨晉(49)，而南山巫(50)祠南山、秦中。秦中者，二世皇帝(51)。各有時日(52)。

4 其後二歲(53)，或曰：「周興而邑邰(54)，立后稷之祠(55)，至今血食(56)天下。」於是高祖制詔御史(57)：「其令郡國縣(58)立靈星祠(59)，常以歲時祠以牛。」

5 高祖十年(60)，春，有司請令縣常以春二月及時臘祠社稷以羊豕(61)，民里社各自財以祠(62)。制(63)曰：「可。」

6 其後十八年(64)，孝文帝即位(65)。即位十三年(66)，下詔曰：「今祕祝移過于下，朕甚不取，自今除之(67)。」

7 始名山大川在諸侯(68)，諸侯祝各自奉祠(69)，天子官不領(70)。及齊、淮南國廢(71)，令太祝盡以歲時致禮如故(72)。

8 是歲，制曰：「朕即位十三年于今(73)，賴宗廟之靈，社稷之福，方內艾安(74)，民人靡疾(75)。間者(76)比年登(77)，朕之不德，何以饗此？皆上帝諸神之賜也。蓋聞古者饗其德，必報其功，欲有增諸神祠(78)。有司議增雍五畤(79)路車(80)各一乘，駕被具(81)；西畤、畦畤禺車(82)各一乘，禺馬(83)四匹，駕被具；其河(84)、湫(85)、漢水加玉各二(86)；及諸祠各增廣壇場，珪幣俎豆以差加之(87)。而祝釐(88)者歸福於朕(89)，百姓不與[90]焉。自今祝致敬，毋有所祈[91]。」

9 魯人公孫臣[92]上書曰：「始秦得水德，今漢受之[93]，推終始傳[94]，則漢當土德[95]，土德之應黃龍見[96]。宜改正朔[97]，易服色，色上黃[98]。」是時丞相張蒼[99]好律曆[100]，以為漢乃水德之始[101]，故河決金隄，其符也[102]。年始冬十月，色外黑內赤[103]，與德相應。如公孫臣言，非也[104]，罷之。後三歲，黃龍見成紀[105]。文帝乃召公孫臣，拜為博士[106]，與諸生[107]草改曆服色[108]事。其夏，下詔曰：「異物之神見于成紀，無害於民，歲以有年[109]。朕祈郊上帝諸神[110]，禮官議，無諱以勞朕[111]。」有司皆曰：「古者天子夏親郊，祀上帝於郊[112]，故曰郊。」於是夏四月，文帝始郊見雍五畤祠[113]，衣皆上赤。

10 其明年[114]，趙人新垣平[115]以望氣[116]見上，言：「長安東北有神氣，成五采，若人冠絻[117]焉。或曰[118]東北神明之舍[119]，西方神明之墓也。天瑞[120]下，宜立祠上帝[121]，以合符應。」於是作渭陽五帝廟[122]，同宇，帝一殿，面各五門[123]，各如其帝色。祠所用及儀亦如雍五畤。

11 夏四月，文帝親拜霸、渭之會[124]，以郊見[125]渭陽五帝。五帝廟南臨渭，北穿蒲池溝水[126]，權火舉而祠[127]，若光煇然屬天焉[128]。於是貴平上大夫[129]，賜累千金[130]。

而使博士諸生刺六經中作王制[131]，謀議巡狩封禪事。

12 文帝出長門[132]，若見五人於道北，遂因其直北[133]立五帝壇，祠以五牢具[134]。

13 其明年[135]，新垣平使人持玉杯，上書闕下[136]獻之。平言上曰：「闕下有寶玉氣來者。」已視之[137]，果有獻玉杯者，刻曰「人主延壽」。平又言「臣候日再中[138]」。居頃之，日卻復中[139]。於是始更以十七年為元年[140]，令天下大酺[141]。

14 平言曰：「周鼎亡在泗水中[142]，今河溢通泗[143]，臣望東北汾陰直[144]有金寶氣，意周鼎其出乎[145]？兆見不迎則不至[146]。」於是上使使治廟汾陰南，臨河，欲祠出周鼎[147]。

15 人有上書告新垣平所言氣神事皆詐也[148]。下平吏治[149]，誅夷[150]新垣平。自是之後，文帝怠於改正朔服色神明之事[151]，而渭陽、長門五帝使祠官領[152]，以時致禮，不往焉[153]。

16 明年[154]，匈奴[155]數入邊，興兵守禦。後歲[156]少不登[157]。

17 數年而孝景即位[158]。十六年[159]，祠官各以歲時祠如故，無有所興，至今天子[160]。

【章旨】以上為第四段，寫西漢初期諸帝祭祀天地鬼神的情形。

【注　釋】❶微　未發跡；貧賤。❷物　當時人們稱具有特異功能的人或物，此處即指哭蛇的老婦。❸而殺者赤帝子　劉邦為亭長時酒醉斬蛇，有老婦夜哭，謂其子白帝子被赤帝子所殺事，詳見〈高祖本紀〉。❹高祖初起　事在秦二世元年（西元前二〇九年）九月。❺禱豐枌榆社　在豐邑的枌榆社前祈禱。豐邑，劉邦的故里，上屬沛縣。枌榆社，枌榆鄉的土神廟。❻徇沛二句　攻下沛縣後，劉邦就當了沛縣縣令。徇，以兵巡而取之。❼祠蚩尤　祭祀蚩尤，相傳蚩尤好五兵，因而被供為戰爭之神。❽釁鼓旗　殺牲以其血抹在旗、鼓上，以表示對旗、鼓的祭祀。❾十月　西元前二〇六年的陰曆十月。按：後來的歷史遂稱此年為「高祖元年」。❿灞上　地名，在今西安市東，當時咸陽城東南的灞水西岸。⓫與諸侯平咸陽　與項羽等各路諸侯會盟於咸陽。平，會盟定約。⓬立為漢王　項羽立劉邦為漢王，王巴蜀、漢中。⓭因以十月為年首　漢初繼續使用秦朝曆法，故仍以陰曆十月為該年的第一個月。⓮色上赤　劉邦當時認為自己是「赤帝子」，在五德循環中屬於「火德」，故在顏色上以「赤」為上。⓯二年　西元前二〇五年。⓰東擊項籍而還入關　元年四月，劉邦自咸陽去漢中，赴漢王任；同年八月，用韓信之計從漢中殺回，奪得關中；二年四月，劉邦東伐項羽，攻入彭城；同月，劉邦被項羽擊敗，潰退滎陽，形成兩軍對峙；六月，劉邦回到關中，以穩定後方。⓱待我而具五　等著我來給湊滿「五個」的數。⓲乃立黑帝祠　乃立黑帝祠於雍。⓳有司進祠　讓主管該項事務的官員前往祭祀。⓴太祝太宰　都是主管祭祀的官員，上屬太常。㉑如其故儀禮　還按照秦時的禮節、儀式進行。㉒令縣為公社　讓每一個縣裡都修建一座祭祀天地的廟宇。公社，李奇曰：「猶官社。」供全縣官民共同祭祀的廟宇。㉓各以其時　各自按照其固有的時間進行祭祀。㉔後四歲　高祖六年，西元前二〇一年。㉕天下已定　高祖五年十二月破殺項羽，二月，劉邦即皇帝位，故曰「天下已定」。㉖詔御史　讓御史下達命令。御史，御史大夫的屬官。漢代皇帝下詔書的程序，是先告知御史，由御史府形成文件，再下達給丞相，由丞相付諸施行。可參看〈三王世家〉。㉗豐　秦時為沛縣裡的一個鄉邑，劉邦建國後，將豐邑升為縣。㉘謹治　指認真地管理好、祭祀好。㉙常以四時春以羊彘祠之　語句不順。意思似謂一年四季要按時祭祀，而春季則要用羊、豬為祭品。㉚長安　劉邦稱帝以後的都城，舊址在今西安市城北之未央區一帶。㉛長安置祠祝官女巫　長安城裡配置了許多專業的祠祝官和女巫。㉜梁巫　從大梁（今河南開封）一帶選調來的女巫。㉝天社天水房中堂上　《索隱》以為是祭祀的地點，也就是祠廟名。中井以為是神名。㉞晉巫　從山西選來的女巫。㉟五帝　指黃、白、赤、青、黑五方之帝。㊱東君　據《楚辭．九歌》應是太陽神。㊲雲中君　即〈九歌〉中的雲神。原作「雲中」，張文虎《札記》卷三：「〈郊祀志〉下有『君』字，與《楚詞》合，此疑脫。」今據補。㊳司命　據〈九歌〉應是司人壽命的神。㊴巫社巫祠　師古曰：「皆古巫之神也。」㊵族人先炊　《正義》曰：「先炊，古炊母神也。」按：《漢書．

郊祀志》作「族人炊」，師古注：「古主炊母之神也。」[41]秦巫　從陝西選來的女巫。[42]社主　《漢書・郊祀志》作「杜主」，即杜伯之神，前文已見，此作「社主」，誤。[43]巫保族纍　師古曰：「二神名。」錢大昕曰：「族纍蓋疾疫之神。《說文》：『瘁，小腫也，一曰族纍。』」[44]荊巫　從湖北一帶選來的女巫。[45]堂下巫先司命施糜　皆神名。師古曰：「堂下，在堂之下；巫先，巫之最先者也；施糜，其先常施設糜粥者也。」[46]九天巫　主管祭祀九天的女巫。九天，九方之天，師古曰：「中央鈞天，東方蒼天，東北旻天，北方玄天，西北幽天，西方浩天，西南朱天，南方炎天，東南陽天。」[47]皆以歲時祠宮中　都是按年關、按季節地在宮中祭祀。[48]河巫　主管祭祀黃河的女巫。[49]臨晉　漢縣名，在今陝西大荔東。[50]南山巫　主管祭祀南山的女巫。南山，也稱「終南山」，在今西安市南，為秦嶺的一段。[51]秦中者二句　張晏曰：「以其強死，魂魄為厲，故祠之。成帝時匡衡奏罷之。」[52]各有時日　都按照一定的季節、日期進行祭祀。「時日」原作「時月」，梁玉繩《史記志疑》卷十六：「〈漢志〉作『時日』，是。」今據改。[53]其後二歲　高祖八年，西元前一九九年。[54]周興而邑邰　周武王建國後在邰重建城邑。邰，在今陝西武功西，周朝的祖先后稷被舜封於此，是周王朝的發祥地。[55]立后稷之祠　在邰邑建立后稷之祠。師古曰：「以其有播種之功，故令天下諸邑皆祠之。」[56]血食　指享受祭祀，因祭品中有新殺的牲畜，故曰「血食」。[57]制詔御史　與前文「詔御史」同義，即通過御史向天下發布命令。[58]郡國縣　各郡、各諸侯國的所屬各縣。漢制，各郡與各諸侯國為同一級，皆下屬若干縣。[59]靈星祠　祭祀龍星的廟宇。《正義》引《漢舊儀》云：「五年修復周家舊祠，祠后稷于東南，為民祈農報厥功。夏則龍星現而始雩。靈者神也，辰之神為靈星，故以壬辰日祠靈星于東南。」[60]高祖十年　西元前一九七年。[61]常以春二月及時臘祠社稷以羊豕　常在春天的二月和冬天的臘月以羊豬為供品祭祀農神。「二月」原作「三月」。梁玉繩《史記志疑》卷十六：「『三月』誤，當依〈漢志〉作『二月』。」今據改。[62]民里社各自財以祠　民間里巷的土神廟，讓百姓們根據自己的能力採取祭祀的方法。里，村鎮居民的基層編制名，有時二十五戶為一里，有時百戶為一里。自財，同「自裁」，自己決定。[63]制　皇帝的命令。「制曰：『可』」是皇帝在大臣請示報告上所加的批語。[64]其後十八年　呂后八年，西元前一八〇年。[65]孝文帝即位　是年七月呂后死，大臣乘機誅諸呂，九月，群臣迎文帝入京即位。文帝，高祖之子，名恆，入京前為代王。[66]即位十三年　西元前一六七年。[67]自今除之　凌稚隆曰：「應前『祝官有祕祝』。」[68]名山大川在諸侯　謂在諸侯國境內者。[69]諸侯祝各自奉祠　由諸侯國的主管官員自行祭祀。[70]天子官不領　朝廷的主管官員不予管理。[71]齊淮南國廢　據〈齊悼惠王世家〉，齊文王立十四年卒，無子國除，地入於漢。淮南王名長，劉邦的少子，為淮南王二十三年，因謀反被發配，自殺於途中。[72]令太祝盡以歲時致禮如故　齊國境內有泰山，淮南境內有天柱山，過去分別由齊國、淮南國祭祀，如今兩個國家被廢，於是讓朝廷主管祭祀的官員接過來按時照常祭祀。[73]是歲三句　按：〈孝文本紀〉，此詔載於文帝十四年，詔文亦作「以事上帝宗廟十四年于今」。據此，則「是歲」應作「明歲」，「十三年」應作「十四年」。[74]方內艾安　意即國家太平。方內，猶言「海內」，四方、四海之內。艾安，平安。艾，同「乂」。安定。[75]靡疾　沒有災害。[76]間者　前者；這些年來。[77]比年登　連年豐收。[78]欲有增諸神祠　想給各處的神廟增加供品的分量。[79]雍五時　密時、鄜時、吳陽上時、吳陽下時、北時。[80]路車　同「輅車」，帝王所乘之車。[81]駕被具　師古曰：「駕車被馬之飾皆具也。」[82]禺車　用木製或用紙糊的車子。禺，通「偶」。[83]禺馬　木製或紙糊的馬。[84]河　黃河。[85]湫　湫淵，與下文「漢水」皆在華山以西的「名川」之數，注已見前。[86]加玉各二　《正義》曰：「祭時各加玉璧二枚。」[87]以差加之　按不同等級予以追加。[88]祝釐　禱告求福。釐，通「禧」。神降之福。[89]歸福於朕　意即「都是為我求福」。[90]百姓不與　百姓們得不到。[91]自今祝致敬二句　今後再禱告時，只是向神靈表示敬意，而不許再祈求什麼。[92]公孫臣　魯地的陰陽五行家，姓公孫，名臣。[93]受之　接管了秦朝的天下。[94]推終始傳　按照五德終始的循環。[95]漢當土德　秦是「水」德，能勝「水」的是「土」，故曰「漢當土德」。[96]土德之應黃龍見　土德的徵兆，是將有黃龍出現。[97]改正朔　採用新曆法，即不再用「十月」，而改用另一個月為一年的開頭之月。[98]易服色二句　即不應該再像秦朝一樣的「色上黑」，或是像劉邦所講的「色上赤」，而應該「色上黃」。[99]張蒼　劉邦的開國功臣，文帝時繼周勃為丞相。事跡見〈張丞相列傳〉。[100]好律曆　精通律度、曆法。[101]以為漢乃水德之始　梁玉繩曰：「『始』乃『時』字之誤。」按：《漢書・郊祀志》作「時」。[102]河決金隄二句　黃河在金隄決口，這就兆示了漢朝是「水」德。符，徵兆。東郡金隄，指今河南濮陽（當時的東郡郡治）一帶的黃河大堤。按：西漢初年張蒼等堅持漢為「水」德，他們認為漢是上繼周朝，周朝「火」德，代「火」而興的自然是「水」了。[103]色外黑內赤　既堅持其繼續秦朝的「色上黑」之論，又不排斥劉邦所倡的「上赤」之說，「外黑內赤」足見張蒼等的「頑固」而又「圓滑」。[104]如公孫臣言二句　以上張蒼罷斥公孫臣上書事，又見於〈孝文本紀〉、〈張丞相列傳〉。[105]後三歲二句　據〈孝文本紀〉，「黃龍見成紀」在文帝十五年，即張蒼罷公孫龍說之第二年，《漢書・郊祀志》同。此作「後三歲」誤。成紀，漢縣名，在今甘肅靜寧西南。按：所謂「黃龍見成紀」自然是公孫龍等一伙騙子捏造的謊言。[106]博士　官名，帝王身邊的顧問人員，上屬太常。[107]諸生　帝王身邊以備諮詢的學者。[108]改曆服色　即「改正朔，易服色」。[109]有年　指豐收。[110]朕祈郊上帝諸神　我打算去祭祀上帝諸神。《漢書・郊祀志》作「朕幾郊祀上帝諸神」。幾，冀；希望。[111]禮官議二句　請主管禮儀的部門議論一下，提出個方案，不要怕勞累我而該說不說。[112]夏親郊二句　即夏至日在南郊祭天。[113]始郊見雍五時祠　第一次在雍縣南郊的五時拜祭上帝。[114]其明年　文帝十六年，西元前一六四年。梁玉繩曰：「『其明年』三字當依〈漢志〉移於下文『夏四月，文帝親拜霸渭』之上。」[115]新垣平　以騙術欺人的方士。[116]望氣　通過觀測雲氣以附會人世吉凶的一種騙術。[117]若人冠絻　好像是人的帽子。絻，通「冕」。帽子。[118]或曰　有人說，此亦新垣平為助成其說而搬用的一種技倆。[119]神明之舍　神靈居住的地方。[120]天瑞　即他所說的「若人冠絻」的那片雲彩。[121]立祠上帝　語句不順，中井曰：「『立』下疑脫『廟』字。」[122]渭陽五帝廟　《集解》引《括地志》云：「在咸陽縣東三十里。」渭陽，渭水北岸。[123]同宇三句　師古曰：「宇謂屋之覆也，言同一屋之下，而別為五廟，各立門室也。」意即在一個大屋之下有五個神殿，每一個神殿的前面都開有一個門口。[124]霸渭之會　霸水與渭水的匯口，在今西安市東北，高陵縣西南。《正義》曰：「渭陽五廟在二水之合北岸。」[125]郊見　祭拜。[126]北穿蒲池溝水　師古曰：「蒲池，為池而種蒲。」梁玉繩曰：「顏說恐非，按《括地志》云：『渭北咸陽縣有蘭池，始皇逢盜蘭池者也。』言穿溝引渭水入蘭池也。疑『蘭』字誤作『蒲』。」按：梁說意思可以，文字仍是不順。[127]權火舉而祠　烽火點燃後進行祭祀。[128]若光輝然屬天焉　文字不順，大意謂火光照耀，好像是一直燒到天上。然，同「燃」。屬，連。[129]貴平上大夫　尊寵新垣平，任以為上大夫。上大夫，低於列卿，略當於今之司局級。[130]賜累千金　賞賜的金錢之多，達數千金。漢代稱黃金一斤曰「一金」，「一金」約當銅錢一萬。[131]刺六經中作王制　意即搜羅、摘取《六經》中的句子，拼成一篇文獻，名叫〈王制〉。[132]長門　如淳曰：「亭名也。」在產水西岸，距產水與霸水的匯口不遠。[133]因其直北　在五個人所站立的正北方。[134]五牢具　謂五太牢規格的祭品，即牛、羊、豬各五頭。[135]其明年　文帝後元元年，西元前一六三年。[136]闕下　宮廷的大門之下。因宮廷的大門兩側築有雙闕，故稱。[137]已視之　猶言進前仔細地看。已，已而；接著。[138]候日再中　占測太陽的運行，將連續出現兩次居中。即中午過後，太陽又一次回到中午。[139]日卻復中　果然出現了過午之後太陽又退回到正午的現象。[140]更以十七年為元年　改稱「十七年」為「後元元年」。[141]令天下大酺　讓全國的人都一同相聚暢飲。秦漢時期有酒禁，非有命令，不得聚眾飲酒。酺，聚飲。[142]周鼎亡在泗水中　本文前已敘於周末，又見於〈秦始皇本紀〉。[143]河溢通泗　黃河決口，河水與泗水通連。[144]汾陰直　即汾陰的上空。直，正對著。汾陰，漢縣名，在今山西萬榮西南，汾水之入黃河口南。[145]意周鼎其出乎　按：黃河已通泗水，汾水又黃河支流，故新垣平可造說周鼎上至汾陰。[146]兆見不迎則不至　徵兆雖已出現，但若無人往迎，周鼎還是不會自來的。[147]欲祠出周鼎　想通過祭祀，祈求周鼎出現。[148]所言氣神事皆詐也　《漢書．郊祀志》作「所言皆詐也」，無「氣神事」三字。[149]下平吏治　將新垣平交法官審問。治，整治；推問。[150]誅夷　誅其本人，夷其三族。夷，平；滅。[151]文帝怠於改正朔服色神明之事　瀧川曰：「〈文帝紀贊〉云：『漢興至孝文，四十有餘載，德至盛也，廩廩向改正服封禪矣，謙讓未成于今。』亦此事。」[152]使

祠官領　讓朝廷主管祭祀的官員管理起來。153不往焉　謂文帝本人便不再親往祭祀了。154明年　文帝後元二年，西元前一六二年。155匈奴　戰國後期以來，活動於今內蒙一帶的少數民族名，高祖以來漢代奉行和親政策，但匈奴仍屢屢對漢邊攻擊抄掠。156後歲　文帝後元三年，西元前一六一年。157少不登　糧食欠收。少，稍。登，成熟。158孝景即位　事在文帝後元七年，西元前一五七年。孝景元年為西元前一五六年。孝景，名啟，文帝之子，「景」字是謚，西元前一五六—前一四一年在位。159十六年　謂景帝在位共十六年，計前元七年，中元六年，後元三年。160今天子　司馬遷寫《史記》時在位的天子，即漢武帝，名徹，景帝之子，「武」字是謚。西元前一四〇—前八七年在位。

【語　譯】漢朝接續秦朝興起。當高祖未發跡的時候，曾經殺過一條大蛇，有位哭蛇的老婦說：「蛇是白帝的兒子，而殺死牠的是赤帝的兒子。」高祖剛起兵時，在豐縣的枌榆社前為自己祈福。攻下沛縣後，他做了沛公，於是祭祀蚩尤，殺牲取血以塗染軍旗和戰鼓。兩年後的十月他率軍到達灞上，與共同起事的諸侯們一起平定了咸陽，被立為漢王。因此便把十月作為一年的開始，劉邦相信自己真是赤帝的兒子，於是崇尚赤色。

2　高祖二年，高祖東征被項羽打敗後，返回關中說：「過去秦朝祭祀的上帝是哪一帝？」管事人回答說：「秦朝供奉白帝、青帝、黃帝、赤帝四位神靈。」高祖說：「我聽說上天有五帝，秦朝為什麼只祭四帝？」沒有人知道原因。高祖說：「我知道了，這是等我來湊滿『五帝』的數啊。」於是他就又興建了一所黑帝祠，命名為北時。由主管官員去祭祀，皇上不親自前往。高祖把過去秦朝的祝官召來，重新設置太祝、太宰，禮儀和過去的形式一樣。接著命令各縣官府都要建立祭祀鬼神的公社。他下達詔書說：「我特別重視祭祀，對於上帝以及各種山川神靈凡該祭祀的，都要像過去一樣按節令進行祭祀。」

3　四年後，天下已經平定，高祖下詔給御史，命令豐縣好好地整修枌榆社，按四時節令進行祭祀，春天用羊和豬作祭品。他又令太祝在長安建立了蚩尤祠。他在長安設立了許多專業的男祝和女巫，他讓梁地的巫祝負責祭祀天、地、天社、天水、房中、堂上一類的神靈；他讓晉地的巫祝負責祭祀五帝、東君、雲中、司命、巫社、巫祠、族人、先炊一類的神靈；他讓秦地的巫祝負責祭祀社主、巫保、族纍一類的神靈；他讓荊地的巫祝負責祭祀堂下、巫先、司命、施糜一類的神靈；他讓九天巫負責祭祀九天的神靈。都是每年按時節在宮中祭祀。此外，他讓河巫在臨晉祠祭祀黃河，讓南山巫祭祀南山和秦中。所謂「秦中」就是秦二世皇帝。都按照一定的季節、日期進行祭祀。

4 又過了兩年，有人說起：「周武王建國後就在邰邑重建都城，為他的始祖在邰邑建立后稷祠，至今仍享受天下人的祭祀。」於是高祖下詔給御史說：「命令各郡、各國、各縣都要建立靈星祠，每年按四季、年關用牛為供品進行祭祀。」

5 高祖十年，春天，主管官員奏請命令各縣在春季三月和冬季的臘月用羊和豬祭祀土神與穀神，民間鄉里的社神讓人們各自按實際情況進行祭祀。高祖批示說：「可以。」

6 這以後的第十八年，孝文帝即位。其在位十三年的時候下詔書說：「現在的祕祝官在祭祀天地鬼神時，總把過錯和災難推給臣民，我很不贊成這種做法，從今天起不許再這麼辦。」

7 起初規定，凡名山大川在諸侯國境內的，由諸侯國的主管官員負責祭祀，天子的太祝不予管理。後來到齊國、淮南國因謀反被廢除，孝文帝就命令朝廷太祝把齊國、淮南國該祭祀的那些山川接過來，按以往的樣子按時祭祀。

8 這一年，孝文帝又下詔書說：「我即位到如今已經十三年了，靠著宗廟神靈、國家社稷的福佑，境內安定，百姓沒有災害，近幾年連續五穀豐登，我沒有好的德行，憑什麼能享受到這些呢？這都是上帝、諸神的恩賜。我聽說古人享受了神靈的福佑，就得想法報答神靈，現在我想增加祭神物品的數量。主管官員建議，給雍州的祭天五畤各增加路車一輛，附帶全套的車馬用具；給西畤、畦畤各增加木雕車一輛，木雕馬四匹，以及全套的車馬用具；給黃河、湫淵、漢水各增加兩枚玉璧；其他各種祭祀場所也都可以拓寬場地，按不同等級增加祭品的數量。主管祈禱的人員總是求神把福佑都歸於我，而黎民百姓們都得不到。從現在起，太祝官只是表達對神靈的敬意，不要再為我有所祈求。」

9 魯國人公孫臣上書說：「當年秦朝是水德，漢朝接受了秦朝的天下，按五德終始推算，漢朝應當是土德，土德的應驗是黃龍出現。所以漢朝應該改用新曆法，更換服裝的顏色，應該崇尚黃色。」當時的丞相張蒼長於律度和曆法，他認為漢朝的建立是水德的開始，黃河在金隄決口就證明了這一點。他認為每年應該從十月開始，顏色應該外黑內赤，和水德正好相應。公孫臣的說法是不可取的，於是將他革了出去。沒想到三年後真的有黃龍在成紀出現了。於是漢文帝召見公孫臣，拜他為博士，讓他同其他儒生起草改變曆法和服裝顏色的方案。那年夏天，孝文帝下詔書說：「在成紀出現了異類神物，對百姓沒有危害，相反倒是獲得了豐收。我想舉行一次祭祀活動祭祀上帝和各位神靈，請負責有關事務的官員好好議論一下，不要怕我勞累而該說不說。」有關官員都說：「古代天子夏季時在南郊祭祀上帝，所以叫『郊祀』。」於是在夏季四月，文帝首次到雍州的五畤舉行郊祀，衣冠用的都是紅色。

10 第二年，趙國人新垣平因為擅長觀測雲氣被文帝召見，他說：「長安東北有一道神氣，色呈五彩，好像人的冠冕一樣。有人說東北方是神明居住的地方，西方是神明的墳墓。既然上天已經顯示了意願，我們就應該建立祠廟祭祀祂，來和祂的意願相符。」於是文帝就在渭水北岸建造了一座「五帝廟」，在同一個屋頂下開設了五間神殿，每帝占一間，各開一個門，門的顏色與該帝的名號相合。祭祀所用祭品和採用的禮儀也同雍州的五畤一樣。

11 這年的夏季四月，文帝親自到灞水、渭水匯合的地方祭拜渭陽五帝。五帝廟南臨渭水，從廟北開渠把渭水引入蒲池，先點燃烽火而後文帝出來祭祀，遍地火光望去就像一直燒到天上。於是文帝封新垣平為上大夫，賞賜的財物價值多達數千金。又派博士和儒生們摘取《六經》中的一些句子拼成一篇文章叫做〈王制〉，並開始研究外出巡遊與舉行封禪的事情。

12 文帝從長門出來，恍惚看見有五個人站在道路的北邊，於是就在他們所站地方的正北方建立了一座「五帝壇」，用牛、羊、豬各五頭祭祀他們。

13 第二年，新垣平讓人捧著一只玉杯到宮門前上書敬獻。在此之前新垣平先對文帝說：「宮門前有一道玉氣呈現。」文帝派人去看，果然有個前來獻玉杯的人，杯上刻著「人主延壽」。新垣平又說：「我觀測天象，太陽在過午後將再次回到正南。」不久的一天過午，太陽真的又退回到了正南方。於是文帝改元，把十七年改稱為「後元元年」，讓天下百姓都盡情歡樂飲宴。

14 新垣平又對文帝說：「周朝的寶鼎當年飛落到泗水中，現在黃河泛濫流入了泗水，我看到東北方的汾陰一帶有金寶氣，想必是周朝的寶鼎要出現了吧？徵兆雖已出現，但如果我們不去迎求，它還是不會來的。」於是文帝就派使者在汾陰城南修建了祠廟，臨近黃河，想通過祭祀讓寶鼎出現。

15 後來有人上書告發新垣平所說的「寶氣」神異的事情都是詐騙。於是文帝將新垣平交給法官審理，結果滅了新垣平三族。從此以後，文帝對改曆法、變服色，以及祭祀鬼神的事情也就感到厭倦了，他把渭陽、長門的五帝祠廟交由負責祭祀的官員去進行管理，按時致祭，自己不再參與了。

16 第二年，匈奴多次侵入邊境，朝廷調兵防守抵禦。第三年農業有些減產。

17 幾年後孝景帝即位。孝景在位共十六年，主管祭祀的官員遵循舊例每年按時祭祀，沒有什麼新的舉動，一直到當今的天子即位。

1 今天子初即位❶，尤敬鬼神之祀。

2 元年❷，漢興已六十餘歲❸矣，天下艾安❹，搢紳❺之屬皆望天子封禪改正度❻也，而上鄉儒術❼，招賢良❽，趙綰、王臧❾等以文學為公卿❿，欲議古立明堂城南⓫，以朝諸侯⓬。草巡狩封禪改曆服色事未就，會竇太后⓭治黃、老言，不好儒術⓮，使人微伺⓯得趙綰等姦利⓰事，召案綰、臧⓱，綰、臧自殺，諸所興為皆廢⓲。

3 後六年⓳，竇太后崩⓴。其明年㉑，徵文學之士公孫弘㉒等。

4 明年㉓，今上初至雍，郊見五畤㉔，後常三歲一郊㉕。是時，上求神君，舍㉖

之上林中蹏氏觀[27]。神君者，長陵[28]女子，以子死[29]，見神於先後宛若[30]。宛若祠之其室，民多往祠。平原君[31]往祠，其後子孫以尊顯[32]。及今上即位，則厚禮置祠之內中[33]。聞其言，不見其人云。

5 是時，李少君亦以祠竈[34]、穀道[35]、卻老[36]方見上，上尊之。少君者，故深澤侯[37]舍人[38]，主方[39]。匿其年及其生長[40]，常自謂七十，能使物[41]，卻老。其游以方徧諸侯。無妻子。人聞其能使物及不死，更饋遺之[42]，常餘金錢衣食。人皆以為不治生業[43]而饒給[44]，又不知其何所人，愈信，爭事之[45]。少君資好方[46]，善為巧發奇中[47]。嘗從武安侯飲[48]，坐中有九十餘老人，少君乃言與其大父[49]游射處，老人為兒時從其大父，識其處[50]，一坐盡驚。少君見上，上有故銅器，問少君。少君曰：「此器齊桓公[51]十年陳於柏寢[52]。」已而案其刻[53]，果齊桓公器。一宮盡駭，以為少君神，數百歲人也。

6 少君言上曰：「祠竈則致物[54]，致物而丹沙可化為黃金，黃金成以為飲食器則益壽，益壽而海中蓬萊僊者乃可見，見之以封禪則不死，黃帝是也[55]。臣嘗游海上，見安期生[56]，安期生食巨棗，大如瓜[57]。安期生僊者，通蓬萊中[58]，合[59]則見人，不合則隱。」於是天子始親祠竈，遣方士入海求蓬萊安期生之屬，而事化丹沙諸藥齊[60]為黃金矣。

7 居久之，李少君病死。天子以為化去不死，而使黃錘史寬舒[61]受其方[62]。求蓬萊安期生莫能得，而海上燕齊怪迂之方士多更來言神事矣[63]。

8 亳[64]人謬忌[65]奏祠太一[66]方，曰：「天神貴者太一，太一佐[67]曰五帝[68]。古者天子以春秋[69]祭太一東南郊，用太牢[70]，七日，為壇開八通之鬼道[71]。」於是天子令太祝立其祠長安東南郊，常奉祠如忌方[72]。其後人有上書，言「古者天子三年壹用太牢祠神三一：天一、地一、太一[73]」。天子許之，令太祝領祠之於忌太一壇上[74]，如其方[75]。後人復有上書，言「古者天子常以春解祠[76]，祠黃帝用一梟破鏡[77]；冥羊[78]用羊；祠馬行[79]用一青牡馬；太一、澤山君、地長[80]用牛；武夷君[81]用乾魚；陰陽使者[82]以一牛」。令祠官領之如其方，而祠於忌太一壇旁。

9 其後，天子苑[83]有白鹿，以其皮為幣[84]，以發瑞應[85]，造白金[86]焉。

10 其明年[87]，郊雍，獲一角獸，若麃[88]然。有司曰：「陛下肅祗[89]郊祀，上帝報享[90]，錫[91]一角獸，蓋麟云。」於是以薦五畤[92]，畤加一牛以燎[93]。錫諸侯白金[94]，風符應合于天也[95]。

11 於是[96]濟北王[97]以為天子且封禪，乃上書獻太山及其旁邑[98]，天子以他縣償之(99)。常山王(100)有罪，遷(101)，天子封其弟於真定(102)，以續先王祀，而以常山為郡(103)，然後五岳皆在天子之郡(104)。

12 其明年(105)，齊人少翁(106)以鬼神方見上。上有所幸王夫人(107)，夫人卒，少翁以方蓋夜致王夫人及竈鬼之貌云(108)，天子自帷中望見焉。於是乃拜少翁為文成將軍，賞賜甚多，以客禮禮之。文成言曰：「上即(109)欲與神通，宮室被服非象神，神物不至。」乃作畫雲氣車(110)，及各以勝日駕車辟惡鬼(111)。又作甘泉宮(112)，中為臺室，畫天、地、太一諸鬼神，而置祭具以致天神。居歲餘，其方益衰，神不至。乃為帛書以飯牛(113)，詳不知(114)，言曰此牛腹中有奇。殺視得書，書言甚怪。天子識其手書(115)，問其人，果是偽書(116)，於是誅文成將軍，隱之(117)。

13 其後則又作柏梁，銅柱，承露仙人掌之屬(118)矣。

14 文成死明年(119)，天子病鼎湖(120)甚，巫醫無所不致，不愈。游水發根(121)言上郡(122)有巫，病而鬼神下之(123)，上召置祠之甘泉。及病，使人問神君(124)。神君言曰：「天子無憂病。病少愈(125)，彊(126)與我會甘泉。」於是病愈，遂起，幸甘泉，病良已(127)。大赦，置壽宮神君(128)。壽宮神君最貴者太一(129)，其佐曰大禁、司命之屬，皆從之。非可得見(130)，聞其言，言與人音等(131)。時去時來，來則風肅然。居室帷中(132)，時晝言，然常以夜。天子祓，然後入[133]。因巫為主人[134]，關飲食[135]。所以言，行下[136]。又置壽宮、北宮，張羽旗，設供具[137]，以禮神君。神君所言，上使人受書其言，命之曰「畫法」[138]。其所語，世俗之所知也，無絕殊者[139]，而天子心獨喜。其事祕，世莫知也。

15 其後三年[140]，有司言「元宜以天瑞命，不宜以一二數[141]。一元曰『建』[142]，二元以長星曰『光』[143]，三元以郊得一角獸曰『狩』[144]云」。

16 其明年[145]冬，天子郊雍，議曰：「今上帝朕親郊，而后土[146]無祀，則禮不答[147]也。」有司與太史公[148]、祠官寬舒[149]議：「天地牲角繭栗[150]。今陛下親祠后土，后土宜於澤中圜丘為五壇[151]，壇一黃犢太牢具[152]，已祠盡瘞[153]，而從祠衣上黃[154]。」於是天子遂東[155]，始立后土祠汾陰脽丘[156]，如寬舒等議。上親望拜，如上帝禮[157]。禮畢，天子遂至滎陽[158]而還。過雒陽[159]，下詔曰：「三代[160]邈絕[161]，遠矣難存[162]。其以三十里地封周後為周子南君[163]，以奉其先祀焉。」是歲，天子始巡郡縣，侵尋於泰山矣[164]。

17 其春[165]，樂成侯[166]上書言欒大。欒大，膠東宮人[167]，故嘗與文成將軍同師，已而為膠東王尚方[168]。而樂成侯姊為康王[169]后，無子。康王死[170]，他姬子立為王[171]。

而康后有淫行，與王不相中[172]，相危以法[173]。康后聞文成已死，而欲自媚[174]於上，乃遣欒大因樂成侯求見言方[175]。天子既誅文成，後悔其蚤[176]死，惜其方不盡[177]，及見欒大，大說。大為人長美，言多方略[178]，而敢為大言，處之不疑[179]。大言曰：「臣常往來海中，見安期、羨門之屬。顧[180]以臣為賤，不信臣。又以為康王諸侯耳，不足與方[181]。臣數言康王[182]，康王又不用臣。臣之師曰：『黃金可成[183]，而河決可塞[184]，不死之藥可得，僊人可致也。』然臣恐效文成[185]，則方士皆奄口，惡敢言方哉[186]！」上曰：「文成食馬肝死[187]耳。子誠能脩其方，我何愛乎[188]！」大曰：「臣師非有求人[189]，人者求之[190]。陛下必欲致之，則貴其使者[191]，令有親屬[192]，以客禮待之，勿卑[193]，使各佩其信印，乃可使通言於神人。神人尚肯邪不邪[194]？致尊其使，然後可致也[195]。」於是上使驗小方[196]，鬬棊，棊自相觸擊[197]。

18 是時，上方憂河決，而黃金不就，乃拜大為五利將軍。居月餘，得四印[198]，佩天士將軍、地士將軍、大通將軍印。制詔御史：「昔禹疏九江[199]，決四瀆[200]。間者[201]河溢皋陸[202]，隄繇不息[203]。朕臨天下二十有八年[204]，天若遺朕士，而大通焉[205]。乾稱『蜚龍』，『鴻漸于般[206]』，朕意庶幾與焉[207]。其以二千戶封地士將軍大為樂通侯。」賜列侯甲第[208]，僮[209]千人，乘轝斥車馬帷幄器物[210]以充其家。又以衛長公主[211]

妻之，齎金萬斤[212]，更命其邑曰當利公主[213]。天子親如[214]五利之第。使者存問[215]供給[216]，相屬於道[217]。自大主[218]將相以下，皆置酒其家，獻遺之[219]。於是天子又刻玉印曰「天道將軍」，使使[220]衣羽衣[221]，夜立白茅上[222]，五利將軍亦衣羽衣，夜立白茅上受印，以示不臣[223]也。而佩「天道」[224]者，且為天子道天神也[225]。於是五利常夜祠其家，欲以下神。神未至，而百鬼集[226]矣，然頗能使之[227]。其後裝治行[228]，東入海，求其師云。大見數月，佩六印[229]，貴震天下，而海上燕、齊之間，莫不搤捥[230]而自言有禁方[231]，能神僊矣。

19 其夏六月中，汾陰巫錦[232]為民祠魏脽后土[233]營旁[234]，見地如鉤狀，掊視[235]得鼎。鼎大異於眾鼎，文鏤無款識[236]，怪之，言吏。吏告河東太守勝[237]，勝以聞。天子使使驗問巫得鼎無姦詐，乃以禮祠，迎鼎至甘泉[238]。從行，上薦之[239]。至中山[240]，曣嗢[241]，有黃雲蓋[242]焉。有麃過，上自射之，因以祭云。至長安[243]，公卿大夫皆議請尊寶鼎。天子曰：「間者河溢，歲數不登[244]，故巡祭后土，祈為百姓育穀[245]。今歲豐廡未報[246]，鼎曷為出哉？」有司皆曰：「聞昔泰帝[247]興神鼎一[248]，一者壹統[249]，天地萬物所繫終也[250]。黃帝作寶鼎三，象天地人。禹收九牧之金[251]，鑄九鼎，皆嘗亨鬺[252]上帝鬼神。遭聖則興[253]，鼎遷于夏、商[254]。周德衰，宋之社亡，鼎乃淪沒，伏而不見[255]。頌云：『自堂徂基，自羊徂牛；鼐鼎及鼒，不吳不驁，胡考之休[256]。』今鼎至甘泉，光潤龍變[257]，承休無疆。合茲中山，有黃白雲降蓋[258]，若獸為符，路弓乘矢，集獲壇下，報祠大享[259]。唯受命而帝者[260]心知其意[261]而合德[262]焉。鼎宜見於祖禰[263]，藏於帝廷[264]，以合明應[265]。」制曰：「可。」[266]

20 入海求蓬萊者，言蓬萊不遠，而不能至者，殆[267]不見其氣[268]。上乃遣望氣[269]佐候[270]其氣云。

21 其秋，上幸雍，且郊[271]，或曰「五帝，太一之佐也，宜立太一而上親郊之[272]」。上疑未定。齊人公孫卿[273]曰：「今年得寶鼎，其冬辛巳朔旦冬至[274]，與黃帝時等[275]。」卿有札書[276]曰：「黃帝得寶鼎宛朐[277]，問於鬼臾區[278]。鬼臾區對曰：『黃帝得寶鼎神策[279]，是歲己酉朔旦冬至[280]，得天之紀[281]，終而復始。』於是黃帝迎日推策[282]，後率二十歲復朔旦冬至[283]，凡二十推[284]，三百八十年，黃帝僊登于天[285]。」卿因所忠欲奏之[286]，所忠視其書不經[287]，疑其妄書[288]，謝[289]曰：「寶鼎事已決矣，尚何以為[290]！」卿因嬖人[291]奏之。上大說，乃召問卿。對曰：「受此書申公，申公已死。」上曰：「申公何人也？」卿曰：「申公，齊人，與安期生通。受黃帝言，無書[292]，獨有此鼎書[293]。曰『漢興復當黃帝之時[294]』，曰『漢之聖者[295]在高祖之孫且曾孫也[296]。

寶鼎出而與神通，封禪[297]。封禪七十二王，唯黃帝得上泰山封[298]』。申公曰：『漢主亦當上封，上封則能僊登天矣。黃帝時萬諸侯[299]，而神靈之封居七千[300]。天下名山八，而三在蠻夷，五在中國[301]。中國華山、首山、太室、泰山、東萊[302]，此五山黃帝之所常游，與神會。黃帝且戰且學僊。患百姓非其道者[303]，乃斷斬非鬼神者[304]。百餘歲然後得與神通[305]。黃帝郊雍上帝，宿三月。鬼臾區號大鴻，死葬雍，故鴻冢[306]是也。其後黃帝接萬靈明廷[307]。明廷者，甘泉也。所謂寒門者，谷口也[308]。黃帝采首山銅，鑄鼎於荊山[309]下。鼎既成，有龍垂胡須[310]下迎黃帝。黃帝上騎，羣臣後宮從上者七十餘人，龍乃上去[311]。餘小臣不得上，乃悉持龍須，龍須拔，墮[312]，墮黃帝之弓[313]。百姓仰望黃帝既上天，乃抱其弓與胡須號，故後世因名其處曰鼎湖，其弓曰烏號[314]。』」於是天子曰：「嗟乎！吾誠得如黃帝，吾視去妻子[315]如脫躧[316]耳。」乃拜卿為郎[317]，東使候神[318]於太室。

22 上遂郊雍，至隴西[319]，西登崆峒[320]，幸甘泉。令祠官寬舒等具太一祠壇[321]，祠壇放薄忌太一壇[322]，壇三垓[323]。五帝壇環居其下，各如其方，黃帝西南[324]，除八通鬼道[325]。太一，其所用如雍一畤物[326]，而加醴[327]棗脯之屬，殺一貍牛以為俎豆牢具[328]。而五帝獨有俎豆醴進[329]。其下四方地[330]，為餟食羣神從者及北斗[331]云。已祠，胙餘[332]

皆燎(333)之。其牛色白，鹿居其中，彘在鹿中，水而洎之(334)。祭日以牛，祭月以羊彘特(335)。太一祝宰則衣紫及繡(336)，五帝各如其色(337)，日赤，月白(338)。

23 十一月辛巳朔旦冬至(339)，昧爽(340)，天子始郊(341)拜太一。朝朝日(342)，夕夕月(343)，則揖(344)；而見太一如雍郊禮(345)。其贊饗(346)曰：「天始以寶鼎神策授皇帝(347)，朔而又朔，終而復始(348)，皇帝敬拜見焉(349)。」而衣上黃(350)，其祠列火滿壇(351)，壇旁亨炊具(352)。有司云：「祠上(353)有光焉。」公卿言：「皇帝始郊見太一雲陽(354)，有司奉瑄玉嘉牲(355)薦饗(356)。是夜有美光，及晝，黃氣上屬天(357)。」太史公、祠官寬舒等曰：「神靈之休(358)，祐福兆祥(359)，宜因此地光域(360)立太畤壇(361)以明應(362)。令太祝領，秋及臘間祠。三歲天子一郊見。」

24 其秋(363)，為伐南越(364)，告禱太一。以牡荊畫幡日月北斗登龍(365)，以象太一三星，為太一鋒(366)，命曰「靈旗」。為兵禱(367)，則太史奉以指所伐國(368)。而五利將軍使(369)不敢入海，之泰山祠(370)。上使人隨驗(371)，實毋所見，五利妄言見其師，其方盡，多不讎(372)，上乃誅五利(373)。

25 其冬(374)，公孫卿候神河南(375)，言見僊人跡緱氏(376)城上，有物如雉，往來城上。天子親幸緱氏城視跡。問卿：「得毋效文成、五利乎(377)？」卿曰：「僊者非有求人主，人主者求之(378)。其道(379)非少寬假(380)，神不來。言神事，事如迂誕(381)，積以歲(382)乃可致也。」於是郡國各除道(383)，繕治宮觀(384)名山神祠所，以望幸矣。

26 其春(385)，既滅南越(386)，上有嬖臣李延年(387)以好音(388)見。上善之，下公卿議(389)，曰：「民間祠尚有鼓舞樂，今郊祀而無樂，豈稱(390)乎？」公卿曰：「古者祠天地皆有樂，而神祇(391)可得而禮(392)。」或曰：「太帝(393)使素女(394)鼓五十弦瑟，悲，帝禁不止(395)，故破其瑟為二十五弦。」於是塞南越(396)，禱祠太一、后土，始用樂舞，益召歌兒(397)，作二十五弦及空侯琴瑟(398)自此起。

【章　旨】以上為第五段，寫武帝前期因迷信鬼神而被愚弄的情景。

【注　釋】❶今天子初即位　景帝死，武帝即位在景帝後元三年，西元前一四一年。❷元年　即建元元年，西元前一四〇年。古代老帝王去世後，新帝王隨即繼任其位，但在當年不改元，第二年始稱「元年」。❸漢興已六十餘歲　劉邦為漢王在西元前二〇六年，滅項羽後稱皇帝在西元前二〇二年。自劉邦稱王至武帝即位，中經六十五年。❹天下艾安　艾安，平安；安定。艾，通「乂」。❺搢紳　有身分、有地位的頭面人物。❻改正度　師古曰：「正，亦正朔；度，度量也，服色度量互言之耳。」❼鄉儒術　喜歡儒家學說。鄉，同「向」。趨從。❽招賢良　招納一些「品行端方」的念書人入朝為吏。賢良，漢代選拔官吏的一種名目，有時稱「賢良方正」，有時稱「賢良文學」，還有所謂「賢良方正，茂才異等」，有時也簡稱為「賢良」或「文學」。文學在當時的本義即指儒術、學術。❾趙綰王臧　都是以通曉儒術被選進朝廷的官僚，武帝即位時，趙綰為御史大夫，王臧為郎中令，都職位通顯，且握有實權。❿公卿　三公九卿，御史大夫與丞相、太尉合稱「三公」；郎中令與太常、廷尉、衛尉等都屬於「九卿」。⓫欲議古立明堂城南　語句不順，大意謂招集一些人進行討論，想按照古代的制度在城南建立一座明堂。關於「明堂」的問題，本文開頭講周公事已經提到。⓬以朝諸侯　接受各地諸侯的朝見。⓭竇太后　景帝之母，武帝之祖母。

自景帝在位時，竇太后就干預朝政；武帝即位後，竇太后仍權欲未減，故與武帝朝臣矛盾尖銳。⑭治黃老言二句　好黃帝、老子，不好儒術，是劉邦建國以來幾代皇帝的一貫方針，黃帝、老子都主張「清靜無為」，這種思想路線與漢初的經濟、政治形勢正相合。但竇太后的「不好儒術」，則純乎是一種權勢之爭。⑮微伺　暗中伺察。⑯姦利　貪贓枉法的事情。⑰召案綰臧　將趙綰、王臧召來，下獄拷問。二人皆被迫自殺。⑱諸所興為皆廢　按：趙綰、王臧之「所興為」，即漢武帝所發動的第一次「尊儒」，也是武帝母王太后向竇太后所發動的一場奪權鬥爭。由於竇太后當時權勢尚大，於是第一次「尊儒」遂就此告吹。過程詳見〈魏其武安侯列傳〉。⑲後六年　武帝建元六年，西元前一三五年。⑳竇太后崩　按：竇太后一死，漢武帝立即發動第二次「尊儒」，徹底掃蕩了竇太后勢力，過程詳見〈魏其武安侯列傳〉。㉑其明年　武帝元光元年，西元前一三四年。㉒公孫弘　姓公孫，名弘，齊地的儒生，漢武帝尊儒後第一個以通曉《公羊春秋》而躋身丞相，封平津侯，是司馬遷討厭的人物之一，事跡詳見〈平津侯主父列傳〉。㉓明年　元光二年，西元前一三三年。㉔郊見五時　到雍縣的五時祭天。㉕三歲一郊　《索隱》引《漢舊儀》云：「元年祭天，二年祭地，三年祭五時，三年一遍，皇帝自行也。」㉖舍　設其神位，即供奉。㉗上林中蹏氏觀　上林苑中的臺觀名。上林苑，秦漢時期的皇家獵場，在當時的長安城西南，地域廣闊，約當今之戶縣、周至縣境。蹏，同「蹄」。㉘長陵　劉邦的陵墓，後在其所在地設縣，縣治在今陝西涇陽東南，當時的長安城北。㉙以子死　即難產而死。子，通「字」。生子哺乳。㉚見神於先後宛若　向她的妯娌宛若顯靈。見，同「現」。先後，師古曰：「古謂之『娣姒』，今關中俗呼為『先後』，吳楚俗呼為『妯娌』。」宛若，人名。㉛平原君　武帝的外祖母，王太后的母親，名臧兒，武帝即位後尊之為「平原君」，事跡見〈外戚世家〉。㉜其後子孫以尊顯　臧兒先嫁王姓，生長女為景帝后，次女為景帝妃，生男王信，封蓋侯；後來改嫁田氏，所生即田蚡、田勝也，武帝初期皆封侯，田蚡更先後任太尉、丞相。㉝內中　猶言「禁中」，指皇家的宮苑之內，這裡即指「上林中蹏氏觀」。㉞祠竈　祭祀竈神。㉟穀道　李奇曰：「辟穀不食之道也。」㊱卻老　延緩衰老。㊲深澤侯　始封者為劉邦的開國功臣趙將夜，景帝時繼其祖封者為趙胡。㊳舍人　依附於貴族門下以寄衣食者，如清客、食客等。後亦用為官名。㊴主方　主管方藥。㊵匿其年及其生長　隱瞞起自己的年齡及其籍貫。及其生長，師古曰：「謂其郡縣所屬及居止處。」㊶使物　指使精靈魔怪。物，漢時指鬼神之外的一種精靈魔怪。㊷更饋遺之　爭相給他送東西。更，交互；交相。㊸不治生業　不從事任何謀生的事業。㊹饒給　用度富裕。㊺爭事之　爭相侍候他、供奉他。㊻資好方　憑藉著一套熟練技巧。㊼善為巧發奇中　善於猜中人的心理，說到人的心坎上。㊽嘗從武安侯飲　有一次跟田蚡一道喝酒。武安侯，田蚡，武帝之舅，王太后的同母異父弟，以佐立武帝之功，封武安侯。事跡見〈魏其武安侯列傳〉。㊾大父　祖父。

(50)識其處　記得那個地方。識，同「志」。記。(51)齊桓公　名小白，春秋前期齊國國君，西元前六八五—前六四三年在位。(52)柏寢　齊國的臺觀名，故址在今山東廣饒東北。按：《晏子春秋》卷六有「景公為柏寢之臺成」云云，是柏寢乃築於景公之時也，桓公時安得有「柏寢」？此史公故為此語以見李少君之妄，亦以見武帝與其身邊諸臣之無知易哄。人作成，必要旁人幫襯，一則買囑老人，一則私通宮豎耳。此處不說明，是史公欺人處。(53)案其刻　考察銅器上的雕刻。(54)致物　招致精靈前來。(55)黃帝是也　黃帝當年就是這樣升仙而去的。(56)安期生　楚漢時一個有神祕色彩的人物，又見提於〈樂毅列傳〉、〈田儋列傳〉，後世遂傳以為神仙。(57)食巨棗二句　「巨」字應作「臣」，意即他曾給過我一個像瓜那麼大的棗子吃。(58)通蓬萊中　與蓬萊仙山的人們相往來。(59)合　師古曰：「謂道相合。」(60)諸藥齊　各種藥材。齊，同「劑」。(61)黃錘史寬舒　黃錘縣人姓史名寬舒。郭嵩燾曰：「〈始皇本紀〉『過黃錘』，疑初為一縣，後乃分治也。」按：黃縣在今山東黃縣東。錘，也作「腄」，即今山東福山。(62)受其方　徐孚遠曰：「少君已死，何所從受？當是修其遺方。」(63)更來言神事矣　郭嵩燾曰：「此著方士言神鬼之始，皆李少君倡之。」更，相繼。(64)亳　也作「薄」，在今山東曹縣東南。(65)謬忌　姓謬，名忌，居亳，（亳，通「薄」）故也稱之為「薄忌」。(66)太一　也作「泰一」，最高的天神。(67)佐　輔佐者，帝王的左膀右臂。(68)五帝　五方之帝，即前所謂青帝、白帝、赤帝、黑帝、黃帝是也，與〈五帝本紀〉所云之「五帝」非一事。(69)以春秋　在春秋兩季。(70)用太牢　應作「日太牢」，即每天用一太牢的祭品進行祭祀。《漢書．郊祀志》作「日一太牢，七日」。太牢，牛羊豬各一頭。(71)八通之鬼道　《索隱》引《續漢書．郊祀志》云：「壇有八陛，通道以為門。」又引《三輔黃圖》云：「上帝壇八觚，神道八通，廣三十步。」八觚，八角。(72)奉祠如忌方　按照謬忌所說的辦法祭祀太一神。(73)祠神三一二句　此處之斷句法與《漢書．郊祀志》同，而梁玉繩以為應斷作「祠神三，一天、一地、一太一」，並云「觀下文作『甘泉宮畫天、地、太一諸神』可知矣」。按：若此則讀法甚怪，錄以備考。(74)令太祝領祠之於忌太一壇上　讓太祝管理此事，就在謬忌倡言所建的祭「太一」的神壇上祭祀「三一」。按：「領」、「祠」二字動詞連讀，謂「領之」、「祠之」。(75)如其方　按照祭祀太一神的辦法。(76)以春解祠　在春天舉行祈求免除禍祟的祭祀。解祠，祭祀以求解禍。(77)用一梟破鏡　用一隻梟鳥、一隻破鏡作祭品。梟，貓頭鷹。破鏡，一種眼睛像虎的野獸。(78)冥羊　服虔曰：「神名也。」(79)馬行　《正義》曰：「神名也。」(80)太一澤山君地長　三者皆神名。(81)武夷君　《索隱》以為指武夷山的山神。武夷山今為福建省與江西省的分界線。(82)陰陽使者　《集解》引孟康曰：「陰陽之神也。」(83)天子苑　即上林苑。(84)以其皮為幣　《索隱》曰：「按〈食貨志〉，皮幣以白鹿皮方尺，緣以繢，以薦璧，得以黃金一斤代之。又漢律皮幣率鹿皮方尺，直黃金一斤。」按：這是漢武帝為搜刮王侯宗室錢財所使用的一種辦法，〈平準書〉云：「乃以白鹿皮方尺，緣以藻繢，為皮幣，直四十萬。王侯宗室朝覲聘享，必以皮幣薦璧，然後得行。」而白鹿則上林苑中多有，可謂一本萬利。[85]以發瑞應　可以引發上帝顯示瑞應。瑞應，好的徵兆，下文有「獲一角獸，若麃然」，即對此而言。[86]白金　一種銀與錫的化合物。據〈平準書〉，當時皇家的倉庫裡堆有大量銀錫，為使這些不太值錢的東西昂貴起來，他們便用這兩種金屬的化合物鑄造了三種貨幣，一種龍紋，一種馬紋，一種龜紋，面值都定得很高，於是兌來了許多錢。按：據《漢書·武帝紀》，武帝造白金、皮幣在元狩四年（西元前一一九年），此乃敘於元狩元年之「獲麟」前，誤。[87]其明年　據《漢書·武帝紀》，下述事情發生在元狩元年，西元前一二二年。[88]麃　一種類似獐鹿的動物。[89]肅祇　虔敬。[90]報享　回報下界的祭祀。[91]錫　賜。[92]以薦五畤　謂將此一角獸進獻給上帝。薦，進獻。[93]時加一牛以燎　每個畤所用的祭品中再外加一頭牛，架在火上燒。[94]錫諸侯白金　將自己配製的「白金」給各國諸侯王發一點，意思是告訴他們今後國家要使用這種貨幣。[95]風符應合于天也　向諸侯們示意，朝廷的鑄造「白金」是合乎天意的，其「符應」就是「麒麟」出現了。風，吹風；示意。[96]於是　當時；這時候。[97]濟北王　劉胡，淮南王劉長之孫，劉邦的曾孫，濟北國的國都盧縣（今山東長清西南）。[98]獻太山及其旁邑　當時太山在濟北國境內，為向武帝討好，故劉胡將太山與其周圍之地奉還朝廷。[99]以他縣償之　另撥給他幾個別的縣作為補償。[100]常山王　劉勃，劉舜之子，景帝之孫。常山國的國都為真定（今河北石家莊東北）。[101]有罪二句　劉勃為常山王，多行不法，被廢後，遷之房陵（今湖北房縣）。事見〈五宗世家〉。[102]封其弟於真定　劉勃被廢後，武帝從已廢的常山國劃出一塊地盤，命名為「真定國」，立劉勃之弟劉平為王，國都仍在真定。[103]以常山為郡　將原來常山國的大片地區建立為常山郡，郡治元氏（今河北元氏西北）。按：以上諸事在元鼎四年（西元前一一三年）。[104]五岳皆在天子之郡　「郡」，原作「邦」。梁玉繩《史記志疑》卷十六：「〈漢志〉及〈補今上紀〉並作『天子之郡』，疑『邦』字乃『郡』之譌。」今據改。在此以前，泰山在濟北國，恆山在常山國，今則皆歸入了朝廷直轄的郡縣。[105]其明年　王先謙曰：「《通鑑》誅文成在元狩四年，下云『居歲餘』云云，是『見上』或在三年。」按：元狩三年為西元前一二〇年。依王氏說，則本文此處書寫失次。[106]少翁　徐孚遠曰：「少翁姓李，史不著其姓。」[107]王夫人　〈外戚世家〉云：「及衛后色衰，趙之王夫人幸，有子，為齊王。王夫人早卒。」蓋即齊王劉閎之母也。褚少孫所補〈三王世家〉中有大段文字描述武帝與王夫人謀議封劉閎事。[108]以方蓋夜致王夫人及竈鬼之貌云　夜致，夜間招來。竈鬼，即上文所說「祠竈」之「竈神」。李光縉曰：「《漢書》，武帝思念李夫人不已，少翁言能致其神。乃夜設燈燭帷幄，令帝居他帳，遙見一好女，如夫人之貌，而不得相近。帝益感傷，為作詩，令樂府諸音家弦歌之，曰：『是邪非邪，立而望之，偏何姍姍其來遲？』」按：李氏所引，見《漢書·外戚傳》。[109]即　倘若。[110]作畫雲氣車　「作」、

「畫」動詞連讀，謂先以材料製作，而又彩繪之。(111)各以勝日駕車辟惡鬼　每天改乘不同顏色的車子，以驅避惡鬼。《全注全譯史記》趙超曰：「古代以干支相配紀日，五行學說將十個天干分屬於五行，如甲乙屬東方、木，用青色；丙丁屬南方、火，用紅色；戊己屬中央、土，用黃色；庚辛屬西方、金，用白色；壬癸屬北方、水，用黑色。五行相剋相勝，如火勝金，金勝木，木勝土，在某日使用可以勝此日干支的另一類車馬，如甲乙為首的干支日，乘坐白色車子，就叫以勝日駕車。」(112)甘泉宮　秦漢時代的離宮名，在今陝西淳化西北的甘泉山上。(113)為帛書以飯牛　把一根布條子寫上字，讓牛吞下去。(114)詳不知　假裝不知道。詳，同「佯」。假裝。(115)識其手書　認識這是某人的筆體。手書，手跡。(116)果是偽書　果然是偽造的天書。(117)隱之　不欲張揚以顯自己之短也。屠隆曰：「『隱之』二字甚有著落，為下文『食馬肝死耳』張本。」按：武帝誅文成事，《通鑑》繫於元狩四年（西元前一一九年）。(118)作柏梁三句　建造柏梁臺，又建造銅柱，上立銅人舉盤以承露水。柏梁臺，在當時未央宮北的桂宮內，高數十丈，相傳是用「香柏」為之，也有說其臺用梁百根。關於銅柱、仙人掌，師古引《三輔故事》云：「建章宮承露盤高二十丈，大七圍，以銅為之，上有仙人掌承露，和玉屑欽之。」按：據《漢書・武帝紀》，作柏梁臺在元鼎二年。(119)文成死明年　王先謙曰：「《通鑑》在元狩五年。」西元前一一八年。(120)鼎湖　以鼎湖為名的宮殿，和宜春宮相距不遠。鼎湖，地名，在今河南靈寶西，據說黃帝曾於此處採銅鑄鼎，鼎成。有龍自天降，黃帝乃乘龍而去。(121)游水發根　服虔曰：「游水，縣名；發根，人姓名。」師古曰：「游水，姓也；發根，名也。」(122)上郡　漢郡名，郡治膚施（今陝西榆林東南）。(123)病而鬼神下之　在他患病的時候有鬼附了他的體。(124)神君　即這個鬼神附了體的上郡病巫。(125)少愈　略好一點。少，同「稍」。(126)彊　勉強；強打精神。(127)病良已　病當真地就好了。已，解除。(128)置壽宮神君　張文虎曰：「疑此文當作『置神君壽宮』。」即將那個鬼神附體的上郡「神君」在「壽宮」裡供奉起來。(129)壽宮神君最貴者太一　此句錯訛不可讀。張文虎曰：「『壽宮』二字疑衍。『太一』，《補武紀》作『大夫』。」按：「神君最貴者大夫」，意謂在巫婆、神君這些神職人員中，地位最高的叫「大夫」，其下有「大禁」「司命」等等。(130)非可得見　謂「神君」的行動詭祕，且又處於宮禁之中，外人不可得見。(131)言與人音等　說話時和人的聲音一樣。(132)居室帷中　坐在屋子裡的帳幔裡。(133)天子祓二句　皇帝要是想見他，必須先在外面做一些儀式，而後才能進去。祓，驅除不祥的一種宗教儀式。(134)因巫為主人　由一個巫祝來做他的總管，包括照料其起居，以及傳達他的意旨等。(135)關飲食　向裡頭送吃喝。關，通。(136)所以言二句　《漢書・郊祀志》作「所欲言，行下」，大意謂神君有什麼話要說，有什麼事要做，都是先對巫說，而後再由此巫向外頭傳達。(137)張羽旗二句　供具，祭祀用具，這裡實指有關生活起居的一切用品。(138)畫法　孟康曰：「策畫之法也。」王駿圖以為應作「書法」，「謂神君之祕書妙法也」。郭正誼、傅起鳳《魔術與神功》曰：「武帝唯神命是從，命人記錄下這位神君講的話，稱為『畫法』，其實就是魔術中的『腹言術』表演。」(139)無絕殊者　沒有什麼特別不同的東西。(140)其後三年　元鼎三年，西元前一一四年。(141)元宜以天瑞命二句　吳仁傑引王朗曰：「古者有年數無年號，漢初猶然，其後乃有『中元』、『後元』。元改彌數，『中』、『後』之數不足，故更假取美名。蓋文帝凡兩改元，故以『前』、『後』別之；景帝凡三改元，故以『前』、『中』、『後』別之；武帝即位以來，大率六年一改元，二十七年之間改元者五，當時但以『一元』、『二元』、『三元』、『四元』、『五元』為別。『五元』之三年，有司言『元宜以天瑞命，不宜以一二數』，蓋為是也。」天瑞，上天顯示的吉祥徵兆。按：顧炎武也以為「建元」、「元光」之號皆自後追為之，學人多以為是，而陳直曰：「『建元』、『元光』兩年號并非追記，西安南郊曾出土有『建元四年高（下缺）』陶尊，又《藤花亭鏡譜》有『漢元光元年五月丙午』銅鏡，均可證明。」(142)一元曰建　即所謂「建元」。(143)二元以長星曰光　即所謂「元光」。(144)三元以郊得一角獸曰狩　即所謂「元狩」。錢大昕曰：「『元光』之後尚有『元朔』，則『元狩』乃『四元』，非『三元』。言『建元』、『元光』而不言『元朔』者，『建』以『斗建』為名，『光』以『長星』為名，皆取天象；若『元朔』紀年，應劭解『朔』為『蘇』，取品物蘇息之義，不主天瑞，故不及之。」吳仁傑又引王朗曰：「至『五元』尚未有以名，帝意將有所待也。明年寶鼎出，遂改『五元』為『元鼎』。」(145)其明年　元鼎四年，西元前一一三年。(146)后土　謂后土之神。(147)禮不答　與祭祀上帝的禮節不相稱。答，楊樹達曰：「合也。」(148)太史公　指司馬談，司馬遷之父，時正為太史令。(149)寬舒　姓史，名寬舒，以方士而任祠官者。(150)天地牲角繭栗　祭祀天地所用的牲畜，應是剛開始長角的牛犢。角繭栗，師古曰：「牛角之形或如繭，或如栗，言其小。」(151)澤中圜丘為五壇　在大澤中建一圓丘，上立五個臺子，分別象徵五方的后土之神。(152)壇一黃犢太牢具　對每一方的后土之神都用黃牛犢加羊加豬的規格來祭祀。(153)已祠盡瘞　祭祀用過的牲畜全都埋在土裡。瘞，埋。(154)從祠衣上黃　師古曰：「侍祠之人皆著黃衣也。」(155)遂東　離長安東行。(156)汾陰脽丘　據《漢書》如淳注，此即汾陰縣西的大土丘，地處黃河東岸，寬二里，高十餘丈，汾陰縣的縣城也在這個土丘上，武帝所建的后土祠在縣城之西。脽，土丘。(157)上親望拜二句　按：「如」下應增「祭」字讀。(158)滎陽　漢縣名，在今河南滎陽城東北。(159)雒陽　即「洛陽」，在今洛陽市東北，漢代河南郡的郡治所在地。(160)三代　本指夏、商、周，這裡實際即指周朝。(161)邈絕　久絕，已經滅亡很久了。(162)遠矣難存　意即難以再恢復其封國。(163)封周後為周子南君　按：此被封者名嘉。《漢書・武帝紀》詔云：「巡省豫州，觀于周室，邈而無祀。詢問耆老，乃得孽子嘉。其封嘉為周子南君，以奉周祀。」(164)始巡郡縣二句　先巡其他郡縣，逐漸靠近泰山，以免突然東封，招致輿論非議。侵尋，《索隱》曰：「即『浸淫』也。」如水之逐漸浸透。(165)其春　元鼎四年（西元前一一三年）

春天，因當時以「十月」為歲首，故敘春天於歲末。(166)樂成侯　丁義，劉邦功臣丁禮的曾孫，襲其先人之位為樂成侯。事見〈高祖功臣侯者年表〉。(167)膠東宮人　膠東王宮裡的侍應人員。膠東，諸侯國名，國都即墨（今山東平度東南）。元鼎年間的膠東王為哀王劉賢，劉寄之子，景帝之孫。事見〈五宗世家〉。(168)尚方　主管方藥。陳直曰：「為膠東王尚方令也。」依此則為官名，亦可。(169)康王　即劉賢之父劉寄，景帝之子，西元前一四八—前一二一年在位。(170)康王死　康王二十八年（西元前一二一年），因牽連於淮南王謀反事，發病而死，見〈五宗世家〉。(171)他姬子立為王　即劉賢被武帝立為膠東王，事在元狩三年（西元前一二〇年）。(172)不相中　不相能，即今所謂「合不來」。(173)相危以法　師古曰：「謂以罪法相欲傾危也。」即相互羅織罪名，欲陷對方於法。(174)自媚　討好求寵。(175)言方　進言長生不死之方。(176)蚤　同「早」。(177)惜其方不盡　遺憾沒把他的仙方全部學過來。(178)言多方略　意即善說，有說話的本事。(179)處之不疑　即今所謂「說大話不猶豫，不臉紅」。(180)顧　轉折語詞，猶今所謂「但」、「問題是」。(181)不足與方　不值得給他仙方。(182)數言康王　多次向康王進言。(183)黃金可成　即所謂煉石、煉鐵成金。(184)河決可塞　黃河決口可以通過求仙使之自行堵好。按：自元光三年（西元前一三二年）黃河決口於瓠子，至此時已二十年沒有堵上，這也是漢武帝當時所發愁的一件事，故欒大言亦及之。(185)恐效文成　怕也像文成一樣落個被殺的下場。(186)則方士皆奄口二句　意謂自文成被殺後，方士們全都嚇得閉上了嘴，誰還敢對您談起長生不死之術呢？奄口，閉口。奄，同「掩」。惡敢，焉敢；豈敢。惡，也可寫作「烏」，豈；怎。(187)食馬肝死　漢時相傳食馬肝可致人於死。(188)我何愛乎《索隱》曰：「謂不吝金寶及祿位也。」愛，吝惜。(189)非有求人　不是有求於人的人。(190)人者求之　是人們都有求於他。(191)貴其使者　首先尊寵這個派去尋他的使者，即指自己。(192)令有親屬　讓他具有達官貴人一類的親戚，意即給他結一門好親。(193)勿卑　不能讓他的爵位太低。(194)神人尚肯邪不邪　您說神仙見到這種局面是肯來呢？還是不肯來呢？言外之意是，皇帝待使者尚且如此，待神仙就更不必說了，於是神仙必然會高興前來。(195)致尊其使二句　按：欒大這一套，和戰國時的郭隗勸燕昭王招賢的辦法相同，先為自己足足地撈一把。(196)使驗小方　讓他演示一些小法術。(197)鬬棊二句　郭正誼、傅起鳳《魔術與神功》：現代科學稱「這種鬥棋的特異功能實際是利用磁力設計的小戲法」。(198)居月餘二句　在一個多月的時間裡，欒大就得到了四顆大印，即「五利」、「天士」、「地士」、「大通」四將軍印也。(199)九江　長江中下游的九條支流，〈河渠書〉云：「余南登廬山，觀禹疏九江。」有關「九江」的具體所指，諸說不一。(200)決四瀆　「四瀆」謂黃河、長江、淮水、濟水。決，也是「疏通」的意思。(201)間者　前者；前些時候。(202)河溢皋陸　師古曰：「皋，水旁地；廣平曰『陸』。言水泛汎，自皋及陸。」按：此即指二十年來一直未堵塞之黃河決口。(203)隄繇不息　師古曰：「築作堤防，徭役眾多，不暇休息。」(204)二十有八年　自建元元年（西元前一四〇年）至此元鼎四年（西元前一一三年），共歷二十八年。有，同「又」。(205)天若遺朕士二句　上帝像是給我派下來一個人，這個人就是欒大，他是來溝通我與上帝之間的關係的。遺，給。《集解》引韋昭曰：「言欒大能通天意，故封『樂通』。」(206)乾稱蜚龍二句　師古曰：「『飛龍在天』，〈乾卦〉九五爻辭也；『鴻漸于般』，〈漸卦〉六二爻辭也。」方苞曰：「『飛龍在天，利見大人』，言君之得臣也；『鴻漸于般，飲食衎衎』，言臣之得君也。武帝以欒大為『天所遺士』，故引此。」蜚，通「飛」。般，通「磐」。(207)朕意庶幾與焉　我想我現在差不多就正是《周易》所說的這種情況。庶幾，近是；差不多。與，相與；相同。(208)甲第　甲等的府第。(209)僮　奴僕。(210)乘轝斥車馬帷幄器物　師古曰：「斥，不用者也。」按：此謂皇帝將自己身邊不用的車馬、帷帳以及各種器物，撥給欒大使用。乘轝，指稱皇帝。(211)衛長公主　皇后衛子夫所生的大女兒。中井曰：「帝姊妹曰『長公主』者，蓋昉於昭帝時鄂邑公主也，武帝以上未有此例。此但以其長幼稱焉耳，如魯元公主未嘗稱『長公主』也。」(212)齎金萬斤　梁玉繩曰：「〈漢志〉作『十萬斤』。」齎，攜帶；陪嫁。(213)更命其邑曰當利公主　詞語不順，意謂將其原有的湯沐邑某某縣改名為「當利縣」，將其原稱為某某公主改稱為「當利公主」。《索隱》曰：「東萊有當利縣。」(214)親如　親自前往。如，往。(215)存問　慰問。存，恤；撫問。(216)供給　送東西。(217)相屬於道　一批接一批，道路上相望不絕。屬，連接。(218)大主　大長公主，名嫖，竇太后之女，武帝之姑。事跡見〈外戚世家〉。(219)獻遺之　給欒大貢獻財物。(220)使使　派使者。(221)羽衣　師古曰：「以鳥羽為衣，取其神仙飛翔之意也。」(222)立白茅上　《正義佚存》：「喻有潔白之德。」(223)不臣　不把欒大視為臣下。(224)佩天道　指佩帶「天道將軍」印。(225)且為天子道天神也　且，將；行將。中井曰：「當初立『天道將軍』之號，未必『導天神』之意，後乃附會作此說耳。」(226)百鬼集　各種鬼怪群集其家。(227)頗能使之　謂其能役使這些鬼物。(228)裝治行　為出行而收拾行裝。(229)佩六印　即「五利」、「天士」、「地士」、「大通」、「天道」五將軍及「樂通侯」之印也。(230)搤捥　同「扼腕」，內心激動，躍躍欲試的樣子。按：此語又見於〈刺客列傳〉，《索隱》曰：「勇者奮厲，必先以左手扼右腕也。」(231)禁方　祕方。(232)汾陰巫錦　汾陰縣的巫者名錦。(233)魏脽后土　即前文所說武帝在汾陰所修的后土祠，因此地在戰國時代屬魏，故稱「魏脽后土」。(234)營旁　后土祠的區域之旁。營，同「塋」。祠壇、陵墓所占的地域。(235)掊視　用手扒開來看。(236)文鏤無款識　鼎上有刻文，但沒有題款。瀧川曰：「陰文曰『款』，陽文曰『識』。」按：所謂「款識」是指在器物上刻寫文字說明此器的製作年月及製作人等等。(237)河東太守勝　其名為「勝」，史失其姓。河東，漢郡名，郡治安邑（今山西夏縣西北），汾陰乃河東郡之下屬縣。(238)迎鼎至甘泉　謂派人從長安到汾陰迎鼎，而後送往甘泉宮。(239)從行二句　謂武帝也跟著一道前去，準備將此鼎進獻於上帝。(240)中山　師古曰：「『中』讀曰『仲』，即今雲陽之中山也。下云『合茲中山』，亦同也。」雲陽，漢縣名，在今陝西淳化西北，甘泉山在雲陽縣之城西北，中山在雲陽城東南，也在今之淳化縣城東南。(241)曛嗢　〈孝武本紀〉與《漢書・郊祀志》皆作「晏溫」。一說意為天氣晴朗暖和。如淳曰：「三輔謂日出清濟為晏，晏而溫，乃有黃雲，故為異也。」一說為雲氣升騰貌。中井曰：「曛嗢，蓋鼎微暖發光彩也，下文『光潤龍變』指此。」語譯採後說。(242)蓋　遮；籠罩。(243)至長安　謂事畢回到長安。(244)歲數不登　收成連年不好。歲，收成。登，成熟。(245)育穀　使五穀繁茂。(246)今歲豐廡未報　豐廡，《漢書・郊祀志》作「豐懋」，意即「豐收」。廡，同「膴」。意即今年的豐歉尚無定準。未報，指尚未報謝神賜。(247)泰帝　師古曰：「即太昊伏羲氏。」(248)興神鼎一　鑄造了一只神鼎。(249)一者壹統　其所以只鑄造一個，就是為了象徵一統。(250)天地萬物所繫終也　天地萬物都繫屬於此。梁玉繩曰：「『終』字誤，〈漢志〉作『象』，是。」(251)九牧之金　九州進貢來的黃銅。九牧，九州的諸侯，這裡即指九州。(252)亨鬺　〈孝武本紀〉作「鬺亨」，師古曰：「煮而祀也。」亨，通「烹」。鬺，通「觴」。(253)遭聖則興　遇到聖世，這些鼎就會出現。(254)鼎遷于夏商　這些鼎一直傳到夏朝、商朝。(255)周德衰四句　《漢書・郊祀志》云：「周顯王之四十二年（西元前三二七年），宋太丘社亡，而鼎淪沒于泗水彭城下。」參見本文前面之敘述周末事注。(256)自堂徂基五句　以上五句見《詩經・周頌・絲衣》，這是一首寫祭祀的詩。朱熹曰：「升門堂，視壺濯籩豆之屬，降往于基，告濯具。又視牲，從羊至牛，反告充。又能不喧譁，不怠敖，故能得壽考之福。基，門塾之基；鼐，大鼎；鼒，小鼎也。吳，譁也。」以上數句，佞幸引之以讚美武帝之虔誠於祭祀。(257)光潤龍變　即前文所謂鼎之「曛嗢」。(258)合茲中山二句　即前文所謂「至中山，曛嗢，有黃雲蓋焉」。(259)若獸為符四句　即前文所謂「有麃過，上自射之，因以祭云」。報祠大享，回報上帝的恩賞。(260)受命而帝者　服虔以為指劉邦。瀧川曰：「此謂武帝，非謂高祖。」按：瀧川說是，此處無需拉出劉邦。(261)心知其意　謂能猜透上帝的心思。(262)合德　與上帝相互契合，相互感應。(263)鼎宜見於祖禰　應把此鼎進獻宗廟，讓先帝們看看。禰，父親的靈位，此指祭祀亡父的宗廟。(264)帝廷　宮廷。(265)明應　上天已經明確顯示的符應。(266)制曰二句　皇帝在群臣請示的奏章上批之曰「可」。(267)殆　大概；可能。推測之詞。(268)不見其氣　看不見其上空的仙氣。(269)望氣　望氣者，以覘測雲氣為務的方術之士。前文所說的新垣平就善此道。(270)佐候　協助覘測。候，觀測。(271)且郊　將要祭祀上帝之前。(272)宜立太一而上親郊之　前文謬忌已曾提說青、紅、黃、白、黑五帝為太一之佐，如果武帝還像過去的帝王親祭這太一之佐就等於錯了輩分，故而有人建議皇帝只應親祭「太一」。(273)公孫卿　姓公孫，名卿，齊地的方士。(274)辛巳朔旦冬至　陰曆十一月初一的早晨交「冬至」節。(275)與黃帝時等　與當年黃帝時的節令剛好一樣。時，節氣；節令。(276)札書　用小木片穿成的古書。(277)宛朐　也作「冤句」，漢縣名，在今山東菏澤西南。(278)鬼臾區　師古曰：「黃帝臣也，〈藝文志〉曰『鬼容區』，『臾』、『容』聲相近，蓋一也。」279 神策　神靈所降的籌碼。策，小竹棍，用為推算或計算的籌碼。〈五帝本紀〉之《索隱》曰：「神策者，神著也，黃帝得之以推算曆數。」著是一種野草。280 己酉朔旦冬至　己酉日是初一，這天的早晨交「冬至」節。281 得天之紀　得到了上天規定的某種定律，指曆法而言。282 迎日推策　即按照日月的運行推算未來的曆法。臣瓚曰：「日月朔望未來而推之，故曰『迎日』。」283 率二十歲復朔旦冬至　大概是二十年後，又重新在初一的早晨交「冬至」節。按：我國古代沒有這樣一種曆法，此公孫卿所妄言也。284 二十推　即按照上述方法向後推出了二十個初一早晨所交的「冬至」節，也就是推到四百年以後了。285 三百八十年二句　結果未等四百年，在三百八十年的時候，黃帝就成仙升天了。徐中行曰：「觀公孫卿所言，則知汾陰鼎必其所為以欺武帝者。」286 卿因所忠欲奏之　公孫卿想通過所忠將他這冊「札書」進呈皇帝。所忠，武帝身邊的侍臣，其人又見於〈平準書〉、〈五宗世家〉、〈萬石張叔列傳〉、〈司馬相如列傳〉。287 不經　荒誕不合常理。經，常。288 疑其妄書　懷疑這是他的胡編亂寫。289 謝　推辭；謝絕。290 寶鼎事已決矣二句　關於「尊寶鼎」的事情不是已經定下來了嗎？還上這種書做什麼？291 嬖人　武帝的男寵。嬖，親昵；寵幸。292 受黃帝言二句　謂口耳相傳地聽到過有關黃帝的許多事，沒有成文的書。293 獨有此鼎書　即上文所謂黃帝得鼎的「札書」。294 復當黃帝之時　當重新採用黃帝時代的曆法。295 漢之聖者　漢代皇帝中的「聖人」。296 在高祖之孫且曾孫也　應該是高祖之孫，或者是曾孫。且，或。按：此騙子之故弄玄虛的一種說法，較之直接說「在高祖之曾孫」顯得更有迷惑力。297 寶鼎出而與神通二句　寶鼎一出，說明皇帝與上天的思想已經溝通，就會去泰山封禪。298 唯黃帝得上泰山封　只有黃帝是上了泰山，在山上舉行增封（給泰山加土）祭祀的。299 萬諸侯　有上萬個諸侯國。300 神靈之封居七千　在上萬個諸侯國中，有祭祀可主持的諸侯占了七千個。301 天下名山八三句　按：公孫卿所稱的「名山八」，與本文前面敘秦事時所說的「名山」具體所指不同，蓋方士隨口所講。302 華山首山太室泰山東萊　即所謂「五在中國」者。首山，也稱「雷首山」，有人以今山西永濟東南者當之；也有人以今河南襄城南者當之。太室，即今嵩山，在今河南登封北。東萊，也稱「萊山」，在今山東黃縣東南。303 患百姓非其道者　擔心百姓們反對他這種既好戰、又好仙的做法。304 斷斬非鬼神者　誰否定、反對鬼神，就將誰處死。淩稚隆曰：「卿見武帝好征伐、好神仙，則曰『黃帝且戰且學仙』；懼人攻其邪妄，則曰『斷斬非鬼神者』，此小人極意逢迎之態，專權固寵之術也。」305 百餘歲然後得與神通　何焯曰：「恐其言不驗被誅，故遠其期於百餘歲，即後言『非少寬假，神不來』之意。」錢鍾書曰：「夫學仙所以求長壽，今乃謂長壽然後得學仙。漢武若非妄想顛倒，必能『遁辭知其所窮』。」306 鴻冢　在今陝西鳳翔東。吳見思曰：「引其人，引其家，說得活像，今小說家每祖其法。」307 接萬靈明廷　在「明廷」迎接萬方鬼神。308 寒門者二句　谷口，漢縣名，在今陝西淳化南，與前文所說的「中山」相距不遠。師古曰：「谷口，中山之谷口也。以中山之北寒涼，故謂此谷為『寒門』也。」(309)荊山　也稱「覆釜山」，在今河南靈寶西南，與今山西永濟西南的「首山」隔黃河相望。(310)胡顉　師古曰：「胡，謂頸下垂肉也；顉，其毛也。」顉，即今所謂鬍鬚。(311)上去　升空而去。(312)墮　謂持龍鬚的小臣墮落回地面。(313)墮黃帝之弓　黃帝身邊的一張弓也隨之墜落下來。(314)其弓曰烏號　按：蓋先秦以來原有弓名「烏號」，故公孫卿為之如此附會也。鄧以瓚曰：「語大鄙俚，史公特以誕妄述之，不知乃遂開青雲不朽。」(315)去妻子　離妻子而去。(316)如脫躧　像甩掉兩隻鞋子，極言其不吝惜、不動心之狀。躧，同「屣」。鞋。(317)郎　帝王的侍從官員，上屬郎中令。(318)候神　祭祀、等待神的降臨。(319)隴西　漢郡名，郡治狄道，即今甘肅臨洮。(320)崆峒　山名，在今甘肅平涼西北。按：武帝西幸雍、過隴西、登崆峒諸事，在元鼎五年，西元前一一二年。(321)具太一祠壇　蓋應前文「宜立太一而上親郊之」之議也。具，治備；修建。(322)放薄忌太一壇　仿照薄忌倡議所建的那個太一神壇。放，同「仿」。(323)壇三垓　神壇共有三層。李奇曰：「陔，重也。三陔，三重壇也。」垓，同「陔」。重；層。(324)黃帝西南　青、紅、白、黑四帝分居東、南、西、北四方，黃帝理應居中，但當中是太一壇，故只好將黃帝壇置於西南側。服虔曰：「坤位在未，黃帝從土位。」(325)除八通鬼道　謂太一壇的四面、四角，共有八條上下的通道。參見前文之敘述薄忌太一壇。(326)太一二句　祭祀太一壇所用的祭品，和祭祀雍縣某時的祭品大體相同。梁玉繩曰：「『其』字衍。」按：《漢書．郊祀志》無「其」字。(327)醴　甜酒。(328)殺一貍牛以為俎豆牢具　再殺一頭氂牛裝入祭器，作為補充祭品。貍牛，應同〈孝武本紀〉作「犛牛」，犛牛即氂牛。(329)俎豆醴進　師古曰：「具俎豆酒醴而進之。」中井曰：「進，羞也，唯有庶羞，無牢具。」(330)其下四方地　謂太一神壇、五帝神壇以外的四方空地。(331)為醊食羣神從者及北斗　以酒沃地，以享群神的從者與北斗之神。醊，酹，以酒沃地。王肇釗曰：「群神從者其位尚卑，不必設壇，且莫可主名，故但於四方之地酹酒祭之，以申其誠敬耳。」而師古曰：「謂聯續而祭也。」《正義》引劉伯莊謂：「繞壇設諸神祭座相連綴也。」(332)胙餘　師古曰：「謂祭餘酒肉也。」(333)燎　架在火上焚燒。(334)其牛色白四句　晉灼曰：「此言合牲物而燎之也。」洎，徐廣曰：「一作『酒』。」師古曰：「言以白鹿內牛中，以彘內鹿中，又以水及酒合內鹿中。」服虔曰：「水，玄酒也；酒，真酒也。」《正義》釋「洎」為肉汁，謂「以水合肉汁內鹿中也」。(335)祭日以牛二句　祭日神用一頭牛，祭月神用一隻羊或豬。特，師古曰：「若牛，若羊，若彘，止一牲也。」(336)太一祝宰則衣紫及繡　祭祀太一的巫祝與進獻牲畜的宰夫，都身穿紫色的繡花禮服。(337)五帝各如其色　祭祀五帝的巫祝與宰夫，都身穿與該帝相同顏色的禮服。(338)日赤二句　祭日神的穿紅衣服，祭月神的穿白衣服。(339)十一月辛巳朔旦冬至　陰曆十一月的初一早晨，交「冬至」節。(340)昧爽　師古曰：「日尚冥，蓋未明之時也。」即今所謂「天濛濛亮」。(341)始郊　開始祭天。(342)朝朝日　太陽始出的時候朝拜日神。[343]夕夕月　晚上月出的時候朝拜月神。按：拜月神曰「夕」。[344]則揖　天子朝拜日神、月神，只用揖禮。[345]見太一如雍郊禮　朝拜太一神的禮節和原來祭祀雍縣五時的禮節一樣。[346]贊饗　主管祭祀的官名，略似於禮官中的儐相。[347]天始以寶鼎神策授皇帝　中井曰：「『神策』是公孫卿所上，武帝乃以為『天授』，妄哉！」[348]朔而又朔二句　猶言年復一年、月復一月，永無止境。朔，初一。[349]皇帝敬拜見焉　以上四句是皇帝行禮時贊饗官對「太一神」所說的話。沈欽韓引《春秋繁露・郊祀篇》中與此類似的一段贊辭為：「皇皇上帝，照臨下土。集地之靈，降甘風雨。庶物群生，各得其所，靡今靡古。惟予一人某，敬拜昊天之祐。」[350]衣上黃　謂皇帝行禮時，身著黃衣。[351]其祠列火滿壇　祭祀的時候壇上排滿火炬。[352]壇旁亨炊具　壇邊排列著烹煮的灶具。[353]祠上　太一祠的上空。[354]始郊見太一雲陽　首次在雲陽祭祀太一的時候。太一壇即在此雲陽縣境內。[355]瑄玉嘉牲　都指祭品。孟康曰：「璧大六寸謂之『瑄』。」師古引《漢舊儀》云：「祭天養牛五歲，至三千斤也。」[356]薦饗　進獻，供神享用。[357]上屬天　從地面一直上抵高空。屬，連。[358]神靈之休　指上述「美光」、「黃氣」等神靈所降的美好徵象。休，美。[359]祐福兆祥　保佑人得福，給人預示吉祥。[360]此地光域　《集解》引徐廣曰：「『地』一作『夜』。」梁玉繩曰：「『地』與『域』復，作『夜』是也。」意即在此夜出現「美光」的地方。[361]太時壇　供奉太一神的壇臺。[362]以明應　師古曰：「明著美光及黃氣之祥應。」[363]其秋　元鼎五年（西元前一一二年）之秋。[364]伐南越　南越，也作「南粵」，相當於今之廣東、廣西與越南國之北部地區，原為秦朝的郡縣，楚漢時乘中原戰亂而立國，都城即今廣州市。關於武帝伐越的起因與其過程，詳見〈南越列傳〉。[365]以牡荊畫幡日月北斗登龍　語句不順，師古曰：「以牡荊為幡竿，而畫幡為日月龍及星。」如淳曰：「牡荊，荊之無子者，皆潔齋之道。」登龍，即飛龍。[366]以象太一三星二句　太一三星，〈孝武本紀〉作「天一三星」，徐廣引〈天官書〉曰：「天極星明者，太一常居也，斗口三星曰『天一』。」晉灼曰：「畫一星在後，三星在前，為太一鋒也。」[367]兵禱　戰前的祈禱。[368]則太史奉以指所伐國　主管兵禱的神職人員便舉起靈旗指向所要攻擊的敵人。太史，本來就有主管祭祀的職責，這裡指戰禱活動的主持者。奉，捧；舉。[369]五利將軍使　即前所謂「東入海，求其師」也。使，出使；出行。[370]之泰山祠　又轉去泰山祭祀。[371]使人隨驗　派人跟著暗中觀察。[372]其方盡二句　欒大的「仙方」都已用盡，大都不能應驗。不讎，事實與其所言不符。讎，相當；相對。[373]上乃誅五利　《正義》引《漢武故事》云：「東方朔言欒大無狀，上發怒，乃斬之。」按：東方朔，以滑稽著稱，事跡見〈滑稽列傳〉與《漢書・東方朔傳》。[374]其冬　元鼎六年（西元前一一一年）的冬天。王先謙曰：「當云『明年冬』。」按：王說是，是時以「十月」為歲首。[375]候神河南　接前「乃拜卿為郎，東使候神於太室」。河南，漢郡名，郡治洛陽（今洛陽市東北）。太室（即嵩山）在河南郡境內，今洛陽市東南。[376]緱

氏　漢縣名，在今河南偃師東南，嵩山的西北，離嵩山不遠。(377)得毋效文成五利乎　莫非又想學少翁、欒大的弄虛作假嗎？得毋，也作「得無」、「將無」，即今「莫非」、「難道」之意。(378)僊者非有求人主二句　與前文欒大所謂「臣師非有求人，人者求之」同。(379)其道　其章程、辦法。(380)少寬假　稍加放寬，意指在時間、做法上不能要求太急。(381)事如迂誕　聽起來像是迂闊、荒誕。(382)積以歲　多用一些年頭。與前文說黃帝「百餘歲，然後得與神通」語相應。(383)除道　開闢、整修道路。(384)宮觀　宮室，臺觀。(385)其春　元鼎六年（西元前一一一年）春天。(386)既滅南越　與南越的戰爭自去年夏天開始，至此遂滅之，在其地設為南海、蒼梧、珠崖、儋耳等九郡。(387)李延年　武帝寵妃李夫人之兄，貳師將軍李廣利之弟，漢代著名的音樂家，事跡見〈佞幸列傳〉。(388)好音　精通音律。(389)下公卿議　謂提出問題，讓公卿們討論。(390)稱　相稱；成比例。(391)神祇　神，以稱天神。祇，以稱地神。(392)可得而禮　通過音樂來表示對神的恭敬。(393)太帝　《正義》曰：「謂太昊伏羲氏。」(394)素女　古神女名，或稱其善音樂，或稱其曉陰陽，甚或稱其善房中術。(395)帝禁不止　瀧川曰：「謂鼓瑟不止也。」《全注全譯史記》趙超譯之為「太帝都經受不住」。(396)塞南越　祭神以感謝其在伐越戰爭中對漢軍的福佑。塞，同「賽」。報謝神賜。胡三省曰：「為伐南越，告禱太一，故今塞祠。」(397)益召歌兒　意即增加歌舞樂隊的規模。(398)作二十五弦及空侯琴瑟　郭嵩燾引《札記》云：「『瑟』字疑當在『及』字上，與『二十五弦』相屬。」空侯，也作「箜篌」。《索隱》引應劭云：「武帝始令樂人侯調作，聲均均然，命曰『空侯』，侯，其姓也。」《正義》引《釋名》云：「箜篌，師延所作，靡靡樂，後出於桑間濮上之地。」蓋自先秦已有矣。梁玉繩曰：「『琴』字衍。」〈孝武本紀〉與《漢書．郊祀志》皆無「琴」字。

【語　譯】當今的天子即位後，特別迷信鬼神，特別醉心於祭祀。

2 今上元年，漢朝建國已經有六十多年了，天下太平無事，士大夫們都希望天子舉行封禪大典和改曆法、變服色等事情，而皇帝本人也喜歡興辦儒術、招納賢良，這時的御史大夫趙綰、郎中令王臧等人就是憑藉儒術進入了三公九卿的行列，他們雄心勃勃的商議著要按古代的制度為天子在長安城南建立明堂，用來接受諸侯的朝見。他們為皇帝草擬了巡遊天下、舉行封禪，以及改曆法、變服色等種種方案，可惜這一切剛剛啟動，就被討厭儒術、喜愛黃老學說的竇太后扼殺了。竇太后暗中查到了趙綰等人的許多「不法」事實，把他們拘捕查辦，趙綰、王臧被迫自殺，於是今上舉行的第一次「尊儒」就這樣失敗了。

3 六年後，竇太后去世。第二年，今上重新發動尊儒，召來了儒家博學之士公孫弘等人。

4 第三年，今上首次到雍州五時祭天，以後便經常性地三年去一次。這時候，今上得到了一位「神君」，把她安置在上林苑中的蹏氏觀。這位「神君」原本是長陵邑的一位女子，因難產而死，後來她附體在她妯娌宛若的身上顯靈。宛若把她供在自己的屋裡，村裡很多人聽說後也去向她燒香磕頭。今上的外祖母平原君前去求拜過，她的子孫後來都獲得了富貴顯榮。今上即位後，就把「神君」請到宮中用豐厚的禮品把她供了起來。外人只能聽到她的說話，看不見她的真人。

5 當時，有個李少君據說會祭竈神、能夠不吃飯、能夠永不衰老而被皇帝召見，皇帝很尊敬他。李少君原是深澤侯家的舍人，曾主管方藥。他隱瞞起自己的年齡、籍貫和生平經歷，常常自稱已經七十多歲，能驅遣精靈，長生不老。他靠著這套把戲到過好多諸侯國。他沒有妻子兒女。人們聽說他能驅遣精靈、長生不老，於是就爭相送東西給他，於是他的金錢衣物很多。由於人們都知道他百事不幹，卻能如此富足，這就更讓人不理解他究竟是什麼人了，於是人們就更加崇拜他，供奉他。李少君憑藉著一套熟練技巧，善於猜測、說中人的一些隱祕。有一次他到武安侯田蚡家喝酒，在座的有一位九十多歲的老人，於是李少君就對老人說起他與老人的祖父一道遊玩射獵的地方，這位老人小時候跟著祖父去過這個地方，知道這個地方是什麼樣子，在座的人見李少君如此都很驚奇。少君拜見今上時，今上藏有一件古代銅器，問李少君是否認識。少君立刻回答說：「這件銅器在齊桓公十年的時候曾陳列在柏寢臺。」今上仔細查看上面的銘文，果然是齊桓公時期的銅器。整個皇宮的人都驚呆了，認為李少君是神仙，是幾百歲的人瑞。

6 李少君對今上說：「祭祀竈神可以召來精靈，召來精靈就可以把丹沙煉成黃金，用黃金製成飲食器具就可以延年益壽，延年益壽就可以見到海中蓬萊島上的仙人，見到仙人以後再舉行封禪大典就可以永生不死，黃帝就是經過這些步驟而飛升成仙的。我曾經到海上遊覽，遇見了安期生，他拿一個像瓜那麼大的棗給我吃。安期生是位仙人，常到蓬萊島上去，他若與你性情投合就見你，不投合就隱身而去。」於是今上遂親自祭祀竈神，他派方士到海上訪求安期生一類的仙人，並試著進行把丹沙藥劑煉為黃金的活動。

7 過了一些時候，李少君得病死了。皇帝還認為李少君是拋下肉體尸解成仙了，就讓黃錘縣的史寬舒繼續研究李少君的方術。那些派去尋求蓬萊島、尋求安期生的人，雖然什麼也沒找到，但沿海地區燕國、齊國那些半調子的傢伙們都相繼到朝廷來向皇帝談仙說神了。

8 亳縣人謬忌向皇帝奏上了一種祭祀太一神的方術，他說：「天神當中最尊貴的是太一神，太一神的輔佐者是五帝。古代天子在春秋兩季到東南郊祭祀太一神，祭品用牛、羊、豬各一頭，一共要祭祀七天，祭壇上要有八條供鬼神行走的通道。」於是皇帝便讓太祝在長安城的東南郊修建了一座太一祠，按著謬忌的說法經常祭祀。這以後，又有人上書，說：「古代天子每三年一次用牛、羊、豬各一頭祭祀神靈『三一』，也就是『天一』、『地一』、『太一』。」皇帝又答應了，便讓太祝負責此事，就在謬忌倡導修建的「太一壇」上同時供奉「三一」，按照該人上奏的方法進行祭祀。後來又有人上書，說：「古時候天子常在春冰融化時舉行祭祀以解除災禍、祈求福祥。祭祀黃帝用一隻惡鳥和一頭惡獸；祭祀冥羊神用羊；祭祀馬行神用一匹青色公馬；祭祀太一、澤山君、地長用牛；祭祀武夷君用乾魚；祭祀陰陽使者用一頭公牛。」於是皇帝遂命令主管官員按照上奏的方法予以辦理，在謬忌的「太一神壇」旁邊進行祭祀。

9 這以後，因為天子的上林苑中養有白鹿，有人便說用鹿皮製成皮幣，可以引發祥瑞，於是便引發了皇帝製造「白金」的事情。

10 第二年，今上在雍州祭天時，捕獲了一頭獨角獸，樣子像獐鹿。主管人員說：「陛下虔恭地郊祀上帝，上帝為酬謝您的供享，特意賜給您一隻獨角獸，這大概就是麒麟吧。」於是就把牠進獻給了上帝，並下令給每個時的祭祀增加一頭牛，用火焚燒。同時還把「白金」賜給諸侯，示意給他們朝廷之鑄造「白金」是合乎天意的。

11 這時候濟北王劉胡看出皇帝大概就要到泰山封禪了，於是上書朝廷願把泰山和附近的城邑獻給國家。皇帝見此很高興，就用別的縣邑補償給了濟北王。當時常山王劉勃有罪被流放，皇帝就改封他的弟弟劉平為真定王，以繼續對其先人的祭祀，而把常山改設為郡。經過這樣一種變化，五嶽就都在皇帝直轄的郡內了。

12 第二年，齊國的少翁靠鬼神方術被皇帝召見。此前不久皇上寵幸的王夫人去世了，少翁說他有辦法讓王夫人的形貌在夜間出現，結果皇帝從另一個帷帳中遠遠的真像是望見了王夫人。於是皇帝拜少翁為文成將軍，給他的賞賜很多，而且用一種接待賓客之禮接待他。文成將軍說：「皇上如果想和神靈交往，那就得另創造一種適合神仙的環境，現在這些宮殿房屋被褥服飾不像神仙用的，神仙就不可能來。」於是皇帝趕忙派人打造了畫著雲氣的車子，自己也每天都改乘不同顏色的車子以驅避惡鬼。又重新興建甘泉宮，其中間部分是臺室，裡面畫著天、地、太一諸神靈，還安排了各種祭祀用具以招致天神。折騰了一年多，文成將軍的辦法越來越沒用，一個神靈也沒有請到。於是文成就在緞帶上寫了一些字讓牛吞下肚去，而自己假裝不知道，對皇帝說這條牛的肚子裡似乎是有奇特的東西。於是皇帝派人殺牛發現了緞帶，上面寫著一些古怪的話。皇帝覺得緞帶上的字體有些熟悉，盤問有關的人，果然承認是偽造的。於是皇帝殺了文成將軍，但他把這件事隱瞞了起來，不讓外露。

13 後來又建造了柏梁臺，臺上立有銅柱，銅柱頂端鑄有仙人捧著銅盤以承接天上的露水等等。

14 文成被處死的第二年，皇帝在鼎湖宮病得很厲害，太醫們想盡了辦法，還是治不好。在此之前有個叫游水發根的人說上郡有個神巫，神巫說在他患病的時候有鬼神下界附在了他的身上，於是皇帝就讓人把這個神巫供奉在甘泉宮裡。等到皇帝患病時，便派人去問這位神君。神君回答說：「皇上不用為病擔憂，等您病情稍好一些的時候，請振作精神來甘泉宮和我會面。」待至皇帝的病情稍好了一點，就動身前往甘泉宮，結果病體果然痊癒了。於是皇帝大赦天下，把神君遷置到壽宮。在巫婆、神漢這些神職人員之中，地位最高的叫「大夫」，其次叫「大禁」、「司命」一類，他們都圍繞在神君身旁。附在神君體上的神靈別人是看不見的，只能通過神君聽到他說話的聲音，說話的聲音和普通人沒有區別。神靈時而去，時而來，來的時候使人感到有些颯颯的微風。神君住在宮室的帷帳裡，白天也偶爾說話，但更多的是在夜裡。當皇帝要見他的時候，需要先在外面做一些淨身的活動然後才能進去。通常由一個巫祝來負責料理神君的生活，給神君向帳子裡送吃送喝。神君有什麼話要說，也是他先告訴巫祝，再由巫祝傳達出來。又在壽宮、北宮裡邊張掛羽旗，擺生活用具，以之作為神君的生活起居室。神君說的話，皇上都命人記錄下來，稱之為「畫法」。其實他所說的都是一些世俗的東西，一般人都知道，沒有一點新鮮的玩意兒，但皇帝就是愛聽。這些事很保密，外面的人無法知道。

15 又過了三年，有關官員啟奏說「帝王的年號應該根據上天所降的祥瑞來命名，不應該只是用數字數。第一個年號應該叫『建元』，第二個年號因為有長星出現應該叫『元光』，第三個年號由於郊祀時得到了獨角獸應該叫『元狩』，如此等等」。

16 第二年的冬天，皇帝到雍州祭天時，與群臣商量說：「現在我已經親自祭天，但還沒有親自祭地，這樣在禮法上還像是不夠完備。」於是主管官員與太史令、祠官史寬舒等進言說：「祭天地所用供品中的牛，應該是剛剛長角的小牛。皇帝想親自祭祀后土，祭祀后土應該在水澤中的圓丘上建立五個神壇，每個神壇用一頭小黃牛外加一豬一羊作為供品，祭祀過後把牠們全部埋掉，參加祭祀的官員一律穿戴黃色衣帽。」於是皇帝東行，按著史寬舒等人說的那種樣子首次在汾陰縣黃河岸邊的高丘上建立起一座后土祠。皇帝親自望空跪拜，像祭天的禮節一樣。祭祀完畢，皇帝便南行到了滎陽，而後才回長安。中途經過雒陽時，下詔說：「夏、商、周三代都距離現在很遙遠了，年代太遠的沒法再恢復它們的封地，我只想畫出一塊縱橫三十里的地盤以封周朝的後人為『周子南君』，以供奉他們祖先。」也就是在這一年，皇帝開始出巡東方郡縣，以便慢慢地接近泰山。

17 這年春天，樂成侯丁義上書推薦了欒大。欒大是膠東王劉賢宮中的一個侍應人員，曾經和文成將軍是同門的師兄弟，以後就做了替膠東王掌管配製方藥的官員。樂成侯的姐姐是膠東康王的王后，沒有生兒子。康王死後，其他王姬的兒子被立為王。康后的行為不檢點，與新王不和，彼此互相羅織罪名。康后聽說文成將軍已死，自己想討好今上，就派欒大通過樂成侯以方術求見皇帝。當時皇帝正後悔過早地殺了文成將軍，沒能把他的方術全都學過來，所以見了欒大很高興。欒大長得高大英俊，善於說話，尤其敢於說大話而絲毫不臉紅。他對皇帝誇口說：「我常到海上與神仙往來，見到過安期生、羨門子高等許多仙人。可是他們因為我沒有地位，不相信我的話。他們又覺得膠東王不過是個諸侯而已，不值得給他長生不死之方。我多次向康王說起，康王不肯重用我。我聽老師說：『黃金可以煉成，黃河的決口可以堵塞，長生不死之藥可以找到，仙人也是可以請來的。』但是我怕再次遭到文成將軍的下場，到那時所有方士都會閉上嘴，誰還敢再談方術呢！」皇帝說：「文成將軍是吃馬肝中毒死的。你要是真會修煉長生不死的方術，我怎麼會吝惜金錢與祿位呢！」欒大說：「我的老師並不有求於人，是人們求他。陛下要是真想把我的老師請來，那就要讓我先尊貴起來，讓我先有家室，對我優禮相待，不要蔑視我，讓我佩帶王侯將相的印信，這樣我才能替您去向神仙傳達言語。當神仙看到連我尚能受到這樣的待遇，您說他們想不想來呢？您只有讓您的使者先富有起來，然後才能請來神仙。」皇帝聽罷請欒大先稍微露兩手，於是欒大就為皇帝表演了一回鬥棋，棋子居然能自行相互撞擊。

18 當時，皇帝正為黃河決口憂心，而煉沙成金也始終弄不成，現在聽欒大這一說，就拜欒大為「五利將軍」。在這前後不到一個月的時間裡，欒大就得到了四顆大印，除了前說的「五利將軍」外，他還佩有「天士將軍」、「地士將軍」、「大通將軍」三顆印。皇上下詔書給御史大夫說：「從前大禹疏浚九江，開通四瀆。近來黃河決口，淹沒了廣闊的平地，修築河堤的勞役無止無休。我君臨天下已經二十八年了，上天好像給我派下一名賢士，而欒大就是來為我溝通天意的。《周易》的〈乾卦〉有所謂『飛龍在天』，〈漸卦〉有所謂『鴻漸于般』，我現在得到欒大，差不多就是《周易》所說的這種樣子了。我命令以兩千戶的封邑封『地士將軍』欒大為樂通侯。」同時又賞給欒大列侯等級的上等住宅一所和奴僕一千人。接著又把皇帝身邊不用的車馬、帷帳、器械、百物等等撥給了欒大一批，送到他的家裡。特別是又把自己的女兒衛長公主許配給了欒大，贈給衛長公主黃金一萬斤作為陪嫁，把衛長公主的封號改為「當利公主」。皇帝還親自駕臨欒大家以示尊寵。至於派去問候和負責供應的使臣，簡直就是絡繹不絕了。朝廷上的顯貴如皇帝的姑母大長公主以及將軍、丞相等官員，都到欒大家中擺設酒宴，饋贈貴重的禮物。當時皇上又刻了一枚「天道將軍」的玉印，派使者身穿羽衣，夜間站在白茅上授印，五利將軍也身穿羽衣，夜間站在白茅上接受玉印，以表示不把五利將軍當臣下看待。佩玉稱作「天道」，是表示將要替天子引導天神來臨的意思。當時五利將軍常在夜間舉行祭祀，想把天神請下來。沒想到天神沒有請到，倒把各種鬼怪招引來了，好在欒大能驅使這些鬼怪。後來，欒大整理行裝外出，他乘船入海據說是去尋求他的仙師了。欒大在被召見的幾個月裡，共佩帶了六方大印，貴寵震動天下，使沿海一帶燕、齊等地的人都內心激動，躍躍欲試要學欒大，都爭著說自己有祕方，能修煉長生不死了。

19 在這年的六月裡，汾陰縣一個叫錦的女巫在魏脽的后土祠廟旁邊為百姓祭祀的時候，她見地面上有一道像是鉤子的裂紋，扒開一看得到一只鼎。這只鼎比普通的鼎要大得多，雕刻著花紋，但沒有文字。她覺得很奇怪，就報告了當地的官吏。官吏又報告了河東太守勝，勝上書稟告皇帝。皇帝立即派使者到現場勘查，詢問有無奸詐，結果情況屬實。於是遂按禮法予以祭祀，而後就把此鼎接送到了甘泉宮。這次活動皇帝也親自參加了，他想親自把這只鼎獻給上帝。途中走到雲陽中山的時候，發現上空有雲氣繚繞，有一片黃雲覆蓋在鼎的上頭。這時有一隻麃在身邊跑過，皇上親自射中，就把牠用來祭天。皇帝回到長安後，公卿大夫都上書奏請尊崇寶鼎。皇帝說：「近年來黃河泛濫，幾年收成都不好，所以我才出去祭祀后土，祈求神靈為百姓養育莊稼。今年的收成好壞還不能定準，寶鼎為什麼會出現呢？」官員們都說：「聽說從前泰帝鑄造了一只神鼎，他所以只鑄一只，就是表示天下一統，是天地萬物都統統屬於此的象徵。黃帝製造了三只寶鼎，意思是象徵天、地、人。大禹收集了九州出產的黃銅鑄成了九只寶鼎，曾用它們烹飪牲畜以祭祀上帝鬼神。聖人當朝這些鼎就會出現，它由夏代傳到了商代。周朝衰敗時，宋國的社樹不翼而飛，周朝的九鼎也沉淪淹沒，不知藏到哪裡去了。《詩經》的〈周頌〉中說：『從廟堂內到門檻外，有的獻牛有的獻羊；陳列著大鼎、中鼎和小鼎，祭時不喧譁不傲慢，神靈保佑大家都長壽。』當聖上把寶鼎送到甘泉的時候，寶鼎煥發光彩，空中有雲氣遮護，意味著大漢將承受無窮無盡的福祥。在到達中山時又有黃白色的雲彩籠罩上空；上天降下一隻麃，皇上用弓箭把牠射倒，用來祭祀，回報上帝的恩賜。只有承受天命成為皇帝的人才能心知天意，配合得這麼好。這只寶鼎應該先進獻到高祖廟，而後珍藏在甘泉宮上帝的殿廷，以便與上帝顯示的祥瑞相適應。」皇帝批示說：「可以。」

20 那些到海上尋找蓬萊仙島的人，都說仙島離海岸不遠，而不能到達的原因，可能是沒有看見它的瑞氣。於是皇帝便派了望氣的官員去幫著他們觀測海上的仙氣。

21 那年秋天，皇帝又到雍州準備祭天，這時有人說「五帝是太一神的助手，應該建立太一的神壇，由皇上親自祭祀」。皇上猶豫不決。齊國人公孫卿說：「今年得到了寶鼎，而今年冬季的辛巳日是初一，早晨恰值冬至，和黃帝時代的曆象正好相同。」公孫卿有一份書札，上面寫著：「黃帝在宛朐得到寶鼎，就問臣子鬼臾區。鬼臾區回答說：『您不但得到寶鼎，還得到了神算的籌碼，這年的己酉日是初一，早晨恰值冬至，您得到天賜的曆法，可以一年一年的推算下去。』於是黃帝用籌碼推算未來的日月朔望，以後大約每二十年輪一次冬至在初一的早晨，一共推算了二十次，結果在第三百八十年，黃帝便成仙升天了。」公孫卿想通過皇帝的近臣所忠把他這份書札呈給皇帝，所忠看過後覺得他這套東西荒誕無理，懷疑是他自己編造的，便推辭說：「寶鼎的事情已經決定了，還提它做什麼？」公孫卿只好又找另一個受皇帝寵愛的人把書札呈給了皇帝。皇上看了很高興，於是召見公孫卿問他詳細情況。公孫卿說：「我是從申公那裡接受這份書札，申公已經去世了。」皇上問：「申公是什麼人？」公孫卿說：「申公是齊國人，和安期生有來往。他聽到過許多有關黃帝的說法，沒有別的著作，只有這份與鼎有關的書札。書上說『漢代的興盛應當重新採用黃帝時代的曆法』，還說『漢代的聖人出現在漢高祖的孫子或者曾孫中。寶鼎出現後，可以和神明相通，而後就可以舉行封禪典禮。自古舉行過封禪的有七十二王，但只有黃帝能夠上泰山封禪』。申公曾說：『漢朝的皇帝也應該上泰山封禪，上泰山封禪就能成仙升天了。黃帝時代有上萬個諸侯國，能主持名山大川祭祀的有七千個。天下有八座名山，三座在蠻夷地區，五座在中原各國。中原的華山、首山、太室山、泰山、東萊山，這五座山是黃帝經常遊覽和與神靈相會的地方。黃帝一邊作戰，一邊學習仙道。他擔心百姓對他的學仙提出非議，就斷然處死了那些詆毀鬼神的人。這樣百餘年後，黃帝才能與神明相往來。黃帝在雍州郊祭上帝時，在那裡住了三個月。鬼臾區別號大鴻，死後葬在了雍州，就是後代傳說的鴻冢。這以後黃帝在明廷接待萬方神靈。明廷就是現在的甘泉。黃帝在寒門升仙，寒門就是現在的谷口。黃帝開採首山的銅礦，在荊山下面鑄鼎。寶鼎鑄成後，有條龍垂著長鬚從天而降來迎接黃帝。黃帝騎上龍，大臣和後宮嬪妃跟著騎上龍的有七十多人，龍即起飛上天。其餘的小臣沒能騎上龍，就都抓著龍的鬍鬚，龍的鬍鬚被拔掉了，那些小臣落了下來，黃帝的弓也落了下來。

百姓們仰望著黃帝騎龍飛上天去，小臣們就抱著黃帝掉下來的弓和龍的鬍鬚號哭，所以後人就把這個地方叫做鼎湖，把那把弓叫做烏號。』」聽了公孫卿的這些話，皇帝激動地說：「啊呀！我要是真的能夠像黃帝那樣升天，我就會像扔掉破鞋子一樣的扔掉妻妾子女而不顧。」於是他任公孫卿為郎官，派他東去太室山迎候神靈。

22 接著皇帝前往雍州祭天，而後他到達了隴西郡，又往西登上了崆峒山，而後回到了甘泉宮。他命令祠官史寬舒籌建太一神的祭壇，祭壇仿照亳縣薄忌所設計的太一壇的形式，一共三層。五帝壇環繞在太一壇的下面，分別在東、南、西、北四方，黃帝壇在西南方。在太一壇的四面、四角有八條供鬼神上下的通道。太一祠內的一切用物也和雍州的諸時大體相同，只是另外又加上了甜酒、棗、肉乾等，還殺死一頭犛牛，把牠的肉盛在祭器中。對五帝祭壇只進獻甜酒和通常祭器所盛的食物。在祭壇下面的四方場地，用酒沃地以祭祀各位神靈的隨從和北斗星。祭祀完畢，將祭肉以及各種剩餘的東西通通用火焚化。祭祀用的牛是白色的，鹿裝在牛的肚子裡，豬放在鹿的肚子裡，然後用水浸泡。祭日神用一頭牛，祭月神用一頭羊或一頭豬。太一祠的祭祀人員穿紫色繡花禮服，祭祀五帝的人員其禮服顏色和所祭的天神顏色相同，祭日神穿紅色禮服，祭月神穿白色禮服。

23 十一月辛巳初一的早晨冬至時刻到來，天剛蒙蒙亮，皇帝就開始在郊外祭拜太一神。而後在日出的時候祭祀日神，在傍晚月出的時候祭月神，皇帝對此只是拱手行揖禮；而拜祭太一神就和雍州祭天的禮節一樣。主管官員宣讀祝祠說：「上天把寶鼎和神策授給皇帝，一個朔旦又一個朔旦，終而復始地循環，皇帝在這裡恭敬地拜祭參見您。」陪祭的官員都穿黃色衣服，祭壇上布滿火把，祭壇旁邊擺著烹飪用的器具。主管官員說：「祭壇上方有光彩顯現。」公卿大臣們也說：「皇上當初在雲陽宮郊祭拜見太一神，主管官員手捧六寸的碧玉和壯美的牲畜敬獻給神靈享用。那天晚上有美麗的光輝出現，到了白天，黃色的雲氣冉冉升起直到天上。」太史公司馬談和祠官史寬舒等人說：「是因為有神靈的光輝照耀著我們漢朝，所以今天才有這樣的祥瑞，預示著國家的吉祥，應該在這個出現美光的範圍內建築一座太時壇來回報上天。這座祭壇由太祝官主管，在秋季和臘月中進行祭祀。皇帝每三年來親自祭祀一次。」

24 這年秋天，為了討伐南越而祈禱太一神。其儀式是用牡荊做旗杆，在旗上畫著日月北斗和飛龍，象徵著太一三星，作為太一神前面的旗幟，叫做「靈旗」。替戰爭祈禱時，就由太史擎著「靈旗」指向所討伐的國家。而五利將軍受派遣求仙不敢進入海域，就到泰山去祭祀。皇上派人暗中跟隨檢驗，發現他明明沒有見到神仙，可是他胡說見到了他的仙師，他的辦法全用盡了，也見不到有任何靈驗，於是皇帝就又把他殺了。

25 那年冬天，公孫卿在河南恭候神靈，他說在緱氏縣的縣城上發現了仙人的足跡，還說有個神物像野雞，在城上來來去去。皇帝為此親自到緱氏縣城察看仙人的足跡，質問公孫卿：「你不是想學文成將軍和五利將軍吧？」公孫卿說：「不是仙人有求於人主，而是人主有求於仙人，因此這事不能操之過急。如果不能稍微寬限些時日，神仙是不會來的。說起神仙的事情好像是遙遠荒誕，但也只有成年累月地耐心等待才能等來神仙啊。」於是普天下的各郡、各國遂都整修道路，修繕宮室，以及修建名山大川的祠廟等地方，以盼望皇帝的駕臨了。

26 那年春天，已經消滅了南越，有個受皇帝寵幸的小臣叫李延年，他以擅長音樂被皇帝所召見。皇帝對他很欣賞，便提出問題讓公卿大臣們討論，皇帝說：「民間祭祀的時候還要敲鑼打鼓、舞蹈唱歌，現在國家祭祀反而沒有音樂，這難道相稱嗎？」公卿們說：「古時候祭祀天地都有音樂，這樣才能表達對神的恭敬。」有人說：「太帝讓素女彈奏五十弦的瑟，音調悲切，太帝讓她停止她不停止，太帝就把那種瑟破開，做成了二十五根弦的瑟。」於是朝廷就在伐越後酬謝神明，以及祭祀太一與后土神的祭典上，首次使用了音樂舞蹈，並增招了歌舞隊的規模。製作二十五根弦的瑟和箜篌就是從這時候開始的。

1 其來年冬❶，上議曰：「古者先振兵澤旅❷，然後封禪。」乃遂北巡朔方❸，勒兵十餘萬❹，還祭黃帝冢❺橋山❻，釋兵須如❼。上曰：「吾聞黃帝不死，今有冢，何也？」或對曰⑧：「黃帝已僊上天，羣臣葬其衣冠⑨。」既至甘泉，為且用事泰山⑩，先類祠太一⑪。

2 自得寶鼎，上與公卿諸生議封禪。封禪用希⑫，曠絕⑬，莫知其儀禮，而羣儒采封禪尚書、周官、王制之望祀射牛事⑭。齊人丁公年九十餘，曰：「封禪者，合不死之名也⑮。秦皇帝不得上封⑯，陛下必欲上，稍上即無風雨，遂上封矣⑰。」上於是乃令諸儒習射牛，草封禪儀。數年，至且行，天子既聞公孫卿及方士之言，黃帝以上⑱封禪，皆致⑲怪物與神通，欲放⑳黃帝以上接神僊人蓬萊士，高世㉑比德於九皇㉒，而頗采儒術以文之㉓。羣儒既已不能辨明封禪事，又牽拘於詩、書古文㉔而不能騁㉕。上為封禪祠器㉖示羣儒，羣儒或曰「不與古同」；徐偃㉗又曰「太常諸生㉘行禮不如魯善」，周霸㉙屬圖封禪事㉚，於是上絀偃、霸，而盡罷諸儒不用㉛。

3 三月，遂東幸緱氏，禮登中嶽太室㉜。從官在山下聞若有言「萬歲」云㉝，問上，上不言；問下，下不言㉞。於是以三百戶封太室奉祠㉟，命曰崇高邑㊱。東上泰山，泰山之草木葉未生，乃令人上石立之泰山巔。

4 上遂東巡海上㊲，行禮祠八神㊳。齊人之上疏言神怪奇方者以萬數，然無驗者。乃益發船，令言海中神山者數千人求蓬萊神人。公孫卿持節[39]常先行[40]候[41]名山，至東萊[42]，言夜見大人，長數丈，就之則不見，見其跡甚大，類禽獸云。羣臣有言見一老父牽狗，言「吾欲見巨公[43]」，已忽不見。上即見大跡[44]，未信，及羣臣有言[45]老父，則大[46]以為僊人也。宿留海上，予方士傳車[47]，及間使[48]求僊人以千數。

5 四月，還至奉高[49]。上念諸儒及方士言封禪人人殊，不經，難施行。天子至梁父[50]，禮祠地主[51]。乙卯[52]，令侍中儒者[53]皮弁薦紳[54]，射牛行事[55]。封泰山下東方[56]，如郊祠太一之禮。封廣丈二尺[57]，高九尺，其下則有玉牒書[58]，書祕[59]。禮畢，天子獨與侍中奉車子侯[60]上泰山，亦有封[61]，其事皆禁[62]。明日，下陰道[63]。丙辰[64]，禪泰山下阯東北肅然山[65]，如祭后土禮。天子皆親拜見，衣上黃，而盡用樂焉。江、淮間一茅三脊為神藉[66]。五色土益雜封[67]。縱遠方奇獸蜚禽及白雉諸物，頗以加禮，兕牛犀象之屬不用[68]。皆至泰山祭后土[69]。封禪祠[70]，其夜若有光，晝有白雲起封中。

6 天子從禪還[71]，坐明堂[72]，羣臣更上壽[73]。於是制詔御史：「朕以眇眇[74]之身承至尊，兢兢焉懼不任[75]。維德菲薄，不明于禮樂。脩祠太一，若有象景光[76]，屑如有望[77]，震於怪物[78]，欲止不敢[79]，遂登封太山，至于梁父，而後禪肅然。自新，嘉與士大夫更始[80]。賜民百戶牛一、酒十石，加年八十孤寡[81]布帛二匹。復[82]博[83]、奉高[84]、蛇丘[85]、歷城[86]，無出今年租稅。其大赦天下，如乙卯赦令[87]。行所過毋有復作[88]。事在二年前，皆勿聽治[89]。」又下詔曰：「古者天子五載一巡狩，用事泰山，諸侯有朝宿地[90]。其令諸侯各治邸[91]泰山下。」

7 天子既已封泰山，無風雨災，而方士更言蓬萊諸神若將可得，於是上欣然庶幾遇之[92]，乃復東至海上望，冀遇蓬萊焉。奉車子侯暴病，一日死[93]。上乃遂去，並海上[94]，北至碣石[95]，巡自遼西[96]，歷北邊[97]至九原[98]。五月，反至甘泉[99]。有司言寶鼎出為「元鼎」，以今年為「元封」元年[100]。

8 其秋，有星茀于東井[101]。後十餘日，有星茀于三能[102]。望氣王朔[103]言：「候[104]獨見填星出如瓜[105]，食頃復入[106]焉。」有司皆曰：「陛下建漢家封禪，天其報德星云[107]。」

9 其來年冬[108]，郊雍五帝。還，拜祝祠太一[109]。贊饗曰：「德星昭衍[110]，厥維休祥[111]。壽星[112]仍出[113]，淵耀[114]光明。信星[115]昭見[116]，皇帝敬拜太祝之享[117]。」

10 其春，公孫卿言見神人東萊山[118]，若云「欲見天子」。天子於是幸緱氏城，拜卿為中大夫[119]。遂至東萊，宿留之數日，無所見，見大人跡云。復遣方士求神怪采芝藥以千數。是歲旱。於是天子既出無名[120]，乃禱萬里沙[121]，過祠泰山。還至瓠子[122]，自臨塞決河[123]，留二日，沉祠[124]而去。使二卿[125]將卒塞決河，徙二渠[126]，復禹之故跡[127]焉。

11 是時，既滅兩越[128]，越人勇之[129]乃言「越人俗鬼[130]，而其祠皆見鬼[131]，數有效。昔東甌王[132]敬鬼，壽百六十歲[133]。後世怠慢，故衰耗[134]」。乃令越巫立越祝祠[135]，安臺無壇[136]。亦祠天神上帝百鬼，而以雞卜[137]。上信之，越祠雞卜始用[138]。

12 公孫卿曰：「仙人可見，而上往常遽[139]，以故不見。今陛下可為觀，如緱城[140]，置脯棗，神人宜可致也。且僊人好樓居。」於是上令長安則作蜚廉、桂觀[141]，甘泉則作益延壽觀[142]，使卿持節設具[143]而候[144]神人。乃作通天莖臺[145]，置祠具其下，將招來[146]僊神人之屬[147]。於是甘泉更置前殿，始廣諸宮室。夏，有芝生殿房內中[148]。天子為塞河，興通天臺[149]，若見有光云，乃下詔：「甘泉房中生芝九莖，赦天下，毋有復作[150]。」

13 其明年[151]，伐朝鮮[152]。夏，旱。公孫卿曰：「黃帝時封則天旱[153]，乾封三年[154]。」上乃下詔曰：「天旱，意乾封乎[155]？其今天下尊祠靈星[156]焉。」

14 其明年[157]，上郊雍，通回中道[158]，巡之[159]。春，至鳴澤，從西河[160]歸。

15 其明年冬[161]，上巡南郡[162]，至江陵而東，登禮[163]灊之天柱山[164]，號曰南岳。浮江[165]，自尋陽[166]出樅陽[167]，過彭蠡[168]，禮其名山川。北至琅邪[169]，並海上。四月中，至奉高脩封[170]焉。

16 初，天子封泰山，泰山東北阯古時有明堂處，處險不敞[171]，上欲治明堂奉高旁，未曉其制度。濟南人[172]公玉帶[173]上黃帝時明堂圖。明堂圖中有一殿，四面無壁，以茅蓋[174]，通水，圜宮垣，為複道[175]，上有樓[176]，從西南入，命曰昆侖[177]，天子從之入，以拜祠上帝焉。於是上令奉高作明堂汶上，如帶圖[178]。及五年脩封，則祠太一、五帝於明堂上坐[179]，令高皇帝祠坐[180]對之。祠后土於下房[181]，以二十太牢。天子從昆侖道入，始拜明堂如郊禮。禮畢，燎堂下[182]。而上又上泰山，自有祕祠[183]其巔。而泰山下祠五帝，各如其方[184]，黃帝并赤帝[185]，而有司侍祠[186]焉。山上舉火，下悉應之。

17 其後二歲[187]，十一月甲子朔旦冬至[188]，推曆者以本統[189]。天子親至泰山，以十一月甲子朔旦冬至日祠上帝明堂，毋脩封禪[190]。其贊饗曰：「天增授皇帝太元神策[191]，周而復始。皇帝敬拜太一。」東至海上，考入海及方士求神者，莫驗。然益遣[192]，冀遇之。

18 十一月乙酉[193]，柏梁烖[194]。十二月甲午朔[195]，上親禪高里[196]，祠后土。臨勃海[197]，將以望祀蓬萊之屬[198]，冀至殊廷[199]焉。

19 上還，以柏梁烖故，朝受計甘泉[200]。公孫卿曰：「黃帝就青靈臺[201]，十二日燒[202]，黃帝乃治明廷[203]。明廷，甘泉也。」方士多言古帝王有都甘泉者，其後天子又朝諸侯甘泉[204]，甘泉作諸侯邸[205]。勇之乃曰：「越俗有火烖，復起屋必以大，用勝服之[206]。」於是作建章宮[207]，度為千門萬戶[208]。前殿度高未央[209]。其東則鳳闕[210]，高二十餘丈。其西則唐中[211]，數十里虎圈。其北治大池，漸臺[212]高二十餘丈，命曰太液[213]池，中有蓬萊、方丈、瀛洲、壺梁[214]，象海中神山龜魚之屬[215]。其南有玉堂、璧門[216]、大鳥[217]之屬。乃立神明臺[218]、井幹樓[219]，度五十丈[220]，輦道[221]相屬[222]焉。

20 夏，漢改曆[223]，以正月為歲首[224]，而色上黃，官名更印章以五字[225]，為太初元年。是歲，西伐大宛[226]。蝗大起。丁夫人[227]、雒陽虞初[228]等以方祠詛[229]匈奴、大宛焉。

21 其明年[230]，有司上言雍五畤無牢熟具[231]，芬芳不備。乃令祠官進畤犢牢具[232]，色食所勝[233]，而以木禺馬代駒[234]焉。獨五月嘗駒[235]，行親郊用駒。及諸名山川用駒者，悉以木禺馬代。行過，乃用駒[236]。他禮如故。

22 其明年[237]，東巡海上，考神僊之屬，未有驗者。方士有言：「黃帝時為五城十二樓，以候神人於執期[238]，命曰『迎年』。」上許作之如方，命曰「明年[239]」，上親禮祠上帝焉[240]。

23 公玉帶曰：「黃帝時雖封泰山，然風后、封巨、岐伯[241]令黃帝封東泰山[242]，禪凡山[243]，合符[244]，然後不死焉。」天子既令設祠具，至東泰山，東泰山卑小[245]，不稱其聲，乃令祠官禮之，而不封禪焉。其後令帶奉祠候神物。夏，遂還泰山，脩五年之禮如前，而加以禪祠石閭[246]。石閭者，在泰山下阯南方，方士多言此僊人之閭也，故上親禪焉。

24 其後五年，復至泰山脩封，還過祭恆山[247]。

25 今天子所興祠：太一、后土，三年親郊祠。建漢家封禪，五年一脩封。薄忌太一及三一、冥羊、馬行、赤星，五[248]，寬舒之祠官以歲時致禮。凡六祠[249]，皆太祝領之。至如八神諸神，明年、凡山他名祠，行過則祠，行去則已[250]。方士所興祠，各自主，其人終則已，祠官不主。他祠皆如其故。

26 今上封禪，其後十二歲而還，徧於五岳、四瀆矣[251]。而方士之候祠神人，入海求蓬萊，終無有驗。而公孫卿之候神者，猶以大人之跡為解，無有效。天子益怠厭方士之怪迂語矣，然羈縻不絕252，冀遇其真。自此之後，方士言神祠者彌眾253，然其效可睹矣。

【章旨】以上為第六段，寫武帝後期封禪、求仙的種種荒唐行為。

【注釋】❶其來年冬 元封元年（西元前一一〇年）歲首。❷振兵澤旅 澤，通「釋」。〈郊祀志〉作「振兵釋旅」。「振兵釋旅」是一場戰爭或一次軍事演習的全部過程。振兵，即「治軍」，整理部隊，進行軍事動員，做好戰鬥準備。釋旅，即解除戰備狀態。❸朔方 漢郡名，郡治在今內蒙烏拉特前旗東南。❹勒兵十餘萬 向匈奴人炫耀武力。勒兵，統兵列陣。據《漢書・武帝紀》：「勒兵十八萬，旌旗徑千餘里，威振匈奴。遣使者告單于曰：『南越王頭已懸于漢北闕矣，單于能戰，天子自將待邊；不能，亟來臣服，何但亡匿幕北寒苦之地為？』」❺黃帝冢 即今所謂黃帝陵。❻橋山 小山名，舊說皆以為在上郡陽周縣（今陝西綏德西）西南，後世則改說在今黃陵縣城北，黃帝陵即在此山上。❼釋兵須如 軍隊行至須如時，宣布解除備戰狀態。須如，〈郊祀志〉作「涼如」，地名，方位不詳。有說在今陝西隴縣境內，與上下文意不合，似應距黃帝陵不遠。❽或對曰 《通鑑》謂此對者為公孫卿，蓋依據《漢武故事》。❾羣臣葬其衣冠 黃震曰：「方士之說，惟以黃帝乘龍上天為夸，武帝巡行，親至黃帝陵而祭之，方士尚何辭？而從者復遁其說為『葬衣冠』。主暗臣諛，一至此甚，悲夫。」❿且用事泰山 將去泰山封禪。且，將。⓫類祠太一 即祭祀太一。類，祭祀名，師古曰：「類祠，謂以事類而祭也。」⓬封禪用希 謂封禪之禮用者稀少。希，同「稀」。⓭曠絕 謂時隔久遠，禮制缺失。⓮羣儒采封禪句 舊本於〈封禪書〉、〈孝武本紀〉此句皆如此標點，然詞語不順。疑「封禪」二字為當時騙子們所編造的書名，如公孫卿之「札書」。若此則稍為順暢。周官，即今之《周禮》。王制，《禮記》中的篇名。望祀，古代祭祀的一種，即遙望而祭。射牛，師古曰：「天子有事宗廟，必自射牲，示親殺也。」事見《國語・楚語》。⓯合不死之名也 是「不死」的另一種說法。合，符合；相當。⓰秦皇帝不得上封 秦始皇當年就沒能上去。應前文「諸儒生既絀，不得與用於封事之禮，聞始皇遇風雨，則譏之」。⓱稍上二句 意謂先向上走一段試試，如果沒有風雨，那就可以一直上去了。即，若。⓲黃帝以上 指黃帝以前的歷代帝王。⓳致 招致；招來。⓴放 同

「仿」。效法。㉑高世　高出於世上的一切其他帝王。㉒比德於九皇　與五帝以前的「九皇」相比美。九皇，諸說不一，蓋方士妄言，無需考據。㉓頗采儒術以文之　意謂將這些來自方士的妄言，用儒家的學說予以裝點粉飾。頗采，略用。㉔牽拘於詩書古文　意謂他們擺脫不了《詩經》、《尚書》這些古代文獻的束縛，那裡沒有關於封禪的說法。㉕不能騁　又不能大膽地馳騁自己的想像。〈郊祀志〉於此作「不敢騁」。㉖上為封禪祠器　武帝製作了一些準備用於封禪的祭祀用具。㉗徐偃　儒生申培的弟子，此時為博士。㉘太常諸生　太常屬下的這些儒生。太常，也稱「奉常」，朝廷上主持宗廟禮儀的官，為九卿之一。㉙周霸　亦當時參與起草封禪儀的博士。㉚屬圖封禪事　正在思考有關封禪的事情。屬，值；正在。圖，謀劃。㉛盡罷諸儒不用　瀧川引《漢書・兒寬傳》云：「及議欲放古巡狩封禪之事，諸儒對者五十餘人，未能有所定。先是司馬相如病死，有遺書，頌功德，言符瑞，足以封泰山。上奇其書，以問寬。寬對曰：『天地並應，符瑞昭明，其封泰山，禪梁父，昭姓考瑞，帝王之盛節也。然享薦之義，不著于經，唯聖主所由，制定其當，非群臣之所能列。』上然之，乃自制儀，采儒術以文焉。」即敘此事。㉜禮登中嶽太室　意謂先在山下行禮，而後登山。後文又有「登禮」，蓋謂登山而後祭。㉝從官在山下聞若有言萬歲云　《漢書・武帝紀》載詔云：「翌日親登嵩高，御史乘屬、在廟旁吏卒咸聞呼『萬歲』者三。」㉞問上四句　山下的人問山上的人：「你們剛才喊『萬歲』了嗎？」山上的人說「沒喊」；山上的人問山下的人「你們喊了嗎？」山下的人也說「沒喊」。㉟以三百戶封太室奉祠　意即封給太室山三百戶人家，以此三百戶人家的賦稅作為祭祀太室山神的開銷。㊱命曰崇高邑　稱此三百戶人家的村鎮曰「崇高邑」。按：崇高邑即今河南登封城址。㊲東巡海上　謂沿著山東半島的北部海邊東行。㊳行禮祠八神　在行進中沿途祭祀八神。按：有關「八神」的名稱與其所祭之山，見本文前面之敘始皇事中，這些應祀之山大多在山東半島的東北部海邊。㊴持節　手持旄節，以皇帝特使的身分出現。節，此指旄節，狀似長鞭，皇帝的特使持之，以表明其身分之貴重。㊵先行　為皇帝打前站。㊶候　探測。㊷東萊　漢郡名，郡治即今山東掖縣。其北即有神祕的參山。㊸巨公　《漢書・郊祀志》作「鉅公」，隱指皇帝。㊹即見大跡　前往觀看公孫卿所說的「大跡」。即，就；湊近。㊺有言　又言。有，同「又」。㊻大　甚；深。㊼傳車　驛站上供過往使者所用的馬車。㊽間使　密使，不公開身分的使者。㊾奉高　漢縣名，在今山東泰安東，當時為泰山郡的郡治所在地。㊿梁父　泰山東南側的小山名。(51)禮祠地主　恭敬地祭祀地神，即所謂「禪」也。(52)乙卯　元封元年（西元前一一〇年）的陰曆四月十九。(53)侍中儒者　一個身任侍中的儒生，史失其名姓。侍中，帝王身邊的侍從官員，在漢代品級不高，但受寵信。(54)皮弁薦紳　頭戴皮帽，腰插笏板，是一種參加典禮的裝束。(55)射牛行事　即準備祭祀用的牲畜。據前注，「射牲」本來是應該帝王親自動手，這裡是武帝讓「侍中儒者」代他去做。(56)封泰山下東

方　在泰山的東面山腳下舉行祭祀。57封廣丈二尺　祭臺為一丈二尺見方。封，這裡指祭臺。58其下則有玉牒書　祭臺下埋著用玉牒刻寫的禱文。玉牒書，用玉片聯綴的書冊，上刻皇帝的祈禱之辭。59書祕　方苞曰：「太乙、明堂贊饗，具載其文，而此書獨祕，蓋以登仙禱也。」60奉車子侯　奉車都尉霍子侯。奉車，奉車都尉的簡稱。子侯，名嬗，字子侯，霍去病之子。霍去病，武帝時代的名將，以討伐匈奴功，被封為驃騎大將軍、冠軍侯。61亦有封　意即也有祭臺、玉牒書之類。62皆禁猶言「皆祕」，他人不得而知。63下陰道　謂從泰山的北路下山。64丙辰　即上述活動的第二天，四月二十。65禪泰山下阯東北肅然山　在泰山山腳東北方向的肅然山祭祀地神。下阯，山腳下。66一茅三脊為神藉　祭壇上用三脊茅草鋪地。凌稚隆曰：「與管仲言『一茅三脊』相應。」67五色土益雜封　把從五方取來的五種顏色的土加蓋在祭壇上。雜封，用各色土混雜築成的祭壇。68縱遠方奇獸蜚禽及白雉諸物三句　按：數句錯雜不順，梁玉繩以為「『禮』乃『祠』之訛」。王先謙曰：「諸獸本以加祠，今併縱之。」加祠，謂附加供品。69皆至泰山祭后土　按：此句亦欠貫通，似謂這些準備作附加祭品用的禽獸都已帶到了泰山，但靈機一動又全都將牠們放了。70封禪祠　意謂在封禪的這段時間裡。71從禪還　從祭天、祭地的場所回來。72坐明堂　此指泰山下東北側的舊明堂。73更上壽　輪番向武帝敬酒祝賀。74眇眇　微小，這裡是謙辭。75懼不任　害怕不能勝任。76脩祠太一二句　指元鼎四年在甘泉祭祀太一的情景。景光，即前文所謂「美光」。景，美。77屑如有望　《漢書・武帝紀》作「屑然有聞」。臣瓚曰：「『聞呼萬歲三』是也。」屑，聲音低微貌。按：此句上似脫「用事嵩高」數字，以與「脩祠太一」相對，今則錯落不齊，齟齬難通。78震於怪物　被這些奇怪的現象所驚嚇。79欲止不敢　想停下來，但又不敢。80自新二句　我自己想有一個新的開端，也很高興和你們一道重新開始，意即更改年號。81年八十孤寡　八十歲以上的孤寡老人。82復　免除傜役賦稅。83博　漢縣名，在泰山南。84奉高　漢縣名，在泰山東南。85蛇丘　漢縣名，在泰山西南。86歷城　漢縣名，即今濟南市，在泰山北。87乙卯赦令　即元朔三年的赦令。元朔三年（西元前一二六年）為「乙卯」年。據《漢書・武帝紀》，是年三月詔曰：「以百姓之未洽于教化，朕嘉與士大夫日新厥業，祗而不懈，其赦天下。」88行所過毋有復作　凡此次皇帝出行所路過的地方，所有被罰苦役的犯人一律赦免。復作，被罰苦役的犯人。89事在二年前二句　兩年前犯的罪過，一律不再追究。聽，盤查。治，審理。90朝宿地　為來朝見天子而臨時住宿的地方。據說古代天子要給每個諸侯在泰山附近劃出一小塊地盤，即所謂「湯沐邑」。91邸　官邸，如今之所謂「駐某地辦事處」。92庶幾遇之　希望能夠遇上。庶幾，或許。希冀之詞。93一日死　得病一日即死，言其快，亦言其怪。94竝海上　沿海邊北行。竝，同「傍」。沿著。95碣石　山名，在今河北昌黎西北。96遼西　漢郡名，郡治在今遼寧義縣西南。97歷北邊　沿北部邊境西行。98九原　縣名，在今內蒙包頭西，當時為五原郡的郡治所在地。(99)五月二句　《正義》引姚察曰：「三月幸緱氏，五月乃至甘泉，則八旬中周萬八千里，其不然乎？」按：《漢書・武帝紀》但云「行自泰山，復東巡海上，至碣石，自遼西歷北邊九原，歸于甘泉」，而未言月日，較此可信。(100)有司言寶鼎出為元鼎二句　意謂既然前時因出現寶鼎而改年號曰「元鼎」，那麼今年有封禪活動也應改年號曰「元封」。梁玉繩曰：「此文當在前『群臣更上壽』句下，錯簡也。」(101)有星茀于東井　彗星出現在井宿的位置。茀，也作「孛」，彗星，這裡用作動詞，即火光四射的樣子。東井，即二十八宿中的井宿。(102)有星茀于三能　彗星又出現在三能星座。三能，也作「三台」，屬於現代天文學的「大熊星座」。古人一般認為彗星出現是一種將有戰爭、動亂的徵兆。(103)望氣王朔　望氣者名王朔。望氣，以覘測天文、氣象為職業的方術之士。(104)候　謂占測天文氣象。(105)獨見填星出如瓜　填星，有本作「旗星」。〈孝武本紀〉作「獨見其星大如瓠」。(106)食頃復入　過了一頓飯的工夫又隱去不見了。(107)天其報德星云　上帝為報謝下界的皇帝，而為之出現了「德星」。德星，表示祥瑞的星。(108)其來年冬　元封二年（西元前一〇九年）歲首。(109)還二句　謂還至長安，拜祭長安東南郊之薄忌太一神壇。(110)昭衍　謂光輝明亮，所照廣遠。師古曰：「昭，明；衍，大。」(111)厥維休祥　顯示了莫大的吉祥。維，為；是。休，美。(112)壽星　《索隱》曰：「南極老人星也，見則天下理安。」《正義佚存》：「壽星，南極老人星也，為人主壽命延長之應。」(113)仍出　頻頻出現。仍，頻繁。(114)淵耀　沉靜清澈的樣子。(115)信星　傳達信息之星，即前文稱之為「德星」的彗星。(116)昭見　明亮地出現。(117)敬拜太祝之享　恭敬地將太祝所準備的這些供品進獻給太一神。(118)東萊山　即前文所謂「萊山」，在今山東黃縣東南。(119)中大夫　皇帝的侍從官員，掌議論，上屬郎中令。(120)無名　說不出一個光明正大「為國為民」的理由。(121)萬里沙　地區名，也是這裡的祠廟名，在今山東掖縣東北，濱臨勃海，海邊有神祕的參山。(122)瓠子　地名，在今河南濮陽城西南，處於當時黃河的東岸。(123)自臨塞決河　親自到黃河的決口處視察。黃河於元光三年（西元前一三二年）決口於此，至此時已二十三年。(124)沉祠　將供品沉入河水，以祭祀河神。按：〈河渠書〉云：「天子已用事萬里沙，則還自臨決河，沉白馬玉璧于河，令群臣從官自將軍已下皆負薪寘決河」，並自作〈瓠子歌〉二首，辭甚壯觀，應參看。(125)二卿　指汲仁、郭昌。汲仁為汲黯之弟，曾官至九卿，不知此時任何職。郭昌為當時名將，事跡參見於〈衛將軍驃騎列傳〉、〈西南夷列傳〉、〈朝鮮列傳〉。(126)徙二渠　修通兩條渠道，以分黃河之水。二渠，一指故「大河」，自今河南浚縣引河水北行；一指漯水，自今河南南樂北引河水東行。(127)復禹之故跡　梁玉繩以為漢時之黃河已非禹時所行之故道，以為「史不書河徙已屬疏略，乃稱武帝『道二渠，復禹迹』，豈史公明知非禹所穿，而以武帝自多其功姑妄紀之乎？」(128)兩越　謂閩越、南越。閩越是句踐的後裔在今福建一帶建立的小國名，國都即今福州市，元鼎六年（西元前一一一年）被漢所滅，過程詳見〈東越列傳〉；南越是真定人趙佗乘秦楚之亂在今兩廣一帶建立的小國，國都即今廣州市，元鼎五年（西元前一一二年）被漢所滅，過程詳見〈南越列傳〉。[129]勇之　人名。[130]俗鬼　師古曰：「言其土俗尚鬼神之事。」按：〈孝武本紀〉於此作「越人俗信鬼」。[131]其祠皆見鬼　祭祀的時候都要拜見群鬼。[132]東甌王　也稱「東越王」，名搖，句踐的後裔，秦楚之亂時在今浙江南部建立小國，國都東甌（即今溫州市）。建元三年（西元前一三八年）其後人為避閩越侵襲而降漢，率眾北遷於廬江郡（今安徽中部）。事情詳見〈東越列傳〉。[133]壽百六十歲　按：〈東越列傳〉未言此事。[134]衰秏　謂壽命不長，國事衰敗。[135]越祝祠　以越人為巫祝的祠廟。[136]安臺無壇　意謂只有平臺，而無高壇。[137]以雞卜　以雞骨占卜吉凶。[138]越祠雞卜始用　師古曰：「言國家始用。」[139]上往常遽　皇帝每次總是去得太突然，時間也太短暫。遽，驟；突然。[140]可為觀二句　可單獨修一座臺觀，樣子就像緱氏城。《集解》引徐廣曰：「一云『如緱氏城』。」按：〈孝武本紀〉與《漢書・郊祀志》皆作「如緱氏城」。[141]令長安則作蜚廉桂觀　按：「則」字似應削，下句同。蜚廉、桂觀，二觀名。[142]益延壽觀　師古曰：「益壽、延壽，亦二館名。」陳直曰：「吳客齋曾于秦中得『益延壽』瓦，此外又有『益延壽宮』瓦，及『益延壽』大方磚。」據此則「益延壽觀」亦未必不是固有的名字。[143]設具　陳列供神靈享用的飲食起居之具。[144]候　迎候。[145]通天莖臺　〈孝武本紀〉、《漢書・郊祀志》皆作「通天臺」，《索隱》、《正義》皆以「莖」字為衍文。師古引《漢舊儀》云：「臺高三十丈，望見長安城。」《正義》引《括地志》云：「通天臺在雲陽西北八十里，武帝以五月避暑，八月乃還。」[146]招來　招致。來，同「徠」。「來」的使動用法。[147]僊神人之屬　詞語不順，〈孝武本紀〉、《漢書・郊祀志》皆作「神仙之屬」，瀧川以為「此疑訛」。[148]殿房內中　殿房的中央區域。師古曰：「謂後庭之室也。」王先謙曰：「據〈禮樂志〉，『內中』則齋房也。」[149]為塞河二句　中井曰：「興通天臺是塞河之報賽矣，故曰『為』也。」[150]毋有復作　即赦免所有被罰苦役的犯人，前注已見。師古曰：「為塞河及造通天臺而有神光之應，故赦天下也。」[151]其明年　元封三年，西元前一〇八年。[152]伐朝鮮　朝鮮是燕人衛滿乘秦楚之亂在今遼寧東部與朝鮮北部所建立的小國名，國都王險（在今平壤市南）。元封二年，漢朝使者涉何殺死了朝鮮的陪送官員，武帝不僅不治罪，反而任以為遼東東部都尉，朝鮮憤而攻殺涉何，於是兩國起釁。元封三年，漢滅朝鮮，設其地為四郡。[153]封則天旱　一進行封禪，天就乾旱不雨。[154]乾封三年　為把皇帝新修祭壇的溼土曬乾，要用三年的時間。[155]意乾封乎　莫非就是為了曬乾祭壇上的溼土嗎？[156]尊祠靈星　中井曰：「蓋祈雨也。」靈星，即「龍星」，見本文前面敘劉邦時事。[157]其明年　元封四年，西元前一〇七年。[158]回中道　關中平原與隴東高原間的咽喉通道，東起今陝西隴縣，西北至今甘肅的華亭。[159]巡之　謂由回中道西出，往巡西北之沿邊諸郡也。[160]西河　漢郡名，郡治平定，在今內蒙準格爾旗西南。[161]其明年冬　元封五年歲首，西元前一〇六年。(162)南郡　漢郡名，郡治江陵，今湖北江陵西北之紀南城。(163)登禮　登高祭祀。(164)灊之天柱山　灊縣境內的天柱山。灊，漢縣名，縣治在今安徽霍山東北。天柱山在今霍山縣西南。(165)浮江　謂乘船順長江而下。(166)尋陽　漢縣名，在今湖北黃梅西南。(167)樅陽　漢縣名，即今安徽樅陽。(168)彭蠡　湖泊名，約當今之江西、湖北、安徽三省的交界地帶。(169)琅邪　此指琅邪臺，在今山東膠南西南的黃海之濱，在當時的琅邪縣東南。(170)至奉高脩封　到泰山東南側的奉高縣舉行祭天活動。(171)處險不敞　舊明堂修在險要的山巖下，地勢不寬敞。(172)濟南人　濟南郡人，濟南郡的郡治東平陵，在今山東章丘西北。(173)公玊帶　姓公玊，名帶。(174)以茅蓋　用茅草覆蓋屋頂。(175)圜宮垣二句　沿著四周的垣牆築有空中的廊道。(176)上有樓　意謂這條廊道是封閉的，外看像是樓房。(177)從西南入二句　從這條廊道的西南角有一條通往中央大殿的路，即「昆侖道」。(178)作明堂汶上二句　在汶水邊上按照公玊帶所獻的圖修造了一座明堂。當時的汶水流經奉高縣城的西北側。以上乃追述元封二年事。按：漢明堂故址在今泰安市東北之東、西謝過城村之間，為一圓形高臺。臺西有泉，後人立有「明堂泉」碑。(179)明堂上坐　明堂裡的尊貴座位。(180)高皇帝祠坐　劉邦靈牌的座位。以上兩句意謂奉高祭祀太一的明堂，是以高祖劉邦配享。(181)下房　明堂下面的其他房舍。(182)燎堂下　在堂下架柴，將祭品置於其上焚燒。(183)祕祠　令諸臣迴避的祕密祭祀。(184)各如其方　各按其自來的方位，如祭青帝則在泰山東側，祭白帝則在泰山西側是也。(185)黃帝并赤帝　黃帝理應居中，但由於沒法擺，只好將其和赤帝排在一起。(186)有司侍祠　山下的祭祀五帝是由主管官員分頭負責。侍祠，意同「奉祠」。(187)其後二歲　元封七年，後來改稱「太初元年」，西元前一〇四年。(188)十一月甲子朔旦冬至　十一月的初一是「甲子」日，這天的早晨交「冬至」節。(189)推曆者以本統　推算曆法的人認為甲子日早晨交「冬至」節這是一個新週期的始點，即所謂「本統」，而要等下一個甲子日的早晨交「冬至」節，就要到好多年以後了。漢武帝後來之所以要用「太初」這個年號，並稱這一年為「太初元年」，也正由這所謂「本統」而來。(190)祠上帝明堂二句　意即這次只是為了紀念「本統」的開始而來明堂祭祀上帝，並不是來泰山封禪的。(191)太元神策　實際即指〈太初曆〉，因前文公孫卿有所謂「黃帝得寶鼎神策」，「黃帝迎日推策」，以及「終而復始」云云，故此時人們遂稱〈太初曆〉的推算方法為「天增授」。太元，意同「太初」。(192)益遣　更多地派遣。(193)十一月乙酉　陰曆十一月二十八。(194)柏梁烖　柏梁臺被焚毀。烖，失火。(195)十二月甲午朔　陰曆十二月初一，即「甲午」日。(196)高里　泰山下的小山名，在今泰安市西南。(197)臨勃海　來到今山東省東北側的勃海邊。(198)望祀蓬萊之屬　指望祀海中的三神山。(199)冀至殊廷　希望到達一種別樣的境界。(200)朝受計甘泉　在甘泉宮接受各郡國上計官員的朝見，並聽取各郡國經濟收支情況的報告。按當時規定，各郡國每年都要派專人攜帶簿記向朝廷報告本郡國的經濟收支狀況，這個差使叫做「上計」，擔負這項工作的官員叫做「計吏」。

201 就青靈臺　剛造好青靈臺。據文意，此臺應是為祭神所用。202 十二日燒　十二天就被燒毀了。《集解》引徐廣曰：「『日』一作『月』。」203 黃帝乃治明廷　黃帝的「明廷」，就建造在甘泉這個地方。204 朝諸侯甘泉　在甘泉宮接受各國諸侯的朝拜。205 甘泉作諸侯邸　在甘泉宮周圍建造了許多來朝諸侯的臨時宅第。206 用勝服之　以此來壓倒火神。勝，也稱「壓勝」，用巫術制服魔鬼。207 建章宮　《正義》引《括地志》云：「建章宮在長安縣西二十里，長安故城西。」按：建章宮在當時長安城的西牆外，與城牆內的未央宮隔城牆相對。208 度為千門萬戶　度，計畫；設計。千門，原作「干門」，有誤。今據瀧川資言《史記會注考證》改正。209 度高未央　格局比未央宮還要高大。度，格局；尺度。未央宮，漢初蕭何為劉邦建造的第一座宮殿，後為西漢歷代皇帝之所居。210 鳳闕　《索隱》引《三輔故事》云：「上有銅鳳凰，故曰『鳳闕』也。」211 唐中　宮殿名，《漢書・郊祀志》作「商中」。按：班固〈西都賦〉有「前唐中而後太液」；張衡〈西京賦〉有「前開唐中，彌望廣象」之句，則本文作「唐中」者是。212 漸臺　師古曰：「漸，浸也。臺在池中，為水所浸，故曰『漸臺』。」213 命曰太液　稱此建章宮北的大池曰「太液」。《正義》引臣瓚曰：「『太液』言象陰陽津液以作池也。」214 壺梁　與蓬萊、方丈等同為傳說中的海中仙山名。215 龜魚之屬　《索隱》引《三輔故事》云：「海池北岸有石魚長二丈，廣五尺，西岸有石龜二枚，各長六尺。」按：杜甫〈秋興八首〉有所謂「織女機絲虛夜月，石鯨鱗甲動秋風」，蓋即謂此。216 玉堂璧門　《索隱》曰：「其南則玉堂，《漢武故事》：『玉堂基與未央前殿等，去地十二丈。』」《正義佚文》引《漢武故事》曰：「玉璧內殿十二門，陛階咸以玉為之，門門三層，臺高十餘丈，椽首榑以璧為之，名曰『璧門』。」217 大鳥　師古曰：「立大鳥也。」218 神明臺　師古引《漢宮閣疏》云：「神明臺高五十丈，上有九室，恆置九天道士百人。」219 井幹樓　師古曰：「積木而高，為樓若井幹之形也。井幹者，井上木欄也，其形或四角，或八角。張衡〈西京賦〉云『井幹疊而百層』，即謂此樓也。」220 度五十丈　即高五十丈。221 輦道　皇帝的車子足以通行的空中閣道。222 相屬　相連，將各座樓觀連接起來。223 漢改曆　即改用〈太初曆〉。224 以正月為歲首　按：在此以前，一直使用秦曆，以十月為歲首，今改以「正月」為歲首，向後移了三個月，所以就使元鼎六年成了十五個月。225 官名更印章以五字　按：《漢書・郊祀志》作「官更印章以五字」，「名」字似應削。《集解》引張晏曰：「漢據土德，土數五，故用五為印文也，若丞相曰『丞相之印章』，諸卿及守相印文不足五字者，以『之』足也。」陳直曰：「以出土漢印考之，章為五字多用於太守、都尉及將軍，舉例如『河東太守章』、『虎牙將軍章』是也。二千石以下官印，如令長則仍為四字，稱為印，不用五字。」226 西伐大宛　大宛，西域國名，首都貴山城（今烏茲別克斯坦卡散賽）。漢武帝為得汗血馬使李廣利西伐大宛事，詳見〈大宛列傳〉。227 丁夫人　丁姓，史失其名。228 虞初　與丁某同為方士、巫祝之流。229 以方祠詛　祈禱鬼神給某人降災。(230)其明年　太初二年，西元前一〇三年。(231)牢熟具　煮熟的三牲祭品。(232)進時犢牢具　每個祭壇獻上一份熟牛犢的供品。(233)色食所勝　讓該帝享用祂所能「勝」之的顏色的牲牢，如祭赤帝則用白色牛犢，祭黑帝則用赤色牛犢等等。(234)以木禺馬代駒　瀧川曰：「伐宛馬少，故用木偶焉。」禺，通「偶」。(235)獨五月嘗駒　梁玉繩曰：「〈漢志〉無此語，是。既以『木偶馬代駒』，尚何『五月嘗駒』之有？下文『過乃用駒』是總上五時、諸山川在內，又何必兩言用駒乎？其為後人誤增無疑。」(236)行親郊用駒五句　按：以上五句行文重複，《漢書・郊祀志》併為三句：「及諸名山川用駒者，悉以木偶馬代，獨行過親祠乃用駒」，較此順暢。(237)其明年　太初三年，西元前一〇二年。(238)執期　騙子們捏造的地名。(239)明年　瀧川曰：「殿名。」(240)上親禮祠上帝焉　梁玉繩曰：「《補紀》云：『上親禮祠上帝，衣上黃焉。』〈漢志〉云：『上親禮祠，上犢黃焉。』疑此『上帝』是『上黃』之誤。」(241)風后封巨岐伯　都是傳說中的黃帝之臣，岐伯被後世傳為醫藥行業的祖師。(242)東泰山　即今之「沂山」，在山東臨朐南。(243)凡山　王先謙引錢大昕說以為應作「丸山」，在今山東臨朐東北。(244)合符　與上天所顯示的徵兆相適應。(245)東泰山卑小　「東」字原本無。張文虎《札記》卷三：「《志疑》云『泰山』上缺『東』字。」《漢書・郊祀志》、本書〈孝武本紀〉皆有「東」字」。今據補。(246)禪祠石閭　在石閭小山祭祀地神。石閭，小山名，在今泰安市南。閭，里巷的門，通常也用以指里巷。(247)復至泰山脩封二句　梁玉繩以為以上三句乃「後人妄增」，「史訖『太初』，安得敘至『天漢』」以下乎？」(248)薄忌太一及三一冥羊馬行赤星二句　〈孝武本紀〉之《索隱》曰：「太一也、三一也、冥羊也、馬行也、赤星也，凡五，并祠官寬舒領之。」赤星，《索隱》曰：「即上『靈星祠』也。靈星，龍左角，其色赤，故曰『赤星』。」而梁玉繩則根據《漢書・郊祀志》以為「五」字下應有「床」字，並引《漢書・地理志》云：「谷口縣有『五床山祠』。」錄以備考。(249)凡六祠　《索隱》以為除上述之太一、三一、冥羊、馬行、赤星外，再加上「正太一后土祠」。梁玉繩以為即薄忌太一、三一、冥羊、馬行、赤星、五床。凡，總共。按：史文前言「五」，後未說明加某，遂言「凡六祠」，於理欠通。或指另六祠。(250)行過則祠二句　〈孝武本紀〉與《漢書・郊祀志》無下「行」字，梁玉繩曰：「『行』字衍。」(251)今上封禪三句　梁玉繩以為此十八字亦「後人妄增」。「史訖『太初』，安得敘至『天漢』以下乎？」其後十二歲而還，詞語不順，意即自開始封禪的近十二年來。郭嵩燾曰：「《史記》迄于天漢三年（西元前九八年），自元封元年（西元前一一〇年）至是十二年，中間凡三修封。」偏於五岳四瀆，郭嵩燾曰：「《漢書》本紀元封元年詔曰：『朕用事華山，至於中嶽。』元封五年，登禮灊之天柱山，號曰『南嶽』，是年過祭恆山；是此十二年中實遍五嶽、四瀆也。」(252)羈縻不絕　意即雖不熱心，但亦不完全放棄。羈縻，如對待禽獸之但以繩索籠著。(253)彌眾　越來越多。

【語　譯】第二年的冬天，皇上說：「古代帝王總是先整理部隊，進行軍事動員，然後才去封禪。」於是就去北邊巡視朔方郡，他統率軍隊十多萬，回師途中在橋山祭拜了黃帝陵，到須如時解除備戰狀態。皇上問：「我聽說黃帝長生不死，現在卻有陵墓，這是為什麼？」有人回答說：「皇帝已經成仙上了天，他的大臣們在這裡安葬的是他的衣冠。」到了甘泉後，為了將要到泰山舉行封禪，就先用祭天的儀式祭祀了太一神。

2 自從獲得寶鼎，皇上就和公卿大臣以及儒生們議論封禪的事情。封禪大典歷史上很少舉行，長久以來沒人做過，沒人知道它的具體禮儀，儒生們就採取《尚書》、《周官》和〈王制〉中記錄的望祭與射牛的有關儀式作為封禪的參考。齊國有位九十多歲的丁公說：「封禪，是長生不死的別稱。秦始皇中途遭遇風雨不能上泰山封禪，陛下要是一定想上山，就先試著向上走一段看看，如果沒有風雨就是得到了上天的允許，陛下就可以放心地上去了。」於是皇帝就命令儒生們練習射牛，起草封禪的禮儀。過了好幾年，到了快要出發的時候，皇上又聽公孫卿和方士們說，黃帝以前的封禪者都是憑著德行高尚引來了許多吉祥之物，說明自己已經與神靈相溝通，於是就想要仿效黃帝以前的帝王之所為，他希望能見到神仙的使者、蓬萊的人物，以表明自己的德行已經高出世俗可與上古的九皇相比，他希望能摘取一些儒家的學說來美化自己。可是儒生們對封禪的事情本來就不清楚，又受《詩》、《書》等古代文獻所局限而不能發揮想像。皇帝曾自己做了一些封禪用的東西給儒生們看，有些儒生認為「似乎和古代的說法不一樣」；博士徐偃又說「朝廷祠官們所行的禮儀不如魯國的好」，而周霸正在思考有關封禪的事情。皇上不耐煩了，於是就免去了徐偃、周霸等人的職務，罷黜這些儒生，儒生一概不用。

3 這年三月，皇帝東去緱氏縣，登上中嶽太室山舉行祭祀。據說隨行的官員當時在山下似乎是聽到山上有喊「萬歲」的聲音，但問山上的人，山上的人都說沒人喊過；問山下的人，山下的人也說沒人喊。於是皇帝就劃出三百戶人家名之為崇高邑，以供奉太室山的祭祀。而後浩浩蕩蕩的封禪隊伍就東去泰山了，當時泰山的草木還沒有長出新葉，皇上就叫人把石頭從山下一直推到山頂，立在了山頂上。

4 接著皇帝就沿著海邊向東巡遊，一路上邊行邊祭祀天主、地主、兵主、陰主、陽主、月主、日主、四時主八大神靈。這時大概有上萬的齊國人紛紛給皇帝上書講說神仙鬼怪仙方奇藥的事情，但沒有一個應驗的。皇上又增派船隻，讓那些說海中有蓬萊仙山的幾千人去下海尋找。這時公孫卿手持皇帝的符節走在皇帝隊伍的前面先行探視，到了東萊縣，他說夜裡見到一個巨人，有幾丈高，走近時又不見了，地面上還留著巨人的特大的腳印，與禽獸的腳印差不多。群臣中又有人說他看見一位老人牽著一條狗，口中說「我想見皇上」，但一轉眼又不見了。皇上湊近去看大腳印時，還不相信，等有人又說到那位老人的時候，就認為真的是有仙人了。皇上在海邊留住下來，希望能有奇遇，同時又讓方士們有的乘坐驛車，有的祕密出行，到各處去尋求仙人，派出去的人有一千多。

5　四月，皇帝回到了奉高縣，他想到那些儒生和方士所說的封禪禮儀一人一個樣，既不合常理，又難以施行。於是皇帝就先到了梁父山，在那裡祭祀了地神。四月十九，他命令在內廷服務的儒生戴著皮帽、腰插笏板，舉行射牛的儀式。而後在泰山東麓建築壇臺舉行祭天，具體儀式和祭祀太一神相同。祭壇寬一丈二尺，高九尺，祭壇的下面埋著用綴聯的玉片刻寫的祭天的文字，內容是保密的。祭祀的禮儀完畢後，皇上單獨同奉車都尉侍中霍子侯登上了泰山，在山頂舉行了給泰山加土的典禮，這些也都是祕密的。第二天，從泰山北坡下山。第二天，即四月二十，皇帝又在泰山東北麓的肅然山舉行了祭地儀式，具體細節和祭祀后土的情形相同。皇帝都是親自跪拜，禮服都用黃色，整個祭祀過程都有音樂伴奏。祭壇上鋪著江水、淮水一帶出產的白色三稜神茅。祭壇是用紅、黃、青、白、黑五色土築成。在祭祀的同時把遠方進貢來的珍奇的飛禽走獸以及白野雞等都通通放走，這些原是準備作為附加祭品用的，但是不用犀牛大象一類的動物，牠們那時都已被帶到泰山。在皇帝舉行封禪的這段時間，每天夜晚都好像有光輝閃現，白天有白雲從壇臺中升起。

6　皇帝從祭天、祭地的地方來到泰山東北麓的明堂坐下，群臣輪流來向皇帝敬酒祝賀。皇上於是給御史大夫下旨說：「我以微小之身繼承了至高無上的帝位，我小心謹慎唯恐不能勝任。由於我的德行菲薄，又不明習禮樂制度。祭祀太一時，好像有吉祥的美光出現，也彷彿聽見了什麼。我被這種奇異景象所震撼，想停止祭祀又不敢，於是我就登上泰山舉行封禮，又到達梁父，然後在肅然山舉行禪禮。我希望自己能有一個新的開端，也很高興和你們大家重新開創一種新的局面。我命令賜給平民每一百戶一頭牛、十石酒，給年滿八十的孤寡老人每人加賜布帛兩匹。免除博縣、奉高、蛇丘、歷城四縣的徭役，也不用繳納今年的租稅。我宣布大赦天下，和元朔三年的赦令相同。在這次我所經過的地方一切苦役犯通通赦免。在兩年前犯事的罪人都一律不再追究。」又下詔書說：「古代的帝王每五年出巡一次，到泰山舉行封禪的時候，諸侯在泰山下面都有朝拜的住所。現在我下令，各個諸侯可以在泰山下自行修建宅邸。」

7 皇帝到泰山封禪的活動已經完畢，沒有遇到風雨的干擾，於是方士們就進一步鼓吹蓬萊島的神仙可能就要找到，皇帝也滿懷希望的盼著遇到神仙，於是就又東行到海邊遙望。不巧奉車都尉霍子侯得了暴病，一天之內就死了。皇上無奈只好離開，他沿著海岸北行，一直到達碣石，又從遼西郡西行，沿著北部邊境到達九原縣。五月，回到甘泉宮。這時有主管官員建議，既然那年有寶鼎出土就在那年改號「元鼎」，那麼今年封禪，也應該改稱「元封元年」。

8 元封元年秋天，有彗星出現在東井星座。十幾天後，又有彗星出現在三台星座。觀測天文的方士王朔說：「我曾觀測到填星出現，開始像瓜那麼大，一頓飯的工夫就又不見了。」主管官員們都對皇帝說：「陛下創建了漢朝的封禪制度，上天感到欣慰，所以用這種祥瑞來回報您。」

9 第二年冬天，皇帝到雍州祭祀五帝。回來後，又祭拜了長安東南郊的太一神壇。贊禮官員的祝詞說：「德星光明普照四方，這是漢朝幸福吉祥的徵兆。南極壽星也出現了，光明遠耀。這些星宿好像符信一樣應時出現，為此皇帝將太祝準備的祭品恭敬地進獻給神靈享用。」

10 這年春天，公孫卿說他在東萊山見到了神仙，好像聽見神仙說他想見到天子。皇帝於是來到緱氏城，任命公孫卿為中大夫。隨後皇帝又到了東萊山，在那裡住了好幾天，也沒見到神仙，據說是只看到了巨人的足跡。於是皇帝再次派遣了方士上千人出去訪求神靈、採摘靈芝仙藥。這年天氣大旱。由於皇帝自己也覺得總這樣的「出巡」沒有正大光明的理由，於是就在萬里沙祭祀神靈，經過泰山時祭祀泰山，而後來到了二十年未曾堵塞的黃河決口處，他在那裡停留了兩天，他將白馬、玉璧投入河中以祭祀河神，他命令汲仁、郭昌兩位大臣率領士兵堵塞了黃河決口，疏鑿了兩條水道，恢復了大禹治水時的舊河道。

11 當時，已經消滅了南越、閩越，越地人勇之說及「越人的風俗是迷信鬼神，他們祭祀的時候都能見到鬼神，祈禱也往往有效。過去東甌王敬重鬼神，長壽到一百六十歲。後代人對鬼神怠慢無禮，所以身體衰弱不能長壽」。皇帝聽說如此就命令越巫修建越人的祠廟，有祭臺而無祭壇。他們也祭祀天神、上帝和各種鬼，用雞骨占卜。由於皇帝相信這一套，所以越式的祠廟和用雞骨占卜就開始在京城流傳。

12 公孫卿說：「仙人是可以見到的，但由於皇帝總是來去匆匆，因此難以見到。陛下可以在京城建造宮觀，像緱氏城那樣，陳設一些乾肉和棗子，這樣仙人大概就能夠來了，而且仙人也都喜歡住樓房。」於是皇帝就命令在長安城中建造蜚廉觀和桂觀，在甘泉宮裡建造益延壽觀，派公孫卿持符節設置供品以迎候神仙。接著又在甘泉宮建造了通天莖臺，臺下擺著祭祀用的各種禮器，企圖以此招納神靈。當時甘泉宮又加修了前殿，其他各處也擴建了很多宮室。這年夏天，在甘泉宮內的齋房中長出了靈芝草。接著皇帝為黃河決口得以堵塞而建造了通天臺，在建造的過程中有人好像看到了神光，皇帝就下詔說：「甘泉宮中長出了九莖靈芝草，這是祥瑞，為此大赦天下，免除苦役犯的刑罰。」

13 第二年，漢軍征伐朝鮮。這年的夏季乾旱。公孫卿說：「黃帝舉行封禪的時候就遭遇天旱，封土曝曬了三年。」皇上下詔說：「天旱，大概是上天為了要曬乾祭壇吧？我命令全國要祭祀主管降雨的龍星。」

14 第二年，皇帝到雍州祭天。由於當時剛修通了回中道，皇帝就去視察了回中一帶地區。這年春天皇帝北折到了鳴澤，再經由西河郡回到長安。

15 轉年冬天，皇帝到南郡視察。而後自江陵東行，登上了灊縣的天柱山，對之進行了祭祀，並稱之為「南岳」。然後又南行，經尋陽、樅陽，進入彭蠡澤，沿途祭祀了有關山川。而後北行到達琅邪臺，再沿海邊北上。四月中旬，折到泰山東南麓的奉高縣舉行了祭天之禮。

16 當初，早在皇帝首次登泰山的時候，就到過泰山東北麓的古明堂的舊址，那裡地勢崎嶇又不敞亮，於是皇帝就想在奉高縣另建一所新明堂，但苦於不清楚明堂的形制規模。這時一個名叫公玉帶的濟南人向皇帝奏上了一張據說是黃帝時代的明堂圖。圖上正中是一座大殿，四面沒有牆壁，在幾根柱子的頂端有用茅草覆蓋的屋頂，四周有水溝環繞，在大殿的周圍築有宮牆，宮牆之上是一條空中通道，這條通道是封閉的，遠遠望去像是一圈環形的樓閣，在這條環形通道的西南角有一條通向正殿的路，叫做昆侖道，帝王從這裡進入正殿，以祭祀上帝。於是皇帝便命令奉高縣在汶水邊上建造明堂，一切都遵照公玉帶所獻舊圖的樣子。暫定皇帝五年到這裡祭祀一次，祭祀時把太一神與五方天帝的神位擺在明堂的正座，把高祖皇帝的靈位放在正座的對面。對后土的祭祀在大殿下面的其他房舍進行，以牛、羊、豬各二十頭做祭品。到祭祀的時候，皇帝從昆侖道進入正殿，也像在雍州祭天一樣祭祀了明堂。殿上行禮完畢，堂下就架火焚燒祭品。隨後皇上登上泰山，在山頂上也自有一番祕密的祭祀。然後又到泰山下面祭祀五方天帝，青、紅、白、黑四帝各在祂們相應的方位，只有黃帝是和赤帝在一起，這些就由主管官員前去祭祀了。祭祀的時候山上先點燃無數火把，山下也舉火與之相應和。

17 又過了兩年，這年十一月的初一是甲子日，這天的早晨交冬至節，編製曆法的人就用這個時刻作為新曆法的起點。為了表示皇帝對這個新起點的重視，他親自提前到了泰山，他在十一月初一甲子日那天的早晨到明堂祭祀了上帝，但不是舉行封禪禮。當時贊禮的太祝說：「皇帝感念上天授予太初曆法，使人世得以周而復始，運用無窮。皇帝謹拜謝太一神。」之後，皇帝又東行到了海邊，他查問那些到海上尋找仙山的人和尋求神仙的方士，沒有一點效果。於是他就派了更多的人去四處尋求，希望能夠遇上神仙。

18 也就在這個月的二十八日，長安桂宮裡的柏梁殿發生火災。十二月初一，皇帝又親臨泰山下的高里山祭祀后土。而後東至勃海邊，對著大海遙祭想像中的仙山仙人，希望自己也能夠到達一種別樣的境界。

19 皇上回到京城後，由於柏梁殿發生火災心中不快，於是就改在甘泉宮接受各郡、各諸侯國上計官員的朝見。公孫卿說：「當初黃帝建成青靈臺，十二天就被燒掉了，於是黃帝立即就另建了明廷。明廷就是甘泉宮。」方士們很多人都說古代帝王有在甘泉建都的，於是皇帝接著又在甘泉宮接見了諸侯，並讓諸侯們在那裡興建了各自的官邸。越人勇之又說：「越地的風俗是火災後再蓋的新房一定要比原來的更大，這樣才可以鎮住火災。」於是皇帝便在長安城西興造了建章宮，建章宮千門萬戶，它的前殿比未央宮還要高。建章宮的東門稱作「鳳闕」，高達二十多丈；建章宮的西部有「唐中宮」，旁邊是幾十里大的虎圈；建章宮的北部挖有大湖，大湖中築有二十多丈高的漸臺，命名為「太液池」，池中還建有蓬萊、方丈、瀛洲、壺梁四島，以模擬海中的神山與龜魚之類；它的南邊有玉堂宮、璧門、大鳥雕塑等建築。此外還有神明臺、井幹樓，都高達五十多丈，這些宮殿之間都有皇帝的御道相互通連。

20 這年夏天朝廷改用新曆法，用正月作為一年的首月，冠服崇尚黃色，官員的印章都改用五個字，年號改為太初元年。這一年，漢軍西伐大宛。同年內發生了嚴重的蝗災。這時朝廷讓方士丁夫人和雒陽的虞初等人用降妖驅鬼的辦法詛咒匈奴和大宛。

21 第二年，主管官員啟奏說雍州的五畤若不用煮熟的供品，芬芳的香味就不充分。於是皇帝就命令祠官令後改用熟牛犢作供品進獻五畤，並按照五帝方位的顏色，向祂們進獻祂們所能克勝的顏色的供品，同時改用木偶以代替生馬駒。只有在五月「嘗駒」，與皇帝親自祭祀時才用生馬駒作供品。其他各地各名山大川凡是該用生馬駒作供品的，也一律改用木偶馬代替，只有皇帝出巡經過祭祀時才用生馬駒。其他禮儀仍和從前一樣。

22 又過一年，皇上東巡到海邊，問到求仙方面的事情，仍沒有一點眉目。方士們有人說：「黃帝時曾建造了五城十二樓，在執期迎候神仙，稱之為『迎年祠』。」皇帝立即照他們的說法也造了一座樓臺，稱之為「明年祠」，皇帝親往拜祭了一通。

23 公玉帶說：「黃帝時固然封過泰山，然而他的大臣風后、封巨、岐伯還勸黃帝到東泰山舉行祭天，到凡山舉行祭地，以求與上帝顯示的徵兆相適應，然後才能長生不死。」皇帝見如此說就下令帶著各種祭品到了東泰山，東泰山極其矮小，與它的名聲不相稱，就讓祠官進行了祭祀，自己沒有參與。後來還讓公玉帶留在這裡觀察神物，等候了一段時間。這年夏天，皇帝回到泰山，像以前一樣進行了五年一次的祭祀，而且又增加在石閭山祭祀了地神。石閭山在泰山腳南麓，方士們多說這裡是仙人居住的地方，因此皇帝親往祭祀。

24 這以後的第五年，皇帝再次到泰山祭天，回途中繞路又祭祀了北岳恆山。

25 當今皇帝所定下的祭祀：太一和后土，每三年祭祀一次，皇帝親自前往。從他開始的封禪大典，每五年舉行一次，皇帝親自前往。薄忌建議設立的太一祠以及三一、冥羊、馬行、赤星五處神祠，都由史寬舒屬下的祠官每年按時節進行祭祀。其他還有六所祠廟，都由太祝管理。至於像八神的各個神廟，明年、凡山等其他名祠，皇帝巡行經過時就祭祀，離開後就算了。方士們所興建的祠廟，由他們各自主管，其人去世就算了，祠官不加過問。其他方方面面的祭祀還都像往常一樣。

26 從當今皇帝首次封禪開始的十二年以來，五岳、四瀆都普遍的立祠祭祀過。至於方士們所講說的迎候神仙、到大海中尋求蓬萊仙島等等，則始終沒有靈驗。公孫卿說了半天迎候神人，也沒見神人來過，只好用巨人的腳印來進行搪塞。這樣就使皇帝也漸漸地厭倦方士們的夸夸其談了，但皇帝也還是籠絡著他們，總希望真的有一天能遇著神仙。從這以後，方士們提議建廟祭神的事情越來越多，可是效果如何，大家都看得很清楚。

太史公曰：余從巡祭天地諸神名山川而封禪焉，入壽宮侍祠神語❶，究觀方士祠官之意❷，於是退而論次❸自古以來用事於鬼神者，具見其表裏❹。後有君子，得以覽焉。若至俎豆珪幣之詳，獻酬之禮❺，則有司存❻。

【章旨】以上為第七段，是作者的論贊，作者以一個目擊者的身分，對武帝君臣所進行的種種迷信活動，表現了深深的厭惡之情。

【注釋】❶入壽宮侍祠神語　曾在壽宮裡陪侍皇帝，聽過皇帝的祭神祈禱。❷究觀方士祠官之意　究觀，深入觀察。按：趙生群以為「『入壽宮侍祠神語』的人當是司馬談而不應是司馬遷。司馬談時為太史公，常和祠官寬舒討論有關祭祀的事，無論從地位、身分看，還是他與武帝的親密關係看，他做這類事都是十分合乎情理的。而這時司馬遷是否已經出仕還是一個問題。」「在武帝『巡祭天地諸神名山川』的活動中，司馬談不只是一般的隨員，而且是一個參與制訂禮儀的重要決策人物。武帝元封之前司馬談一直在位，武帝時的一些有名的方士如李少君、謬忌、少翁、神君、欒大等，活動時間都在司馬談任職之時，唯有司馬談才能了解他們的底細。〈封禪書〉贊語云『究觀方士、祠官之意』，正是司馬談『從巡祭天地諸神名山川』之類活動後產生的想法。」「〈封禪書〉贊語中的『太史公』，和文中三次出現的『太史公』、『太史』一樣，都是司馬談的自稱。」❸論次　羅列其事，論證其理。次，羅列。❹具見其表裏　清楚地看到了其具體活動並明白其實際用心。方苞曰：「言推究其意，專為導諛，逢君之惡，而不主於鬼神之祀。」又曰：「自古帝王典祀，乃致敬於鬼神；其餘淫祀，則妄意福祥。至漢武封禪，則以為招來神僊人，致不死之術，而假儒術以文之，故曰『具見其表裏』。」❺俎豆珪幣之詳二句　指祭祀活動的具體儀式、章程細節。獻酬，指向鬼神獻牲敬酒。❻有司存　主管官員那裡有具體條文規定。《論語・泰伯》：「籩豆之事，則有司存。」

【語　譯】太史公說：我曾跟隨皇帝到處祭祀天地以及各種神靈和名山大川，也參加了封禪大典；我也曾在壽宮裡陪祭鬼神，聽到過皇帝的祭神祈禱，深入考察過這些方士和祠官的用意，於是依照順序分析論述自古以來帝王們祭祀天地鬼神的情況，把這些事情的裡裡外外全都揭示出來，以便讓後來的君子們能比較清楚地看到這些過程。至於用什麼祭器、裝什麼供品，以及如何上供、如何行禮的各種細節，各主管部門都有具體的條文規定。

【研　析】祭祀天地祖先是歷代統治者所分外重視的大典，這與其說是出於他們對天地、祖先的孝敬，不如說這是對其本族以及全國臣民實行統治的一種手段更為準確，早在先秦的儒家經典中就有所謂「國之大事，在祀與戎」，說的就是這個意思。因此早從《尚書》、《詩經》、《國語》、《左傳》中，就一直充斥著連篇累牘、惹人生厭的這種自欺欺人的記載。《史記》是第一部史學意識非常明確的巨著，它記政治、記軍事、記天文、記地理，自然也要記「祭祀」這種國家的大典，這是情理之必然，也是歷史家的責任，更何況司馬氏父子所任的「太史令」本身就有管理這方面事務的性質，因此《史記》中出現〈封禪書〉是理所當然的。

「封禪」就是祭祀天地，從這個意義上說和「郊祀」的意思相同，但是「封禪」出現的年代較晚，而且所祭祀的場合也比較固定，所以二者還是有區別。祭祀天地主要有兩方面的意思，其一是尋求天地上蒼的福佑，其二是表現對天地上蒼慷慨賜予的感謝，而誰來擔當這種祭祀的職責呢？是皇帝，於是歸根到底，這本身就是一種權力的象徵。用〈封禪書〉裡的話說就是「受命」。

對於以上性質的祭祀活動，作者是贊成的，甚至在此後兩千多年整個封建社會的歷史家、思想家也沒有異議。而作者所不贊成、所深惡痛絕的，是秦始皇與漢武帝所特別加進去的其他的東西，其一是炫耀他們的「成功」。在作者看來秦始皇與漢武帝都還不是「功德完滿」的帝王，都還不夠進行「封禪」的資格；其二是他們改變了「封禪」的性質，即把一般的尋求福佑、報謝神賜變成了祈求個人的長生不死。秦始皇與漢武帝在這方面的表現是非常愚蠢的，但因為他們手中有權力，於是便在這些問題上搞得烏煙瘴氣，許多行為表現令人哭笑不得。作者將他們的這些荒唐行徑像寫小說一樣地載之入史，其批判性是不言而喻的。明代茅坤在《史記鈔》中說：「封禪之文不經見，特昉於齊桓，再見於秦始，又再侈於漢武。齊桓、秦皇特侈心生欲，因之以告神明，頌功德，本非以求神仙不死之術也。及秦始皇東游海上，接燕、齊迂怪之士，然亦未嘗設祠祀，秦雖遍祠名山川，亦非盡為封禪也。漢武初立，輒好禱祀，李少君輩倡之，而少翁、欒大、公孫卿、勇之之屬互為其說，而漢武至死且不悟矣。」又說：「甚矣，人主之心不可以有欲也。一有欲，則天下技幻之士日夜巧伺，以至其術愈眇而不可信，而其所貪以冀遇者愈支而不可窮。兩者相為主客，以終其身死且不悟，悲哉。自古以來，以雄才大略稱者漢武，而秦皇、漢武為諸燕、齊迂怪之士舞弄之若木偶然，以困於欲也。語曰：『東海之鰲惑於餌，則漁人狎之若羊豕』，信也。」當代文學家郭預衡先生在《中國散文史》中說：「一篇〈封禪書〉，簡直是武帝迷信神仙的『實錄』，寫〈封禪書〉不言封禪大典，卻大量揭露天子迷信的事實，這是文不對題的。在司馬遷之前，史傳文章裡雖然也有寫神鬼之事的，但那是作者確信鬼神為實有，或者是為了神道設教，但少有為了揭露迷信而寫的。在司馬遷之後，史傳文章裡雖然也有揭露鬼神迷信的文字，但像司馬遷這樣揭露當朝天子的迷信，也是非常罕見的。《史記》之稱『實錄』，〈封禪書〉是一篇重要的文章。

所謂『貶損當世』，所謂『謗書』，大概主要就是因為寫出了這樣的事實。」

〈封禪書〉像一面鏡子，它不僅顯現了秦始皇與漢武帝的「不偉大」的一面，同時也給此後兩千年來依仗權勢尋求長生不死的人們提出了深刻的教訓。作品在這些方面所展示的生活哲理，所剖析的世態人情，直到今天仍是活生生的。「上有所好，下必有甚者焉」，統治者追求「長生」的效果是如此，追求任何其他東西的效果也都是如此。

關於本文的作者，趙生群以為應是司馬談而不應是司馬遷，但本篇的「太史公曰」中明明說「余從巡祭天地諸神名山川而封禪焉」，我們從〈太史公自序〉中知道司馬談是沒能參加封禪就死去了，所以本篇應該是既有司馬談寫的東西，也有司馬遷補寫的東西。

卷二十九

河渠書第七

【題解】作品記載了從傳說中的大禹治水以至春秋、戰國、秦朝、漢代各個時期治理河流、開鑿渠道，防止災害，以利運輸、灌溉的種種活動，歌頌了我國古代人民的巨大智慧，表現了司馬遷對這些關係民生疾苦、關係國運盛衰的重大事件的關心。這是我國古代的第一部水利專史，它開啟了我國以後歷代正史中的「溝洫志」的先河。

1 夏書❶曰：禹抑洪水十三年，過家不入門❷。陸行載車，水行載舟，泥行蹈毳❸，山行即橋❹。以別九州❺，隨山浚川❻，任土作貢❼。通九道❽，陂九澤❾，度九山❿。然河菑衍溢⓫，害中國⓬也尤甚，唯是為務⓭。故道河⓮自積石⓯歷龍門⓰，南到華陰⓱，東下砥柱⓲，及孟津⓳、雒汭⓴，至于大邳㉑。於是禹以為河所從來者高，水湍悍㉒，難以行平地，數為敗，乃廝二渠以引其河㉓。北載之高地㉔，過降水㉕，至于大陸㉖，播為九河㉗，同為逆河㉘，入于勃海㉙。九川㉚既疏，九澤既灑㉛，諸夏㉜艾安㉝，功施于三代㉞。

2 自是之後，滎陽[35]下引河東南為鴻溝[36]，以通宋、鄭、陳、蔡、曹、衛[37]，與濟、汝、淮、泗會[38]。于楚[39]，西方則通渠漢水[40]、雲夢[41]之野，東方則通溝[42]江、淮之間。於吳[43]，則通渠三江、五湖[44]。於齊[45]，則通菑、濟之間[46]。於蜀[47]，蜀守冰[48]鑿離碓[49]，辟[50]沫水[51]之害，穿二江[52]成都之中。此渠[53]皆可行舟，有餘則用溉浸[54]，百姓饗其利。至于所過[55]，往往引其水益用溉田疇之渠[56]，以萬億計，然莫足數[57]也。

3 西門豹[58]引漳水溉鄴[59]，以富魏之河內[60]。而韓[61]聞秦之好興事，欲罷之[62]，毋令東伐[63]，乃使水工鄭國[64]間說秦[65]，令鑿涇水[66]，自中山西邸瓠口[67]為渠，並北山[68]東注洛[69]三百餘里，欲以溉田。中作而覺[70]，秦欲殺鄭國。鄭國曰：「始臣為間[71]，然渠成亦秦之利也[72]。」秦以為然，卒使就渠[73]。渠就，用注填閼之水[74]，溉澤鹵[75]之地四萬餘頃，收皆畝一鍾[76]。於是關中[77]為沃野，無凶年，秦以富彊，卒并諸侯，因命曰「鄭國渠[78]」。

【章旨】以上為第一段，寫秦代以前的水患、水利史。

【注釋】❶夏書　這裡即指《尚書》中的〈禹貢〉。❷過家不入門　〈夏本紀〉云：「居外十三年，過家門不敢入。」❸泥行蹈毳　毳，通「橇」。在泥地上行走或雪地裡滑行的工具。❹山行即橋　橋，通「梮」。謂以鐵如錐頭，長半寸，施之履下，上山，前齒短，後齒長；下山，前齒長，後齒短。即後世謝靈運所穿之「謝公屐」。也有說「樏」即今四川之所謂「滑竿」。❺別九州　劃分九州的疆界。九州，即冀州、兗州、青州、徐州、揚州、荊州、豫州、梁州、雍州。❻隨山浚川　順著山形以疏導河水。浚，疏通。❼任土作貢　任其土地所有以定貢賦之等級。❽通九道　通九州之道。❾陂九澤　圍著各個湖泊修築堤防。陂，堤岸，這裡用如動詞。❿度九山　相度山勢所趨，以知水之所會。也有說指估測諸山的物產。按：以上六句見《尚書・禹貢》。⓫河菑衍溢　黃河水泛濫成災。菑，通「災」。⓬中國　同「中原」。指黃河中、下游一帶。華夏民族最早活動於此，以為居天下之中，故稱。⓭唯是為務　所以大禹要對此專門治理。⓮道河　引導河水。道，通「導」。⓯積石　山名，在今青海省東南部，黃河自其南側、東側流過。⓰龍門　山口名，在今陝西韓城東北、山西河津西北，相傳此山口即大禹所開鑿，故亦稱「禹門口」。⓱華陰　漢縣名，在今陝西華陰東，黃河自北方流來，至華陰東北折而東下。⓲砥柱　小山名，原在河南三門峽東的黃河河道中，歷來為行船的危險之地，西元一九四九年後已將其炸去。⓳孟津　也作「盟津」，黃河上的渡口名，在今河南孟津東北。⓴雒汭　洛水匯入黃河的河口，在今河南鞏縣東北。雒，同「洛」。㉑大邳　山名，舊說在今河南滎陽西北，胡渭、楊守敬皆以為在今河南浚縣西南，也稱黎陽山。按：「道河」以下數句見《尚書・禹貢》。㉒湍悍　水流迅疾。㉓廝二渠以引其河　廝，分。意即自大邳山開始將黃河分成兩條水道，其一引而北，為大河之主流；其一東流，為漯水。漯水自黃河分出，東行經南樂縣入山東，經聊城、禹城，至高青以東入海。㉔北載之高地　意即引黃河的主幹道向北流。載，行。㉕降水　即漳水，東流匯入古黃河。㉖大陸　也稱巨鹿澤，在今河北隆堯、鉅鹿、任縣三縣之間，當時的黃河在此澤的東側流過。㉗播為九河　播，散，意謂古黃河在今河北省境內分成許多河道，分別入海。㉘逆河　因其入海口處，常有潮水倒灌現象，故曰「逆」。㉙入于勃海　謂黃河與其所播之九河，皆入於勃海。㉚九川　九州的大川。㉛九澤既灑　「灑」字應作「陂」，意即給湖泊修好堤防。㉜諸夏　猶言中原各地。㉝艾安　平安。艾，同「乂」。安。㉞功施于三代　其功勳一直澤及夏、商、周三代。施，延續。㉟滎陽　漢縣名，縣治在今河南滎陽東北。㊱鴻溝　也稱「大溝」、「狼宕渠」，戰國時魏國開鑿的運河，西起滎陽引黃河水東流，經今開封市城北折而南流，經今淮陽，南至沉丘匯入潁水，潁水下通淮水。㊲宋鄭陳蔡曹衛　都是西周以至春秋時代的諸侯國名，後來即用以指該國當年所處的地區。宋，國都商丘，在今河南商丘南關外。鄭，即今河南新鄭。陳，國都即今河南淮陽。蔡，國都在今河南上蔡西南。曹，國都在今山東定陶城北。衛，國都在今河南淇縣，後來東遷至今河南濮陽西南。㊳與濟汝淮泗會　意謂使黃河與此四水通連起來。㊴楚　國都郢，在今湖北荊州之江陵西北。㊵漢水　源於陝西西南部，東行流入湖北，至武漢匯入長江。㊶雲夢　古代沼澤名，約當於今湖北省西起荊州，東至武漢的長江以北的大片地區。㊷通溝　義同上句之「通渠」。原作「通鴻溝」。據梁玉繩、沈卿韓等說，此溝當為邗溝，鴻字因正文有鴻溝而誤增，應為衍文。據刪。本句所說的「江淮之間」最著名的古代運河為邗溝，乃吳王夫差所開鑿。㊸吳　國都即今蘇州市，後代通常即以「吳」指稱今江蘇南部一帶地區。㊹通渠三江五湖　即指在三江、五湖一帶又人工開鑿了許多溝渠。三江，有說指松江、東江、婁江；有說指北江、中江、南江，其他不錄。五湖，有說即今太湖，也有說指太湖與其周圍的一些小湖。㊺齊　國都臨淄（今山東淄博之臨菑西北），後世通常即用「齊」指稱今山東中部與東部地區。㊻通菑濟之間　在菑水與濟水之間又修了許多渠道。㊼蜀　郡名，首府即今成都市。㊽蜀守冰　李冰，戰國時代卓有貢獻的地方官與水利專家，曾修築都江堰及其他許多灌溉與航運工程。㊾離碓　河牀上的小山名，一說在今四川樂山境；一說在今四川漢源境。㊿辟　排除；分解。(51)沫水　也稱「溦水」，即今之大渡河，在樂山與岷江相匯，東南至宜賓匯入長江。(52)二江　指郫江與檢江，二水皆自都江堰分岷江水而來，分別流經今成都市之南北兩方，至城東南又合而南流。(53)此渠　這些渠道，指上述鴻溝與楚地、吳地、齊地、蜀地所開鑿的各主幹溝渠。(54)溉浸　即今所謂「灌溉」。(55)所過　這些主幹渠道流經的地方。(56)往往引其水益用溉田疇之渠　大意謂，在這些主幹渠道流經的地方，人們又從這些幹渠引出了無數作為灌溉之用的小溝渠。(57)莫足數　不必細數；無法細數。(58)西門豹　戰國初期魏人，任鄴縣（今河北臨漳西南）縣令，對破除迷信、興修水利有重要貢獻。(59)引漳水溉鄴　引漳河水灌溉鄴縣的農田。(60)魏之河內　約當今河南省之黃河以北及與之鄰近的河北省南部地區。當時稱今河南省黃河以北地區為「河內」，稱黃河以南為「河外」。(61)韓　國都即今河南新鄭。(62)欲罷之　欲耗費其人力物力，使之疲敝。罷，通「疲」。(63)毋令東伐　使其沒有力量再向東方諸國進攻。(64)鄭國　人名，當時為韓國的水利工程人員。(65)間說秦　為進行間諜活動而勸說秦王（即日後之秦始皇）。(66)涇水　源於今寧夏之六盤山，東南流經甘肅之涇川、陝西之彬縣，至咸陽市東入渭水。(67)自中山西邸瓠口　自中山西行抵達瓠口。中山，也稱「仲山」，在今陝西淳化東南。邸，通「抵」。瓠口，也稱「谷口」，即鄭國渠的西端。(68)並北山　沿著北部的山勢東行。(69)東注洛　東行連通洛水。(70)中作而覺　正在開鑿的過程中，鄭國的間諜活動被發覺。(71)始臣為間　開始我是以間諜的身分為秦國修渠。(72)然渠成亦秦之利也　鄭國尚云：「臣為韓延數歲之命，為秦建萬世之功。」(73)卒使就渠　讓他最終修成此渠。(74)用注填閼之水　引用這種飽含泥沙的黃水。填閼，即淤泥。(75)澤鹵　鹽鹼地。(76)收皆畝一鍾　畝產六石四斗。鍾，古代的量器名，一鍾等於六石四斗，在當時為少有的好收成。(77)關中　函谷關以西，通常用以指今陝西中部一帶地區。(78)因命曰鄭國渠　鄭國渠於秦王政元年（西元前二四六年）動工興建，共計用了十餘年時間。

【語　譯】〈夏書〉上說：大禹治水十三年，過家門不入。在陸地上行走靠坐車，在水上行走靠乘船，在泥澤上行走靠踏撬，在山上行走靠滑竿。他劃分了九州的疆界，順著山勢疏導河川，根據土質確定貢賦的等級。他開通九州的道路，修築各湖泊的堤岸，估測山脈的走勢。可是黃河泛濫衍成災害，中原地區尤其嚴重，於是治理黃河成為當務之急。為此引導黃河之水，從積石經龍門向南到達華陰，折而東下到砥柱、孟津、雒汭，直至大邳。大禹認為黃河之水來自高處，水流迅疾，難於在平地上通行，多次把河堤沖壞，於是將黃河水道分為兩條，其一向北流，即古黃河。漳水匯入後，古黃河繼續北流，入巨鹿澤；再北流遂分成多條河道，分別入海。由於這些河的入海口都有海水倒灌現象，故而都稱之曰「逆河」，這些「逆河」都流入勃海。所有河道都經過疏通後，所有湖泊的堤岸也已修築完畢，中原地區獲得安寧，所以大禹的功勞至高無上，並惠及夏、商、周三朝。

2 從此以後，不斷有新的水利工程產生，有人自滎陽附近引黃河水東南流，這就是鴻溝。鴻溝流過宋、鄭、陳、蔡、曹、衛等地，與濟、汝、淮、泗四條河流相通連。在楚地，西邊有渠道連通了漢水與雲夢澤；東邊則有邗溝將長江與淮河連通。在吳地，有渠道連通三江、五湖。在齊地，有渠道連通淄水、濟水。在蜀地，郡守李冰開鑿離碓，以排除沫水暴溢之患；又開鑿郫、檢二江直達成都。這些水道都可以通航，其多餘之水則用以灌溉，百姓享受到了渠道帶來的好處。在這些主幹渠道流經的地方，常常又引鑿出許許多多用以澆灌田畝的小溝渠，數以萬計，這些就用不著講了。

3 西門豹也曾引漳河水灌溉鄴縣的農田，使魏國的河內地區得以致富。韓國聽說秦國喜好興建工程，想借此消耗秦國的國力，以消減它的向東侵略，遂派水利專家鄭國做間諜，勸說秦王，讓鑿渠引涇水自中山至瓠口，沿著北部的山勢東流注入洛水，全程三百多里，用於灌溉農田。工程在進行中，韓國的陰謀被發覺，秦王想殺掉鄭國。鄭國說：「開始我是以間諜身分前來，但渠道修成後則是對秦國真的有利呀。」秦王認為此話有道理，便讓他把渠修成。渠修成之後，引用這種飽含泥沙的黃水，澆灌了四萬多頃鹽鹼地，每畝收成達一鐘之多，於是關中地區成為沃野，沒有荒年，秦國因而富強，最終統一了天下，遂命名此渠為「鄭國渠」。

1 漢興三十九年❶，孝文時，河決酸棗❷，東潰金隄❸，於是東郡❹大興卒塞之。其後四十有餘年❺，今天子元光❻之中，而河決於瓠子❼，東南注鉅野❽，通於淮、泗❾。於是天子使汲黯、鄭當時❿興人徒塞之，輒復壞⓫。是時，武安侯田蚡⓬為丞相，其奉邑食鄃⓭，鄃居河北，河決而南，則鄃無水菑⓮，邑收多。蚡言於上曰：「江、河之決，皆天事，未易以人力為彊塞，塞之未必應天⓯。」而望氣⓰用數者⓱亦以為然，於是天子久之不事復塞⓲也。

2 是時，鄭當時為大農⓳，言曰：「異時⓴關東漕粟㉑從渭中上㉒，度六月而罷㉓，而漕水道㉔九百餘里㉕，時有難處㉖。引渭穿渠，起長安，並南山下，至河㉗，三百餘里，徑㉘，易漕，度可令三月罷㉙；而渠下㉚民田萬餘頃，又可得以溉田。此損漕省卒㉛，而益肥關中之地，得穀。」天子以為然，令齊人水工徐伯表㉜，悉發卒數萬人穿漕渠㉝，三歲而通。通，以漕，大便利。其後漕稍多，而渠下之民頗得以溉田矣。

3 其後河東守番係㉞言：「漕從山東西㉟，歲百餘萬石，更㊱砥柱之限㊲，敗亡甚多，而亦煩費。穿渠引汾㊳溉皮氏㊴、汾陰㊵下，引河溉汾陰、蒲坂㊶下，度可得五千頃㊷。五千頃，故盡河壖棄地㊸，民茭牧㊹其中耳。今溉田之㊺，度可得穀二百萬石以上。穀從渭上，與關中無異[46]，而砥柱之東可無復漕。」天子以為然，發卒數萬人作渠田。數歲，河移徙[47]，渠不利，則田者不能償種。久之，河東渠田廢，予越人，令少府以為稍入[48]。

4 其後人有上書欲通褒斜道及漕[49]，事下御史大夫張湯[50]。湯問其事[51]，因言：「抵蜀從故道[52]，故道多阪[53]，回遠[54]。今穿褒斜道[55]，少阪[56]，近四百里。而褒水通沔，斜水通渭，皆可以行船漕。漕從南陽[57]上沔入褒[58]，褒之絕水至斜，間百餘里[59]，以車轉[60]，從斜下下渭[61]。如此，漢中之穀可致，山東從沔無限[62]，便於砥柱之漕[63]。且褒、斜材木竹箭之饒，擬於巴、蜀[64]。」天子以為然，拜湯子卬[65]為漢中守[66]，發數萬人作褒斜道五百餘里。道果便近，而水湍石[67]，不可漕。

5 其後莊熊羆[68]言：「臨晉[69]民願穿洛[70]以溉重泉[71]以東萬餘頃故鹵地，誠得水，可令畝十石。」於是為發卒萬餘人穿渠，自徵[72]引洛水至商顏下[73]。岸善崩，乃鑿井，深者四十餘丈。往往為井，井下相通行水。水穨以絕商顏[74]，東至山嶺[75]十餘里間。井渠之生自此始。穿渠得龍骨，故名曰龍首渠[76]。作之十餘歲，渠頗通[77]，猶未得其饒。

6 自河決瓠子後二十餘歲，歲因以數不登[78]，而梁、楚之地[79]尤甚。天子既封禪[80]，巡祭山川[81]。其明年[82]，旱，乾封[83]少雨。天子乃使汲仁[84]、郭昌[85]發卒數萬人塞瓠子決[86]。於是[87]天子已用事萬里沙[88]，則還自臨決河，沉白馬玉璧于河[89]，令羣臣從官自將軍已下[90]皆負薪窴決河[91]。是時東郡燒草[92]，以故薪柴少，而下淇園[93]之竹以為楗[94]。

7 天子既臨河決[95]，悼功之不成[96]，乃作歌曰：「瓠子決兮將奈何？皓皓旰旰[97]兮閭殫為河[98]！殫為河兮地不得寧，功無已時[99]兮吾山[100]平。吾山平兮鉅野溢[101]，魚沸鬱[102]兮柏冬日[103]。延道[104]弛[105]兮離常流[106]，蛟龍騁兮方遠遊[107]。歸舊川兮神哉沛[108]，不封禪兮安知外[109]！為我謂河伯[110]兮何不仁，泛濫不止兮愁吾人[111]！齧桑[112]浮兮淮、泗滿，久不反[113]兮水維[114]緩。」一曰：「河湯湯[115]兮激潺湲[116]，北渡迂兮[117]浚流[118]難。搴長茭[119]兮沉美玉，河伯許兮薪不屬[120]。薪不屬兮衛人罪[121]，燒蕭條[122]兮噫乎[123]何以禦水！穨林竹[124]兮楗石菑[125]，宣房塞兮萬福來[126]。」於是卒塞瓠子[127]，築宮其上，名曰「宣房宮」。而道河北行二渠[128]，復禹舊迹[129]，而梁、楚之地復寧，無水災。

8 自是之後，用事者爭言水利。朔方[130]、西河[131]、河西[132]、酒泉[133]皆引河及川谷以溉田；而關中輔渠[134]、靈軹[135]引堵水[136]；汝南[137]、九江[138]引淮；東海[139]引鉅定[140]；

泰山下引汶水141。皆穿渠為溉田，各萬餘頃。佗小渠披山142通道者，不可勝言。然其著者，在宣房143。

【章旨】以上為第二段，寫西漢前期水利、水害的歷史。

【注釋】❶漢興三十九年　即文帝十二年，西元前一六八年。❷酸棗　漢縣名，縣治在今河南延津西南。❸東潰金隄　向東沖垮了黃河的大堤。金隄，西漢時指稱今河南延津東北行經滑縣、濮陽，直至山東德州一線的黃河大堤。❹東郡　郡治濮陽，當時的酸棗縣即屬東郡。❺其後四十有餘年　應作「其後三十六年」。❻元光　漢武帝的第二個年號（西元前一三四－前一二九年）。❼河決於瓠子　事在元光三年（西元前一三二年）。瓠子，地名，在今河南濮陽西南，處於當時的黃河東岸。❽鉅野　當時的湖澤名，在今山東鄆城、巨野一帶。❾通於淮泗　意謂黃水泛濫，一直和東南方的泗水、淮水連成一片。❿汲黯鄭當時　都是武帝時的名臣，事見〈汲鄭列傳〉。⓫輒復壞　總是還被沖開。輒，往往；總是。⓬武安侯田蚡　武帝之舅，王太后的異父同母弟，以佐立武帝功，被封為武安侯。⓭奉邑食鄃　意謂田蚡有一塊領地在鄃縣，今山東平原西南，地處當時決口黃河的另一側。奉邑，收其地之賦稅以為俸祿。⓮水菑　同「水災」。菑，通「災」。⓯未必應天　未必符合老天爺的意志。⓰望氣　以占測雲氣比附人世吉凶。⓱用數者　講究各種迷信的技術、法術的人。⓲久之不事復塞　一放就是二十多年。⓳大農　後改稱「大司農」，九卿之一，主管糧食、貨幣以及鹽鐵方面的事務。⓴異時　前者；過去。㉑關東漕粟　指東部地區向首都長安水運糧食。關東，函谷關以東，泛稱今河南及河南鄰近的大片地區。㉒從渭中上　從黃河西上進入渭水，再逆渭水上抵長安。㉓度六月而罷　估計運送一趟要用六個月的時間。度，料；估計。㉔漕水道　運糧所經由的水路。漕，水路運糧。㉕九百餘里　按：此語似有誤，由陝縣（今三門峽附近）起程也只有五百里。㉖時有難處　經常遇到難以通行之處。㉗並南山下二句　意謂自長安傍南山向東修渠，直通黃河。南山，南側之山，即今之終南山、華山。㉘徑　直捷；抄近。㉙可令三月罷　可以縮短到三個月運一趟。㉚渠下　指渠道兩側。㉛損漕省卒　縮短時間，節省勞力。㉜水工徐伯表　徐伯，水工之名。表，師古曰：「巡行穿渠之處而表記之，今之豎標是。」㉝漕渠　運糧使用的渠道。㉞河東守番係　河東郡的太守姓番名係。河東，漢郡名，郡治在今山西夏縣西北。㉟漕從山東西　謂從山東運漕而西行入關。㊱更　經；經過。㊲砥柱之

限　猶言「砥柱之險」。限，阻隔；障礙。(38)汾　汾水，山西省內的大河。(39)皮氏　漢縣名，即今山西河津。(40)汾陰　古邑名，在今河津市西南的汾水與黃河的匯口之南，其地有祭祀「后土」的壇臺。(41)蒲坂　漢縣名，在今山西永濟西的黃河東岸。(42)度可得五千頃　估計可以灌溉五千頃地。一頃等於一百畝。(43)河壖弃地　河道東側的廢棄土地。壖，緣某建築之邊的空地。(44)茭牧　養草，放牧。(45)今漑田之　如果將這些廢棄的土地開發灌溉起來。今，如果。(46)穀從渭上二句　意謂將這些河東地區收穫的糧食，經由渭水運到長安，其近便的程度幾乎與在關中當地的生產運輸沒有差別。(47)數歲二句　幾年之後，河道有所變化。(48)予越人二句　越人，此處似指溫州一帶的「東越」人，「東越」為避「閩越」的攻擊，於建元三年北遷於「江淮之間」，或亦有更北遷於河東者。少府，九卿之一，主管山林湖海之收入，為皇帝私家理財。(49)欲通褒斜道及漕　想修治褒斜道的交通，並開渠將褒、斜二水連通起來以利運輸。褒斜道，由關中通往漢中的交通要道，北起今陝西眉縣，沿斜水南行，至斜水源頭，復沿褒水下行，直至今漢中市。褒、斜，二水名。(50)事下御史大夫張湯　問題交由御史大夫張湯裁定。張湯，武帝「酷吏政治」的代表人物。(51)湯問其事　張湯向上書者詢問了有關情況。(52)抵蜀從故道　意謂從關中入蜀（這裡實指從關中入漢中），過去總是經由故道。故道，翻越秦嶺的山路名，北起陳倉（今寶雞），西南至鳳縣，經略陽、劍門入蜀。如從鳳縣東南折，入褒谷道，則可至漢中。(53)多阪　多行山坡之路。(54)回遠　繞遠。從長安到漢中，方向是正西南。如果走故道，則須先西行至寶雞，而後西南折至鳳縣，再由鳳縣東南折至漢中，正好走一個弓背，故曰「回遠」。(55)今穿褒斜道　如果修通了這條「褒斜道」。(56)少阪　少走山路，蓋由斜谷而進入褒谷。(57)南陽　漢郡名，郡治即今南陽市。(58)上沔入褒　由沔水進入褒水。沔水，漢水的上游，今湖北均縣以西的漢水，即稱沔水。(59)褒之絕水至斜二句　褒水的源頭距斜水百餘里。絕水，河水的源頭。褒水源頭在秦嶺之上的太白縣北，斜水源頭在太白縣東南。(60)以車轉　把從褒水運上來的東西，用車運到斜水岸邊。(61)從斜下下渭　沿斜水而下，再進入渭水。(62)山東從沔無限　意謂山東地區的貨物，通過沔水運入長安，可以不受任何阻礙。無限，無阻。(63)便於砥柱之漕　比經由黃河之砥柱者要方便容易。(64)擬於巴蜀　和巴蜀差不多。擬，比；相當。巴，漢郡名，首府江州，在今重慶市北。此句意謂通褒斜道不僅運糧便利，而且其當地的「材木竹箭」也可以得到開發利用。(65)湯子卬　張湯的兒子張卬。(66)漢中守　漢中郡的太守。(67)水湍石　意即水流急，且又河道多石。湍，水急。(68)莊熊羆　人名。(69)臨晉　漢縣名，縣治在今陝西大荔東。(70)穿洛　即引出洛水。陝西的洛水也稱「漆沮水」。(71)重泉　漢縣名，在今陝西大荔西北，地處於洛水的轉彎處。(72)徵　漢縣名，縣治在今陝西澄城西南。(73)商顏下　「商顏」下原有「山」字，據武英殿本，各本刪。商顏，小山名，在今大荔縣西北，當時徵縣西南的洛水邊上。(74)水積以絕商顏　水從地下流過商顏山。《集解》引臣瓚曰：「下流曰積。」絕，穿過；越過。以地面「岸善崩」，故使水行地下。(75)東至山嶺　即商顏山。(76)龍首渠　《括地志》曰：「伏龍祠在同州馮翊縣西北四十里，故老云漢時自徵穿渠引洛，得龍骨，其後立祠，因以『伏龍』為名。」(77)渠頗通　渠水是流通了。頗，稍；有點。(78)數不登　連續地得不到收成。登，指莊稼的成熟。(79)梁楚之地　指今河南省東部和與之鄰近的安徽、江蘇北部地區。(80)封禪　到泰山山頂祭天，和到泰山山下的某地祭地。(81)巡祭山川　指武帝封泰山後，「並海上，北至碣石，巡自遼西，歷北邊至九原。五月，反至甘泉」而言。以上活動皆在武帝元封元年（西元前一一〇年）。(82)其明年　元封二年（西元前一〇九年）。(83)乾封　這裡即指天旱。當時方士公孫卿有所謂帝王築壇祭天後，天要故意大旱，以曬乾祭壇之土的說法。封，這裡即指祭壇，元封元年在泰山頂所修的祭天之壇。(84)汲仁　汲黯之弟，曾官至九卿。(85)郭昌　武帝時名將。(86)塞瓠子決　堵塞地處於瓠子（今河南濮陽西南）的黃河決口。(87)於是　這時。(88)已用事萬里沙　指在萬里沙祭祀過神靈。萬里沙，地名，也是這裡的祠廟名，在今山東掖縣東北，濱臨渤海。(89)沉白馬玉璧于河　以此祭祀河神。(90)將軍已下　指「大將軍」以下的所有文武百官。「大將軍」以上只還有「丞相」一人。(91)負薪窴決河　背柴草以填塞決口。窴，同「填」。(92)東郡燒草　東郡的百姓們以草為煮飯取暖之燒柴。(93)淇園　在今河南淇縣西北，以種竹聞名。(94)楗　這裡指竹籠。按：西元一九九八年長江抗洪，則更以鐵籠裝石以塞決口。舊注皆謂「楗」是在決口處下樁，也是堵塞決口常用的方法。(95)河決　黃河之決口處。(96)悼功之不成　傷悼以往二十多年的塞河無成。(97)皓皓旰旰　水勢浩大的樣子。(98)閭殫為河　大體上都成了一片澤國。閭，通「率」。大率：大抵。也有曰「閭」即「州閭」，意即村落、街巷全部淹沒在大水中。(99)功無已時　塞河的辛勞無止無休。(100)吾山　也作「魚山」，在今山東東阿西南，正當黃河的衝擊之下。也有人解「吾山」為「我的山」，說是山都被水蕩平了，極言其破壞力之大；也有說是為了鑿石堵決口，山都快被鑿平了，極言其花費力氣之大，都可以說通。(101)鉅野溢　由於黃河的灌注，使鉅野澤的水漾了出來。(102)沸鬱　王念孫曰：「讀為『沸渭』，猶『紛紜』，魚眾多之貌也。」(103)柏冬日　逼近冬日，以言災民的日子將更加困難。柏，通「薄」、「迫」。逼近。(104)延道　應作「正道」，正常的河道。(105)弛　毀壞。(106)離常流　離開了正常的流通之道。(107)方遠遊　正在遠出遊蕩。按：《漢書》作「放遠游」，即任意到處遊蕩。(108)歸舊川兮神哉沛　還是讓河水回到原來的河道上去吧，你看神的力量有多麼偉大啊！沛，指神力偉大。(109)不封禪兮安知外　按：漢武帝是為掩蓋其尋鬼神、求長生的四出無名，故而才到此決口看了看。(110)河伯　黃河之神。(111)愁吾人　為我的黎民百姓造成苦痛。(112)齧桑　古邑名，在今江蘇沛縣東南。(113)久不反　指河水二十多年未歸固有的河道。(114)水維　控制河水的韁繩，這裡即指堤岸。(115)湯湯　水流平滿的樣子。(116)激潺湲　水勢洶湧的樣子。(117)北渡迂兮　迂同「迂」，即水面曲折遼遠，難以北渡。(118)浚流　應依《漢書》作「迅流」，整句謂水面既寬，水流又疾，難以橫渡。(119)搴長茭　長茭，祭品名。方苞曰，「祭川必沉玉，疑『搴長茭』亦為祭也。」(120)河伯許兮薪不屬　師古曰：「沉璧禮神，見許福佑，但以薪不屬逮，故無功也。」薪不屬，塞河的用草供應不上。屬，連續。(121)衛人罪　即上文所說當地人都把草做了燒柴。春秋時代的衛國都城即漢代東郡之郡治濮陽。(122)燒蕭條　師古曰：「燒草皆盡，故野蕭條然也。」(123)噫乎　歎息聲。(124)穨林竹　即砍伐淇園的竹林。(125)楗石菑　三字涵義不清，有曰以竹籠裝石投入決口做樁用。菑，通「倳」。插入；樹立。姚苧田則曰：「斬竹鑱石，即竹石之災耳。」(126)宣房塞兮萬福來　宣房，也作「宣防」，祭宮名，舊址在今河南濮陽西南的瓠子堤上。宣房塞，意即堵住了瓠子決口，並在其堤上建築了宣房宮。(127)卒塞瓠子　終於堵住了瓠子決口。(128)道河北行二渠　道，通「導」。意即重新讓黃河還向北流，還像當初大禹的「廝二渠以引其河」。二渠，一指東行的漯水；一指北行的黃河幹道，亦即後來所說的「大河故瀆」。(129)復禹舊迹　恢復當年大禹所疏導的黃河的老樣子。按：禹時的古黃河已如前文所述，但古黃河至周定王五年（西元前六〇二年）曾有一次改道，而後一直至漢不變。歷經戰國以至武帝元光三年的黃河幹道，是自宿胥口奪漯川渠道東行，右逕滑臺城，又東北逕黎陽縣南，又東北逕涼城縣，又東北至今河南滑縣，河至此與漯水分開，折而北流，至今館陶縣東北，折東經高唐縣南，再折北至東光縣西會合漳水，復下折而東北流至今河北黃驊東入海。故武帝堵住決口，仍使黃河北流，只是恢復了決口前的黃河故道，並非「復禹舊迹」。(130)朔方　漢郡名，郡治在今內蒙烏拉特前旗東南。(131)西河　漢郡名，郡治平定（今內蒙準格爾旗西南）。(132)河西　地區名，約指今寧夏、甘肅的黃河以西地區。(133)酒泉　漢郡名，郡治即今甘肅酒泉。(134)輔渠　亦稱「六輔渠」，在今陝西涇陽西北，鄭國渠的南側。(135)靈軹　靈軹渠，在今陝西武功東，周至北。(136)堵水　應作「諸水」，即當地的各條河流。(137)汝南　漢郡名，郡治平輿，地處淮水支流汝水流域。(138)九江　漢郡名，郡治即今安徽壽縣，地處淮水流域。(139)東海　疑是「北海」之誤。北海，漢郡名，郡治營陵，在今山東安丘西北。(140)鉅定　漢縣名，在今山東廣饒東北；也是當時的湖泊名，在今廣饒縣東。(141)汶水　源於今山東萊蕪北，西南流經奉高、博縣、東平，西南入鉅野澤。(142)披山　同「辟山」。打通山岩。(143)然其著者二句　但最大的水利工程，還是堵塞瓠子的黃河決口。

【語　譯】漢朝建國三十九年，孝文帝時，黃河在酸棗縣決口，沖垮了東邊的大堤，於是派出大量的東郡士卒去堵塞決口。此後四十多年，即當今皇帝之元光年間，黃河又在瓠子決口，水向東南注入鉅野澤，與泗水、淮水連成一片。於是天子派汲黯、鄭當時調動人力前往堵塞，但往往堵上了又被沖壞。這時，武安侯田蚡任丞相，他的領地在鄃縣，鄃縣在黃河以北，黃河決口，水向南流，河北沒有水災，他的領地稅收仍很多。於是田蚡對皇上說：「江、河決口這是上天的安排，不是人力所能強堵的，人為的堵塞不一定符合上天的意思。」那些風水先生也都這麼說，於是皇上對此一放就是二十多年，不再提堵塞黃河決口的事了。

2 這時候，鄭當時任大農令，他說：「過去關東地區向長安運糧是從黃河西上進入渭水，需時大約六個月，而運糧所經的水路有九百多里，還經常遇到難以通行之處。如果從長安開鑿一條渠道，引渭水傍著南山直通黃河，這樣就只有三百多里，路直，易於漕運，估計可以縮短為三個月運一趟，而渠道兩側的萬頃農田還可以得到灌溉。如此一來，既省時、省力，又使關中土地肥沃，穀物增收。」天子認為有理，便讓齊地的水利專家徐伯進行勘察，立竿作記，發動士卒數萬開鑿運糧之渠，三年而成。渠開通了，用以運糧，大為方便。此後，運糧愈加頻繁，而沿途百姓也可以引渠水灌溉農田。

3 後來，河東太守番係說：「過去從山東地區經由水道向關中運糧，每年要運一百多萬石，中途要經過砥柱的障礙，屢屢觸石翻船，而且也很麻煩費事。不如修鑿渠道，引汾水灌溉皮氏、汾陰一帶的土地，引黃河水灌溉汾陰、蒲坂附近的土地，估計總共會有五千頃地。這五千頃地，原來都是河套荒地，百姓在那裡養草放牧。如今把它灌溉成良田，估計可得穀物二百萬石以上。這些糧食經由渭水運到長安，這就和在關中當地生產的沒有什麼差別，這樣就無需再從東方經由砥柱向長安運送糧食了。」天子認為有理，遂派士卒數萬開渠灌田。幾年後，黃河改道，所開之渠不起作用，收穫的糧食還抵不上花費的種子。時間長了，黃河以東的渠田荒廢，就把它分給了從越地遷來的百姓耕種，讓少府從中得到一點賦稅收入。

4 後來有人上書給皇帝，想修治褒斜道的交通，並開渠將褒、斜二水用以運送糧食，皇上把這件事交給御史大夫張湯處理。張湯向上書者詢問了有關情況後，對皇帝說：「從漢中入蜀，過去總是經由故道，故道多是山路，繞遠。如果修通了這條『褒斜道』，少走山路，比經由故道縮短四百里。而褒水與沔水相通，斜水與渭水相接，都可以行船運糧。糧船從南陽逆沔水而上進入褒水，從褒水之源頭到達斜水，其間只有一百多里的旱路，可以用車把糧食轉運到斜水的船上，再由斜水進入渭水。這樣，不僅漢中的糧食可以運到關中，山東地區的糧食經由沔水運輸不會遇到障礙，比經由黃河之砥柱要方便容易。而且褒水、斜水流域一帶盛產林木竹箭，可與巴蜀地區比美，也可以順便得到開發。」天子認為有理，便派張湯的兒子張卬為漢中郡守，派幾萬人修褒斜道，全長五百多里。水路修成，果然比原來的故道既近且便，但水流湍急而且多石，不能用以運糧。

5 後來莊熊羆又向皇帝上書說：「臨晉的百姓願意引洛水來澆灌重泉縣以東的一萬多畝鹽鹹地，若果真引得水來，這些地可以畝產十石。」於是為實現此目的皇帝便動用了上萬名士卒去開鑿河渠，從徵縣引洛水到商顏山下。但所開鑿的渠岸常常崩塌，只好改為挖井，深的達到四十多丈。沿線依次挖井，井下水流相通。就這樣水從地下流過商顏山，一直流至商顏山東邊十多里的地方。所謂「井渠」就是從這裡產生的。由於在開鑿「井渠」的時候發現了龍骨，因而給此渠取名為「龍首渠」。工程進行了十多年，渠道總算是打通了，但卻沒得到什麼實惠。

6 自從黃河在瓠子決口以來的二十多年，年年農業欠收，而梁、楚一帶尤為嚴重。皇帝自元封元年登封泰山，以及巡行祭祀其他山川。第二年，天旱少雨。於是皇上遂派汲仁、郭昌調用士卒數萬去堵塞瓠子決口。這時皇帝剛剛在萬里沙祭祀過神靈，遂親自來到黃河決口處。他把白馬玉璧沉入河中以祭祀河神，他讓隨從大臣自大將軍以下都去背柴草以填堵黃河決口。當時東郡的百姓多以柴草為燃料，所以地面上的柴草不多，於是皇帝便下令砍伐淇園的竹子以編製堵塞決口的竹籠。

7 皇帝親眼看到了黃河決口的情景，傷悼二十多年的堵決沒有成功，於是作歌唱道：「黃河在瓠子決口呵，人將奈何？浩浩蕩蕩的大水呵，使村村巷巷都成了一片澤國！都成了澤國呵，大地不得安寧；塞河堵水永無休止呵，吾山的山岡已被挖平。山岡已被挖平呵，鉅野澤仍是水滿外溢；魚蝦到處游蕩呵，時節已經逼近冬日。堤岸被毀河水遠離正道呵，蛟龍馳騁肆意橫行不歸。讓河水回到舊道上去吧，神的力量不是很偉大嗎？如果不是出來封禪呵，我怎麼能知道外邊的這些傷心事！你們替我質問黃河水神呵，問祂為什麼如此不仁？由於祢的河水泛濫不止呵，給我的百姓造成如此的痛苦艱辛！齧桑整個被淹呵，淮水泗水連成汪洋一片；河水長期不歸舊道呵，堤岸的作用一概全拋。」另一首歌唱道：「河水浩蕩澎湃洶湧，難以橫渡又難以疏通。持長茭美玉以祭河神，河神像是應允但又缺了堵塞決口的柴薪。這都是衛人平常生活的過錯，他們當做燒柴燒去了塞河使用的柴草。砍掉淇園的竹子編成竹籠去堵水吧，只要堵住決口就一切都會好起來。」最後終於堵住了瓠子決口，並在這段新堤上面建造了一座「宣房宮」。重新又把黃河分成兩條水道，恢復成大禹時代原來的樣子，使梁、楚地區重新獲得安寧，沒有水患。

8 從此以後，主管官員都爭著講興修水利的事情。朔方、西河、河西、酒泉諸郡都是引黃河或其他川谷的水來灌溉農田；關中的輔渠、靈軹渠引的是當地各條河流的水；汝南、九江兩郡引的是淮水；東海郡引的是鉅定澤的水；泰山腳下是引汶水。各地紛紛開渠灌地，每處都有上萬頃的農田得到灌溉。至於其他闢山開道修鑿的小渠就多得沒法說了。但其中最大的水利工程，還是堵塞瓠子的黃河決口。

太史公曰：余南登廬山❶，觀禹疏九江❷，遂至于會稽❸太湟❹，上姑蘇❺，望五湖。東闚洛汭❻、大邳，迎河❼，行❽淮、泗、濟、漯、洛渠❾。西瞻蜀之岷山及離碓❿。北自龍門至于朔方。曰：甚哉，水之為利害⓫也！余從負薪塞宣房，悲瓠子之詩而作河渠書⓬。

【章　旨】以上為第三段，是作者的論贊，表現了作者對全國水利、水患問題的深切關心，與對武帝治河問題的深深感慨。

【注　釋】❶廬山　在今江西九江南，歷來為我國之著名遊覽勝地。❷禹疏九江　大禹疏通過的諸條長江支流，所指眾說不一。❸會稽　漢郡名，郡治即今蘇州市。❹太湟　有說即「太湖」，然與下文之「五湖」重複。❺姑蘇　山名，即今蘇州市南之靈巖山。❻洛汭　洛水匯入黃河的河口，在今河南鞏縣東北。❼迎河　即前文之所謂「逆河」，指今河北省境內流入勃海的各條河流。❽行　巡視。❾淮泗濟漯洛渠　引淮、泗、濟、漯、洛諸水的各條渠道。❿岷山及離碓　岷山在今四川北部與甘肅東南部的交界處，岷江即由此山發源，而李冰父子的水利工程離碓即在成都市西北的岷江上，故史公有所謂「西瞻蜀之岷山及離碓」。⓫水之為利害　利，指運輸、灌溉、轉動機械等。害，指河流決口。⓬悲瓠子之詩而作河渠書　這句話的意思是對漢武帝的褒還是貶，自古理解不一。

【語　譯】太史公說：我南遊登過廬山，看過大禹疏導的九江，我向東南到過會稽郡的太湟，登過姑蘇山，在姑蘇山上眺望五湖。我向東考察了洛汭、大邳，逆河而上，我巡視了引淮、泗、濟、漯、洛諸水的渠道。我向西看了蜀地的岷山與離碓的水利工程。我向北從龍門一直上行到朔方。我深有感慨的說：水給人類帶來的利益或造成的危害實在是太大了。我曾跟隨皇帝背過柴草去堵塞宣房宮所在的黃河決口，我有感於皇帝所作的〈瓠子〉詩而寫成了這篇〈河渠書〉。

【研　析】這是我國古代最早、最有系統的一篇水利發展史，開頭敘述了有史以來的歷代水利興作，而主體部分則是敘述了漢代，尤其是武帝時期的水利與水害情形。相傳大禹是我國古代以治水聞名的聖賢，也是我國第一個治水取得成效，第一個率領人民戰勝自然，創造人類幸福的偉大領袖，所以史公在本文中將他奉為楷模，整個文章以禹開頭，以禹作結，這不僅表現了自己對大禹功業、人格的無上崇敬，同時也是對後世關心民瘼的帝王與其將相大臣們的一種激勵與期待。

漕運與灌溉都是關係國計民生的重大問題，而有關開河通渠的記載，最早見於春秋末期的吳王夫差通邗溝，其後則有西門豹、史起、李冰、鄭國等。傳說於春秋以前的只有大禹，而大禹的活動則主要是疏導黃河。史公將戰國以來的治河修渠概書於史，足見其對這些關乎國計民生大問題的高度重視。史公對武帝的征伐四夷，平準均輸以及封禪、求仙等多持批判、否定態度，唯有對其興修水利有貶有褒，採取了如實敘述。武帝之「塞瓠子」一節，原不是有計畫的專程而往，乃是一種為文過飾非而不得已的順便前去看看，司馬遷對此原是有保留的；但武帝到達瓠子決口的具體表現，則的確相當感人，他有決心、有氣魄，他親自率領官民與洪水進行了殊死的搏鬥，並終於取得了最後勝利，充分展現了他作為一個偉大政治家的光輝形象。司馬遷對此也是很受感動的，他的如椽大筆也正好如實而又生動地記錄了這一永垂青史的不朽畫面。現代歷史家范文瀾在《中國通史》中說：「水利工程是發展農業的一個重要基礎，自傳說中的大禹以下，治水常是大的政治措施，但巨大規模的治水卻自漢武帝開始。漢武帝大規模治水對我國北部地區的農業生產具有重大的進步作用。」

作品的題目叫作〈河渠書〉，但內容主要是寫了治理黃河的問題。但黃河至今已近乎乾枯，昔日治河的難題已經南移到了濁流滾滾的長江身上。錢穆先生早在七十多年前就已經十分擔心的預見了日後長江的問題，這的確是令每一個炎黃子孫不得不為之深切關注，因為它關係著我們民族的生死存亡。

卷三十

平準書第八

【題解】〈平準書〉是一篇分析研究夏商周以來的經濟形勢發展，總結歷代統治者經濟政策得失的傑出論文。司馬遷指出經濟發展是一個國家強弱盛衰的基礎，經濟發展的基礎又決定著統治集團思想、政治、軍事的動向；他為私人工商業者的受迫害、受打擊鳴不平，批評了漢武帝所推行的那種旨在摧垮私人工商業的政策；他主張私人工商業自由發展，反對官工官商；他寫出了由於漢武帝連年發動對外戰爭從而在國內政治、經濟、法律、道德各方面所引起的一系列變化、一連串惡性循環。〈平準書〉與〈貨殖列傳〉都是《史記》中重要的篇章之一，表現了司馬遷卓越的經濟思想。但〈平準書〉也不無偏激之處，所以歷來的評價不一。

1 漢興，接秦之弊❶，丈夫從軍旅，老弱轉糧饟❷，作業劇❸而財匱❹，自天子不能具鈞駟❺，而將相或乘牛車，齊民❻無藏蓋❼。於是❽為秦錢重難用❾，更令民鑄錢❿，一黃金一斤⓫，約法省禁⓬。而不軌⓭逐利之民⓮，蓄積餘業⓯以稽市物⓰，物踊騰糶⓱，米至石⓲萬錢，馬一匹則百金⓳。

2 天下已平⓴，高祖乃令賈人不得衣絲乘車，重租稅以困辱之。孝惠㉑、高后㉒

時，為天下初定，復弛商賈之律[23]，然市井之子孫[24]亦不得仕宦為吏。量吏祿[25]，度官用[26]，以賦[27]於民。而山川園池市井租稅之入，自天子以至于封君湯沐邑，皆各為私奉養焉，不領於天下之經費[28]。漕轉[29]山東[30]粟，以給中都官[31]，歲不過數十萬石[32]。

3 至孝文[33]時，莢錢益多，輕[34]，乃更鑄四銖錢，其文為「半兩」[35]，令民縱得自鑄錢[36]。故吳[37]諸侯也，以即山[38]鑄錢，富埒[39]天子，其後卒以叛逆[40]。鄧通[41]，大夫也，以鑄錢財過王者[42]。故吳、鄧氏錢布天下[43]，而鑄錢之禁生焉[44]。

4 匈奴數侵盜北邊[45]，屯戍者多，邊粟[46]不足給食[47]當食者。於是募民能輸及轉粟於邊者拜爵[48]，爵得至大庶長[49]。

5 孝景[50]時，上郡[51]以西旱，亦復脩賣爵令，而賤其價以招民[52]；及徒復作[53]，得輸粟縣官以除罪[54]。益造苑馬[55]以廣用，而宮室列觀[56]輿馬益增脩矣。

6 至今上[57]即位數歲，漢興七十餘年[58]之間，國家無事，非遇水旱之災，民則人給家足，都鄙[59]廩庾[60]皆滿，而府庫[61]餘貨財。京師之錢累巨萬[62]，貫朽而不可校[63]。太倉[64]之粟陳陳相因[65]，充溢露積[66]於外，至腐敗不可食。眾庶[67]街巷有馬，阡陌[68]之間成羣，而乘字牝[69]者儐[70]而不得聚會[71]。守閭閻者[72]食粱肉[73]，為吏者長子孫[74]，居官者以為姓號[75]。故人人自愛而重犯法[76]，先行義而後絀恥辱焉[77]。當此之時，網疏而民富，役財驕溢[78]，或至兼并豪黨之徒，以武斷於鄉曲[79]。宗室[80]有土[81]公卿大夫以下，爭于奢侈，室廬輿服僭于上[82]，無限度[83]。物盛而衰，固其變也[84]。

【章旨】以上為第一段，寫劉邦建國以來至武帝時期的社會經濟發展，和與此相應的國家制度、社會風氣的變更。

【注釋】❶漢興二句　獘，同「弊」。柯維騏、姚鼐等都以為此處起得突然，前面無所承接；以為後面的「太史公曰」一段應調到這裡，作為文章的開頭。其說見後。❷轉糧饟　運送糧食。轉，運送。❸劇　繁重；艱苦。❹匱　空乏。❺鈞駟　同一種顏色的四匹馬。鈞，同「均」。駟，一車四馬。❻齊民　《集解》引如淳曰：「齊等無有貴賤，故謂之『齊民』，若今言『平民』矣。」❼藏蓋　須在「藏蓋」的東西，即今所謂「積蓄」。❽於是　當此時。❾秦錢重難用　《索隱》引《古今注》：「秦錢半兩，徑一寸二分，重十二銖。」❿更令民鑄錢　允許百姓改鑄小錢。⓫一黃金一斤　一錠黃金的標準重量改定為一斤。《索隱》引臣瓚曰：「秦以一溢（二十兩，或說二十四兩）為一金，漢以一斤為一金。」按：漢代的一斤相當於今之〇・五一六五市斤。⓬約法省禁　意即放鬆限制。約，簡化。⓭不軌　不守法度。⓮逐利之民　指經商者。⓯蓄積餘業　籌集資金進行商業活動。餘業，猶言「末業」，指商業。⓰以稽市物　指囤積居奇。稽，囤積。⓱物踊騰糶　物價猛漲的時候賣出。踊騰，指物價猛漲。糶，賣糧食。這裡即指賣出東西。⓲石　漢代的一石約當今之三・四二五斗。⓳百金　漢之一金約折合萬錢。⓴天下已平　高祖五年（西元前二〇二年）十二月，劉邦破殺項羽；二月，劉邦即位於定陶（當時以十月為歲首）。㉑孝惠　名盈，劉邦之子，呂后所生，西元前一九四—前一八八年在位。㉒高后　即呂后，名雉。其子劉盈死後，雖然劉盈之子被立在位，但政權實由呂后把持，故史公即據實書此為「呂后在位」，其年為西元前一八七—前一八〇年。㉓弛商賈之律　放鬆法律對商賈的種種限制，蓋漢初即行秦法。㉔市井之子孫　工商業者的子弟。市井，即市場。《正義》曰：「古人無有市，若朝聚井汲水，便將貨物于井邊貨賣，故言市井也。」瀧川引《留青札記》云：「蓋市井之道，四達如「井」，故曰「市井」。」亦可備一說。㉕吏祿 政府官吏的俸祿。㉖官用 國家興辦各種事業的開銷。㉗賦 向人民徵交稅收。㉘而山川園池市井租稅之入四句 按：此處文意不顯豁。大意是說，天子用全國山川池澤和市場的收入為生活費用，各有土封君用他自己封地內的賦稅收入為生活費用，都不向主管國家經費的大司農領錢。湯沐邑，古代諸侯往朝天子，天子在其畿內劃出一小塊土地給諸侯，以供給其「齋戒洗沐」的費用，這塊土地稱作「湯沐邑」。後來遂為皇后、公主以及其他有土封君補助生活費用的領地。私奉養，私人生活的費用，猶如後世之所謂「俸祿」、「薪金」。天下之經費，國家興辦各項事務的正常開銷。經，常。按：漢代對於山林川澤的開發，或由官營，或承包於私商。㉙漕轉 統稱運輸。船運曰漕，車運曰轉。㉚山東 崤山以東，泛指東方各郡國。㉛以給中都官 以供應首都長安各官府的需要。中都官，師古曰：「京師諸官府也。」㉜歲不過數十萬石 極言漢初國家的各種機構之簡，首都吃公糧的人員之少。㉝孝文 名恆，劉邦之子。呂后死，大臣誅諸呂之後立以為帝，西元前一七九－前一五七年在位。㉞莢錢益多二句 謂莢錢既多且輕。莢錢，漢初流行的一種又輕又薄的銅錢，蓋即前文所謂令私人所鑄者。莢，榆莢，俗稱榆錢。喬吉祥《中國歷史文物常識》：「早在秦朝末年趙高專政時，因通貨膨脹，一些富商曾鑄直徑不過二釐米，重約三銖的「半兩錢」以此謀利，這是最早的「莢錢」。西漢初年，經濟凋敝，民間私鑄錢幣很嚴重。其中一種劣幣名為「半兩」，實則是一種孔徑很大，重量僅及半兩的四分之一，有人形容它輕薄大小如同榆莢一般，故名「莢錢」。山東臨沂銀雀山曾出土幾十枚西漢「莢錢」，山東章丘還出土了鑄「莢錢」的石範。」㉟更鑄四銖錢二句 實際只重四銖，而錢面寫半兩，遂當半兩使用，因而鑄錢有利，私鑄者遂多。銖，一兩的二十四分之一。㊱令民縱得自鑄錢 應曰「縱民令得自鑄錢」。縱，放任。按：文帝造四銖錢在其前元五年四月。賈誼對令民自由鑄錢事，當時就提出反對，見《漢書・食貨志下》。㊲吳 高祖姪劉濞的封地，約當今之江蘇、浙江一帶，都廣陵（今江蘇揚州）。㊳即山 就著本境內的銅山。即，就；就近。㊴埒 相比；相等。㊵卒以叛逆 劉濞於高祖十二年（西元前一九五年）被封為吳王，於景帝三年（西元前一五四年）舉兵叛亂被討平，事見〈吳王濞列傳〉。㊶鄧通 漢文帝的男寵，曾官至上大夫。㊷以鑄錢財過王者 因有人給鄧通相面，說他日後當餓死，漢文帝偏使其富，故賜之蜀之銅山，令其鑄錢，事見〈佞幸列傳〉。㊸吳鄧氏錢布天下 瀧川引蔡雲曰：「《西京雜記》云：「文帝賜鄧通蜀銅山，聽自鑄錢，文字肉好，皆與天子錢同；時吳王亦有銅山，微重，文字肉好，與漢錢不異。」」據此，則吳鄧所鑄錢仍遵漢制。」㊹鑄錢之禁生焉 即謂武帝建元四年（西元前一三七年）之國家造三銖錢，並下令「盜鑄諸金錢罪皆死」事，見後文。㊺匈奴數侵盜北邊 匈奴，也稱胡人，秦漢時期活動於今內蒙、外蒙一帶的少數民族名。據〈匈奴列傳〉，劉邦時漢與匈奴和親，文帝三年、十四年，後元六年，匈奴入侵北邊；景帝時「時小入盜邊，無大寇」；武帝元光二年（西元前一三三年）欲誘襲匈奴於馬邑，事未成，從此匈奴遂連年入侵。㊻邊粟　此指國家供應守邊者的糧食。㊼給食　供應食用。㊽募民能輸及轉粟於邊者拜爵　按：這是漢文帝採納鼂錯的意見所實行的一種政策，即號召農民向國家交納糧食，並把糧食運送到邊防前線上去，而國家則按照他們所交糧食的數目，賜給以相應的爵位。詳情見鼂錯的〈論貴粟疏〉。輸，指繳粟與國家。轉粟於邊，運送到邊防前線。㊾爵得至大庶長　交粟買爵，最高可以買到大庶長。大庶長，爵名，第十八級。據《漢書．食貨志》，入粟六百石可得上造（第二級），入四千石可得五大夫（第九級），入一萬二千石可得大庶長。按：漢代所行之爵秩乃自秦來，共分二十級。其自下而上為：一，公士；二，上造；三，簪裊；四，不更；五，大夫；六，公大夫；七，官大夫；八，公乘；九，五大夫；十，左庶長；十一，右庶長；十二，左更；十三，中更；十四，右更；十五，少上造；十六，大上造；十七，駟馬庶長；十八，大庶長；十九，關內侯；二十，徹侯。應注意，這裡所說的是「賣爵」，而不是「賣官」，因此爵位再高也沒有居官治民的權力。但如果買到了第九級的「五大夫」以上，就可以免除徭役，等於有了特權。而且這種「爵」也可以用來贖罪、減刑，還可以轉賣以獲得錢財，因此即使級別很低也還是很有用處的。最後兩級之所以不賣，是為了留著獎賞軍功。㊿孝景　名啟，文帝之子，西元前一五六—前一四一年在位。(51)上郡　漢郡名，轄地約當今陝西北部及內蒙托克托一帶，郡治膚施（今陝西榆林東南）。(52)賤其價以招民　降低買爵的價格以吸引人買。招，募也；鼓勵。(53)徒復作　徒，被判徒刑的人。復作，已弛其刑，但尚未服滿勞役的犯人。復，除；除刑。(54)輸粟縣官以除罪　縣官，指國家、政府。方苞曰：「既曰『徒、復作得輸粟縣官以除罪』者，明景帝時獨『徒復作』者許除罪，至武帝時則一切當刑者皆可贖也。」(55)造苑馬　謂造苑養馬，以供軍國之需。苑，牧場。(56)宮室列觀　指皇帝的離宮別殿。(57)今上　指漢武帝，名徹，景帝之子，西元前一四〇—前八七年在位。(58)漢興七十餘年　劉邦於西元前二〇六年為漢王，至武帝建元六年（西元前一三五年），共七十一年。(59)都鄙　都城及邊邑。(60)廩庾　有屋之倉曰廩，露積之倉曰庾，這裡即泛指倉庫。(61)府庫　倉庫。府，庫。(62)累巨萬　有好幾個「巨萬」。累，重。巨萬，也稱「大萬」，萬萬，即今所謂「億」。(63)貫朽而不可校　極言其多，而又長年不動，故至於貫朽不可數。貫，穿銅錢的繩子。校，點數。(64)太倉　京城裡的國家倉庫。(65)陳陳相因　一批陳糧接著一批陳糧。因，續。(66)露積　堆放在露天裡。(67)眾庶　黎民百姓。(68)阡陌　原指田間的小道，這裡即指農村的道路。(69)字牝　同「牸牝」，雌畜，這裡指母馬。牸，乳，母畜之乳子者。(70)儐　同「擯」。排斥。(71)不得聚會　謂不允許其參加集會。師古曰：「言時富饒，故恥乘字牝。」(72)守閭閻者　看守里巷大門的人，指最低級的吏役。閭，里門。閻，里中之門。73粱肉 主食為黃粱（小米），菜中有肉，這在當時算是很好的飯食。74為吏者長子孫 《集解》引如淳曰：「時無事，吏不數轉，至于子孫長大而不轉職任。」陳直曰：「高惠時任職最久者有滕公，官太僕三十五年；武帝時有郭廣意，官光祿大夫至六十一年之久。」75居官者以為姓號 居官年久，遂以其職稱為其姓氏，如倉氏、庾氏。76重犯法 不敢輕於犯法。重，看重；不輕於。77先行義而後絀恥辱焉 意謂人人講禮義，而不屑幹那些不光彩的事。先，看重；講究。後絀，放棄不取。絀，同「黜」。有曰此「後」字為衍文。78役財驕溢 占有財產的人驕奢放縱。役，支配；占有。79以武斷於鄉曲 靠著勢力橫行於鄉里。武斷，靠著勢力專斷專行。鄉曲，猶言「鄉里」。古代居民的編制單位，二十五家為一里，十里為一鄉。80宗室 皇帝的同族。81有土 有封地的人，大者曰王，中者曰侯，小者曰君。82僭于上 謂各級官僚貴族的奢侈排場都超過了規定，和他的上級差不多。僭，越分。83無限度 茅坤曰：「將言武帝耗財，先言其富溢以為起岸。」84固其變也 一般的規律就是如此。

【語譯】漢朝初興時，承接著秦朝凋敝的政局，壯年男子都參加了軍隊，年老體弱的去轉運糧餉，社會生產艱難，物質匱乏，即使天子的車子也湊不齊四匹同樣毛色的馬，將軍宰相只能坐牛車，平民百姓都沒有半點積蓄。當時因為秦朝的錢幣太重使用不方便，國家就改令百姓鑄造輕便的錢幣，又規定一錠黃金為一斤，簡化了各種法令條文。而那些不尊法度、唯利是圖的傢伙們，就趁機積累資金從事商業行為，囤積貨物，以至於使得物價大幅度上漲，一石糧漲到了一萬錢，一匹馬則更高達一百錠金子。

2 待至天下平定以後，漢高祖下令商人不准穿絲織的衣服，不准乘車，還重重地對他們課以租稅。孝惠帝與高后執政時期，因為天下剛剛穩定，就重新放寬了限制商人的條律，但還是不准商人的子孫進入仕途。這時朝廷依據官吏的俸祿和政務開支的多少來向百姓徵收賦稅。各地的山、川、園、池的出產以及市場上商業的稅務收入，再加上天子和各諸侯封君的湯沐邑的收入，以此來分別供應天子和諸侯封君們的需要，都不再向國庫支取經費，從崤山以東通過水陸運輸來供給京師各官府的糧食，每年不過幾十萬石。

3 到孝文帝時，民間鑄造的小錢越來越多，分量也越來越不夠，於是國家下令改鑄一種實重四銖，而錢面上標著「半兩」的錢，允許百姓們可以隨便自行鑄造。這樣一來，吳國雖然只是個諸侯，但它因為靠近銅山，能夠就近開礦鑄錢，所以富得可以與天子相比了，以至於後來終於造了反。鄧通，不過是個大夫，也是因為靠著鑄錢，財產富得超過了當時的諸侯王。當時吳國和鄧通鑄的錢幾乎遍布天下，於是朝廷禁止私人鑄錢的法令就產生了。

4 這時匈奴又屢屢侵犯掠奪漢朝北部邊境，國家調到北部邊境去戍邊的人多，邊境的糧食不夠給這些人吃。於是朝廷便招募百姓們向邊境運送糧食，送了糧食的可以得到爵位，最高的可以做到大庶長。

5 孝景帝時，上郡以西發生了旱災，為此國家又重新修訂了賣爵令，降低了爵位價格以吸引百姓來買，被判勞役的犯人也可以通過給官府交糧食而求得免罪。接著又大修牧場，養馬備戰，與此同時皇帝的宮室亭臺以及各種車馬的建造添置也都越來越多了。

6 當今皇上已經即位幾年了，這時上距漢朝建國已經七十多年，在這期間國家太平無事，如果不遇上水旱災害，百姓們就能家家富足，都城和邊邑的糧庫都是滿的，到處的府庫裡都堆積著大批的錢財。京師府庫裡的錢，多得以億計算，長久不動以至於穿錢的繩子都爛了，錢已經沒法數。京城國庫裡一批陳糧接一批陳糧，都在露天裡堆著，直至爛掉不能再吃。普通百姓住的大街小巷裡都有馬匹，田野上更是騾馬成群，誰要是騎著一匹母馬就要受到歧視，不許參加聚會。給里巷看大門的小吏吃的都是細糧和肉，做某一個官一做就是幾十年，子孫都長大了還不必調任，甚至做某官的乾脆就用那個官稱來作為自己的姓氏。當時人們都個個自愛，不敢輕易犯法；人人都爭著講道義做好事，而不願幹那些不光彩的事。在這段時間裡，法律寬鬆，百姓富足，而占有財產的人則驕奢放縱，有些豪強惡霸，甚至倚仗勢力橫行鄉里。從皇室宗親，有封地的王侯，以及公卿大夫以下，都爭相攀比奢侈，居宅、車馬、服飾的豪華都超出了他們的名分，沒有限度。凡事達到鼎盛，就要開始衰敗，這是必然的變化規律。

1 自是之後，嚴助❶、朱買臣❷等招來❸東甌❹，事兩越❺，江、淮之間，蕭然煩費[6]矣。唐蒙[7]、司馬相如[8]開路西南夷，鑿山通道千餘里，以廣巴、蜀，巴、蜀之民罷焉[9]。彭吳賈滅朝鮮，置滄海之郡[10]，則燕、齊之間，靡然發動[11]。及王恢設謀馬邑[12]，匈奴絕和親，侵擾北邊，兵連而不解，天下苦其勞，而干戈日滋。行者齎[13]，居者送，中外[14]騷擾而相奉[15]，百姓抏敝以巧法[16]，財賂衰耗而不贍[17]。入物者補官[18]，出貨者除罪[19]。選舉陵遲[20]，廉恥相冒[21]，武力進用[22]，法嚴令具。興利之臣[23]自此始也。

2 其後，漢將歲以數萬騎出擊胡。及車騎將軍衛青[24]取匈奴河南地[25]，築朔方[26]。當是時，漢通西南夷道，作者數萬人，千里負擔饋糧[27]，率十餘鍾致一石[28]，散幣於邛、僰以集之[29]。數歲，道不通，蠻夷因以數攻[30]，吏發兵誅[31]之。悉巴、蜀租賦不足以更之[32]，乃募豪民田南夷[33]，入粟縣官[34]，而內受錢於都內[35]。東至滄海之郡[36]，人徒之費擬於南夷[37]。又興十萬餘人築衛朔方，轉漕甚遼遠，自山東咸被[38]其勞，費數十百巨萬[39]，府庫益虛。乃募民能入奴婢得以終身復[40]，為郎增秩[41]，及入羊為郎[42]，始於此。

3 其後四年[43]，而漢遣大將將六將軍[44]，軍十餘萬，擊右賢王[45]，獲首虜[46]萬五千級。明年[47]，大將軍[48]將六將軍[49]仍再出擊胡，得首虜萬九千級。捕斬首虜之士受賜黃金二十餘萬斤(50)，虜(51)數萬人皆得厚賞，衣食仰給縣官(52)；而漢軍之士馬(53)死者十餘萬，兵甲之財、轉漕之費不與(54)焉。於是大農陳藏錢經秏(55)，賦稅既竭(56)，猶不足以奉戰士。有司(57)言：「天子曰『朕聞五帝(58)之教，不相復而治(59)；禹、湯之法，不同道而王(60)。所由殊路，而建德(61)一也。北邊未安，朕甚悼之。日者(62)，大將軍攻匈奴，斬首虜萬九千級，留蹛(63)無所食。議(64)令民得買爵及贖禁錮(65)免減罪』(66)。請置賞官(67)，命曰『武功爵』(68)。級十七萬，凡直三十餘萬金(69)。諸買武功爵官首者試補吏，先除(70)；千夫如五大夫(71)，其有罪又減二等(72)；爵得至樂卿，以顯軍功(73)。」軍功多用越等(74)，大者封侯卿大夫(75)，小者郎吏(76)。吏道雜而多端(77)，則官職秏廢(78)。

4 自公孫弘(79)以春秋之義繩臣下(80)取漢相，張湯(81)用峻文(82)決理(83)為廷尉(84)，於是見知之法(85)生，而廢格(86)沮誹(87)窮治之獄(88)用矣。其明年(89)，淮南、衡山、江都王謀反迹見(90)，而公卿尋端(91)治之，竟其黨與(92)，而坐死者數萬人(93)。長吏益慘急(94)，而法令明察(95)。

5 當是之時，招尊方正賢良文學(96)之士，或至公卿大夫(97)。公孫弘以漢相(98)，布被，食不重味(99)，為天下先(100)。然無益於俗，稍騖於功利矣(101)。

6　其明年[102]，驃騎[103]仍再出擊胡，獲首四萬。其秋，渾邪王率數萬之眾來降[104]，於是漢發車二萬乘[105]迎之。既至，受賞[106]，賜及有功之士[107]。是歲，費凡百餘巨萬。

【章　旨】以上為第二段，寫由於武帝發動戰爭給國家造成的經濟凋敝，以及相應造成的官吏選拔制度的敗壞。

【注　釋】❶嚴助　原名莊助，因避東漢明帝（劉莊）之諱，東漢人稱之曰嚴助，《漢書》有傳。嚴助曾勸導漢武帝用事於東越。❷朱買臣　武帝時先為中大夫，後又為會稽太守，是勸導並實際參加了對東越用兵的人，《漢書》有傳。❸招來　招納。來，同「徠」。招納，使之來歸。❹東甌　漢初東越人建立的小國名，其都城在今浙江溫州。❺兩越　指閩越和南越。閩越是漢初東越人建立的小國名，都城舊說在今福州市，近年來在福建武夷山發現漢城舊址，考古學者認為是真正的閩越都城；南越趙佗的都城在今廣州市。按：漢武帝平定東甌、閩越在元封元年（西元前一一〇年），事見〈東越列傳〉；平定南越在元鼎五年（西元前一一二年），事見〈南越列傳〉。❻江淮之間二句　因江淮地區接近前線，故徵兵徵糧首當其衝。蕭然，騷然；煩苦的樣子。❼唐蒙　武帝時人，先曾為番禺（今廣州市）令，後以中郎將發巴、蜀民開路以通西南夷（當時居住在今雲南、貴州境內的少數民族）。❽司馬相如　字長卿，西漢著名的大辭賦家，也是倡導通西南夷的人，後又曾以中郎將身分為通西南夷事宣慰巴蜀，《史記》有傳。按：通西南夷事始於武帝元光五年（西元前一三〇年），詳見〈西南夷列傳〉。❾巴蜀之民罷焉　巴、蜀，漢郡名。巴郡的首府江州（在今重慶市西北）；蜀郡的首府即今成都市。罷，通「疲」。疲敝。❿彭吳賈滅朝鮮二句　滄海郡，即古穢貊國，在今朝鮮中部。滄海，也作「蒼海」。按：漢武帝滅朝鮮事在元封三年（西元前一〇八年），見〈朝鮮列傳〉。唯於生事諸臣中，無「彭吳賈」其人。《漢書．食貨志》云：「彭吳穿穢貊、朝鮮，置滄海郡。」王念孫《讀書雜志》曰：「賈，當依〈漢志〉作穿。」師古曰：「本皆荒梗，始開通之，故言『穿』。」穿滅，謂開道而滅之。梁玉繩曰：「滄海郡，武帝元朔元年（西元前一二八年）置，三年罷，因穢貊內屬置為郡，非以兵滅之。而滅朝鮮在元封三年，置真番、臨屯、樂浪、元菟四郡。則『滅朝鮮』、『置滄海』判然兩事，相去二十一年，安得合而言之？《史》《漢》皆有誤。或謂『彭吳』必穿穢貊者，當云『彭吳滅穢貊，置滄海之郡』，衍『賈』字。『朝鮮』字亦欠安。」諸說錄以備考。⓫燕齊之間二句　漢伐朝鮮，陸行經燕地出發，水行從齊地出發，故徵兵徵糧，燕、齊首當其衝。靡然，猶言「紛然」。勞擾的樣子。⑫王恢設謀馬邑　王恢，武帝時將領。馬邑，今山西朔縣。王恢設謀伏兵馬邑欲襲匈奴未成事，在武帝元光二年（西元前一三三年），見〈韓長孺列傳〉、〈匈奴列傳〉。⑬齎　攜帶。⑭中外　「中」指居者，「外」指行者。⑮相奉　指供應前方戰爭需要。奉，供。⑯抏弊以巧法　不顧廉恥，行巧詐以避法令。抏弊，稜角磨滅，這裡指因貧敝而沒有廉恥。瀧川曰：「『抏』與『刓』同，鈍無廉隅也。〈淮陰傳〉曰『印刓敝，忍不能予』，亦手弄角耗也。彼以印言，此以人言。」巧法，為巧詐以避法。⑰不贍　不能滿足需要。⑱入物者補官　入物，向國家交納財物。補官，即任命為官。官有定員，故有缺始補。按：武帝時始賣「官」，與景帝時之賣「爵」不同。⑲出貨者除罪　出貨，從家裡拿出錢財。除罪，減、免罪刑。⑳選舉陵遲　用人制度愈來愈壞。選舉，地方選而舉之，朝廷選擇任用。陵遲，衰敗。㉑廉恥相冒　廉潔者無恥者相混雜。冒，蒙混。㉒武力進用　張大可以為意即「輕文重武，武人吃香」。按：此與下文之「法嚴令具」相連帶，疑指大規模地任用「酷吏」、「健吏」而言。㉓興利之臣　為皇帝謀求財利的人，指孔僅、桑弘羊等。㉔車騎將軍衛青　武帝時名將，武帝皇后衛子夫之弟，事跡見〈衛將軍驃騎列傳〉。車騎將軍，高級武官的名號，其地位僅次於「大將軍」與「驃騎將軍」。㉕河南地　今內蒙古自治區所屬的黃河以南地區，即所謂「河套」一帶。其地秦時已置郡，後中原大亂，其地為匈奴所取。至元朔二年（西元前一二七年），衛青擊退匈奴，將其奪回。㉖築朔方　意即修築朔方城，設立朔方郡。朔方，漢郡名，郡治在今內蒙自治區烏拉特前旗東南。㉗負擔饋糧　意即靠人力肩挑背負運送糧食。饋，運送。㉘率十餘鍾致一石　大體是起運時十餘鍾（每鍾六石四斗），運到時剩一石，極言其路途之遠，沿途消耗之大。率，大致。㉙散幣於邛僰以集之　謂散幣於邛、僰一帶的邊民，以穩定其心，令其支援漢人。邛，即臨邛，漢縣名，縣治即今四川邛崍。僰，僰道，古邑名，在今四川宜賓西南之安邊鎮。集，安定；撫慰。㉚數攻　屢次攻擊築路的漢人。㉛誅　討伐。㉜不足以更之　不夠充當開發西南夷的花費。更，《集解》引韋昭曰：「償也。」㉝田南夷　在南夷地區種植莊稼。南夷在今貴州省境內，即所謂「夜郎」，其地先已歸漢。㉞入粟縣官　把收穫的糧食交給國家供開發西南夷之用。縣官，指國家、政府。㉟內受錢於都內　意謂讓田於南夷者將糧食在當地交官，以充邊用，而到京城都內令丞處領取糧錢。都內，指都內令丞，大司農的屬官。㊱東至滄海之郡　「至」字應作「置」，即前所謂滅朝鮮，在朝鮮置郡事。㊲人徒之費擬於南夷　人徒，指夫役。擬於南夷，與開發西南夷的花費差不多。擬，比；相等。㊳被　蒙受。㊴數十百巨萬　幾十個，乃至上百個億。巨萬，即今所謂「億」。㊵能入奴婢得以終身復　誰能將自家的奴婢交給國家，誰就能夠終身免除傜役。復，免除傜役。㊶為郎增秩　本身為郎者，倘向國家獻納奴婢，則為其提高官級。郎，皇帝的侍從官員。增秩，猶言「升級」。

㊷入羊為郎　凡能向國家捐獻羊群，朝廷則任其為郎官，如下文所敘之卜式。按：從以上這些規定可以看出當時國家事功的繁劇和勞力、財力的缺乏。㊸其後四年　漢武帝元朔五年（西元前一二四年）。㊹漢遣大將將六將軍　瀧川曰：「『大將』下疑脫『軍』字，下文可證。」大將軍，指衛青。六將軍，據〈衛將軍驃騎列傳〉，此六人是衛尉蘇建、左內史李沮、太僕公孫賀、代相李蔡、大行李息、岸頭侯張次公。㊺右賢王　匈奴西部地區的最高君長，與東部地區的君長左賢王同為匈奴單于的兩大膀臂。㊻首虜　被斬來的敵人首級與生獲的俘虜。按：有謂「首虜」即單指「首級」，但與上下文似不合，如下文有「捕斬首虜」云云，似即「斬首」「捕虜」之分言。而「斬首虜」即「斬首捕虜」的省文。㊼明年　元朔六年（西元前一二三年）。㊽大將軍　指衛青。衛青因去年伐匈奴有功，被封為「大將軍」，位居武臣之首。㊾將六將軍　此次所將六人為合騎侯公孫敖、太僕公孫賀、翕侯趙信、衛尉蘇建、郎中令李廣、右內史李沮。㊿二十餘萬斤　漢代的一斤，略當今之〇・五一六五市斤。(51)虜　指被俘獲來的匈奴人。(52)仰給縣官　都靠國家供應。仰給，仰面取給。(53)士馬　士兵與馬匹。(54)不與　不計算在內。(55)大農陳藏錢經秏　按：此句疑有訛誤，意思是大司農掌管的國庫中的錢財都已用盡。陳藏，猶言舊有。經秏，疑意為盡耗，全部用盡。大農，大司農，當時的「九卿」之一，主管財政與農業生產。(56)賦稅既竭　意即將國家徵收上來的賦稅全部拿出。(57)有司　主管該項事務的官員。(58)五帝　司馬遷指黃帝、顓頊、帝嚳、堯、舜。(59)不相復而治　意即辦法不同，都能使國家得到治理。(60)不同道而王　道理不同，但都成就了王者之業。夏禹、商湯與周文王、武王合稱「三王」，被儒家認為是僅次於「五帝」的理想君主。(61)建德　創建了輝煌的道德、功業。(62)日者　前者；昔日。(63)留蹛　意思是由於大司農手中無錢，因而拖欠著不能賞賜有功將士。留蹛，停滯；拖欠。蹛，通「滯」。(64)議　猶言「你們討論一下」。(65)贖禁錮　因犯罪而被禁錮者，今可花錢贖免。禁錮，因犯罪而被封殺不准做官。(66)免減罪　即花錢可以減刑或全部免罪。梁玉繩《志疑》：「『減』字〈漢志〉作『臧』，是。」按：以上數句是有司轉引武帝交由下面討論的原話。(67)賞官　賞功的官職，其實也是準備用以賣錢的官職。「請置賞官」以下數句，是有司組織討論後，向皇帝提出的具體實施辦法。(68)武功爵　《集解》引臣瓚曰：「《茂陵中書》有武功爵：一級曰造士、二級曰閑輿衛、三級曰良士、四級曰元戎士、五級曰官首、六級曰秉鐸、七級曰千夫、八級曰樂卿、九級曰執戎、十級曰左庶長、十一級曰軍衛。此武帝所制以寵軍功。」(69)級十七萬二句　按：對此二句，各家的解釋紛紜。胡三省曰：「級十七萬者，賣爵一級，為錢十七萬；至二級，則三十四萬矣，自此以上每級加增。王莽時黃金一斤值錢萬，以此推之，則三十萬金，為錢三十餘萬萬矣，此當時鬻武功爵所直之數也。」中井積德曰：「級十七萬，是為十七金，是買爵之定價矣。是時戰士有功，賜爵者多矣。以級十七金算之，凡當三十餘萬金也。初苦無金可賞，及置爵，乃綽綽

有餘裕。得首虜萬九千餘級，級各受爵一級，級十七金，而九千之，則為三十二萬三千金矣。凡民欲買爵者，皆就軍士受爵者買也，非官自賣之。」餘不錄。(70)諸買武功爵官首者試補吏二句　按：「官首」下似應增「以上」二字讀，意思是說武功爵第五級以上的可以優先被任為吏。除，任用為吏。(71)千夫如五大夫　武功爵第七級的「千夫」，和秦時二十級爵第九級的「五大夫」享受同等待遇。瀧川引李慈銘曰：「『五大夫』得復卒一人，『千夫』如『五大夫』，亦得免徭役。」(72)其有罪又減二等　意謂有「千夫」之爵的人如果犯了罪，可以減輕二等處置。(73)爵得至樂卿二句　指花錢買爵的人只能買到第八級「樂卿」，最高的三級非有軍功不能得到。所以這樣規定，是為了尊顯有軍功的人。(74)軍功多用越等　意謂真正立有軍功的人受爵往往超越等級，因朝廷有意彰顯戰場立功也。用，因。承上句「以顯軍功」言。(75)大者封侯卿大夫　侯，分列侯、關內侯兩等。卿，相當於中央的各部部長。大夫，分上大夫、中大夫、下大夫三等。(76)郎吏　皇帝身邊的侍衛人員或其他官府的辦事諸吏。(77)吏道雜而多端　言進身為吏的門路變得既多且雜。(78)秏廢　指空有虛名，不盡職責。秏，衰敗。(79)公孫弘　武帝時的儒生，以學《春秋》而拜相封侯，是漢武帝各項政策的制訂者與推行者，也是司馬遷反感的人物之一。事見〈平津侯主父列傳〉。(80)以春秋之義繩臣下　公孫弘為相後，曾規定各級官府都必須選配儒生為屬吏；官吏的升遷，要看他們對儒家典章禮法的掌握程度；甚至殺人也要從《春秋》中引出點名堂。繩，約束；以此為準則。徐孚遠曰：「殺主父偃、族郭解，皆緣《春秋》之義。」(81)張湯　武帝時的著名酷吏，事見〈酷吏列傳〉。(82)峻文　意同「酷法」。文，法律條文。(83)決理　猶言「判案」。(84)廷尉　官名，九卿之一，掌全國刑獄。(85)見知之法　處治知道別人犯罪而不告發的法令。〈酷吏列傳〉云：「趙禹與張湯作見知，吏傳相監司，用法益刻。」(86)廢格　《集解》引如淳曰：「廢格天子文法使不行也。」(87)沮誹　沮毀政事，誹謗君上。按：「見知之法」與「廢格沮誹」是張湯等酷吏所採用的羅織事實陷害人的兩種罪名。(88)窮治之獄　追根究底，窮查不捨地辦理案件。《漢書．刑法志》云：「張湯、趙禹之屬，條定法令，作見知故縱，監臨部主之法，緩深故之罪，急縱出之誅。」(89)其明年　武帝元狩元年（西元前一二二年）。(90)淮南衡山江都王謀反迹見　淮南，指淮南王劉安。劉邦之孫，劉長之子，淮南國的都城即今安徽壽縣。衡山，指衡山王劉賜，劉安之弟。衡山國的都城為邾（今湖北黃岡西北）。有關淮南、衡山二王謀反的情況見〈淮南衡山列傳〉。江都王，指劉非，景帝之子，武帝之異母弟。江都國的都城即今江蘇揚州。有關劉非謀反的問題見〈五宗世家〉。(91)尋端　尋根究底；找碴。(92)竟其黨與　將其黨與查得淨盡。(93)坐死者數萬人　坐，因；因此遭罪。按：以上三句見史公對此事的反感。(94)慘急　殘忍；苛暴。(95)明察　這裡指「嚴苛」，雞蛋裡挑骨頭。(96)方正賢良文學　漢代選拔人才的科目名，也可以簡稱「賢良方正」，也可以簡稱「賢良文學」，甚至有時單稱「賢良」，武帝以後專招儒生。(97)或至公卿大夫如公孫弘、兒寬等人。(98)漢相　朝廷的宰相，以與當時諸侯國的「丞相」相區分。(99)食不重味　桌面上沒有兩種味道的東西，言只要一個菜。(100)為天下先　給全國起帶頭作用。(101)稍騖於功利矣　漸漸地愈來愈追求功利了。稍，漸。按：此指武帝政治而言。騖，追求。(102)其明年　武帝元狩二年（西元前一二一年）。(103)驃騎　指驃騎將軍霍去病，西漢名將，衛青的外甥，事跡見〈衛將軍驃騎列傳〉。驃騎將軍，高級武官名，僅次於「大將軍」。(104)渾邪王率數萬之眾來降　據〈匈奴列傳〉云：「單于怒渾邪王、休屠王居西方為漢所殺虜數萬人，欲召誅之。渾邪王與休屠王恐，謀降漢，漢使驃騎將軍往迎之。渾邪王殺休屠王，并將其眾降漢，凡四萬餘人。」(105)二萬乘　兩萬輛。古稱一車四馬曰「一乘」。(106)既至二句　〈衛將軍驃騎列傳〉云：「降者數萬，號稱十萬，既至長安，天子所以賞賜者數十巨萬。封渾邪王萬戶，為漯陰侯。」(107)賜及有功之士　〈衛將軍驃騎列傳〉云：「以千七百戶益封驃騎將軍。」按：「賜及」疑應作「及賜」，與上句連讀。

【語　譯】從此以後，嚴助、朱買臣等人招撫東甌，又平定了閩越、南越，這就使得江、淮一帶，因消耗太大而貧困騷動不安了。唐蒙、司馬相如又為打通西南夷，鑿山開道一千多里，用以擴大巴、蜀以南的疆域，這就使得巴、蜀百姓疲憊不堪了。接著彭吳賈滅掉了朝鮮，在那裡設置了滄海郡，這就使得燕、齊一帶，紛紛騷動起來。等到王恢設計伏兵馬邑偷襲匈奴，匈奴斷絕了與漢朝的和親關係，侵擾北部邊境，從此戰爭連年不解，天下困苦不堪，而戰事越加頻繁。出征的要攜帶衣食，後方的人要運送糧草，前方後方都因為戰爭疲憊不堪，在這種情況下，百姓不顧廉恥，弄虛作假地逃避法令，國家的物資越來越缺乏不能滿足需要。自從實行了交物資的可以給官做，交錢的可以免罪的章程後。國家用人制度就越來越壞，廉潔的人和無恥的人交相混雜，為了解決這一問題，國家就開始採取嚴厲手段，實行嚴刑峻法。一批專門為國家開發財源的人也就應運而生了。

2　此後，漢將每年都要帶領幾萬人馬出擊匈奴。當車騎將軍衛青奪取了原來被匈奴占領的河套一帶，在那裡設立了朔方郡的時候，唐蒙等也正在開拓西南夷的通道，在那裡修路的人有好幾萬，需要從千里以外肩挑人背地運送糧食。而大體說來，起運時有六七十石，等運到時也就只剩下一石了，消耗很大。於是就又想辦法在邛、僰等地花錢，以穩定當地民心，使其支援漢族。一直辛苦好幾年，道路還沒修好，當地的少數民族屢屢向漢族進攻，漢官發兵討伐。這一來即使巴、蜀兩郡拿出全部的租賦收入也不夠供應他們的了，於是國家就又招募一些豪富人家到南夷去種田，收了糧食在當地交給國家，而到京城裡來領糧錢。而東邊為了設置滄海郡，與開發西南夷的費用差不多。這時朝廷又徵調了十萬多人去朔方築城防衛，國內各地向那裡運送糧食都路途遙遠，從而使得整個崤山以東都承擔了這種苦差，每年耗資幾十億乃至上百億，國家的府庫越來越空。於是又招募百姓凡能向國家交奴婢的可以免他的終身徭役，如果原來是做郎官的，就提升他的級別，向朝廷交羊可以被任命為郎官就從這時開始。

3 四年之後，漢朝派大將軍衛青統領六位將軍，帶著十多萬人出擊匈奴右賢王，殺死與俘虜敵人一萬五千。第二年，衛青又統領六位將軍再度出擊匈奴，殺死俘虜敵人一萬九千。殺死與俘虜了敵人的戰士得國家的賞賜黃金二十多萬斤，被俘虜的幾萬匈奴人也都得到了厚賞，他們的衣食也都靠著國庫供應；在這兩次戰爭中漢軍的人馬就死了十幾萬，其他裝備和水陸運輸的消耗就更不用說了。當時，大司農府庫裡的存錢全部用完，收上來的賦稅全部用光，還不夠供給軍隊的需要。於是有關部門上奏說：「皇上指示說『五帝治國的主張各不相同，但天下都治得很好；夏禹、商湯的政令各不相同，但也都稱了王。走的路子儘管不同，而最終都建立了偉大的功業。如今北部邊境還不安定，我很傷心。前一陣子，大將軍攻打匈奴，殺死與俘獲敵人一萬九千，但因為國家缺錢，到現在賞賜還沒發下去。你們商量一下，可以讓百姓們花錢買爵位，花錢解除禁錮和減免罪刑』。根據這個指示，我們請求設置一種叫『武功爵』的賞官，一級可以賣得十七萬，總共就可以賣到三十多萬萬錢了。凡是買了武功爵第五級官爵以上的可以優先錄用為吏，武功爵位第七級的『千夫』，可以與秦朝的『五大夫』享受同等待遇，有武功爵的人如果犯了罪，可以減二等處罰。買爵位最高可以買到第八級『樂卿』，還剩三級留著只獎賞立了軍功的人，以顯示對軍功的優寵。」這一來有軍功的人很多受到了超越提升，功大的封了侯當了卿、大夫，功小的也當了郎官以及其他吏役，從而使得升官的路子越來越雜，官吏的職責也就越來越空有其名，不盡其責了。

4 自從公孫弘靠著用《春秋》義理約束臣屬做了漢朝的丞相，張湯靠著用嚴苛的條文判案做了廷尉，於是在官吏之間就有了懲治「明知不報」的條例，而被定為「抗旨不辦」、「誹謗朝廷」的罪行的案子也就多起來了。第二年，淮南王、衡山王、江都王謀反的事情被發覺，公卿們搜根究底窮追黨羽，受牽連而死的有好幾萬人。執法官吏從此也就越來越嚴，法律條文也就越來越密了。

5 在這個時期，朝廷又廣泛地招收尊崇「方正」、「賢良」、「文學」等各種儒生，這些人有的竟做到了公卿大夫。公孫弘身為朝廷宰相，蓋的是一條布被，每頓飯只吃一個菜，想以此來做天下人的表率，但對於改變爭相奢侈的風氣沒有多少作用，社會上的人漸漸地越來越追逐功利了。

6 第二年，驃騎將軍霍去病又出兵討伐匈奴，斬殺敵人首級四萬。當年秋天，匈奴的渾邪王率領幾萬部眾前來投降，漢朝出動了兩萬輛車子去迎接他們。匈奴人到達長安後，受到了朝廷的封賞，再加上賞賜驃騎將軍部下的立功將士。這一年，總共又耗資一百多億。

1 初，先是往十餘歲河決觀❶，梁、楚❷之地固已數困❸，而緣河之郡❹隄塞河，輒決壞❺，費不可勝計。其後番係❻欲省底柱之漕❼，穿汾、河渠以為溉田❽，作者數萬人。鄭當時❾為渭漕渠❿回遠⓫，鑿直渠自長安至華陰⓬，作者數萬人。朔方亦穿渠，作者數萬人。各歷二三朞⓭，功未就，費亦各巨萬十數。

2 天子為伐胡，盛養馬，馬之來食長安者數萬匹，卒牽掌者⓮，關中不足，乃調旁近郡。而胡降者皆衣食縣官⓯，縣官不給⓰，天子乃損膳⓱，解乘輿駟⓲，出御府禁藏⓳以贍之。

3 其明年[20]，山東被水菑[21]，民多飢乏，於是天子遣使者虛郡國倉廥[22]以振[23]貧民。猶不足，又募豪富人相貸假[24]。尚不能相救，乃徙貧民於關以西[25]，及充朔方以南新秦中[26]，七十餘萬口，衣食皆仰給縣官。數歲，假予產業[27]，使者分部護之[28]，冠蓋相望[29]。其費以億計，不可勝數[30]。於是縣官大空。

4 而富商大賈或蹛財役貧[31]，轉轂百數[32]，廢居居邑[33]，封君[34]皆低首仰給[35]。冶鑄煮鹽[36]，財或累萬金，而不佐國家之急，黎民重困[37]。於是天子與公卿議，更錢造幣[38]以贍用[39]，而摧[40]浮淫并兼之徒[41]。是時禁苑[42]有白鹿，而少府[43]多銀錫[44]。自孝文更造四銖錢，至是歲四十餘年[45]，從建元[46]以來，用少[47]，縣官往往即多銅山而鑄錢[48]，民亦間盜[49]鑄錢，不可勝數。錢益多而輕，物益少而貴[50]。有司言曰：「古者皮幣[51]，諸侯以聘享[52]。金有三等，黃金為上，白金[53]為中，赤金[54]為下。今半兩錢法重四銖[55]，而姦或盜摩錢裏取鋊[56]，錢益輕薄而物貴，則遠方用幣煩費不省[57]。」乃以白鹿皮方尺，緣以藻繢[58]，為皮幣，直四十萬[59]。王侯宗室朝覲[60]聘享，必以皮幣薦璧[61]，然後得行。又造銀錫為白金[62]。以為天用莫如龍[63]，地用莫如馬[64]，人用莫如龜[65]，故白金三品：其一曰重八兩[66]，圜之[67]，其文龍[68]，名曰「白選」[69]，直三千[70]；二曰以重差小[71]，方之[72]，其文馬[73]，直五百；三曰復小[74]，撱之[75]，其文龜[76]，直三百。今縣官銷半兩錢[77]，更鑄三銖錢，文如其重[78]。盜鑄諸金錢罪皆死，而吏民之盜鑄白金者不可勝數[79]。

5 於是以東郭咸陽[80]、孔僅為大農丞[81]，領鹽鐵事[82]；桑弘羊[83]以計算用事[84]，侍中[85]。咸陽，齊之大煮鹽；孔僅，南陽大冶[86]，皆致生[87]累千金，故鄭當時進言之[88]。弘羊，雒陽賈人子[89]，以心計[90]，年十三侍中[91]。故三人言利事析秋豪[92]矣。

6 法既益嚴，吏多廢免。兵革數動[93]，民多買復及五大夫[94]，徵發之士益鮮[95]。於是除千夫五大夫為吏[96]，不欲者出馬[97]；故吏[98]皆適[99]令伐棘上林[100]，作昆明池[101]。

7 其明年[102]，大將軍、驃騎大出擊胡[103]，得首虜八九萬級，賞賜五十萬金，漢軍馬死者十餘萬匹，轉漕車甲之費不與焉。是時財匱[104]，戰士頗不得祿[105]矣。

8 有司言三銖錢輕，易姦詐，乃更請諸郡國鑄五銖錢，周郭其下[106]，令不可磨取鋊焉。

9 大農上鹽鐵丞孔僅、咸陽言[107]：「山海，天地之藏也[108]，皆宜屬少府[109]，陛下不私[110]，以屬大農佐賦[111]。願募民自給費[112]，因官器作煮鹽，官與牢盆[113]。浮食奇民[114]欲擅管[115]山海之貨，以致富羨[116]，役利細民[117]。其沮事[118]之議，不可勝聽。敢私鑄鐵器煮鹽者，釱左趾(119)，沒入其器物(120)。郡不出鐵者，置小鐵官(121)，便屬在所縣(122)。」使孔僅、東郭咸陽乘傳舉行(123)天下鹽鐵(124)，作官府(125)，除故鹽鐵家富者為吏(126)。吏道(127)益雜，不選(128)，而多賈人矣(129)。

商賈(130)以幣之變，多積貨逐利(131)。於是公卿言：「郡國頗被菑害，貧民無產業者，募徙廣饒之地(132)。陛下損膳省用，出禁錢(133)以振元元(134)，寬貸賦(135)，而民不齊出於南畝，商賈滋眾(136)。貧者畜積無有，皆仰縣官。異時算軺車賈人緡錢(137)皆有差(138)，請算如故。諸賈人末作(139)貰貸賣買(140)，居邑稽諸物(141)，及商以取利者，雖無市籍(142)，各以其物自占(143)，率緡錢二千而一算(144)。諸作有租及鑄，率緡錢四千一算(145)。非吏比者三老、北邊騎士，軺車以一算(146)；商賈人軺車二算；船五丈(147)以上一算。匿不自占(148)，占不悉(149)，戍邊一歲，沒入緡錢(150)。有能告者，以其半畀之(151)。賈人有市籍者及其家屬，皆無得籍名田(152)，以便農。敢犯令，沒入田僮(153)。」

【章旨】以上為第三段，寫武帝為解決經濟困難而實行鑄錢、鹽鐵官營，以及實行算緡、告緡的情況。

【注釋】❶初二句　意謂早在十多年前，黃河在觀縣決口。李笠曰：「『初，先是』疑是史公駢字，『往』字誤衍耳。」按：李笠說合於《史記》行文常規。觀，漢縣名，縣治在今河南清豐東南。❷梁楚　漢代諸侯國名。梁國約當今之河南省東部，國都睢陽（今商丘市西南）；楚國約當今之江蘇、安徽省北部，國都彭城（今徐州市）。❸數困　多次困乏；連年困乏。❹緣河之郡　如東郡、魏郡、平原、清河等郡。❺隄塞河二句　似應作「塞河、隄輒決壞」。❻番係　人名，武帝時任河東郡守（郡治安邑，今山西夏縣西北)。❼底柱之漕　東方各地經過底柱運往關中的糧船。底柱，同「砥柱」，黃河河道中的石島，原在今河南三門峽東，為有名的險厄之地，極易觸礁翻船，西元一九四九年後已將其炸掉。❽穿汾河渠以為溉田　番係為避免底柱漕運的艱難，故倡議在河東地區開渠引黃河水、汾水以發展農業，這樣即可經黃河、渭水，直接向長安供應糧食。詳情見〈河渠書〉。❾鄭當時　人名，武帝時為大農令，事跡見〈汲鄭列傳〉。❿渭漕渠　通過渭水向長安運送糧食的渠道。⓫回遠　曲折繞遠。⓬華陰　縣名，因地處華山之北而得名，縣治在今陝西華陰城東。⓭各歷二三朞　都開挖了兩、三年。朞，週年。⓮卒牽掌者　猶言「牽掌之卒」，管馬的士兵。⓯衣食縣官　由國家供應其衣食。⓰不給　不足；供應不上。⓱損膳　降低伙食標準。⓲解乘輿駟　卸掉皇帝車上的馬。乘輿，皇帝的車駕。駟，原指一車四馬，這裡即指拉車的馬。⓳出御府禁藏　拿出皇帝私人府庫中貯存的東西。「御府」「禁藏」同義，皆謂皇家府庫，上屬少府。⓴其明年　元狩三年(西元前一二〇年)。㉑菑　同「災」。㉒虛郡國倉廥　全部地調出各郡與各諸侯國倉庫的糧食。廥，原指堆放柴草的房舍，這裡即指糧倉。㉓振　通「賑」。救濟。㉔募豪富人相貸假　號召富人借糧給國家以救濟災民。貸假，即今之所謂「借貸」。假，借。㉕關以西　指今陝西、甘肅、四川一帶。關，指函谷關，在今河南靈寶東北。㉖新秦中　古地區名，在今內蒙古河套一帶。西元前二一四年，秦始皇派蒙恬打退匈奴，取得其地。因其地近「秦中」(今陝西中部地區)，故稱之曰「新秦中」，屬朔方郡。㉗數歲二句　意謂一連幾年都是由國家供給這些移民生產、生活的物資。㉘使者分部護之　國家派專人分區監督管理。分部，按區。護，監護。㉙冠蓋相望　極言所派的使者之多，道上絡繹不斷，前後都可以互相望見。冠蓋，衣冠，車蓋。按：「新秦中」即衛青新從匈奴手中奪回的「河南地」，今徙貧民居之，既使離開東方災區，又可加強邊防，一舉兩得，故政府全力以助之。㉚其費以億計二句　按：前既言「以億計」，則後不得言「不可勝數」，《漢書．食貨志》刪此四字，是。㉛蹛財役貧　囤集財貨，奴役窮人。㉜轉轂百數　用上百輛的車做生意。轂，車輪中央穿插車軸的部位，這裡即指車。㉝廢居居邑　在城鎮上貯存貨物，以待時牟利。廢居，貯存；囤積。也有曰「廢」猶言「發」，意即賣出；「居」指買入、囤積。居邑，有謂居賤物或居糧食於邑中，以待時牟利。㉞封君　指列侯、關內侯等有封地的貴族。㉟低首仰給　意即低聲下氣地向人借錢。師古曰：「時公主、列侯雖有封邑，而無餘財，其朝夕所需者皆俯首而取給於富商大賈。」㊱冶鑄煑鹽　按：四字下應增「者」字讀。㊲重困　嚴重困難。㊳更錢造幣　改鑄新的貨幣。更，改。㊴贍用　滿足需要。㊵摧　打擊。㊶浮淫并兼之徒　指豪奢貪婪的工商業者。㊷禁苑　天子的園林獵場，如上林苑。㊸少府　官名，九卿之一，負責為皇帝的私家理財，掌管山川池澤的收入和供皇室使用的手工製造等。㊹多銀錫　陳直曰：「銀用以鑄龍、馬、龜三種銀貨，錫用以和赤銅鑄三銖錢。」㊺自孝文更造

四銖錢二句　按：文帝前元五年（西元前一七五年）造四銖錢，至武帝元狩四年（西元前一一九年）改用白金皮幣，其間相隔五十五年。梁玉繩曰：「文帝鑄四銖錢後，建元元年壞四銖，行三銖；建元五年罷三銖，行半兩錢；至元狩四年始改用白金皮幣，何嘗五十餘年皆用孝文四銖錢哉？〈漢志〉亦仍此誤。」(46)建元　漢武帝的第一個年號，西元前一四〇—前一三五年。(47)用少　指經濟困難，政府可用之錢少。(48)縣官往往即多銅山而鑄錢　師古曰：「就多銅之山而鑄錢也。」按：師古之說固然可通，然句子語氣欠順，疑「即多」二字誤倒，應作「縣官往往多即銅山而鑄錢」。(49)閒盜　乘隙；偷著。(50)錢益多而輕二句　指通貨膨脹，貨幣貶值，物價昂貴。(51)皮幣　皮指狐貉之裘，幣指繒帛之類，是古代諸侯往來時所用的禮品。(52)聘享　指諸侯間的禮節性往來。(53)白金　指銀。(54)赤金　指銅。(55)半兩錢法重四銖　文為半兩，實重四銖，蓋武帝建元五年所鑄者。(56)姦或盜摩錢裏取鋊　意謂有的壞人偷著磨取銅錢背面的碎屑重新鑄錢。錢裏，沒有文字的錢面，即背面，俗語稱「漫兒」。鋊，銅屑。(57)用幣煩費不省　指攜帶量大，不便使用。(58)緣以藻繢　加上彩色的花邊。繢，古「繪」字。藻繪，五彩的刺繡。(59)直四十萬　直，通「值」。(60)朝覲　指朝見天子。春曰朝，秋曰覲。(61)皮幣薦璧　用皮幣襯托著璧玉，作為禮品。薦，襯墊。按：朝廷此舉，乃對諸侯、宗室的一種赤裸裸的掠奪。(62)白金　《集解》引如淳曰：「雜鑄銀錫為『白金』也。」(63)天用莫如龍　《索隱》曰：「《易》云：『行天莫如龍』。」天用，用天，行於天上。(64)地用莫如馬　《索隱》曰：「《易》云：『行地莫如馬。』」(65)人用莫如龜　《索隱》曰：「《禮》云：『諸侯以龜為寶。』」人用，用於人事交往。梁玉繩曰：「〈後書·馬援傳〉注引《史》作『在天莫如龍，在地莫如馬』。」(66)其一曰重八兩　姚範曰：「『重八兩』、『重差小』、『復小』上皆衍『曰』字。」按：姚說是。(67)圜之　錢體為圓形。圜，通「圓」。(68)其文龍　《索隱》引《錢譜》曰：「其文為龍，隱起，肉好皆圓，文又作雲霧之象。」(69)白選　劉奉世曰：「『白選』當在『其一』下，衍『名』字。『二曰』『三曰』之下皆當有金名，史文錯脫。」按：劉說與姚說不同，供參考。(70)直三千　謂值三千銅錢。(71)二曰以重差小　「曰以」二字衍文。重差小，重量較第一種略小。差，略。(72)方之　錢體為方形。(73)其文馬　《索隱》引《錢譜》曰：「肉好皆方，隱起馬形，肉好之下又是連珠文也。」(74)三曰復小　第三種較第二種重量又小，「曰」字衍文。(75)撱之　錢體為橢圓形。撱，同「橢」。(76)其文龜　《索隱》引《錢譜》曰：「肉圓好方，為隱起龜甲文。」(77)半兩錢　蓋武帝建元五年所鑄者，文曰半兩，實重四銖者也。(78)更鑄三銖錢二句　按：此書「文如其重」，見前此之錢皆文不如其重。又，此乃武帝之第二次鑄「三銖錢」，第一次在建元元年（西元前一四〇年）。(79)而吏民之盜鑄白金者不可勝數　徐孚遠曰：「白金本輕而值重，故盜鑄者愈多，嚴刑而不能禁也。」按：以上武帝造皮幣、白金事，在元狩四年（西元前一一九年）。(80)東郭咸陽　姓東郭，名咸陽。(81)大農丞　大農令（後稱「大司農」）的副職。(82)領鹽鐵事　兼管鹽鐵方面的事務。(83)桑弘羊　武帝時的經濟名臣，武帝時任大司農，昭帝時為御史大夫。然《史記》《漢書》皆無專傳，事跡主要見於《史記・平準書》與《漢書・食貨志》，此外則見於桓寬之《鹽鐵論》。(84)以計算用事　因為有經濟頭腦被武帝重用。用事，主事；掌權。(85)侍中　侍奉皇帝於宮中，極言其受信任、受寵用。後「侍中」成為官名。(86)大冶　冶煉行業的大工商主。(87)致生　獲利。生，利息；利潤。(88)進言之　指推薦二人為吏。(89)雒陽賈人子　雒陽，同「洛陽」。洛陽人以經商聞名，蓋自蘇秦時已如此。(90)心計　思維敏捷，工於計算。(91)年十三侍中　王先謙引沈欽韓曰：「《鹽鐵論》大夫曰：『余結髮束修，年十三，幸得宿衛，給華轂。』其進蓋『入羊為郎』之類。」(92)言利事析秋豪　言為統治者謀利，秋豪不遺。析秋豪，極言其計算之精，毫釐不差。秋豪，秋天新長出的獸毛，以喻事物之細小。豪，同「毫」。(93)兵革數動　屢屢發動戰爭。數，屢次。(94)民多買復及五大夫　皆指花錢以買得免除徭役之資格。復，免除徭役。五大夫，秦爵二十級的「五大夫」與漢代武功爵的「千夫」相等，都可以免除徭役，即鼂錯所謂「入粟受爵至五大夫以上乃復一人」。(95)徵發之士益鮮　可徵調從軍服役的人越來越少。鮮，少。(96)除千夫五大夫為吏　除，任命。按：當時法令嚴酷，為吏者極易遭罪，故有爵者常不欲為吏，故此特強制之。(97)不欲者出馬　漢代馬少且貴，據鼂錯〈論貴粟疏〉「有車騎馬一匹者，復卒三人」，則一匹馬的價錢可以買三個「五大夫」。(98)故吏　被免職的原有官吏。(99)適　「適」上原有「通」字。《雜志》：「『通』即『適』字誤衍。《索隱》本，〈食貨志〉皆無。」今據刪。(100)上林　即上林苑，故址在今西安市西南，周圍二百餘里，是秦漢時期的皇家獵場。(101)作昆明池　作，修造。昆明池，舊址在今西安市西南之上林苑中。《索隱》引《三輔黃圖》曰：「昆明池周四十里，以習水戰。」昆明，西南夷地區的民族名，約在今雲南大理一帶，因其阻礙漢使通身毒（今印度），故武帝練水軍以伐之。按：武帝修昆明池在元狩三年（西元前一二〇年）。(102)其明年　武帝元狩四年（西元前一一九年）。(103)大出擊胡　按：衛青之漠北大戰，幾乎捉獲單于；霍去病破左賢王，封狼居胥山，皆此年事，見〈衛將軍驃騎列傳〉。(104)財匱　財源枯竭。匱，乏。(105)頗不得祿　頗，有些。不得祿，謂升官獲爵而得不到錢。祿，俸錢。(106)周郭其下　謂錢的外圈有一個厚出於錢體的邊緣。郭，同「廓」。邊緣。按：武帝行五銖錢在元狩五年（西元前一一八年）。(107)大農上鹽鐵丞孔僅咸陽言　謂大農令將其屬官孔僅、東郭咸陽的建議上奏於天子。鹽鐵丞，大司農的屬官名，分管鹽鐵事務。(108)山海二句　山海，是大自然的寶庫。藏，府庫。(109)皆宜屬少府　原應屬於少府管轄，意即應歸天子所有。(110)不私　不將山海據為己有。(111)以屬大農佐賦　意即將其歸為國用，令其補充賦稅之不足。按：少府為皇帝私人理財，大農令管理全國的財政收支。山海之利原屬少府，後因對外用兵，財力不足，而轉歸大農，故二人有所謂「不私」「佐賦」之說。(112)自給費　自己準備費用。(113)因官器作煮鹽二句　器作，即指器具、工具。牢盆，煮鹽用的大盆。此「因官器作煮鹽，官與牢盆」云云，即將煮鹽事業壟斷為國有。(114)浮食奇民　游手不務農業的人，這裡即指工商業者。奇，多餘的。(115)擅管　獨占；壟斷。(116)富羨　富裕；富有。羨，豐饒；多。(117)役利細民　役利，二字生疏，意即奴役。細民，小民。(118)沮事　謂阻止鹽鐵官營之事。沮，廢；為阻止某事而進行破壞。(119)釱左趾　一種刑罰，用六斤重的鐵鉗箍住左腳。(120)器物　指冶鐵、煮鹽的工具與其產品。(121)小鐵官　主管熔化廢鐵以鑄造日常用具。因為當時禁民私鑄，故這等事也須設官主之。(122)便屬在所縣　謂這些小鐵官屬其所在之縣管轄。在所，應為「所在」。便，就近；為方便起見。(123)乘傳舉行　乘驛車全面檢查。傳，傳車，驛站為公家需要而準備的馬車。舉行，全面地巡行視察。(124)天下鹽鐵　全國所有的鹽鐵事業。(125)作官府　在興辦鹽鐵事業的地區建立相應的主管部門。作，建立。(126)除故鹽鐵家富者為吏　正好發揮這些人的長處，也免得這些人在外頭搗亂。除，任用。(127)吏道　選拔官吏的制度。(128)不選　不再經過各郡、國的薦舉與朝廷的選拔。(129)而多賈人矣　按：漢初將工商業者視同罪犯，後來稍寬時「子孫亦不得仕宦為吏」。至此則大量起用工商業者為國家經營官辦企業，並大量敘用工商業者為官，此用人制度上的一大變化。(130)商賈　此指私人工商業者。(131)積貨逐利　囤積物資，待時謀利。逐，追逐；追求。(132)募徙廣饒之地　如前文之徙貧民於新秦中是也。(133)禁錢　猶前文所說的「禁藏」，指少府所管的供皇帝宮廷使用的錢財。(134)元元　猶言「黎元」，黎民百姓。(135)寬貸賦　寬減農民的賦稅與政府給農民的貸款。(136)民不齊出於南畝二句　意即人們多不積極從事農業，而轉去經商。南畝，《詩經・豳風・七月》：「同我婦子，饁彼南畝。」後世遂常以「南畝」泛指農田。齊，皆；盡。(137)異時算軺車賈人緡錢　異時，昔日；前些時候，謂元光六年（西元前一二九年）。算軺車，讓有軺車的人納稅。算，漢代一種賦稅的名稱。軺車，輕型馬車。賈人緡錢，讓商人按資金的數目納稅。緡，穿銅錢的絲繩。「緡錢」在這裡即指商人的資本。(138)皆有差　都有一定的規定。差，等級；規定。按：當時銅錢一千為一貫，每貫納稅二十文。(139)賈人末作　泛指工商業者。(140)貰貸賣買　即指交易活動。貰貸，將錢貨賒貸於人。(141)居邑稽諸物　即前文之「廢居居邑」。稽，儲存；囤積。(142)無市籍　市籍，官府掌管的商人名冊。「無市籍」即不在冊。(143)各以其物自占　意即估算自己家產的價值而上報官府。占，意即「估算」。(144)率緡錢二千而一算　大體規定為有二千文的資金就要納「一算」的稅。率，一律；一概規定。算，稅款單位，合一百二十文。(145)諸作有租及鑄二句　此首句甚難解。《集解》引如淳曰：「以手力所作而賣之。」姚鼐曰：「手力所作者，無本錢，則以其所作，直四千乃一算。」按：據以上二說，則句首「諸作」二字乃指各種出賣勞動力的工匠、手藝人，因其無資本，故將其所得稅，放寬至四千徵一百二十文。道理可通，然「有租及鑄」四字尚不好處理。陳直曰：「所謂『有租』者，即上文『因官器作煮鹽，官與牢盆』是也。可證『租』為煮鹽，『鑄』必為冶鐵。

豪強既握有鹽鐵之利，算收緡錢反為四千而一算，此為統治階級互相維持本階級利益所設之法令。」按：陳氏亦增字解釋，迂曲難通。146非吏比者三老北邊騎士二句　此處意思不明，諸說不一。《集解》引如淳曰：「非吏而得與吏比者官，謂三老、北邊騎士也。」顏師古曰：「比，例也。身非為吏之例，非為三老，非為北邊騎士而有軺車，皆令出一算。」三老，縣、鄉兩級掌管教化的官吏。按：如淳以為指兩種人，師古以為指三種人，皆將「三老」與「吏」對舉，然「三老」獨非「吏」乎？此不可解。非吏比者，瀧川曰：「非吏而比吏者。」張大可曰：「非正式吏籍需加照顧的公職人員。」莫非縣、鄉「三老」當時還有「民辦」者？此亦似不可解。147船五丈　漢時之一丈約當今之八尺三。148匿不自占　即隱瞞不報。149占不悉　自報的資本不實，不夠數。悉，全；全數上報。150沒入緡錢　將家資全部充公。沒，沒收歸公。按：武帝實行算緡在元狩四年（西元前一一九年），此所謂「緡錢」實際要將家中的牛馬、奴婢等全部折價估算在內。151以其半畀之　以此鼓勵告緡。畀，賜；分給。按：武帝實行告緡在元鼎三年（西元前一一四年）。152無得籍名田　籍名田，使土地歸其名下，即購買、占有土地。籍，登記；上簿。名，用如動詞，使之歸己。153沒入田僮　《索隱》曰：「若賈人更占田，則沒其田及僮僕，皆入之於官也。」

【語　譯】早在十多年前，黃河在觀縣決口，梁國、楚國一帶本來就已經屢遭災荒，而沿河的一些郡縣又要築河堤堵決口，再加上屢堵屢壞，因此耗費的錢財沒法計算。後來河東郡太守番係為避免三門峽一帶漕運的危險，建議在河東修一條溝通汾水和黃河的渠道，用來灌溉，動用了勞工幾萬人；大司農鄭當時覺得在渭水裡運輸曲折繞遠，建議開一條渠從長安直達華陰，又動用了勞力好幾萬人。這時河套地區的朔方郡也在開渠，勞力也用了好幾萬。各處都用了兩三年的時間，工程還沒有完，而各地的花費也都多達十幾億了。

2　皇帝為了討伐匈奴而大量養馬，光在長安一帶養的馬就有好幾萬匹，養馬的馬伕，在關中地區徵集不夠，就又從附近各郡徵調。匈奴的降兵降將也都靠國家養著，國庫供養不起了，連皇帝也都降低自己的伙食標準，減少自己御用的車馬，並拿出內廷府庫的錢來供養他們。

3　第二年，崤山以東又遭了水災，百姓們飢寒交困，於是天子派使者盡數取出各郡國糧倉的糧食來賑濟貧民。還不夠用，又招募豪富人家拿出糧食借給國家以救濟災民。結果還不夠，於是便下令讓災民們搬到關中或者搬到河套地區的新秦中去住，搬遷的有七十多萬人，衣食也都靠著國家供給。在剛遷去的幾年裡，官方借給他們安家以及生產的用度，並派出專門使者分別加以管理，派出的人一批接一批，耗費的錢財簡直無法計算，國庫為此而空虛。

4 這時那些富商大賈們卻趁機囤積財物，奴役貧民，趕著成百輛的車子到處買進賣出，有土有爵的王侯們都要低頭向他們借錢。他們煉鐵煮鹽，有的人財產累積萬金，卻不肯救助國家的困難，百姓們日益貧困。於是天子和公卿們商議，決定另造新的貨幣來滿足需要，並乘機打擊那些驕橫跋扈、兼併他人的商人們。當時皇帝宮苑中有的是白鹿，而少府的倉庫裡有許多銀錫。國家從孝文帝鑄造四銖錢以來，到這年已經四十多年了，從建元以來，國家由於缺少錢用，便開始到一些產銅的山裡去開礦鑄錢，民間也偷著私自鑄錢，人多得沒法數。而錢數越來越多，東西則越少越貴。於是有關官員上奏說：「古代有一種皮幣，是用於諸侯間的往來贈送和進貢給天子的。金也有三等，黃金最貴，白銀居中，紅銅最次。如今因為半兩錢的法定重量是四銖，於是一些壞人就專門磨錢取屑，去另鑄錢。因此就使得錢越來越輕而東西也就越來越貴，而遠方的諸侯們用錢進貢送禮就非常麻煩。」於是就用一張一尺見方的白鹿皮，四周用彩線繚上邊，做成「皮幣」，每張價值四十萬。規定王侯宗室進京朝見天子時，必須用這種「皮幣」墊在璧下才行。同時又冶煉銀錫做成「白金」。因為天上飛的東西最貴的莫過於龍，地上跑的東西最好的莫過於馬，人間使用的東西最貴的莫過於龜，所以新造的「白金」分為三等：第一種重八兩，圓形，花紋是龍，叫做「白選」，每一枚價值三千錢；第二種重量略輕，方形，花紋是馬，每枚價值五百錢；第三種更小，橢圓形，花紋是龜，每枚價值三百錢。下令各級官府銷毀過去的半兩錢，改鑄三銖錢，錢上標的字樣與實際重量相等。規定私下鑄錢的人都是死罪，但是官吏和百姓中私鑄「白金」的人還是不可勝數。

5 於是武帝任東郭咸陽和孔僅為大農丞，負責管理鹽鐵方面的事情；桑弘羊是靠著算帳精明而當官，侍奉在皇帝左右。東郭咸陽是齊國的大鹽場主，孔僅是南陽的大冶鐵商，他們有價值千金的產業，所以鄭當時才向朝廷推薦了他們。桑弘羊是一個雒陽商人的兒子，由於心計多，年僅十三歲就成了皇帝的跟班。這三個人要是講究起生財之道來，則可謂是明察秋毫了。

6 國家的法律越來越嚴，官吏們很多人因犯罪被罷免。戰爭屢屢發動，百姓們通過花錢買得免除徭役或因為買官至「五大夫」的人越來越多，而國家可以徵調的士卒越來越少了。於是朝廷強令「千夫」和「五大夫」這一級的人出來充當吏役，不想出來的就得交馬；凡被罷免的官吏一律都派到上林苑裡去砍柴，或去修昆明池。

7 第二年，大將軍衛青和驃騎大將軍霍去病又大舉出討匈奴，斬首及俘獲敵人八、九萬，賞賜有功之士花了五十萬多金，漢軍中光是戰馬就死了十幾萬匹，其他各種物資消耗就更不用說了。當時由於國家財政緊張，戰士們有時連升了官的都不能領到俸祿。

8 這時有關的官員又說，三銖錢分量太輕，容易偽造，他們請求讓各郡國改鑄五銖錢，在錢的外沿鑄上厚邊，讓人不能磨取銅屑。

9 大農令向皇帝轉奏鹽鐵丞孔僅和東郭咸陽的話說：「山和海是天神地祇給我們提供的大寶庫，它們本該都屬於為天子理財的少府管轄，但陛下不占為己有，把山海之利交給大農令以補賦稅的不足。我們建議國家可以招募百姓自己出錢，用官方提供的器械煮鹽，官方借給煮鹽用的牢盆。過去有些壟斷鹽鐵的商賈豪強，他們奴役貧民，已經由此發了財，他們肯定會說出許多阻撓官營鹽鐵的話，不可聽信。我們請求今後有膽敢私自鑄鐵器和煮鹽的，處以鉗起左腳的刑罰，並沒收他的器物。在一些不出鐵的郡裡設置小鐵官，就近歸各自所在的縣管理。」於是武帝便派了孔僅和東郭咸陽乘坐著驛車去視察全國各地的鹽鐵生產，在各處設置官方機構，任命那些過去因經營鹽鐵而致了富的人為官吏，這一來選官的制度敗壞，官場中的商人就多起來了。

10 商人們趁著幣制的改變，大量地儲存貨物希求賺錢，於是公卿大臣們上奏說：「東方郡國剛剛遭受了災害，許多無法生活的貧民被搬遷到了廣闊富饒的地方。陛下為此也省吃儉用，拿出內廷的錢來賑濟百姓，減緩了人們的賦稅，但實際上許多人並沒有把力量花到農業上去，而是做買賣的人越來越多。有些窮人什麼都沒有，完全靠著國家養活。過去曾實行過按車子和按資金多少徵稅，建議還實行這種辦法。買進賣出，儲存貨物或以其他各種手段謀利的，即使他們沒有進入商人名冊，也要讓他們把自己的財產估數上報，一律按有資產二千文的交一百二十文。各種出賣勞動力的手藝人，從寬有四千文的交一百二十文。除了那些享有官吏待遇的人和三老、北方騎兵以外，凡有車子一輛就要交一百二十文；商人的每一輛車子出二百四十文；有船五丈以上的交一百二十文。如有人隱瞞財產不上報，或者報得不真實，就要罰他去戍邊一年，而且還把他的資產全部沒收。誰對這類問題能夠告發，就把沒收來的資產的一半賞給他。凡是在冊的商人和他們的家屬，都不准再去置辦田地，要保護農民的利益。誰敢違背這條命令，就把他買的土地和奴僕通通沒收。」

1 天子乃思卜式之言，召拜式為中郎❶，爵左庶長❷，賜田十頃，布告天下，使明知之。

2 初，卜式者，河南❸人也，以田畜❹為事。親死，式有少弟，弟壯❺，式脫身出分❻，獨取畜羊❼百餘，田宅財物盡予弟。式入山牧十餘歲，羊致千餘頭，買田宅。而其弟盡破其業，式輒復分予弟者數矣❽。是時，漢方數使將擊匈奴，卜式上書❾，願輸家之半縣官❿助邊⓫。天子使使問式：「欲官乎？」式曰：「臣少牧，不習仕宦，不願也。」使問曰：「家豈有冤，欲言事乎？」式曰：「臣生與人無分爭。式邑人⓬貧者貸之，不善者教順⓭之，所居人皆從式⓮，式何故見冤⓯於人！無所欲言也。」使者曰：「苟如此，子何欲而然？」式曰：「天子誅匈奴，愚以為賢者宜死節⓰於邊，有財者宜輸委⓱，如此而⓲匈奴可滅也。」使者具其言入以聞。天子以語丞相弘[19]。弘曰：「此非人情[20]。不軌[21]之臣，不可以為化而亂法[22]，願陛下勿許。」於是上久不報式[23]，數歲，乃罷式[24]。式歸，復田牧。歲餘，會軍數出[25]，渾邪王等降[26]，縣官費眾[27]，倉府空。其明年，貧民大徙[28]，皆仰給縣官，無以盡贍[29]。卜式持錢二十萬予河南守，以給徙民[30]。河南上富人助貧人者籍[31]，天子見卜式名，識之，曰：「是固前而欲輸其家半助邊。」乃賜式外繇四百人[32]。式又盡復予縣官。是時富豪皆爭匿財，唯式尤欲輸之助費。天子於是以式終長者[33]，故尊顯以風百姓[34]。

3 初，式不願為郎[35]。上曰：「吾有羊上林中，欲令子牧之。」式乃拜為郎，布衣屩[36]而牧羊。歲餘，羊肥息[37]。上過見其羊，善之。式曰：「非獨羊也，治民亦猶是也。以時起居[38]，惡者輒斥去[39]，毋令敗羣。」上以式為奇，拜為緱氏[40]令試之，緱氏便之[41]。遷為成皋[42]令，將漕最[43]。上以為式朴忠，拜為齊王[44]太傅[45]。

4 而孔僅之使天下鑄作器[46]，三年中拜為大農[47]，列於九卿[48]。而桑弘羊為大農丞，筦諸會計事[49]，稍稍[50]置均輸[51]以通貨物矣。

5 始令吏得入穀補官，郎至六百石[52]。

6 自造白金五銖錢後五歲[53]，赦吏民之坐盜鑄金錢死者[54]數十萬人。其不發覺相殺者，不可勝計(55)。赦自出者百餘萬人，然不能半自出(56)，天下大抵無慮(57)皆鑄金錢(58)矣。犯者眾，吏不能盡誅取，於是遣博士(59)褚大、徐偃等分曹(60)循行郡國(61)，舉兼并之徒守相為利者(62)。而御史大夫張湯(63)方隆貴用事，減宣、杜周(64)等為中丞(65)，義縱、尹齊、王溫舒(66)等用慘急刻深(67)為九卿，而直指(68)夏蘭之屬始出矣。

7 而大農顏異誅(69)。初，異為濟南亭長(70)，以廉直稍遷至九卿(71)。上與張湯既造白鹿皮幣(72)，問異。異曰：「今王侯朝賀以蒼璧，直數千，而其皮薦(73)反四十萬，本末不相稱(74)。」天子不說。張湯又與異有卻(75)，及人有告異以它議(76)，事下張湯治異(77)。異與客語，客語初令(78)下有不便者，異不應，微反脣(79)。湯奏當(80)異九卿見令不便，不入言(81)而腹誹(82)，論死(83)。自是之後，有腹誹之法比(84)，而公卿大夫多諂諛取容(85)矣。

8 天子既下緡錢令而尊卜式，百姓終莫分財佐縣官，於是告緡錢縱矣(86)。

9 郡國多姦鑄錢(87)，錢多輕，而公卿請令京師鑄鍾官赤側(88)，一當五，賦官用(89)非赤側不得行。白金稍賤(90)，民不寶用(91)，縣官以令禁之，無益。歲餘，白金終廢不行。

10 是歲也，張湯死(92)，而民不思(93)。

11 其後二歲(94)，赤側錢賤，民巧法用之(95)，不便，又廢。於是悉禁郡國無鑄錢，專令上林三官(96)鑄。錢既多，而令天下非三官錢不得行，諸郡國所前鑄錢皆廢銷之，輸其銅三官。而民之鑄錢益少，計其費不能相當(97)，唯真工大姦(98)乃盜為之。

12 卜式相齊，而楊可告緡徧天下(99)，中家(100)以上大抵皆遇告。杜周治之，獄少反者(101)。乃分遣御史(102)廷尉正監(103)分曹往，即治郡國緡錢(104)，得民財物以億計，奴婢以千萬數，田大縣數百頃，小縣百餘頃，宅亦如之(105)。於是商賈中家以上大率破(106)，民偷甘食好衣，不事畜藏之產業(107)，而縣官有鹽鐵、緡錢之故，用益饒矣(108)。

13 益廣關(109)，置左右輔(110)。

【章旨】以上為第四段，寫武帝尊卜式、任酷吏、行告緡，進一步加緊搜刮，致使吏治益壞、民不聊生的嚴重情景。

【注釋】(1)中郎　帝王的侍從人員，為「郎官」中的一種，秩六百石，上屬郎中令。(2)左庶長　漢代「武功爵」的第十級。(3)河南　漢郡名，郡治雒陽（今河南洛陽東北）。(4)田畜　耕田、放牧。(5)壯　長大。(6)脫身出分　單人由家中分出。(7)畜羊　猶言「種羊」，宜於繁殖者。(8)輒復分予弟者數矣　輒，就；隨即。數，屢屢；多次。(9)卜式上書　謂卜式到京城給武帝上書。(10)輸家之半縣官　將自己家財的一半交給國家。輸，送；獻出。(11)助邊　佐助邊疆戰事之用。(12)邑人　同鄉之人。(13)教順　教導之，使之溫順。(14)皆從式　全都聽我的。(15)見冤　被人折辱而懷冤屈。(16)死節　為表現忠於國家的氣節而戰死。(17)輸委　委輸，獻出財物給國家。(18)而　用法同「則」。(19)丞相弘　即公孫弘，於元朔五年（西元前一二四年）至元狩二年（西元前一二一年）為丞相，封平津侯。(20)此非人情　陳仁錫曰：「宰相布被，豈人情耶？此術非式識不破。然弘可以此譏式，式亦可以此譏弘。」㉑不軌　這裡指不合常規。㉒不可以為化而亂法　意謂不能樹之為榜樣以教世人，白白搞亂國家的賞罰制度。㉓久不報式　長時間沒有回答卜式的請求。報，回答；批覆。㉔罷式　正式通知他的請求不被採納，令其回去。㉕軍數出　指衛青、霍去病等連續出兵伐匈奴。㉖渾邪王等降　事在元狩二年（西元前一二一年）。㉗費眾　花費的錢多。㉘貧民大徙　元狩三年（西元前一二〇年）曾移關東貧民七十二萬口至隴西、北地、西河、上郡、會稽等郡。㉙無以盡贍　無法全部供應衣食。㉚以給徙民　贊助給國家充當安置移民之用。㉛河南上富人助貧人者籍　上，謂上報皇帝。籍，名冊。㉜賜式外繇四百人　外繇，謂戍邊，此指賜給卜式相當於四百人欲免除戍邊之役所納的錢數。㉝長者　厚道人。㉞尊顯以風百姓　謂尊顯卜式以為整個社會作榜樣。風，暗示；誘導。㉟不願為郎　即指不願充當前面所任命的「中郎」。㊱屩　草鞋。㊲肥息　肥壯而且繁殖得多。息，生。㊳以時起居　按時讓他們活動、休息。居，休息。㊴惡者輒斥去　發現有害群者，立即將其挑出。㊵緱氏　漢縣名，縣治在今河南偃師東南。㊶緱氏便之　緱氏縣人很適應卜式的治民方式。㊷成皋　漢縣名，縣治在今河南滎陽西北的大邳山上，舊址尚存。㊸將漕最　管理漕運成績最好。將，統領；管理。成皋地臨黃河、洛水，故有漕事。漕，水路運糧。㊹齊王　齊，漢代諸侯國名，都臨淄。這時的齊王是劉閎，武帝之子。㊺太傅　官名，職掌對帝王的訓導輔佐，秩二千石。㊻使天下鑄作器　意即令各郡國皆製造冶鐵、煮鹽的工具，以開展官辦鹽鐵事業。㊼大農　即「大農令」，後改稱「大司農」。㊽九卿　包括太常、郎中令、衛尉、太僕、廷尉、典客、宗正、大司農、少府。秦漢時的「九卿」相當於後代的「六部」。㊾筦諸會計事　掌管國家的各項財政收入。筦，同「管」。㊿稍稍　漸漸。(51)均輸　指均輸令，官名，屬大司農，主管調劑全國各地的上貢物資，並負責收購和賣出貨物，以溝通各地的有無，目的是穩定物價，不使商人操縱市場。(52)始令吏得入穀補官二句　師古曰：「吏更遷補高官，郎又就增其秩，得至六百石也。」王先謙引沈欽韓曰：「前此鬻爵，高者復除而已，此乃直任職也。然言吏，則庶民商賈不得也。」(53)造白金五銖錢後五歲　梁玉繩曰：「元狩四年造白金，五年行五銖錢，元鼎元年大赦天下，首尾才『四年』耳，『五』當作『三』。」(54)赦吏民之坐盜鑄金錢死者　瀧川曰：「『死』字上添『當』字看。」(55)其不發覺相殺者二句　按：此處文字不順，「相殺」二字似有訛誤。大意謂那些未被發現，其實也是犯有死罪的，就無法計算了。《通鑑》刪「相殺」二字，作「其不發覺者，不可勝計」，理解略同。(56)赦自出者百餘萬人二句　意謂因其自首而被赦罪的有百餘萬，但是這種自首的人，占不了實際犯罪人的一半。自出，自首。下句「自出」二字衍文。(57)大抵無慮　二語義同疊用，皆「大概」、「差不多」之意。(58)皆鑄金錢　蓋謂皆盜鑄金錢也。(59)博士　有二義，一為帝王的侍從官名，在帝王身邊以備顧問；一為太學裡的教官，講授儒家經典，其學員則稱「博士弟子」。下面所說的褚大、徐偃，應屬前一類。[60]分曹　分批；分成幾支。[61]循行郡國　到各郡、各諸侯國巡行檢查。[62]舉兼并之徒守相為利者　張大司曰：「檢舉兼併農人的不法商賈，和非法牟利的郡守、諸侯相。」或謂即揭發那些身為郡守和諸侯國相而貪求利益，肆行兼併的人。疑張說為是。舉，揭發。為利，指非法地聚斂財富。[63]御史大夫張湯　御史大夫，秦、漢時與丞相、太尉並稱「三公」，主管監察糾彈。丞相有缺，即由御史大夫遞補。張湯，司馬遷筆下的頭號「酷吏」，事見〈酷吏列傳〉。[64]減宣杜周　亦皆著名酷吏，皆見〈酷吏列傳〉。[65]中丞　即御史中丞，御史大夫的屬官。[66]義縱尹齊王溫舒　都是武帝時的酷吏，皆見〈酷吏列傳〉。義縱曾官至右內史，尹齊、王溫舒皆官至中尉。[67]慘急刻深　殘忍苛暴。[68]直指　即「繡衣直指」，官名，御史大夫的下屬，為漢朝中央派出的巡察地方各郡國的監察官員。這些人的品級不高但權力甚大。所謂「直指」，即謂不可私徇情，照直辦事之意。[69]大農顏異誅　事在元狩四年（西元前一一九年）。[70]濟南亭長　濟南郡（郡治在今山東章丘西北）某縣某鄉的亭長。[71]稍遷至九卿　逐級升遷到了大司農。稍遷，慢慢地升遷。[72]上與張湯既造白鹿皮幣　按：前文敘造白鹿皮幣事只曰「有司」云云，至此始點出張湯，則史公之憎惡張湯不止因「酷吏」一項。[73]皮薦　猶言「皮墊」，墊璧之皮，即前文所謂「必以皮幣薦璧」者。[74]本末不相稱　蓋即俗之所謂「買櫝還珠」者也。[75]有卻　有矛盾；有過節。卻，通「隙」。[76]它議　他事；其他問題。[77]事下張湯治異　將顏異交由張湯審理。治，審理定罪。李笠以為此句中「異」字衍文，應削。[78]初令　中井曰：「猶言新令也。」指頒行白鹿皮幣事。[79]微反脣　嘴脣稍稍動了一下。[80]奏當　將審判定罪的結果上奏皇帝。當，判處。[81]不入言　不到朝廷講出自己的觀點。[82]腹誹　內心裡誹謗朝政。[83]論死　判罪處死。[84]自是之後二句　原作「自是之後，有腹誹之法以此」。梁玉繩《志疑》：「『此』字乃『比』之訛。〈漢志〉注曰『則例也』。『以』字當衍。」今據改。法比，法例；先例。比，師古曰：「例也。」即今之可供日後比照施行的「先例」。[85]諂諛取容　諂媚討好，以求保官保命。取容，但求容身。[86]於是告緡錢縱矣　「於是」下原有「楊可」二字。王念孫《雜志》：「『楊可』二字後人所加，〈食貨志〉無。《索隱》至下文『楊可告緡徧天下』始云『楊姓可名』，則此處本無可知。」據刪。告緡錢，告發他人上報資產不實。緡錢，猶今之所謂「資本」、「資金」。縱，放開；放手實行。按：武帝實行算緡在元狩四年（西元前一一九年）；實行告緡在元鼎三年（西元前一一四年）。[87]郡國多姦鑄錢　《雜志》云：「『郡國』下脫『民』字。」姦，指違法鑄錢，如分量不足，雜以鉛錫等皆是也。[88]令京師鑄鍾官赤側　令京師仿照鍾官所造的赤側錢來鑄錢。鍾官，武帝時所置的主管鑄錢的官吏，屬水衡都尉。赤側，以赤銅鑄的錢。[89]賦官用　師古曰：「充賦及給官用。」[90]稍賤　漸賤，越來越不值錢。[91]不寶用　不看重；不愛使用。[92]張湯死　張湯死於元鼎二年（西元前一一五年），乃為丞相莊青翟的三個長史朱買臣、王朝、邊通三人所害，事見〈酷吏列傳〉。[93]民不思《索隱》引樂產云：「諸所廢興，附上困下皆自湯，故人不思之也。」楊慎曰：「張湯死而民不思，所以斷制酷吏之罪。」按：於此可見史公對酷吏的嫉惡之情。(94)其後二歲　元鼎四年（西元前一一三年）。(95)巧法用之　想盡辦法地能不用就不用。(96)上林三官　主管上林苑的水衡都尉的三個屬官，《集解》引《漢書．百官公卿表》：「水衡都尉，武帝元鼎二年初置，掌上林苑，屬官有上林均輸、鍾官、辨銅令。」陳直曰：「《集解》以均輸、鍾官、辨銅令為上林鑄錢之三官，以余考之，當為『鍾官』、『辨銅』、『技巧』三令丞，不當有『均輸令』也。其分工之推測，當為鍾官主鑄造，技巧掌刻範技術，辨銅掌原料也。」(97)計其費不能相當　指姦鑄錢所花的成本，比鑄成的錢還要多，即得不償失。(98)真工大姦　真正有辦法、有技術的工匠、滑頭。(99)楊可告緡徧天下　楊可，首先接受告緡的一個政府官吏的名字，從楊可開始，後遂泛濫至全國。(100)中家　中等產業的人家。張大可曰：「西漢時以十萬資產為中家。」(101)獄少反者　一經被告，就難得再澄清、翻案。(102)御史　御史大夫的屬官，主管檢舉、糾彈。(103)廷尉正監　廷尉正和廷尉監，都是廷尉的屬官，主管司法刑獄。(104)即治郡國緡錢　到各郡國去就地審理告緡案件。即，就；就近。(105)宅亦如之　所得屋舍的數量，也與所得土地、奴婢、財物的數量比例相當。(106)商賈中家以上大率破　此等對私人工商業的摧殘應寫入「工商業史」，與中國古代經濟史的發展大有關係。大率，大體；大都。(107)民偷甘食好衣二句　意即能吃就吃，能穿就穿，不再留著省著。偷，苟且；活一天算一天。(108)縣官有鹽鐵緡錢之故二句　有，以；因為。用，用度，這裡指國家的可用之錢。饒，豐富；富裕。(109)益廣關　為擴大關中地盤，將原處於今河南靈寶東北的函谷關東移到今新安縣東，事在元鼎三年（西元前一一四年）。《漢書．武帝紀》應劭注：「時樓船將軍楊僕數有大功，恥為關外民，上書乞徙東關，以家財給其用度。武帝意亦好廣闊，於是徙關於新安，去弘農（函谷關舊址）三百里。」按：有關楊僕的事跡見〈酷吏列傳〉〈東越列傳〉〈南越列傳〉〈朝鮮列傳〉。(110)置左右輔　設置京畿的左右二郡，即左馮翊、右扶風，事在元鼎四年（西元前一一三年）。左馮翊、右扶風，再加上首都的京兆尹，合稱「三輔」，治所都在長安。

【語譯】到這時武帝又想起了卜式講過的話，就把卜式找來任命他為中郎，賜給了他左庶長的爵位，賞給了他十頃田，並且通告天下，讓大家都知道這件事。

2 卜式原來是河南人，以種田和畜牧為業。父母去世時，卜式還有一位年幼的弟弟，弟弟長大成人後，卜式就和他分家，自己離開了家庭，他只帶走了一百來隻羊，而把田產房舍財物都給了他的弟弟。卜式進山牧羊十幾年，羊增加到了一千多隻，還置辦了土地房屋。而這時他弟弟卻完全破產了，於是卜式又一連幾次地分給他弟弟東西。當時，漢朝正屢次派兵討伐匈奴，卜式就到京城上書請求捐獻自己的一半家產給國家，以支援邊疆的戰事。皇上派使者去問卜式：「你這樣做是想當官嗎？」卜式回答：「我從小就放牧，沒有學過做官，我不想。」使者又問：「莫非你家裡有什麼冤屈，想要申訴嗎？」卜式說：「我活這麼大從沒和人發生過什麼糾紛，我的鄉親們誰貧苦我就救濟誰，誰品行不好我就教導誰，我住在哪裡，那裡的人就擁護我，我還會有什麼冤屈呢！我沒有什麼要申訴的。」使者說：「既然如此，你為什麼要這樣做呢？」卜式說：「天子正討伐匈奴，我認為有氣節的賢者應該效死邊疆，有錢的就應該出錢，只有這樣，匈奴才可以消滅。」使者把他的話稟告給天子，天子又告訴了丞相公孫弘，公孫弘說：「這不合乎人情，我們不能讓這種不合常規的人亂了我們正常的法度，您不要准許他。」於是皇上很久沒有答覆卜式的請求，一直過了好幾年，才通知卜式讓他回去。卜式回去後，仍然耕種放牧。又過了一年多，由於軍隊屢次出征，再加上渾邪王等的來降，國家耗費巨大，錢糧用盡。又加上第二年，大批的窮人搬遷，這一切都要仰仗政府，政府實在無法全部供應衣食。於是卜式拿著二十萬銅錢去送給了河南太守，支援太守作為補助移民之用。後來河南太守上報當地富人幫助貧民的名單，天子一看到卜式的名字，立刻想起了他，說：「這就是從前要捐出一半家產支邊的那個人。」於是下令賜給卜式相當於四百人的勞役費，而卜式立即又將這些錢全部捐給了國家。當時，別的富豪都千方百計地隱瞞財產，唯獨卜式總向國家捐錢。於是天子認為卜式是個老實人，想要提高他的爵位，宣傳他以帶動別人。

3 開始時，卜式不願當中郎，天子說：「我的上林苑中也有羊，我想讓你到那裡去放牧。」這樣卜式才答應當了中郎，從此他身穿布衣，腳穿草鞋在上林苑裡放起羊來。過了一年，羊長得又肥，繁殖得又多。天子看到後，很滿意。卜式說：「不僅放羊如此，治理百姓也應該這樣。要讓他們按時勞動按時休息，如果其中出現一個害群者，要趕緊把他挑掉，不要讓他帶壞了一大群。」天子覺得卜式很奇特，就試探性地任他為緱氏縣令，結果緱氏人很適應卜式的治民方式。天子又讓他往任成皋縣令，結果那裡的漕運成了全國第一。天子認為卜式樸實忠厚，就封他做了齊王的太傅。

4 孔僅巡察全國各地的鑄造鐵器後，三年內就升到了大司農，位在九卿一級。而桑弘羊也升到了大農丞，負責管理各項財經事務，從此國家開始設置均輸官，管起全國的貨物流通了。

5 從這時開始，准許吏役們可以通過交穀物而升官，皇帝身邊的官可以買到六百石那一級。

6 自從造「白金」和「五銖錢」以來已經五年了，在這五年中，光是經過赦免的盜鑄金錢的死刑犯就有幾十萬，至於那些未被發現的，其實也犯死罪的人，就沒法計算了。由於自首而被赦免罪行的約有一百多萬，這個數估計到不了實際犯罪者的一半，天下差不多人人都在私鑄錢幣了。由於犯罪的人太多，法官們也不能全部把他們逮捕殺頭，於是便派了博士褚大、徐偃等人分路到各郡國稽查，檢舉揭發那些貪財枉法、侵吞他人財物的郡守和諸侯國相。這時御史大夫張湯正受寵當權，減宣、杜周等人任御史中丞，義縱、尹齊、王溫舒等人由於執法殘酷而位居九卿，於是繡衣直指夏蘭等一班人也就從朝廷派出去了。

7 這時，大司農顏異被殺了。顏異曾在濟南郡裡當過亭長，因為廉潔正直慢慢升到了九卿一級的大司農。天子與張湯商量發行「白鹿皮幣」，徵詢顏異的意見。顏異說：「王侯們朝見天子是用蒼璧作禮物，其本身價值不過數千文，而作襯墊用的皮幣反而價值四十萬，本末倒置，未免太不相稱了。」天子聽了不太高興。張湯本來就與顏異有矛盾，恰好這時有人因其他問題告發顏異，案子交給張湯審理。顏異和他的門客談話，門客提到了造「白鹿皮幣」的詔令有些不恰當，顏異沒有回答，只是嘴唇悄悄動了一下。於是張湯便舉奏顏異，說他身為九卿，看到法令有不妥當之處，不是直接對天子講，而是在肚子裡誹謗，其罪該死。從此以後，就有了「腹誹」這一條判例，朝廷裡的公卿大夫也就都對天子阿諛諂媚但求保官保命了。

8 天子頒布了按資金交稅的「緡錢令」與表彰了卜式後，百姓們還是沒有人捐獻財物支援國家，但這時告發他人隱瞞資產的所謂「告緡」倒盛行起來了。

9 由於各郡國的鑄錢多不守法，所以錢的分量、質量都有問題，因此公卿們提出在京師仿照鍾官署所造的錢來另鑄一種赤側錢，每一文相當於其他五文舊錢的價值，規定向官府交納賦稅必須使用這種錢，別的錢不能用。由於「白金」的實際價值較低，百姓們都不重視，政府儘管用法令干預，但無濟於事。過了一年，「白金」最終還是廢止不用了。

10 這一年，張湯被殺，百姓們沒有一個人懷念他。

11 又過了兩年，赤側錢也貶值了，百姓們想盡辦法能不用就不用，對國家不利，於是也廢止不用了。這時國家便禁止地方政府再鑄錢，而專門讓上林苑裡水衡都尉下屬的三官來鑄造。等到這種錢多起來後，便下令全國非三官鑄的錢不得通用，各郡國以前所鑄的錢都通通銷毀，熔出的銅都上交水衡三官。從此百姓們私鑄錢的漸漸少了，因為成本高，得不償失，只有那些真正精通此道的大盜才繼續偷鑄。

12 卜式被調任齊相後，楊可首先帶頭發起的「告緡」便在全國推行開了，其結果是中產以上人家大都受到了告發。此事由杜周審理，一旦被告發，案子便很少能再澄清、翻案的。這時朝廷還派了御史、廷尉正、廷尉監等分赴各郡國去就地受理「告緡」案件，沒收得到的百姓們的財物數以億計，奴婢以千萬數；沒收的田產大縣可達數百頃，小縣也有上百頃；沒收的房屋也與此相比。於是全國中產以上的商人大約全都破產了，而其他百姓們也吃喝玩樂過一天算一天，誰也不再省吃節用積蓄財富，而國家則由於實行鹽鐵專賣和「算緡」「告緡」，國庫裡的錢倒日漸其多了。

13 這時國家要擴大關中地盤，把函谷關東遷到了新安的東面，並設置了左馮翊、右扶風兩個郊區郡。

1 初，大農筦鹽鐵官布多❶，置水衡❷，欲以主鹽鐵。及楊可告緡錢，上林財物眾，乃令水衡主上林。上林既充滿，益廣❸。是時，越欲與漢用船戰逐❹，乃大修昆明池❺，列觀環之❻。治樓船，高十餘丈❼，旗幟加其上，甚壯。於是天子感之❽，乃作柏梁臺❾，高數十丈。宮室之修，由此日麗。

2 乃分緡錢諸官⑩，而水衡、少府、大農、太僕各置農官，往往即郡縣比沒入田田之⑪。其沒入奴婢，分諸苑⑫養狗馬禽獸，及與諸官⑬。諸官益雜置多⑭，徒奴婢眾⑮，而下河漕⑯度⑰四百萬石，及官自糴乃足⑱。

3 所忠⑲言：「世家子弟⑳富人或鬭雞走狗馬，弋獵㉑博戲㉒，亂齊民㉓。」乃徵諸犯令㉔，相引㉕數千人，命曰「株送徒」㉖。入財者得補郎㉗，郎選衰矣㉘。

4 是時，山東被河菑㉙，及歲不登㉚數年，人或相食，方一二千里。天子憐之，詔曰：「江南火耕水耨㉛，令飢民得流就食江、淮間㉜，欲留，留處㉝。」遣使冠蓋相屬㉞於道，護之，下巴、蜀粟以振㉟之。

5 其明年㊱，天子始巡郡國㊲。東度河㊳，河東㊴守不意行至，不辦，自殺㊵。行西踰隴㊶，隴西㊷守以行往卒㊸，天子從官不得食，隴西守自殺㊹。於是上北出蕭關㊺，從數萬騎，獵新秦中，以勒邊兵㊻而歸。新秦中或千里無亭徼㊼，於是誅北地太守以下㊽。而令民得畜牧邊縣，官假馬母㊾，三歲而歸㊿，及息什一(51)。以除告緡，用充仞新秦中(52)。

6 既得寶鼎(53)，立后土、太一祠(54)，公卿議封禪(55)事，而天下郡國皆豫治(56)道橋，繕故宮(57)及當馳道縣(58)。縣治官儲(59)、設供具(60)，而望以待幸(61)。

7 其明年，南越反(62)，西羌侵邊(63)為桀(64)。於是天子為山東不贍(65)，赦天下，因南方樓船卒二十餘萬人(66)擊南越，數萬人發三河以西騎擊西羌(67)，又數萬人度河(68)築令居(69)。初置張掖、酒泉郡(70)，而上郡、朔方、西河、河西開田官，斥塞卒六十萬人戍田之(71)。中國繕道餽糧(72)，遠者三千，近者千餘里，皆仰給大農。邊兵(73)不足，乃發武庫工官兵器(74)以贍之。車騎馬(75)乏絕，縣官錢少，買馬難得，乃著令(76)，令封君以下至三百石以上吏，以差(77)出牝馬(78)天下亭(79)。亭有畜牸馬(80)，歲課息(81)。

8 齊相卜式上書曰：「臣聞『主憂臣辱』(82)。南越反，臣願父子與齊習船者往死之(83)。」天子下詔曰：「卜式雖躬耕牧(84)，不以為利，有餘輒助縣官之用。今天下不幸有急，而式奮願父子死之。雖未戰(85)，可謂義形於內(86)。賜爵關內侯(87)，金六十斤，田十頃。」布告天下，天下莫應(88)。列侯以百數，皆莫求從軍擊羌、越。至酎(89)，少府省金(90)，而列侯坐酎金失侯者百餘人(91)。乃拜式為御史大夫(92)。

9 式既在位，見郡國多不便縣官作鹽鐵，鐵器苦惡(93)，賈(94)貴，或彊令民賣買之(95)。而船有算(96)，商者少，物貴，乃因孔僅言船算事(97)。上由是不悅卜式。

10 漢連兵三歲(98)，誅羌(99)，滅南越(100)，番禺(101)以西至蜀南者置初郡十七(102)，且以其故俗治[103]，毋賦稅。南陽、漢中以往郡[104]，各以地比給初郡吏卒奉食幣物，傳車馬被具[105]。而初郡時時小反，殺吏，漢發南方吏卒[106]往誅之，間歲[107]萬餘人，費皆仰給大農。大農以均輸調鹽鐵助賦[108]，故能贍之。然兵所過縣，為以訾給毋乏而已[109]，不敢言擅賦法矣[110]。

11 其明年，元封元年[111]，卜式貶秩[112]為太子太傅[113]。而桑弘羊為治粟都尉[114]，領大農[115]，盡代僅筦天下鹽鐵。弘羊以諸官各自市[116]，相與爭[117]，物故騰躍[118]，而天下賦輸[119]或不償其僦費[120]。乃請置大農部丞數十人[121]，分部主郡國[122]，各往往縣置均輸鹽鐵官[123]，令遠方各以其物貴時商賈所轉販者為賦[124]，而相灌輸[125]。置平準[126]于京師，都受天下委輸[127]。召工官治車諸器[128]，皆仰給大農。大農之諸官盡籠[129]天下之貨物，貴即賣之，賤則買之[130]。如此，富商大賈無所牟大利[131]，則反本[132]，而萬物不得騰踊。故抑天下物[133]，名曰「平準」[134]。天子以為然，許之。於是天子北至朔方[135]，東到太山[136]，巡海上[137]，竝北邊以歸[138]。所過賞賜，用帛百餘萬匹，錢金以巨萬計，皆取足大農。

12 弘羊又請令吏得入粟補官，及罪人贖罪[139]。令民能入粟甘泉[140]各有差，以復終身[141]，不告緡[142]。他郡各輸急處[143]，而諸農各致粟[144]，山東漕益[145]歲六百萬石[146]。

一歲之中，太倉、甘泉倉滿，邊餘穀諸物[147]均輸帛[148]五百萬匹，民不益賦而天下用饒[149]。於是弘羊賜爵左庶長[150]，黃金再百斤[151]焉。

13 是歲小旱，上令官求雨。卜式言曰：「縣官當食租衣稅而已，今弘羊令吏坐市列肆[152]，販物求利。亨弘羊，天乃雨[153]。」

【章旨】以上為第五段，寫漢代統治者的驕奢淫逸，興功生事，為進一步搜刮聚斂而實行「平準法」。

【注釋】❶大農筦鹽鐵官布多　意謂大農令因管理鹽鐵、鑄錢而事務繁多。官布，官錢。布，泉布，即指錢，這裡指鑄錢事業。或曰，大農令因管鹽鐵而獲得的錢幣眾多。陳直曰：「武帝時有『錢』之稱，無『布』之稱，舊注皆非也。蓋謂大農所管鹽鐵分布甚多。」按：陳說供參考。❷水衡　指水衡都尉，管理上林苑的官。《漢書》注引張晏曰：「主都水及上林苑，故曰『水衡』；主諸官，故曰『都』；有卒徒武事，故曰『尉』。」師古曰：「衡，平也，主平其稅入。」❸益廣　有謂指上林苑的範圍愈加擴大。竊以似謂漢武帝的侈心越發膨脹。❹越欲與漢用船戰逐　越，此指南越，秦時的龍川令趙佗乘秦末戰亂在嶺南地區建立的小國名，國都番禺（今廣州市）。漢朝建國後，曾派陸賈兩次出使，說服了南越王歸臣於漢。武帝即位後，欲使南越進一步臣服如內諸侯，故引發了南越與漢的戰爭，詳見〈南越列傳〉。戰逐，戰鬥馳逐。❺乃大修昆明池　《索隱》曰：「始穿昆明池，欲與滇王戰，今乃更大修之，將與南越呂嘉戰逐，故作樓船，於是楊僕有樓船將軍之號。昆明池有『豫章館』，以言將出軍於豫章也。」❻列觀環之　意謂修建了大量樓臺，環繞於昆明池周圍。觀，樓臺。❼治樓船二句　瀧川曰：「昆明池所作樓船，雖以習水戰，不過用為游觀，《索隱》（所云『將與南越呂嘉戰逐，故作樓船』）非是。」陳直曰：「昆明池遺址今在長安縣灃西鄉，尚存有漢代織女、牛郎石刻像；又有鯨魚石雕刻，杜甫〈秋興〉詩所謂『織女機絲虛夜月，石鯨鱗甲動秋風』是也。」❽天子感之　感，偶有所感；偶一興心。❾柏梁臺　興建於元鼎二年（西元前一一五年）。關於「柏梁」的命名，服虔以為是「用百頭梁為臺」；師古則引《三輔舊事》稱此臺乃用「香柏為之」，故稱「柏梁」也。按：漢代詩歌有所謂武帝與群臣的《柏梁聯句》，詩歌史有所謂「柏梁體」，皆以此起。❿乃分緡錢諸官　按：語意含渾不清，許多本子對此無注，有注者則謂「政府乃將徵來的緡錢分給各官府」，但這樣做的目的是想幹什麼？疑「分」者，分派；派遣。「緡錢諸官」，即指下句所說的「水衡、少府、大農、太僕」，下句句首之「而」字衍文。兩句連讀，即令諸官「各置農官」。⑪即郡縣比沒入田田之　即，就；到某地去。比沒入田，不久前沒收來的土地。比，剛剛；不久前。意即政府派官員到各地去管理、耕種這些剛剛沒收來的土地。⑫諸苑　皇家的各個園林、獵場。⑬與諸官　將一部分沒入的奴婢分配到各官府充當勞役。〈淮陰侯列傳〉有所謂「夜詐詔赦諸官徒奴」，蓋自漢初起各官府即皆有徒奴。⑭諸官益雜置多　各官府下設的部門越來越雜，越來越多。《集解》引如淳曰：「水衡、少府、太僕、司農皆有農官，是為多。」⑮徒奴婢眾　由各郡國調配到京師諸官府的官奴苦役日益眾多。⑯下河漕　由黃河下游向上運糧。⑰度　約計。⑱及官自糴乃足　還要靠各官府自己購買一部分這才夠用。按：本文開始謂孝惠、高后時「漕轉山東粟，以給中都官，歲不過數十萬石」，至武帝時則上升十倍，知首都人口至武帝時乃大體增長十倍。⑲所忠　人名，漢武帝的侍從官員，其人又見於〈封禪書〉〈五宗世家〉〈萬石張叔列傳〉〈司馬相如列傳〉。⑳世家子弟　即通常所謂「貴族子弟」。世家，有爵位俸祿世代相傳的家族。㉑弋獵　泛稱打獵。弋，射鳥。㉒博戲　以六博聚賭。㉓亂齊民　意即擾亂正常的社會秩序。齊民，平民。㉔乃徵諸犯令　把一些犯令者都拘起來。徵，調來。㉕相引　相互牽引。㉖株送徒　猶言「株連犯」。㉗入財者得補郎　花錢即可以買得郎官。㉘郎選衰矣　意謂連帝王身邊侍從官員的選拔制度也越來越亂來了。郎選，選人為郎的制度。瀧川曰：「『入財者』以下，別是一事。」蓋謂並不是讓上述的「株送徒」花錢買郎官，此乃另敘一事。㉙被河菑　因黃河發水而受災。㉚歲不登　因其他災害而農業沒有收成。歲，年成。登，豐收。㉛火耕水耨　按：〈貨殖列傳〉亦有所謂「火耕水耨」，俗語中又有所謂「刀耕火種」，蓋皆用以稱落後原始的耕作方式。火耕，即指燒荒，既可去雜草，又可以其灰為肥料。水耨，即在水中除草。耨，除草。㉜得流就食江淮間　可以自行移動，到長江、淮河一帶去找飯吃。就食，到其地找飯吃。㉝欲留二句　願意留居該地者，則准許留居。蓋秦、漢時之長江以南地廣人稀，甚至有些地方無人居住，故鼓勵災民遷徙之。㉞冠蓋相屬　極言所派使者之多，一批接一批，前腳接後腳。冠蓋，冠冕與車蓋。屬，連接。㉟振　通「賑」。救濟。按：武帝此恤民詔，《漢書・武帝紀》載於元鼎二年（西元前一一五年）。㊱其明年　按：史公此段所敘諸事，前後次序多顛倒參差，難以「是時」「明年」相排列。㊲始巡郡國　開始到各郡、各諸侯國視察。㊳東度河　謂由長安出發，向東渡過黃河。㊴河東　漢郡名，郡治安邑（今山西夏縣西北）。㊵不辨二句　沒做好一切迎駕的準備工作。辨，通「辦」。王先謙曰：「幸河東在元朔四年（西元前一二五年）。」按：此事《漢書・武帝紀》不載，《通鑑》繫此事於元鼎四年（西元前一一三年），與史公之敘事順序相合。㊶踰隴　越過隴山西下。隴山在今陝西、甘肅交界處。㊷隴西漢郡名，郡治狄道（今甘肅臨洮）。㊸行往卒　意謂天子來得太突然。卒，通「猝」。㊹隴西守自殺　王先謙曰：「西踰隴，在元朔五年。」按：《漢書・武帝紀》不載，《通鑑》繫此事於元鼎五年（西元前一一二年）。㊺蕭關　在今寧夏固原東南，當時屬安定郡。㊻勒邊兵　檢閱邊防部隊。勒，整飭；校閱。㊼無亭徼　《集解》引臣瓚曰：「既無亭候，又不徼循，無衛邊之備也。」亭徼，崗亭塞堡，泛指邊境上的防衛工事。徼，邊境上的藩籬、木柵之類，借以指塞堡。㊽誅北地太守以下　將北地太守與其下屬的有關失職人員通通斬首。北地，漢郡名，郡治馬領（今甘肅慶陽西北）。㊾官假馬母　政府借給願意放牧的邊民以母馬。假，借。㊿三歲而歸　三年後將母馬歸還政府。(51)及息什一　待至生下小馬，十隻裡頭交給公家一隻。息，生育。(52)以除告緡二句　用廢除「告緡令」為條件，來招募充實新秦中的居民。充仞，充實；充滿。仞，通「牣」。肥，引申為滿。中井曰：「除告緡，特謂邊縣畜牧出息之民也，非總罷告緡，下文『入粟』處亦言不告緡，可以見。」(53)既得寶鼎　元狩七年（西元前一一六年）六月，有人從汾水邊上挖出一只鼎，於是武帝將此鼎迎至甘泉宮，加以祭祀，並將元狩七年改稱為「元鼎元年」。(54)立后土太一祠　后土，這裡指地神。武帝於元鼎四年（西元前一一三年）在汾陰（今山西萬榮西南之廟前村北）立后土祠以祭地神。太一，古代傳說的一個天神名，武帝聽信方士之言先在長安城的東南郊建了一個太一壇；元鼎五年（西元前一一二年）又在甘泉宮附近建了一個太一祠。諸事皆見〈封禪書〉。(55)封禪　指天子到泰山祭祀天地。封，給泰山的極頂加土，以表示自己希望更加接近天。禪，指在泰山下的某個地方清除地面以祭地。(56)豫治　提前修築。豫，通「預」。(57)故宮　舊有的宮殿。(58)當馳道縣　馳道所經由的各縣。馳道，專供天子車駕出巡所走的大道。(59)縣治官儲　當馳道的各個縣都準備好了迎接天子用的各種物資。(60)設供具　備置好了供皇帝用的各種給養、筵席。(61)望以待幸　盼望著皇帝的來臨。(62)其明年二句　元鼎五年（西元前一一二年）四月，南越丞相呂嘉殺漢朝使者，漢對南越的戰爭開始，事見〈南越列傳〉。(63)西羌侵邊　《漢書・武帝紀》云：「西羌眾十萬人反，與匈奴通使，攻安故（今甘肅臨洮南），圍枹罕（今甘肅廣河西）。」(64)為桀　逞暴；行凶。(65)不贍　指衣食不足，因多年鬧災。贍，足。(66)因南方樓船卒二十餘萬人　因，憑藉，這裡意即「隨同」。樓船卒，樓船將軍楊僕率領的軍隊。梁玉繩曰：「〈南越傳〉及《漢書・武帝紀》擊南越樓船十萬人，此非也。」(67)數萬人發三河以西騎擊西羌　梁玉繩曰：「〈漢志〉無『數萬人』三字，似當衍。即有，亦宜在『騎』字下，而〈武紀〉是『十萬人』。」三河，指河東、河內、河南三郡。按：所發者乃「三河以西」諸郡之人，「三河」不在徵發之內，因「河東」地區連年災害。(68)度河　渡黃河西進。(69)築令居　在令居築城而守之。令居，漢縣名，縣治在今甘肅永登西北，是關中通往河西走廊的要衝。(70)初置張掖酒泉郡　王先謙曰：「『酒泉』字誤，當作『敦煌』。」按：二郡皆在今甘肅境內。(71)而上郡朔方西河河西開田官二句而，應作「以」。上郡，漢郡名，郡治膚施（今陝西榆林東南）。朔方，漢郡名，郡治朔方（今內蒙烏拉特前旗東南）。西河，漢郡名，郡治平定（今陝西神木北）。河西，古地區名，指今甘肅、青海兩省的黃河以西地區。開田官，經管屯田的官吏。斥塞卒，開拓邊塞的士卒。(72)中國繕道餽糧　中國，國中；中原地區。繕道，修築道路。餽糧，向邊防前線運送糧食。(73)邊兵　邊塞上需用的兵器。(74)武庫工官兵器　指京師武庫中的兵杖。武庫，國家的武器倉庫，在長安城中。工官，主管鑄造兵器的官署。(75)車騎馬　供戰車和騎兵使用的軍馬，此詞又見於鼂錯〈論貴粟疏〉。(76)著令　猶今之所謂「立下章程」。(77)以差　按等級。(78)牝馬　母馬。(79)亭　政府治民的基層單位，縣下設鄉，鄉下設亭，亭有亭長，亭長的屬下有「亭父」「求盜」二人，職責為維持地方治安，接待過往的公職人員等。(80)亭有畜牸馬　意即各個鄉亭都養著許多育駒的母馬。牸馬，育駒的母馬。牸，哺乳。(81)歲課息　國家每年向這些集體合辦的馬場徵收一定數量的小馬，作為稅收。息，利息；贏餘。按：昭帝始元五年，有所謂「罷天下亭母馬」，蓋謂此也。(82)主憂臣辱　先秦以來的俗語，《國語・越語》：「君憂臣勞，君辱臣死。」《韓非子》：「主辱臣苦。」〈越王句踐世家〉：「主憂臣勞，主辱臣死。」說法大同小異。(83)往死之　意即前往參加戰鬥。(84)躬耕牧　親自耕田畜牧，指為官以前事。(85)雖未戰　雖然還沒有實際前往參戰。(86)義形於內　猶言「忠義發自內心」。形，表現。(87)關內侯　比列侯低一等，沒有一縣一鄉的封地，只在關中地區有一定采邑，故稱「關內侯」。(88)莫應　沒人效法；沒人響應。(89)至酎　輪到交納酎金的時候。酎，多次重釀的好酒，用於祭祀。皇帝每有祭天、祭祖之事，總要叫列侯們出錢隨祭，此隨祭之錢名曰「酎金」。(90)省金　檢查諸侯們所交「酎金」的分量和成色。(91)坐酎金失侯者百餘人　《集解》引如淳曰：「《漢儀注》：『王子為侯，侯歲以戶口酎黃金於漢廟，皇帝親受獻金以助祭。金少不如斤兩，色惡，王削縣，侯免國』。」按：前云「列侯以百數，皆莫求從軍擊羌、越」，下乃云「至酎，少府省金，而列侯坐酎金失侯者百餘人」，可謂登時就給顏色看。此百餘人失侯在元鼎五年（西元前一一二年）九月。詳情參見〈高祖功臣侯者年表〉〈惠景閒侯者年表〉〈建元以來侯者年表〉〈建元已來王子侯者年表〉。(92)乃拜式為御史大夫　事在元鼎六年（西元前一一一年）。(93)鐵器苦惡　苦惡，粗劣。苦，通「盬」。粗劣不堅固。謂官家所作之鹽、鐵產品皆苦惡，非單指「鐵器」而言。(94)賈　同「價」。(95)彊令民賣買之　陳直曰：「《鹽鐵論・水旱篇》云：『鐵官賣器不售，或破賦與民。』與本文正合。」按：「苦惡，賈貴，或彊令民賣買之」，蓋一旦形成壟斷，且又是「官營」，此等束縛、破壞生產力事遂不可避免。(96)船有算　按其大小長短納稅，前已云「五丈以上一算」。(97)乃因孔僅言船算事　蓋請孔僅上達，請免除算船之事也。(98)漢連兵三歲　單計平定南越、西羌及在西南夷設郡，則始於元鼎五年（西元前一一二年），完成於元鼎六年（西元前一一一年），歷時二年。(99)誅羌　平定西羌在元鼎六年十月（當時以「十月」為歲首），同年內「分武威、酒泉置張掖、酒泉郡」。(100)滅南越　漢兵討越在元鼎五年秋，元鼎六年春獲南越丞相呂嘉首，並在南越設郡。(101)番禺　即今廣州市，當時南越國的都城。(102)置初郡十七　初郡，新設郡。漢武帝平定南越後，在今廣東、廣西、海南與越南設立了南海（治廣州）、蒼梧（治廣西梧州）、鬱林（治所在今廣西桂平西）、合浦（治所在今廣西合浦東北）、交趾（治越南河內）、九真（治越南清化西北）、日南（治所在今越南廣治西北）、珠崖（治所在今海南海口東南）、儋耳（治所在今海南儋縣西北）九郡；平定西南夷後在今貴州、雲南、今四川南部與四川北部、甘肅之東南部設立了武都（治所在今甘肅成縣西北）、牂柯（治所在今貴州貴定東北）、越嶲（治所在今四川西昌東南）、沉黎（治所在今四川漢原東北）、汶山（治所在今四川茂縣西北）、犍為（治所在今四川宜賓西南）、零陵（治所在今湖南興安東北）、益州（治所在今雲南晉寧東北），共十七郡。(103)且以其故俗治　暫且按照其原有的風俗習慣加以治理。且，暫；姑且。(104)南陽漢中以往郡　南陽、漢中以南的各郡，如漢中以南的巴郡、蜀郡；南陽以南的江夏、長沙、武陵等郡。(105)各以地比給初郡吏卒奉食幣物二句　因為這些郡和那些新設郡相鄰近，因此就讓他們給新設郡的吏卒供應俸食幣物，為驛站供應車馬用具。比，鄰近。給，供應。傳車馬，驛站上用的車馬。被具，披掛用具。(106)南方吏卒　即鄰近這些新設郡縣地區的官吏、士兵。(107)間歲　隔年，實則這裡即指每年。(108)以均輸調鹽鐵助賦　使用各郡國均輸官的運輸能力，調集各地鹽鐵事業的收入，來支助南方兵徭的費用。(109)為以訾給毋乏而已　語略不順，大意為僅能保證其基本需要。「為以」二字疑有訛誤，《漢志》作「以為」。訾給，供應。訾，通「資」。(110)不敢言擅賦法矣　按：此句涵義不清，疑應作「不敢擅言賦法矣」。擅言，隨便講；輕易動用。賦法，以軍興法徵集物資。其所以不敢用「軍興法」掠奪百姓，蓋以百姓本來已經不安定，恐激起民變。(111)元封元年　西元前一一〇年。因此年武帝登封泰山，故改年號曰「元封」。(112)貶秩　降級。(113)太子太傅　皇太子的輔導官，官秩二千石。卜式由「三公」跌到「九卿」以下，「貶秩」不小。(114)治粟都尉　主管軍糧的官。(115)領大農　代行大司農的職權。以低級職位代行高級職權曰「領」，以高級職位兼理低級職權曰「攝」。(116)諸官各自市　分別掌管各種方物的各個官府，自己負責買賣。(117)相與爭　彼此爭相收購。(118)物故騰躍　物價因而上升。(119)賦輸　各地區給國家運送的實際東西。(120)僦費　運費。(121)請置大農部丞數十人　置，增設。大農部丞，大司農手下分主各事的屬官。(122)分部主郡國　分別管理在各郡國採買物資的責任。分部，分片；分區。(123)各往往縣置均輸鹽鐵官　各個縣裡通常都要設立一名主管均輸鹽鐵的官員。往往，一般的說。依今之語法「往往」二字應移於「置」字前。置，設立。均輸鹽鐵官，既管均輸，也管鹽鐵。(124)各以其物貴時商賈所轉販者為賦　按：此語欠明豁，關鍵在於「貴」字。若換成「賤」字，則意思頓覺明晰。蓋令各縣之均輸官要趁本地之某物豐產價賤時，令百姓即以此價賤之物充當賦稅，猶如商賈之遇賤則囤積之。而文章用了「貴」字，遂使人陷五里霧中。梁玉繩曰：「『貴時』當依〈漢志〉作『如異時』。」「如異時商賈所轉販者」，即商人之遇賤物則買入之。[125]而相灌輸　各地之均輸官根據各地物產之缺盈、物價之高低，相互交流，為國家乘機牟利。[126]平準　指平準令，大司農的屬官，主管全國範圍內的物資調撥，平衡物價。[127]都受天下委輸　意即總管天下物資的調撥、平衡工作。他所管的是表報，並不一定要把各地的物資都匯集到京城來。都，總；總匯。委輸，運送；運輸。[128]工官治車諸器　國家的製造部門大量製造車船與諸種保管、運輸工具，以供各地之鹽鐵均輸官所使用。陳直曰：「西漢京師各官署多有工官。『三工官』疑為考工令、尚方令、上林令。三官署內皆有工官。」[129]盡籠　全部掌握；全部控制。[130]貴即賣之二句　國家根據市場行情以吞吐貨物，維持物價平衡。[131]無所牟大利　謀取不到太大的利潤。《集解》引如淳曰：「牟，取也。」[132]則反本　就不再經商，而回去務農了。[133]抑天下物　抑制天下物價的大起大落。[134]平準　使水之平如準。準，水平儀。[135]天子北至朔方　事在元封元年十月，武帝帶兵十八萬，到朔方郡的黃河河套一帶向匈奴人示威，派使者郭吉向單于下書，有所謂：「單于能戰，天子自將待邊；不能，亟來臣服。何但亡匿幕北寒苦之地為？」單于畏懼不出。[136]東到太山　即所謂「封禪」，在元封元年四月。太，通「泰」。[137]巡海上　沿著海邊北上，直至遼西。[138]竝北邊以歸　沿著北部的國境線西行，蓋謂由今之遼西沿古長城一線西行，至河套一帶始南歸甘泉也。竝，同「傍」。沿著。[139]弘羊又請令吏得入粟補官二句　蓋謂漢之賣「爵」自文帝以鼂錯建議始，而賣「官」則自武帝以桑弘羊建議始。[140]入粟甘泉　甘泉為漢代皇帝經常臨幸之地，又近北部邊塞，故其地有大糧倉，廣積粟以備用。甘泉，山名，在今陝西旬邑南，淳化西北，其處有帝王離宮。[141]以復終身　免除終身徭役。復，免除徭役。[142]不告緡　謂特許「入粟甘泉」者不受告緡之害，非謂在全國範圍取消告緡制度。按：由此知武帝非不明告緡者之無中生有以害人。[143]他郡各輸急處　他郡，甘泉宮所處的左馮翊以外的其他各郡。按：這些郡國之輸粟者，可以「補官」、「贖罪」，然卻不能「復終身，不告緡」也，故與「入粟甘泉」者分別言之。[144]諸農各致粟　諸農，指大司農、太僕、少府、水衡都尉所屬的各主管經濟、財物的官府。各致粟，都向首都長安運送糧食。[145]山東漕益　東方各地向長安漕運的糧食數量增加。[146]歲六百萬石　按：前文言未行均輸之法前，「下河漕度四百萬石」。[147]邊餘穀諸物　各邊防前線都貯有餘糧及各種備用物資。[148]均輸帛　各地均輸官所貯存的布帛。[149]民不益賦而天下用饒　此言國家行平準、均輸之實效。[150]左庶長　漢代武功爵的第十級。[151]再百斤　二百斤。漢代之一斤，約當今〇．五一六五市斤。[152]坐市列肆　王念孫以為「肆」字衍文。「坐市列」即「坐於市肆行列之中」。《漢書．食貨志》亦為「坐市列」，無「肆」字。[153]亨弘羊二句　亨，同「烹」。凌稚隆曰：「一篇結束，借此以斷興利之臣之罪。」顧炎武曰：「古人作史，有不待論斷，而於序事之中即見其旨者，惟太史公能之。〈平準書〉末載卜式語，〈王翦傳〉末載客語，〈荊軻傳〉末載魯句踐語，〈鼂錯傳〉末載鄧公與景帝語，〈武安侯田蚡傳〉末載武帝語，皆史家於敘事中寓論斷法也。」梁玉繩引方苞語云：「事似未終，疑有缺文。」又引《史記考要》云：「所敘武帝事未竟而遷死，不得成就其書，故其文止於『亨弘羊，天乃雨』。或謂遷用『亨弘羊』結，以斷武帝之罪，殊非本旨。」

【語　譯】大農令主管鹽鐵以來，由於他們因為管理鹽鐵、鑄錢而事務繁多，於是設置了水衡都尉，準備讓他專門管理天下的鹽鐵事務。等到楊可推行的「告緡令」展開以後，交到上林苑的東西越來越多，於是就讓水衡都尉主管上林苑的事務。上林苑裡的東西堆得滿滿的，於是漢武帝就準備擴大上林苑的範圍。當時，南越抗拒漢朝主要是靠著戰船，於是天子下令大修昆明池，在它的四周建築亭臺樓閣。水上的樓船高十幾丈，旗旗飄揚，威武壯觀。天子也動了心，於是又建造了柏梁臺，高達幾十丈。從此皇家宮殿的建造也越來越豪華富麗了。

2 國家又把「算緡」「告緡」的事務交給各官府分頭管理，讓水衡都尉、少府、大司農、太僕屬下都設置農官，讓他們組織人到那些剛剛被官府沒收來的土地上去耕種，把那些沒收來的奴婢分配到皇家的各個獵場去飼養狗馬禽獸，或派到各官府去服務。由於在京城設置的官府既雜且多，再加上由各郡國調派來的大批苦役官奴眾多，因而到這時經由黃河運輸來的供應京城的糧食已達到了四百萬石，此外還得加上各官府自行採購才夠用。

3 所忠向皇帝建議說：「一些豪門子弟和有錢的人，專門鬥雞玩狗，賭博射獵，擾亂正常的社會秩序。」於是皇帝便把所有違反法令的人抓了起來讓他們揭發別人，互相牽引，一下子抓了幾千人，稱他們為「株送徒」。此外，向國家奉獻財物的人可以當郎官，從此郎官的選任與被選郎官的素質就越來越不行了。

4 這時，崤山以東的大片地區遭受水災，連續幾年收不到糧食，有的地方甚至人吃人，災區方圓一兩千里。天子很同情，於是下詔說：「江南燒草為肥，在水中除草，便於生存，可讓災民到江、淮地區謀生，想長期住在那裡的，就讓他們住。」國家派出了許多專員一批批地去管理此事，安撫他們；還從巴、蜀兩郡運來了糧食賑濟他們。

5 第二年，皇帝開始到各郡國視察，當他渡過黃河來到河東時，河東太守沒有想到皇上會駕到，迎駕的工作沒做好，畏罪自殺了。皇帝又向西越過隴山，來到了隴西，隴西太守也因為皇帝來得太突然，沒法供應皇帝從人的吃喝，而畏懼自殺。於是皇帝北出蕭關，帶領著幾萬人在河套地區打獵，檢閱那裡的邊防部隊，而後回京。河套一帶的新秦中有些漫長的邊境地段沒有崗棚哨卡，於是皇帝生氣地殺掉了北地太守以及他下屬的許多官員，而下令讓各地招募百姓們到邊境上的縣去放牧，政府借給他們母馬，三年歸還，所生的小馬十隻裡頭交給公家一隻。為了鼓勵人們到新秦中去住，特意在那個地區不實行「告緡令」。

6 不久，皇帝在汾水邊上得到一口寶鼎，於是便在那裡建造了后土、太一兩座祠廟。接著公卿們便開始議論到了舉行封禪的事情，而全國的各郡各諸侯國，都預先修好道路造好橋梁，整修好了舊有的宮殿，尤其是那些馳道經過的縣分，都準備好了接待天子的物資，安排好了各種筵席，以等待天子的駕臨。

7 又過了一年，南越謀反，西羌也侵犯邊境逞暴。再加上東方大片地區受災缺糧，於是天子下令大赦天下，就近派南方的樓船軍隊二十萬人進擊南越；同時從河東、河南、河內以西地區調了幾萬騎兵以討伐西羌；又派了幾萬人西渡黃河，往築令居城。開始設置了張掖、酒泉二郡，就近從上郡、朔方、西河等郡以及河西地區徵調了經營屯田的官員、開拓邊塞的士卒六十多萬人，前往那裡墾田並擔任守衛。國內向邊防修路，給邊防運糧，遠的三千里，近的也有上千里，花費都由大司農支付。邊疆武器不足，就拿出京城武庫裡的由工官營造的兵器去填補，前方戰車和騎兵的軍馬不夠用，政府錢少，又無法大量購買，於是國家就又訂了新的法令，讓三百石以上直到有土封君的各級官吏，都要按著官職高低向天下所有鄉亭交納母馬，讓各鄉亭都要繁殖小馬，國家每年徵收小馬作為利息。

8 齊相卜式上書說：「俗話說，『主憂臣辱』。現在南越反叛天朝，我願意和我的兒子跟著齊國的水兵去一道為國效死。」天子下詔說：「卜式早在他以耕田放牧為業的時候，就不是想著個人，一有了富餘就捐給國家。現在國家有了緊急，他們父子又想去為國捐軀，雖然我們還沒有讓他們去參戰，但他們的凜然大義卻是充分地表現出來了，現在我賜卜式為關內侯，賞給黃金六十斤，田十頃。」並將此事通告全國，但結果仍沒有人響應。當時全國被封為列侯的有幾百人，沒有一個主動請求參軍往討西羌或南越。到了皇帝祭祀，列侯們該交納酎金的時候，少府檢查諸侯們貢來的金子，其中有一百多份金子的成色或是分量有問題，從而使它們的主人丟掉了列侯爵位，而卜式則被提升為御史大夫。

9 卜式就任以後，發現各郡國的百姓們都不喜歡國家營造的鐵器，因為這種鐵器質量壞而價錢高，而主管人員則強迫人們購買這種東西。再加上因為船要上稅，所以做買賣的人就越來越少，東西越來越貴，因此卜式就通過孔僅向皇帝反映了船隻上稅的問題，而皇上因此不喜歡卜式了。

10 漢朝一連打了三年仗，終於打敗了西羌，消滅了南越，在新獲得的番禺以西直到蜀郡以南新設立了十七個郡，並盡量按照那裡的習俗來加以治理，不向他們徵稅。而南陽、漢中以南的各郡，因為他們與新設置的各郡相鄰，就讓他們向新設各郡的官吏部卒們供應他們所需要的糧食和錢財，並為通往那裡的驛站供應車馬用具。但由於這些新設郡經常有些小規模的叛亂，經常殺害派去的官吏，所以朝廷也得經常派兵去鎮壓，幾乎每隔一年就得出動上萬人，這些費用也都依靠大司農。大司農由於可以使用均輸官的收入和調動鹽鐵專賣的收入頂補，所以沒有困難。但凡是軍隊所過的各縣，則只能勉強保證不至於短缺而已，再也不能巧立名目大肆搜刮了。

11 又過了一年，也就是元封元年，卜式被降職為太傅。桑弘羊當上了治粟都尉，代行大司農的職權，代替孔僅全部地掌管了全國的鹽鐵專賣。桑弘羊看到各官府都自己做買賣，相互爭利，導致物價飛漲，而各地運到京師充當賦稅的貨物，有許多還頂不上中途運輸的費用。於是他奏請天子由大司農派出部下幾十個屬吏分別到各郡國去主管均輸，在各郡國下屬的每個縣裡都設置均輸官、鹽鐵官，讓各地把他們那裡出產的產量多價格低、最高容易被商人轉販的貨物充當賦稅運往京城，各郡縣藉此互補有無。並在京城設置平準令，總管全國各地運來的東西。還建議讓工官製造車船以及其他工具供各地均輸、鹽鐵官員使用，費用都由大司農提供。大司農所屬各官，把全國的物資都壟斷起來，市場上貴了，國家就大量拋出，市場上賤了，國家就大量購入。這樣，富商巨豪們就不可能再操縱市場，牟取暴利，他們只好回家務農，物價也就不會忽高忽低了。這樣就會穩定全國的物價，所以稱這種做法叫「平準」。天子認為可行，就批准了。這以後天子巡視天下，曾北到朔方，又東至太山，然後沿海邊北上，又西折沿著北部邊境走了一趟，而後回到京城。這一路上光用於賞賜，就發出了一百多萬匹帛，和數以億計的銅錢，全部由大司農提供。

12 接著桑弘羊又建議讓各級吏役都可以交穀物而升官，也可以叫犯人通過交糧食而免罪。讓百姓們凡能運糧到甘泉宮達到一定數額的，可以終身免役，並不受「告緡」之害。各地方郡國輸送糧食到其他急需之處，以及大司農所屬的各官府也要向京城運糧，這就使得東方的漕運數額一年之間就增加到了六百萬石。而在一年之間，京城裡的太倉和甘泉宮的各倉都裝滿了糧食，邊疆地區也有許多餘糧以及其他物資，均輸部門貯存的布帛多達五百萬匹。百姓們沒有增加賦稅而國家的用度寬裕起來。於是皇帝賜桑弘羊爵級左庶長，賞給了黃金二百斤。

13 這一年小旱，天子派官員求雨。卜式說：「國家應當靠租稅維持吃穿用度，而桑弘羊今天卻讓官吏們都到市場上去做買賣，追求利潤。只有烹了桑弘羊，老天才會下雨。」

太史公曰：農工商交易之路通，而龜貝❶金錢刀布❷之幣興焉。所從來久遠，自高辛氏❸之前尚矣，靡得而記云。故書道唐、虞之際❹，詩述殷、周之世❺，安寧則長庠序❻，先本絀末❼，以禮義防于利❽；事變多故❾而亦反是❿。是以物盛則衰，時極而轉，一質一文，終始之變也。禹貢九州⓫，各因其土地所宜，人民所多少而納職⓬焉。湯、武⓭承敝易變⓮，使民不倦⓯，各兢兢⓰所以為治，而稍陵遲衰微⑰。齊桓公⑱用管仲⑲之謀，通輕重之權⑳，徼山海之業㉑，以朝諸侯㉒，用區區㉓之齊顯成霸名㉔。魏用李克，盡地力，為彊君㉕。自是之後，天下爭於戰國，貴詐力而賤仁義，先富有而後推讓㉖。故庶人之富者或累巨萬㉗，而貧者或不厭糟糠㉘；有國彊者或并羣小以臣諸侯，而弱國或絕祀而滅世㉙。以至於秦，卒并海內㉚。虞夏之幣㉛，金為三品㉜，或黃，或白，或赤㉝；或錢，或布，或刀，或龜貝㉞。及至秦，中一國之幣為二等㉟，黃金以溢名㊱，為上幣；銅錢識㊲曰半兩，重如其文，為下幣。而珠玉、龜貝、銀錫之屬為器飾寶藏，不為幣㊳，然各隨時而輕重無常㊴。於是㊵外攘夷狄㊶，內興功業㊷，海內之士力耕不足糧饟，女子紡績不足衣服。古者嘗竭天下之資財以奉其上，猶自以為不足也㊸。無異故云，事勢之流，相激使然㊹，曷足怪焉。

【章　旨】以上為第六段，是作者的論贊，論證了經濟發展與政治的關係，指出了經濟法則對社會生活的決定作用。

【注　釋】❶龜貝　龜甲貝殼，古代用以作為貨幣。❷刀布　古代的錢幣名。❸高辛氏　即帝嚳，我國遠古傳說中的帝王，五帝之一。❹書道唐虞之際　《尚書》中有〈堯典〉，以敘唐堯、虞舜之事。❺詩述殷周之世　《詩經》中的〈商頌〉敘述了殷朝興國的一些事情；《詩經》中的〈周頌〉〈大雅〉等，敘述了周朝興國的事情。❻安寧則長庠序　安寧，指太平時代。長庠序，把發展教育擺在前頭。長，看重；放在前頭。庠序，古代學校名，殷曰庠，周曰序。❼先本絀末　優先發展農業，對工商業加以控制。絀，通「黜」。抑制。❽以禮義防于利　防，防範；不令其泛濫。❾事變多故　指亂世。❿反是　指採取大力發展工商業的做法。⓫禹貢九州　〈禹貢〉是《尚書》裡的一篇，講大禹治水的事情。相傳大禹治水後，把中國劃分成冀、兗、青、徐、揚、荊、豫、梁、雍九州，後世遂常以「九州」代指我國全部疆土。⓬納職　猶言「進貢」。職，貢。相傳大禹劃分九州時，即根據各州的地理條件、物產特點而規定了各州應向天子進貢的東西與數量。⓭湯武　商湯、周武王。⓮承弊易變　根據前一個王朝末世的衰敗情況，而採取撥亂反正的措施。易變，改變。易，也是「變」的意思。⓯使民不倦　令百姓不感到厭煩。⓰兢兢　奮力向上的樣子。此謂商、周建國之初。⓱稍陵遲衰微　意謂後來就漸漸地越來越不行了。稍，漸漸。陵遲，削減；削平。⓲齊桓公　名小白，春秋時代的齊國諸侯，西元前六八五—前六四三年在位。⓳管仲　齊桓公的謀臣，曾輔佐齊桓公九合諸侯，一匡天下，事見〈管晏列傳〉。⓴通輕重之權　掌握住物價高低的變化法則，官辦平準、均輸之事，不讓商人操縱市場。輕重，指物價的低高。《管子》有〈輕重篇〉〈國蓄篇〉言及此類事。㉑徼山海之業　獲得了山海的利益，如魚、鹽等大量收入。徼，求取。㉒朝諸侯　使諸侯來朝。㉓區區　不起眼；不成氣候。㉔顯成霸名　成就了顯赫的霸主之名。㉕魏用李克三句　按：〈貨殖列傳〉有所謂「當魏文侯時，李克務盡地力之教」，與此相合。魏文侯，名斯，戰國初期的魏國諸侯，西元前四四五—前三九六年在位。盡地力，大意為發展農業生產，國家平抑糧價，從而使民不困。詳見《漢書·食貨志》。然〈魏世家〉〈孫子吳起列傳〉言及李克，皆不及「盡地力」事，〈孟子荀卿列傳〉則謂「魏有李悝，盡地力之教」，《漢書·食貨志》同。王應麟以為魏文侯時既有「李克」，又有「李悝」；李克儒家，李悝法家。「盡地力之教」者應為李悝。梁玉繩說同。㉖先富有而後推讓　意即尊敬富人，瞧不起窮儒。㉗累巨萬　意即家資可達幾億。巨萬，即今所謂「億」，單位是銅錢。㉘不厭糟糠　連糟糠都不夠吃。不厭，不足。厭，通「饜」。㉙絕祀而滅世　祭祀斷絕，世襲終止。滅世，斷代；絕後。㉚以至於秦二句　秦王政於其二十六年（西元前二二一年）最後滅掉齊國，統一天下。㉛虞夏之幣　意即上至虞舜、夏禹，下至秦朝統一之前社會上所流通的貨幣。㉜三品　三等；三種。㉝或黃三句　即黃金、白銀、紅銅。㉞或錢四句　古代的貨幣，有人稱之曰「錢」；有人稱之曰「布」，《集解》引如淳曰：「布於民間也。」有人稱之曰「刀」，並製成刀形。如淳曰：「名錢為刀者，以其利於民也。」也有人用龜甲、貝殼充當貨幣。㉟中一國之幣為二等　把全國的貨幣分為二種。中，均分。㊱黃金以溢名　計算黃金數目，以溢為單位，一溢稱為「一金」。溢，通「鎰」。一鎰為二十兩，或曰二十四兩。㊲識　標誌；寫明。㊳為器飾寶藏二句　意謂珠玉、銀錫、龜貝等可以作為裝飾，可以作為寶物，但不能作為貨幣上市流通。㊴各隨時而輕重無常　意謂這些珠玉、銀錫、龜貝等，在不同的時間區域，其貴賤的程度不同。㊵於是　這時候；

當此時。㊶外攘夷狄　攘，排擊；擊而去之。㊷內興功業　如築馳道、修阿房、造陵墓等等。㊸古者嘗竭天下之資財以奉其上二句　岡白駒曰：「此引始皇事也，婉言曰『古者』。」按：此處一語雙關，分明指斥漢武帝。㊹無異故云三句　意思是說，沒有別的原因，這是由於事物的發展變化，使它成為這種樣子的。柯維騏曰：「太史公此贊，乃〈平準書〉之發端耳。上述三代貢賦之常，中列管仲、李克富強之術，下及嬴秦虛耗之弊，次及漢事，文理相續；不然，則此書首云『漢興接秦之弊』，似無原因；其贊不敘漢事，似欠結束。《漢書‧食貨志》頗採此文，條理甚明，乃知俗本非太史公舊也。」

【語譯】太史公說：自從有了農業、工業、商業之間的交流，也就產生了龜、貝、金錢、刀、布等貨幣形式。這些事情由來已久，在高辛氏以前就有，早得沒法記載。所以《尚書》裡講到堯、舜時代的事，《詩》裡講到殷、周時代的事，那時國家太平，總是先興辦教育，重農抑商，用禮義道德來約束營利；但天下若遭逢戰亂，那就必然要顛倒過來了。盛極必衰，物極必反，有時講質樸，有時重文采，這都是循環互變的。〈禹貢〉裡記載著天下九州都是按當地的出產和人口的多少向國家交納貢賦。商湯和周武王即位後，根據前一個王朝衰敗的情況，採取撥亂反正的措施，使百姓們耳目一新，這在建國後的一段時間內實施得很好，但後來也就漸漸不行了。齊桓公時採用管仲的策略，掌握著物價變化的法則，不讓商人操縱市場，注重發展山區和沿海的事業，從而國力強大，各國諸侯都來臣服，就是靠著這麼一個不起眼的齊國成就了顯赫的霸主之名。後來魏國重用李克，充分發揮土地的效力，結果使魏文侯成了戰國初期的一代英主。從此以後，各國經常發生戰爭，都在搞陰謀詭計而不再講仁義，都尊崇富人，看不起窮儒。當時百姓中那些富人財產可以達到以億計，而窮的竟連糟糠都吃不飽；那些國力強大的諸侯們吞併弱小的，讓他們向自己稱臣，而許多弱小國家則被人家消滅了。一直發展到秦朝，終於以武力統一了天下。虞舜和夏禹時的貨幣，金子分為黃金、白銀、赤銅三種；此外還有錢、布、刀、龜甲、貝殼等。到了秦朝，把全國的貨幣統一為兩種：一種是黃金，以鎰為單位，是上幣；另一種是銅錢，錢面上標著「半兩」，實際重量與所標的分兩一致，是下幣。至於珠玉、龜貝、銀錫之類只能作為裝飾品和收藏品，不能當作貨幣流通，但它們的價值都是隨時變化的。那時秦始皇對外發動討伐夷狄的戰爭，在國內開展各種建設，以至於讓全國的男人都努力耕田也不能提供足夠的糧食，讓全國的女子都努力織布也不能提供足夠的衣服。古代曾有傾盡全國的財富還不夠供奉統治者的事實。這沒有別的原因，就是由於事物發展變化和時代風氣造成的，沒有什麼值得奇怪的。

【研析】本文從歷史的發展角度論述了經濟與國家政治、軍事、法律、道德等諸方面的相互影響、相互依賴的關係，而其中心則是對漢武帝的「多欲」政治，以及由於實行這種政治而導致的勞民傷財、生靈塗炭進行了尖銳的批評。

漢武帝時代的主要問題，其一是對周邊民族的一系列戰爭，其二是國內的諸種大力興作。對於漢武帝的這些舉措，司馬遷基本上是採取了否定態度。對於司馬遷的這些看法，有些人全盤肯定；也有些人持否定態度。漢武帝的對外戰爭除對匈奴是屬於正義的自衛反擊外，其他大都屬於非正義，是出於掠奪、出於霸權目的的。司馬遷從這個基點出發批判漢武帝，應該說是合理的，具有民主性，也有很進步的民族觀。後人不能憑著兩千年後的「既定事實」、「既定版圖」而粉飾漢代統治者當時所進行的這種不義戰爭，儘管這種戰爭是一個國家「強大」之後所經常發動的。桑弘羊是一個與漢武帝聯手合作的政治家，他的理論與實踐都是為漢武帝的既定政策服務，用他的理論與實踐來解決漢武帝時代的問題，桑弘羊是事實上的成功者，是傑出的經濟學家。

司馬遷在經濟方面的貢獻，其一是強調了經濟在富民強國中的基礎作用；其二是強調了工、農、商、士四者在人類社會發展當中的缺一不可的作用，與「重本抑末」的傳統國策嚴格區分；其三是高度評價工商業者對國計民生的重要貢獻，為他們當中的傑出人物樹碑立傳，並總結了許多生意經等等。這些都見於〈貨殖列傳〉，而桑弘羊對此也並無異議。而在本文中司馬遷對漢武帝的經濟政策（實際上也就是桑弘羊的主張），主要是鹽鐵官營、平準均輸、算緡告緡等提出了尖銳批評。其實司馬遷在敘述這些問題時自己也是充滿矛盾的，他並不是沒有看到當時地方豪強、富商大賈的種種不法行為，以及桑弘羊採取這些國家宏觀管理的客觀急需。即如鑄錢一項，開始寫了這樣不行，那樣不行，直到桑弘羊採取了將鑄錢之權通通收歸「上林三官」

後，問題才徹底解決，這不也分明看在眼裡了嗎？另外對於漢武帝在國內的若干興作，司馬遷則缺少分析。漢武帝的迷信方士，巡遊、封禪，大造宮苑等等是應該批判的；而興修水利、移民屯田等等難道也要混在一起加以斥責嗎？司馬遷自身吃過漢武帝的苦頭，而武帝後期的社會問題也的確嚴重，因此說起話來就缺乏冷靜，這是一方面；但大搞官營，大肆壟斷，取消競爭，必然造成「器苦惡，賈貴，或彊令民賣買之」，這種破壞生產力，阻礙生產發展的問題，司馬遷予以揭示，亦不可謂不緊要。

現代經濟學教授韋葦先生在《司馬遷經濟思想研究》中說：「司馬遷與桑弘羊有較為一致的義利觀和重工商思想，使他成為中國古代重商主義的第一人。司馬遷從他的唯物主義的哲學觀和義利觀出發，認為人們為滿足本身需要而進行的生產和交換活動是一種不以人的意志為轉移的自然規律，因此提出了反對國家干預經濟活動的『善因論』。兩位思想家宏觀管理主張上的重大分歧，個人的生活際遇與思想感情只是原因之一，另一個重要的原因是對時代脈搏的洞察與把握上的差距。從這一點比較，我們不能不遺憾地說，太史公是稍遜桑氏一籌的。恩格斯曾經指出：憤怒出詩人，憤怒出不了經濟學家。他對漢武帝的憤怒、冷峻與挑剔，卻或多或少地障礙了他正視漢武帝時代社會政治、經濟形勢的新變化，過多地追憶與緬懷漢初的『無為而治』了。他既沒有看到加強中央對經濟財政的干預領導對於徹底解決民族矛盾、中央與地方勢力的矛盾，和財政經濟的再度危機這三大矛盾，鞏固地主階級統治地位的緊迫性和重要性；又未能正視前期『無為』政策積極效果掩蓋下的消極作用。如果拉開歷史的鏡頭，作為對自由放任主義的宏觀管理思想體系和中國古代治生之學的理論總結，司馬遷在中國經濟管理史上的貢獻和地位不但是可以肯定的，而且是崇高的。可惜是司馬遷『生不逢時』，他的經濟自由主義立場在當時既是落後的，又是超前的，沒有實現的合適土壤。」

每個人總免不了所處時代的局限，一個古代中國的封建官僚，一個近代歐美的資本家，一個二十世紀五、六十年代「計畫經濟」覆蓋下的大陸學者，一個二十世紀末處於改革開放形勢下的新一代，對於司馬遷與桑弘羊，都會作出各不相同的評價。再過五十年，我想人們的看法又將與今天有所不同。

◎新譯儀禮讀本

顧寶田、鄭淑媛／注譯　黃俊郎／校閱

《儀禮》為儒家十三經之一，書中詳細記述古代宮室、車旗、服飾、飲食、喪葬等衣食住行各方面的禮儀規範，是古代社會生活豐富內容的再現，也是歷代各朝制定禮典的重要依據。為研究夏商周社會的諸多層面，以及古人的倫理思想、生活方式、社會風尚等，提供了很有價值的材料。古禮形式雖然在現代已不適用，但卻是揭示禮之內在意義的重要參考，對提高今人的道德意識，規範人的行為，扶植人的善性等，都具有積極的作用。本書正文以十三經注疏本為底本，注譯簡明通俗，必要處並有補充說明，期使一般讀者都能閱讀。

◎新譯學庸讀本

王澤應／注譯

《大學》和《中庸》是儒家心性之學的精華。《大學》的「三綱領」、「八條目」強調修己是治人的前提，說明個人道德修養和治國平天下的一致性。《中庸》彰顯的「中庸之道」、「慎獨」、「致誠工夫」等，則影響了中國一代又一代的讀書人。本書在「導讀」中首先簡單扼要地說明二書的作者與版本，並深入淺出的介紹書中蘊含的哲理，讓讀者在進入正文前有初步的了解。透過重新注譯，除了將正文翻譯成白話，幫助讀者理解掌握外，也試圖經由「研析」的單元，將這些老祖宗的智慧，賦予現代的意義。

◎新譯孔子家語

羊春秋／注譯　周鳳五／校閱

今本《孔子家語》共十卷四十四篇，為三國魏王肅所編撰。它綴輯了群經之言、百家之語，通過具體的言論和故事，從為政以德、修身以禮、待人以恕、辨物以審各方面，歌頌了孔子的至德、至聖、至仁、至博的品德和修養，具有羽翼孔書、宏揚儒學的作用。通過本書詳明的注譯解析與導讀，讀者當能更加認識孔子的德性光輝。

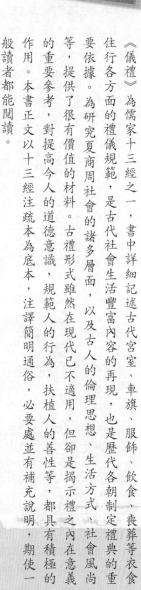

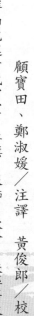